最新 バレーボールコーチ教本

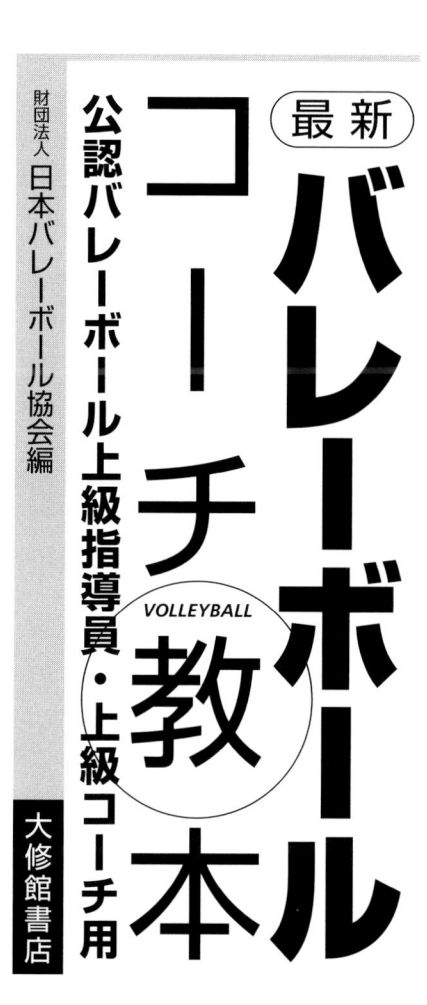

公認バレーボール上級指導員・上級コーチ用

VOLLEYBALL

財団法人 日本バレーボール協会編

大修館書店

はじめに

　私が，日本バレーボール協会の仕事に関係するようになったのは，東京大学助手に採用されて間もない昭和37年(1962)であったから，もうかれこれ45年近くなる。

　東京オリンピックの男子チーム強化のため，吉原一男先生の補佐として体力づくりのトレーナーに任命されてから，昭和51年(1976)のミュンヘンオリンピックまでの14年間は強化と科学研究を担当した。

　また，東京大学専任講師に昇任させていただいた後は，大学の授業と研究のため，両立可能な指導普及という底辺づくりを担当し，全国中学生大会，ライオンカップ(現ペプシカップ)，公認指導者育成システム，ソフトバレーボール連盟の設立と育成など，約16年間お世話になった。千葉大学を65歳の定年退官した後は，全国各地で児童を対象とした，巡回バレーボール教室を開こうとしていた。ところが，思いもかけなかった日本バレーボール協会専務理事就任の話が舞い込み，無理矢理に祭り上げられてから8年間の年月が過ぎた。

　親友に勧められて始めたバレーボールであったが，当時，これほどまでにバレーボールに深入りし，私の人生をかけた仕事になってしまおうとは想像だにしなかった。あっという間の45年間ではあったが，私にとっては全力投球の毎日を送ることが出来，幸せな人生であったように思う。その間，私を育て，協力し，支えてくださった全国の諸先輩方や球友たちに，改めて心から感謝申し上げたい。

　前置きが長くなったが，本書が，トップコーチを目指す方々のテキストとして出版されて27年になる。著者の方々の多くがすでにこの世を去り，バレーボールを取り巻く環境も大きく変化を遂げている。日本のバレーボール界も，いよいよ再建の胸突き八丁の局面を迎えようとしている今，長年のバレーボール界への思いを込めて，若い世代への最後の遺書としてその想いを残しておくことが，せめてもの恩返しであろうと考えて，指導教本とコーチ教本の2冊を改訂することとした。

　この8年間，日本バレーボール協会の専務理事として2度の財政危機を乗り越え，全日本女子チームの再建の見通しも明らかになった今，多くの関係者の協力を得て，本書が改訂されることを心から喜んでいる。

　本書が多くの指導者に活用され，日本バレーボール界の今後の発展の道標となることを心から願って，改訂にあたっての言葉としたい。

2005年7月

国際バレーボール連盟副会長・技術委員長
前日本バレーボール協会副会長・専務理事
豊田　博

目次　　　　　　　　　　　「最新 バレーボールコーチ教本」

第1章　チームづくりの基本とマネジメント
1. チームづくりの基本的条件 ──────────────────────── 2
   1. 指導対象の選び方………3
   2. 指導条件の調整………4
   3. 指導者の役割………4
2. 指導環境の整備 ─────────────────────────── 5
   1. 指導者自身の環境づくり………5
   2. バレーボール指導のやりやすい環境づくり………6
   3. 経済的基盤の確立………6
   4. 環境づくりと人間関係………8
3. チームマネジメント ──────────────────────── 10
   1. 意欲をもたせる指導………10
   2. チームづくりと人間関係………13
4. 練習計画の作成 ────────────────────────── 16
   1. 練習計画の重要性………16
   2. 指導計画立案上の原則………16
   3. 練習計画の種類と具体例………17

第2章　より高度なバレーボールを目指して
1. コーチングスキル向上への努力 ────────────────────── 28
2. バレーボールの応用技術 ────────────────────────── 30
   1. 守りの技術(パス・トス・レシーブ)………30
   2. セッターの育成法………34
   3. 攻めの技術(スパイク・ブロック・サーブ)………36
3. 勝つための高度な練習法 ────────────────────────── 39
   1. 練習法の構成上の原則………39
   2. 技術の発展系列………40
   3. 結合・複合トレーニングのねらい………43
   4. 複合トレーニング………43
4. トップレベルチームのフォーメーション ─────────────────── 51
   1. 守りのフォーメーション………51
   2. 攻めのフォーメーション………61
5. トップレベルチームの技術 ──────────────────────── 70
   1. セッターへの返球………70
   2. 幅のあるトスの能力………71
   3. ブロックからの切り返し………72
   4. レシーブシフトの変化………72

「最新 バレーボールコーチ教本」　目次

　　5　攻撃パターンの多様化………73

第3章　バレーボールのトレーニング
1. バレーボールの体力測定とその分析方法 ——————————————— 78
2. バレーボールのトレーニング方法 ————————————————— 94
　　1　トレーニングの科学的背景………94
　　2　基本的および専門的レジスタンストレーニング………98
　　3　最近の専門的トレーニングとその考え方………105
3. バレーボール選手のメンタル・スキル・トレーニング ——————— 117
　　1　今なぜメンタル・スキル・トレーニングなのか？………117
　　2　メンタル・スキル・トレーニングとは何か？………117
　　3　メンタル・スキル・トレーニングのプロセスとその実際………120

第4章　バレーボールの科学
1. ゲームの分析法と作戦論 ——————————————————— 138
　　1　バレーボールゲームの分析………138
　　2　ゲームの分析方法………140
　　3　データの整理・分析と活用方法………151
　　4　ゲームの作戦とコーチング………154
2. バレーボールの科学的分析と指導上の原則 ———————————— 158
3. 健康管理と栄養管理 ————————————————————— 166
　　1　健康管理………166
　　2　栄養管理………168

第5章　指導者に必要な知識
1. 指導者養成制度の現状 ———————————————————— 174
　　1　公認指導者資格の取得………174
　　2　指導者倫理の徹底………183
2. 日本バレーボール協会（JVA）の現状と課題 ———————————— 185
　　1　日本バレーボール協会の目標と組織………185
　　2　日本バレーボール協会の現状………187
　　3　日本バレーボール協会の課題………191
3. 国際バレーボール連盟（FIVB）の現状と世界のバレーボール ———— 196
　　1　国際バレーボール連盟（FIVB）の現状と今後………196
　　2　今後のバレーボール指導者に望むこと………197
4. 国際大会参加に必要な手続きと常識 ——————————————— 200
　　1　国際バレーボール連盟（FIVB）主催の公式大会………200

目次 「最新 バレーボールコーチ教本」

  ② 国際バレーボール連盟(FIVB)主催の公認大会………201
  ③ アジアバレーボール連盟(AVC)主催の公式大会………202
  ④ アジアバレーボール連盟(AVC)主催の公認大会………202
  ⑤ エントリー(大会参加申し込み)………202
  ⑥ レギュレーション………203
  ⑦ 組み合わせ抽選会(ドローイングオブロット)………204
  ⑧ プレリミナリーインクアイアリー………204
  ⑨ ジェネラルテクニカルミーティング(代表者会議)………205
  ⑩ 各種インフォメーション………205
  ⑪ 選手団が注意する事項………205

第6章　バレーボールルールの知識
 1．審判論————————————————————208
  ① 審判の定義………208
  ② 審判活動………208
 2．6人制バレーボール——————————————211
  ① 施設と用具………211
  ② 競技参加者と競技形式………212
  ③ プレー上の動作………214
  ④ 中断と遅延………217
  ⑤ リベロ・プレーヤー………217
  ⑥ 競技参加者の行為………218
 3．9人制バレーボール——————————————219
  ① 施設と用具………219
  ② 競技参加者と試合の準備および進行………220
  ③ プレーの定義と反則………222
 4．ソフトバレーボール——————————————224
  ① 施設と用具………224
  ② チームおよび試合の準備と進行………225
  ③ 得点，セットおよび試合の勝者………226
  ④ プレー上の動作と反則………226
  ⑤ 役員………227
 5．ビーチバレーボール——————————————228
  ① 施設と用具………228
  ② チームの構成と競技参加者………229
  ③ 得点と勝敗の決定………229
  ④ 試合の準備およびプレー上の動作………229

第1章

チームづくりの基本とマネジメント

1．チームづくりの基本的条件
　1　指導対象の選び方
　2　指導条件の調整
　3　指導者の役割
2．指導環境の整備
　1　指導者自身の環境づくり
　2　バレーボール指導のやりやすい環境づくり
　3　経済的基盤の確立
　4　環境づくりと人間関係
3．チームマネジメント
　1　意欲をもたせる指導
　2　チームづくりと人間関係
4．練習計画の作成
　1　練習計画の重要性
　2　指導計画立案上の原則
　3　練習計画の種類と具体例

1．チームづくりの基本的条件

　指導者がバレーボールのチームづくりを始めようとした時に，まず何を考えればよいであろうか。その第一は，指導する相手がいることである。すなわち指導対象，選手たちの存在である。したがって，指導対象はだれなのか。また，その人たちをどうやって集めるのか，といったことからスタートしなければならない。

　また，教える指導者がいて，選手たちや指導対象が集まったとしても，実際に指導を始めるとなると，どこで何時に指導をするということや，体育館やボール・ネットなどの，指導に関わる施設や用具，また集合時間の調整などが必要になってくる。

　したがって，効果的な指導を展開する上で必要な，環境条件の準備や整備が重要である。それは，対象者が思うように練習に参加できるような学校・職場・家庭の協力，ユニホームやシューズなどの用具の調達，合宿費や交通費などの経済的基盤の確立，支援者やスポンサーの獲得など，選手を取り巻く環境条件の整備であり，指導者にとって必要不可欠な条件である。

　さらに，職業としての指導者の場合を除き，指導者にとって指導に関わる時間は，職場・家庭の協力や経済的支援などの条件を整えることが必要になる。また，指導対象を十分に満足させ，成就感や充実感を与えるだけの知識や指導技術といった，指導者としての能力を常に高める努力が求められる。

　以上のことから，指導を始める前に指導対象・指導環境・指導者の３つの基本的条件を十分調査・把握し，よりよい指導ができるようにあらかじめ準備を整えておくことが大切であり，指導者が最初に考えなければならないことである。

　しかし，筆者の経験からいっても，これら３つの条件がすべてそろっていて，指導を依頼されたことは過去に例がない。こちらが期待する選手がすべてそろっており，十分な予算と専用の体育館といった指導環境が整っている状況は，まずないといえる。最初から優秀な選手や十分な指導環境・支援者がいない状況で，日本一のチームづくりを実現するためには，何よりも強い信念と忍耐力，誠意と努力を他人に認めさせ，一歩一歩指導環境を整備し，支援者を増やし，指導者自身も多くの優れた指導法を学びながら経験を積んでゆくことが必要である。

　スポーツの場で成果を上げるためには，指導対象・指導環境・指導者の３条件が優れていることが重要であり，それが可能になれば他のチームより必ずよい結果が生じる。これは，筆者のバレーボール生活50年の結論であり，信念でもある。選手が思うように動いてくれない，周囲の環境が理解してくれないことをなげくより，まず自分が率先し信念と誠意を持って努力することが何よりも必要なのである。

1 指導対象の選び方

指導者が指導対象を選ぶといっても，学校のクラブの顧問ようにクラブ活動を一任される場合もあれば，指導者が自分の努力で選手を集める場合もある。どちらの場合でも，指導者が考えておかなければならない要件としては，次の2点がある。

1）目的の明確化

スポーツの行い方には種々の型がある。勝つことを目標としてチームづくりをすることもあれば，レクリエーションとして体力づくりやその時々を楽しく愉快に過ごすため，仲間づくりのためのスポーツもある。スポーツが分化された現代では，指導者はどんな目的を持ったチームづくりをするのかを明確にすべきである。

走り出して途中でどこに行くのかわからなくなってしまったり，他人の進む道に誘惑されたりしたのでは，思うところへは到達できない。このチームで楽しいバレーボールをしようとするのか，勝負に挑むのか，どこまで結果を求めるのか，といったことがまず最初に描かれなければならない。

目標・目的が明確になってこそ初めて，計画を立てることができる。また，計画を途中で変更するということは選手を困惑させることになり，指導者への信頼感も失われる。指導者は，「そのもとを忘れず」という言葉通り，最初に何を目的に指導を始めるのかをはっきり把握しておくことが大切である。

2）どのような選手に育てるか

バレーボールはチームスポーツである。また，チームを構成する対象者には，個々に体格・技術・体力・性格に違いや特徴がある。1人ひとりにどのような役割を担当させるか，ポジション上の必要性や集団としての機能，リーダーとフォローの関係なども含めて，チームの構成を意図的に考える必要がある。単に，楽しむことを目的としたバレーボールの場合は，ポジションや役割にしばられずに，平等にプレーするチャンスやゲーム出場の機会を与えればよい。

しかし，トップレベルのチームにおいては，ブロックもできず，スパイクも打てない選手ばかりを集めても成果を上げることはできない。また，スパイクやブロックができるが，レシーブが全くできない選手ばかりでは，勝てるチームはできない。

指導者は，選手各自がそれぞれのポジションや役割上の機能を果たし，存在感を感じることができるように，その見通しを明確にするこが求められるのである。

選手の適性判断に際しては，次のように考えるとよい。

a）体格・体力的条件…身長（ブロック参加が可能か否か），体力（ジャンプ力・パワー・敏捷性・器用さ）。
b）技術的条件…基本技術の平均的能力，特にその中で優れている技術は何か。
c）精神的条件…協調性・忍耐力・思いやり・リーダーシップ。
d）環境条件…家族構成・経済的基盤・時間的要素・地理的要素。
e）学業成績…小学生から大学生の場合，学校の成績の中でトップに近いか，または勉強嫌いか。

以上の点を考慮しながら，個々の適性を判断し，チームの構成と役割を考えていく。その場合，選手本人とよく話し合い，自分の考え方を理解・納得してもらうことを忘れてはならない。

2 指導条件の調整

　チームのよい環境づくりに努めることは，指導者自身の努力要素の一つであり，大切なことである。すなわち，バレーボールをやりやすい環境にしてから練習に入っていかなければならない。

　たとえば，学校で指導する場合，新入生の始めての練習参加では，これからの希望と不安が交錯している。他人から，バレーボール部の噂など真正直に受け止めてきているので，まず本人のペースに合わせて安心させる。「お母さん，今日1日練習したけど，上級生の人たちは親切だし，このぶんではつづきそうです。元気で頑張ります。」これが，練習第1日目の新入生の言葉であってほしい。

　また，練習場所と練習時間の調整，さらには練習に必要なボールや用具など，効果的指導をする上で十分であるか。仕事や学業との両立が十分保証されているか。1ヶ月当たりの経済的負担はどの程度で，どのような年間スケジュールを予定しているのか，といったことを具体的に示し，父兄や周囲の人が安心して支援できる環境づくりが必要となってくる。

　指導者は，ただコート上で選手に指導するだけではなく，環境づくりや人事管理・金銭管理の能力を身につけなければ，優れたチームづくりはできないことを銘記すべきである。

3 指導者の役割

　チームづくりに欠くことのできない条件の一つに，優れた指導者に恵まれることがあげられる。シーズンの途中で指導者がかわってしまい，全く影が薄れたチーム，逆に秀でたチームがみられるとおり，指導者の影響がいかに大きいかということは誰しも認めるところである。では，優れた指導者とはどのような指導者であろうか。

　現代の指導者としてまず試みることは，ミーティングの機会を頻繁にもち，選手をよく知ることである。チーム内にはどのような選手がいるのか。エースアタッカーの素質を持っている者，縁の下の力持ち的存在の者など，性格・技術・家庭を通してみることである。

　また，選手から信頼されない指導者は，優れた指導者とはとてもいえない。選手は指導者を信頼することによって，チームを形成していく。その信頼感は指導者の人柄・指導力・対外交渉能力・経験などいろいろな要素があげられる。

　少なくとも高校生以下の指導に当たるとき，指導者が1人の方が指導効果がある場合が多い。船頭が多いと船が山に登るというとおり，1人の指導者の一貫した指導が功を奏する。しかし，練習効果をあげるためにはコーチやマネージャーが必要になるので，指導スタッフづくりにも配慮すべきである。

（豊田　博）

2．指導環境の整備

　バレーボール指導において，環境づくりとは地味な仕事であるが，目立たない中で大きな位置を占めている。氷山が海の中で大きく年輪をつくり，出ている部分のみを見て「あの氷山は小さい」と侮ったりするものではない。バレーボール指導の環境がしっかりとしていれば，それがよき伝統へとつながる。

1 指導者自身の環境づくり

① 性格と健康管理

　指導者として必要な条件として，明朗・情熱・意欲・魅力・忍耐力・厳しさ・集中力といった精神的な要素は欠くことができないものである。

　また，指導者は，自己の健康管理について，時には選手以上に気をつかわなければならない。不規則な生活，精神的疲労などが続けば，十分な指導ができないばかりか，体をこわし，指導を継続することさえ困難になるおそれがある。

② 家庭の理解度と協力

　指導者としての仕事を，自分の家庭に理解してもらえない者に，他人の指導ができるわけがない。家庭をなおざりにしてチームづくりをすることは自己満足に過ぎず，真のチームづくりとはいえない。よく仕事を家庭に持ち込まないという人がいるが，スポーツ指導で極限を目指して行う場合は，事務的な仕事ではないので，どうしても選手のことが家庭内に入り込んでくる。

　スポーツ指導者の日常生活は，毎日のように変わる選手の心とともに戦っている者が多く，コーチングや選手中心の生活になりがちである。選手や選手の家庭に無理なことを要求している以上，指導者のみが休むことはできない。そのためにも，周囲の人々をはじめ，配偶者や子どもにも十分理解してもらうことを忘れてはならない。

③ 職場の理解と協力

　職場は家庭の次に生活の基盤であるといえ，生活維持の源である。トップレベルのチームになれば，バレーボールの専任になり，それが仕事となるが，そうでない者は趣味（好きでやっている）程度と見なされ，仕事と趣味の問題に悩まされる。教師であれば授業が本職であり，バレーボール指導はその次に位置する。1日24時間の中ですべてできるものではない。

　指導を続ける上で，自分の本分は何かを考え，人に理解してもらう気持ちがあれば，時には妥協をしなければならないこともある。何事も1つのことをやり抜いたことがある者は，人のことをとやかくいわない。そうでない者は，うらやましがったり，嫉妬したり，自分の努力の足らないことを棚に上げ，相手のことを批判ばかりする。しかし，当事者はいわれても仕方のない状態までやっていることも多いので，なんとか協力を願うよう理解を求めることである。上司はもちろん，同僚に対しても日ごろから懇親を深め，よき人柄で接していれば協力を得ることができる。「俺はやっているんだ」とばかりに次の日を休みにしたりせず，無理を承知でも頑張るべきである。

④ 監督の家庭と選手の関係

監督と選手の間に監督の家庭が入り込むことがある。たとえば，チームによっては，選手を監督の自宅に下宿させたり，合宿所として家庭を使っていたりする場合がある。この問題を解決しなければならない。時には自分の家庭を犠牲にしてまで選手中心になってしまうことがあるのは当然であるが，家族にとっては，家庭を放り出して選手に熱中しても困るわけである。以下のことに注意し，家族に自分の仕事について十分説明し，理解を深めなければならない。

a）結婚前からあらかじめ監督の仕事の内容や事情をよく理解してくれている。
b）多忙なときでも月に1度は家庭サービスの機会を心がける。
c）配偶者や子どもがバレーボールに対して，よい印象を持ってくれている。

⑤ その他

指導対象がレベルの高い選手ばかりではない。また，迷いの多い選手には，普段の生活から相談相手になってやることで，より深い信頼関係を築くことができるであろう。

② バレーボール指導のやりやすい環境づくり

① 周囲の環境

自分が努力しなくても，よい環境に恵まれるチャンスはある。環境（職場）の大きさ，おおいにやらせてくれる職場，地域の状況，上司の理解など，自分の努力もさることながら，整った指導環境にある場合はこれを逃してはならない。筆者がバレーボールを指導し始めたときは，指導者が他にいなかった・優秀な素質を持った選手がいた・体育館など施設が整っていた・教え子たちが指導の手伝いをしてくれた・トップレベルのチームが身近にあった・学校の理解があった・下宿が学校に近かったといった，自分の努力よりも指導しやすい環境に恵まれていたことが多くあった。

② 施設・時間の確保

専用の体育館をもっていて，しかもバレーボール用に工夫されていれば最高である。いつでも使用でき，隣接地に合宿所があれば，これ以上の施設環境はない。

しかし，多くの場合，このように恵まれた環境ばかりではない。たとえば公立高校の体育館では，各部活動が多目的に利用できるようになっており，バレーボール部のみが使用することはできない。放課後の時間帯も，限られた曜日に設定され，現在では体育館の管理を管理業者に委託され，決められた下校時間前には練習を終えなければならない状況にあることが多い。このような場合，たとえば早朝練習で練習時間を確保するといった工夫が，指導者にもとめられる。また，定期試験終了日・年末年始・学校行事の終わった後の時間などもあるだろう。近くの他の体育館の確保，部員が少ないときは他のチームとの合同練習などを考えれば，かえっていつでも練習できる環境よりも，短時間で質の高い効果的な練習ができる。

③ 経済的基盤の確立

人間関係・施設・時間の他に，経費の捻出は大きな課題である。活動の度合いが高くなるほど，多くの経費が必要になるのは当然である。もちろん，世界のトップをねらう日本代表チームから，ジュニアバレー，家庭婦人バレーまで経費の格差は大きいが，基本的な部分は共通している。また，大会で勝ち進んでいくチームの方が宿泊費などがかかってくる。

しかし，社会主義の国家とは異なり，日本のスポーツはオリンピックで優勝しても年金が保証さ

れる制度があるわけではない。特にバレーボールは，企業スポーツとして発展してきた歴史をもつ。スポーツを実施している企業は大企業のイメージが強く，そのスポーツを社員の士気高揚と企業宣伝の広告手段としている。景気の悪い企業では直接経費に反映したり，遊び事は贅沢とみられることもある。現在では，そういったことについて語ることは難しいので，この項では学校関係を中心にして経済的基盤について述べることにする。

① クラブ活動にかかる経費の確保

国家でも予算があるように，学校内の全クラブの経常費のうちどれだけ予算が取れるかは，その学校におけるクラブの位置づけと関わってくる。自校内における最高額を取れることは，部の勢いにもつながる。支出についても，大会に使用したボールの払い下げ，まとめ買いなどで節約することを忘れてはならない。

② 公費の援助

公費とは，県・市・町・村（教育委員会・体育協会）が，正当な理由があるときに支出してバックアップしてくれる費用である。大小にかかわらず有意義なもので，学校長，PTA，講演会，そして現場の監督・選手まで金額にかかわらず，公費の援助を受けることは非常に嬉しい。また，必ず関係者に大会参加の経過報告やお礼の挨拶をすることを忘れてはならない。

③ PTA（保護者会）後援会の援助

PTA（保護者会）後援会に対して，日ごろ物心両面で迷惑をかけているのに，大会時にまた多額の費用を依頼することは心苦しい。しかも年に数回，合宿も含めてさらに増えるとなると依頼しにくい。遠征時のための臨時会費徴収となると監督の方も心苦しいので，可能であれば最初から経常費に組み込み，学校長，PTA会長，体育部長の3役ぐらいでその都度決めてもらう方が有効である。なかにはバレーボール部のために集めてやるという顔をする人もいるので，その後の影響を予期しておかねば大変なことになりかねない。全校生徒を通じての徴収も1つの方法であるが，毎回となると監督・選手の精神的負担がかえって大きくなるであろう。

後援会の援助とはファンという不特定多数の人々の場合もある。よい結果に終わったときや後援会の期待に添って進められている場合はよいが，ややもするとスタッフである関係がライン（指導者・マネージャー・選手など）の中まで入り込み，かえって不協和音をもたらすことがある。

④ 卒業生の援助

卒業生のなかには，在校中，出費で監督がやりくりしていること覚えている者もいる。卒業後，自分の給与で自立するようになれば，あらためて監督の苦労を知るだろう。心ある卒業生が，同級生に呼びかけて財政的にクラブを支援してくれる時がある。そういったことがあったときは，在校生によく話しておくべきである。卒業生を送った企業へ合宿に行ったとき，差し入れなどの献身的な振る舞いは，現役選手に感謝の気持ちが自然に生まれ，経済面の支援ばかりでなく精神面にも大きな効果がある。自分ですらお金が必要なのに，後輩たちに援助するのである。感謝のない後輩ばかりだったら，卒業生はどう感じるだろうか。この教育もまた監督の大切な仕事なのである。

⑤ アルバイトによる経費捻出

大学生に限ることであり，高校生以下では難しい。大学生のクラブ運営はほとんどの場合，自分たちで行っている。活動費は親元に依頼するか，自分で働いて得たお金ということになる。いずれにしても難しい条件のなかで運営するわけである。苦労して得た費用は貴重であり，浪費することは許されない。最も有効に使用するよう努めることが必要で，そのお金を使って行う練習への取り組み方も考えさせてみるべきである。また，練習に差し支えるようなアルバイトであれば，バランスをとることが大切である。また，大学生でトップレベルのチームになると，卒業生の直接，

間接的な支援があり，アルバイトの必要もないかもしれない。

⑥ 経費節約のポイント

a) **選手を甘やかさない** たとえ大切な選手であっても，甘やかしては本人のためにならない。タクシーを1度でも使うと，次も当然タクシーに乗るような顔をしてそちらに向かうことがある。このようなときは思い切って重い荷物を持たせて歩かせる。そうするとバスに乗ることさえ，ありがたさを感じ，心がけも変わってくる。初心に戻る指導が時として必要である。人数によってはタクシーの方が安い場合があるかもしれないが，ここでは気持ちを引き締めることによって，すべてにおいて経費を節約するという努力と心掛けを教えることの大切さをいっているのである。

b) **遠征時など宿泊費の使い方** 遠征に出かける場合の費用は，交通費と試合日数×○泊×定人数と決まっていて，決して十分といえない。サプリメントや保健機能食品といった経費の捻出には苦労する。また，全国大会に出場する場合はユニフォームを新調することもあるだろう。決められた額の中でそれらの経費を捻出するためには，不利な条件でも大会前日まで近くの企業に宿泊を依頼し，最終日は夜行バスで帰るといった工夫が必要である。

c) **企業への宿泊依頼** できれば企業に頼らず，自校での合宿が望ましいが，練習場所・食事・宿泊施設・練習相手などが完備されている企業に依頼した方が安価である場合がある。しかし，企業である以上プラスにつながらない場合は快く引き受けてくれないこともある。能動的な供給という考え方が強いため，学校側も甘えてばかりおられないが，実費で依頼することにより相当額軽減できる。なるべく近い企業に依頼するのがよいことは当然で，時間的余裕があり，練習量も増え，旅費の節約ともなって合理的である。

d) **経費の生きた使い方** 経費の確保が他チームより劣る場合は，使い方，生かし方を考えなければならない。金は人が与えてくれるものでもなければ，天から降ってくるものでもない。必要なことは，指導者自信の長年の努力で得た信頼度や，バレーボールに対する情熱などにより，まわりが自然のうちに集めなければならないような協力体制と雰囲気をつくり出すことにある。だれでも自分のためにならない無駄な金を出すものはいない。しかし，人間には情がある。相手の情を動かすことができたなら，問題は解決の方向に向かうと信ずるのである。

4 環境づくりと人間関係

① 選手の環境づくり

自分がバレーボールをしようという積極的な姿勢であるかどうかにより，おのずと道が開ける。何とかやりとげたいと思っている選手は，親に迷惑をかけないように努力してやっている。「俺はやってあげているんだ」というような選手は，大成しない。監督の不手際でも，自分の責任にして納得したり，父母を納得させてくれる選手ができれば，指導者としてこのうえないことである。学校など卒業生が訪れてくれると，選手は親にもいえないことを打ち明けたりして，同じ道を歩いている者としての信頼感が深まり，よい方向に導いてくれる。月に一度くらいは家庭訪問して，父母だけでなく兄弟の協力をお願いするのも1つの方法である。

また，選手に，「もうここまできたら絶対に負けられない」と思わせる条件をつくることが有効なときもある。まず勝てる環境をつくってやり，やらねばならぬという使命感で追い込んだ方がよい。やらねばならない環境におかれる方が，当事者にとってはきついのである。

② 大会時における環境づくり

　ゲームが始まれば，指導者の任務は半分以上終わったと思ってよい。それほどまでに，それまでの環境づくりと準備が勝敗へ大きく影響する。事前に大会開催地の調査，会場条件（体育館の大きさや広さ，高さ，観覧席，休憩所），宿舎の条件（部屋，食事，会場までの距離や所要時間），気象条件などを十分把握した上で，大会期間中の選手への細かい配慮していくことが大切である。

　特に新人は，個人差があるものの，新しい環境・課題への挑戦であるので，精神的にも肉体的にも疲労は大きい。順応性の問題や海外遠征の時差調整など難しい要素が多々あるのである。したがって，監督やコーチの経験が豊富でないと失敗することがある。国際試合の場合，常識以外のことが多く，そのための準備や対応に苦慮する。現地の人に頼んだバスの手配，在留邦人の差し入れた新鮮であるべき食事，ドーピング検査のため興奮剤と間違えられない飲食（コーヒー，薬など）などがそれである。また，自己コントロール能力を高めるために，睡眠を多くとらせるという方法で解決することもある。

　トップアスリートは，場所や時を選ばずに何でも食べられ，寝られることがもとめられる。それは，ハードスケジュールにもついて行けるだけの体力と精神的強さを維持するためであるが，そのためには，選手個人の努力とともに，指導者もその調整に配慮しなければならない。

③ 指導者の責任範囲

　指導の現場を預かる監督，コーチの責任範囲は，そのクラブの全活動のうち，選手の管理も含めて70％までが限界である。残りの30％は，そのクラブの所属する企業，学校などの管理的立場にある人の仕事であり，現場の指導者は，自分の責任範囲をはっきりつかんでおくことが大切である。どれほど優れた指導者でも，現代の複雑な社会の中で営まれるスポーツ活動のすべてを，1人でやることはできない。あらゆる組織力を持って事にあたる中で，マネジメントや基本方針などは残り30％の仕事として上司，幹部のバックアップに任せるべきである。指導者が1人ですべてを背負い込むという時代は過ぎた。幹部の経営的センスと現場の指導者の接点を間違えると大変なことになる。

　指導者の責任範囲とは何か。自分の能力を過信せず謙虚に，己のおかれている位置を選手にも認識させ，家庭の協力，現場の同僚からの理解を得て，選手を取り巻く環境を整備し，選手の技術的・精神的指導の場をかぎりなく完璧に近い状態にまで高めていくことが現場を預かる指導者の責任である。その努力が職場・学校にいかにプラスの刺激を与えるか理解させ，上司や同僚に協力してもらうことである。

　最近，現場の指導者のなすべき70％の責任範囲を十分理解せず，やたらとその範囲を広げて苦しんだり，逆にやるべきことまで人任せにしている指導者が多く見られる。全国大会で上位に進むチームの多くは，後ろだてがしっかりしていることを忘れてはならない。

④ 選手の家庭と企業・学校などとの関係

　指導者は，ややもすると自分本位に，「俺についてこい」と独善的になる場合がある。選手は，選手である前に会社の一員であり，学校の生徒である。集団には必ず，独自の規則や約束事がある。したがって指導者は，個々の集団との関係をよくしておかなければ，選手も動きがとれなくなり，板挟みとなって最終的には追い込まれる場合がある。家庭ならば父母が中心であり，学校ならばクラス担任が当面の責任者である。

　現場の監督の仕事は，試合が始まってしまえば終わったと言っても過言ではない。特に，中・高校生くらいまでは生活面の指導への比重が大きい。その指導を怠り，技術指導のみに走り，失敗している例が見られることを常に留意すべきである。

　　　　　　　　　　　　　　　　　（豊田　博）

3. チームマネジメント

１ 意欲をもたせる指導

① 競争心をもたせる

常に練習をともにする選手の間に，まず競争心を養わせることが大切である。スパイクやサーブレシーブなど技術的なことや，トレーニングの中において競争心を養うことはもちろんであるが，練習外でも競争させることは数多くある。

筆者は，体力づくり（個人能力を伸ばす）のために一覧表をつくり，その目標が到達したときに斜線を引かせ，全員が見えるところに張りつけておいた。サーブ効率率を示す表をつくり，チーム内での紅白ゲームや練習試合の成功率・ポイント率を明示した。公式試合も同様である。特にサーブは，はっきりした個人技であるので競争心もわき，数字を示して選手に納得させるデータともなって効果的であった。

② プライドをもたせる

人には負けないものが必ず１つはある。容姿・性格・体格・学業成績・競技成績・趣味などさまざまであるが，その１つに誇りをもたせ，それを基盤に特徴・特技を助長させていくようにする。

あるとき，全国大会に出場した。選手はどう見ても貫禄・身長・技術とも他校より劣ると思っているようであった。そこで「お前の頭脳は最高だ。頭のよさは人には見えないが，見えないところにわれわれは日本一のよさをもっているではないか。戦法ならば隠さなければならないが，頭のよさは自然に隠せてよい」と励まして乗り切ったことがある。また，ある選手はあまりに筆者に叱られ，本気で考え，反発し，自分にはその能力がないと判断して限界と感じているようであった。「何を思っているのか，他人がお前はだめだとはいっていない。ただ練習の過程で大成してほしいと思って本当にお前のことを激励のためにいっているのだから自信をもってやるべきだ」との一言でその選手はおおいに勇気を出して活躍した。監督の言葉に感動し，自信につながりプライドへと発展した一例である。

やっていることに裏づけがないと自惚れとなるが，裏づけができると自尊心となり，それがプライドとなる。プライドとなるまでの過程では，自尊心は傷つきやすく指導者として大切に育てることが必要である。松平監督の率いたミュンヘン・オリンピック12人衆などは，日本男子が世界の舞台で問題にされなかった時代に，あらゆる手段で自尊心を築き，世界一にふさわしいプライドをもたせて金メダルへ挑戦した成功例である。

③ 魅力ある練習

遠大なる計画はもちろん大切であるが，その時期にふさわしい個々の具体的な目標をもたせることが，自主的な前向きの姿勢を維持させることになる。つまり，コツ（ポイント）を体得させる，実現可能な身近な目標をもたせる，選手自身へやる気を満たしてやるなどである。

また，指導者の中身の濃い計画，指導能力によって魅力ある練習は考えられる。目先を変える練習計画，同じ練習法のくり返し，全選手が合理的

な動きや考え方をしているか，つまり1人も遊んでいる人がいないか，ボールの動きが激しいか，選手をあきさせない練習法などに機転をきかすことが大切である。

ときには，自分の体育館だけで張り合いのない練習をするよりも公開練習をするのもよい。多数の人に見せれば選手もハッスルするし，PTAも市町村民も校友も父兄も見ることの喜びをもち，一石二鳥の効果をもつ。

筆者は，合宿場所を1か所に決めず，3泊ぐらいで4か所を回ったことがある。移動の時間や挨拶，環境の調整などに空費する面もあるが，「今日また同じ1日か」という気分より効果があがった。とくに，長期遠征の場合や大会および合宿の機会を生かして，その土地にしかないものを見せたりやらせたりした。これは父兄に「猛練習だけしかない」という指導者に対する片寄った見方を緩和させることができたし，選手自身も楽しみをもって合宿に行くことができた。

④ 指導者の魅力・信頼感

その選手に対して，自分の指導者が世界で一番よいという信頼感・魅力をもたせることが大切である。自分の指導者よりよい指導者が他にいてはとうてい目標は達せられない。とくに，女子の企業チームにおいてははなはだしい。全日本とか選抜チームをつくったとき，当面の指導陣が苦労するのも当然である。男子の場合は，その会社での将来性なども魅力の1つで，監督の魅力は全面的ではない。女子の場合，一生涯の保証というわけでもないので，会社の魅力よりおのずから指導者の魅力が大きくなるものである。

指導者の魅力には，人間性(人柄)・指導力・経験・対外的な地位・バレーボール界での役割・政治力・若さ・情熱・実践力などがある。実行される言動や努力が信頼感になる。信頼のない指導者などはあり得ない。指導者もまた選手同様人間である。あまり完璧な指導者は，選手との仲間意識もうすらぎ，別世界への人と追い込まれやすい。人間臭さが信頼感につながり，真の人間性が出て魅力となる。だから指導者もミスをして，選手に「監督もできないのだ」と思わせるのも1つの方法である。

⑤ バレー以外でも最高レベルを求めさせよ

プライドの項で述べたように，自分たちが最高である意識をもたせるために，最高のものを見聞することも必要である。全日本のトップゲーム，国際大会また他のスポーツの全日本・国際大会，超一流の講演，芸術，大相撲横綱戦，歌舞伎，音楽会など，ともかく一流人・名人芸に秀でた人は何かしら1つのことに精進し，世間が認め，凡人の心を打つものがある。自分たちもそれに近い努力と精進によってできるのだという意義づけができる。ただ，力不足の者，何の目的もなく見に行くのは愚の愚であり，何か求め得ようと積極的な態度でのぞませることが必要である。これは時間の問題，経費の問題で実際は考えているよりむずかしいが，将来のことを考えれば実施すべきことである。

⑥ 夢をもたせる

心ある選手ならば「くやしい」という気持ちをもたせて反発心を誘惑し，「くやしかったら努力せよ，頑張れ」と追いたてるのもよい方法である。しかし，若い選手には，夢がなく灰色のバレーボールではつづかない。夢をもたせることを心がけねばならない。単独チームの海外遠征もよかろう，また，全日本選手に育成するのもよかろうが，チームスポーツである以上，苦労した者同士の最上の夢は「優勝」の2字にほかならない。筆者は決勝前に負けても，必ず最終日まで残って観戦させた。「われわれと同じ人間が，優勝を手にして感激している」そんな気持ちを選手はいだき，決勝戦，表彰式の雰囲気を見て「来年こそはきっと私たちの手で……」と夢をいだくのである。

⑦ 勝負のおもしろさを味あわせる

勝負はやってみないとわからないところにおもしろさがある。前もって評価されたとおりの結果

しか出ないのならば，それはあたりまえである。人が「今年は弱い，相手にならない」と評価したとき，「それでは一発やってやれ」と奮起してあらゆる手段を考える。ときには，こそこそして人に嫌われたり，思い切った戦法を考えたりする。この世界では強い者が勝ち，弱い者が負けるのが当然である。最上級生が多く卒業して，「来年はチーム力危し」などといわれると，2年生が奮起して頑張ったりするものである。これも選手に意欲をもたせる心理的な条件である。

⑧　選手のレベルによる指導

下級生はついていくだけでも大変である。ましてや叱られたら挽回のチャンスも訪れず，その対処法もわからない。指導者は，下級生のことでもスケールの大きい上級生を叱りしごくようにすべきである。必然的に下級生は「自分のことで上級生が叱られているのだ」ということがわかり，上級生にすまない気持ちが信頼に変わる。

陰で働いている選手・新入生などには，人のいないところで声をかけてやることもはりきる原動力となる。1人ひとりに1日1回必ずどこかで言葉をかけてやることが必要である。

⑨　集中力

気が多いと1つのことに精進することはむずかしい。とくに，大きな目標を立てたときなど苦しく逃げ出したくなる。

一生のうち，命がけの3年間が10年分の価値があると信じ，いろいろな欲望を捨てさせバレーボールの世界一本にしぼったとき，気持ちが先にたって大きな力が出る。

⑩　ときには大手術を必要とする

どうしてもチームの雰囲気がよくない，チームがしまらないときなどは，たまには大手術をするのも必要である。チーム内の配置換えや責任分担，主将の交替（これは本気ではなく見せかけだけである）などである。

筆者は昔，アウトコートの時代，大事な試合の前々日によく怒ったふりをしてネットの支柱を抜かせた。地面に深くはいり込んだ支柱を抜くのだから，練習時に元に戻すのも1日や2日ではできない。まったく非合理的なやり方だが，次には「先生が怒ったら大変だ」と試合の前はとくに気をつけるようになった。また「もう知らん」と教官室に帰る。当然選手が呼びにきてくれなければ大変であるし，早く呼びにこなければ絵にならず，指導者の失敗である。指導者から負けて出かけてはだめで，選手と監督の根気比べがはじまる。選手に「お前はもういらない」と強いことをいって選手が帰ってしまったら困るのと同じことで「先生すみません」といってきてほしいものだ。

プレーはよいが，チームワークを乱す選手の切り方もなかなか思い切れないものである。しかし，思い切った決断もときには必要である。チームの生死にかかわる大手術も必要なのである。

⑪　暗示を利用した指導法

指導者に信頼があるならば，1本100円のドリンクでも効果がありファイトが出る場合がある。経費が十分であればサプリメントも求められるが，無くても効果をあげようとするときは，レッテルのない薬をよく知った薬局から買い求め，中国産の高貴薬と暗示をかければ選手は身が軽くなりよくジャンプする。それをエースだけに飲ませれば，申しわけない気持ちも手伝い気迫に満ちる。心理的な効果を十分つかむことが必要である。

⑫　信頼される人の言葉

指導者が信頼している人に依頼し，指導・助言してもらうことも必要である。

筆者はよく著名な指導者を招き指導してもらった。短い時間ではあったが，大きな収穫があった。また，ある実業団チームで合宿したとき，そこのオリンピック監督をしたことのある監督に話しをしてもらった。彼は心得たもので「私は昔あなた方の先生に指導を受けた。その恩返しにあなた方の合宿を引き受けているのだ。頑張ってくれ」といった。その言葉で昔を知らない選手は，「うちの先生はオリンピックの監督になるような

人を教えたのか」と感激し，この先生ならと再確認して無理な要求にも挑戦しはじめた。本当にありがたい一言であった。

⑬　スランプのときの指導法

スランプとは技術が進歩した選手がいうことで，スランプの前に何かあるのではないだろうか。われわれの日常生活の中にでもリズムが合わないときがある。それは進歩するためのアンバランスである。そのとき，いきづまりを感じ，スランプと勘違いする場合が多い。その場合，1, 2歩後退して出なおすことによって視野が広がり解決することもある。

より高い技術面において次へ挑戦するとき，思うように進まず悩み，スランプだと苦しんでいる選手がいるが心配はない。おおいに悩むことが人生の進歩と考えればよい。ケガをするにも，進歩の過程でのケガと，遊び半分にしていたケガがある。前者の場合は，身体的にはトレーニングしていなくても精神的に苦しみ，ケガが治癒したとき，素晴らしい上達がある。

精神のしっかりしている選手には，どん底まで落として中途半端の解決はさせてはならない。

また，くずれやすい時期とは，技術の向上が伸び悩んでいる場合，チーム内に精神的トラブルがある場合，選手の環境に大きな衝撃があった場合などである。家庭の不和・学業成績の不振・クラスメイトとの関係・クラブの上下級生との問題が多いものである。

⑭　反省帳で指導者と選手の結びつきをはかる

下級生の時代には思っていること，苦しいこと，身体の不調，悩みごとなど，いってほしい環境をつくってもなかなか本人からいい出せないものである。筆者は各自に反省帳をもたせ，どんなことでも書くことによって一時の悩みを解決させた。そしてそれは他人に見せるべきでない個人の秘密であるが，週に1, 2回は見てやることにした。上級生の悪口から，バレーボール部の批判，家庭と学業のいきづまりなど気のむくままに書か

せ，心の窓としてコートではわからない面もうかがえ，ときには選手自身のうっぷん晴らしや気分転換にもなった。

２　チームづくりと人間関係

①　基本的条件の確立

目標・目的が決定したならば，その土台の上に柱をしっかりと建てることが必要になる。基本となるものには，集団間のモラル，体格と基礎体力，基礎技術，性格と精神力などがあげられる。

a) 集団間のモラル　１つの家庭にはルールが存在し，そのルールは一様ではない。チームにおけるモラル同様，その環境・指導者・選手により独特の規則をつくるべきである。そして，それは先輩から後輩へ受け継がれていき伝統が形成される。同窓会を開くのも１つの方法で，１年に一度卒業生の顔を見ることは，現役の選手にとって夢と希望がわき，先輩も含めた大きなチームワークができる。また先輩は，同じ道を歩んでいる仲間として助言もしてくれよう。

b) 体格と基礎体力・基礎技術　バレーボールに適した体格と基礎体力の育成に務めること。走り出して途中で燃料不足にならないよう十分に鍛え，蓄えておくことが必要である。息切れのしない選手をつくるべきである。

実技においても，基礎練習を十分に行うこと。バレーボールはパスに始まりパスに終わるといわれるように，初心者からトップレベルの者まで一貫してその重要性は変わらない。基本を十分にマスターした者は，応用問題も解決できるが，その場まかせの練習はその問題しか解くことができない。また，少しのことでぐらつかない性格と精神力も大切な要素である。

②　選手の役割と関係

すぐれた監督に恵まれても，実際選手が集らな

ければチームはできない。そのためには，ある程度めぼしい選手の把握（勧誘）とバックアップが大切である。送り出しと受け入れの関係は，長年のつきあいの中で，人間的なつながりができたときに初めて生まれるものである。

選手には，「私がいなければ困る」という存在感をもたせることが重要である。そのためには，責任を分担させるのも1つの方法である。たとえば，ボール係は練習初め，合い間，終わりに数の確認や破損管理など，その他主将，マネージャー，会計，各学年責任者など仕事はいろいろある。また，正選手は選手としてのチームの責任が，補欠は縁の下の力持ちとしてのがまん強さが必要で，どちらも重要な役割である。実際，選手ばかりでボールを拾ってくれる者がいなければ，練習の能率ははかどるものではない。もちつもたれつの関係でチームがつくられる認識をもつとチームはくずれにくい。上級生が率先してボール拾いに専念している者がいるようなチームは強い。

「親しき仲に礼儀あり」のたとえどおり，上級生と下級生がある線を保ち，節度ある態度で接することは必要である。練習中は上級生も下級生もないが，1歩コートから離れたときあまりにも無分別な行動がみられるチームは，指導者に対してもルーズな関係がみられやすい。そのためには，上級生はさすがは上級生と思われる態度・行動がみられないとその関係も成立しない。

③ ラインとスタッフ

ラインとスタッフではおのずから任務が分かれる。所属長，部長，監督，コーチ，選手は1本のラインである。PTA・OB・OG会，県市町村の関係，職場の関係者などは応援団であって取り巻くスタッフである。ラインの中にスタッフがはいり込むことは，考え違いである。この点，どちらの人たちも自分の範囲をわきまえておくべきである。ひいきの引き倒しにならないよう注意すべきである。

④ 練習における条件

練習における条件は，厳しい練習，ポイントを得た練習などがあげられる。練習は，「練習の練習」「時間つぶしの練習」ではなく，「試合のための練習」であることが大切である。1日3セットマッチ2試合と考えると最低6セットすることになるので，練習ゲームはその3倍はしたいものである。

試合の気持ちで1本1本考えて練習する態度，つまり，ブロックがいる，13対13のサーブとか場面を設定した練習はおのずと厳しくなる。

ポイントを得た練習は必要であり，強いチームは春－夏－秋へと地道にチーム形成がなされていく。「私のチームと変わらない練習をしていてどうして勝つのか」と相手チームの監督にいわれることがあるが，練習内容のコツを得ているからである。

精神力は負け試合を逆転させるための不可欠の条件である。精神力の強化には，苦しいトレーニング，不利な条件から挽回する練習，限界への挑戦，監督に対する信頼感，監督の満足度のレベルなどによる。悪い条件でも克服し，可能性を見いだす粘りが大切である。自チームの過信とあせりは失敗であり，冷静さも欠かせないものである。

名人は1万回の練習をするというが，技術が習慣になるまでの努力も基礎づくりに欠かせない。また，チームづくりは，コート外の練習が非常に大きなウエイトを占めている。ミーティングによってチームワーク，チームモラルなどが形成されると同時に，個々の人間についてお互いに認識しあえる。

24時間バレーボールを考えている人がいれば，それにまさるものはない。それに勝つとすれば，それ以上のことを考えていかねばならないことは当然であろう。

チームのカラーを出すために，キャッチフレーズを使った例は多く見られる。松平氏は「負けてたまるか」「世界に通用する顔」「松平一家」，大松

氏は「おれについてこい」，前田豊氏は「百万人のバレー」というようにチームにも個人にも特徴をもたせることが必要である。「好かれるチーム」「高校生らしいチーム」などもそうである。

⑤　1日を大切に

冬期休暇中の12月31日に合宿をやったことがしばしばあった。監督も選手も家に帰り，紅白歌合戦を家族水いらずで見て新年を迎えるのが常識で，合宿をすることなどまったく考えられない時代であった。現在は，バレーに限らず様々なスポーツが行われてあたりまえのようになってきたが，その当時としては相当な決心が必要であった。試験の終わった日に勉強をする生徒は受験合格まちがいないといわれている。このように，人と同じことをしていては一流にはなれない。選手は優勝した日が正月であり，受験生は合格発表の日が正月である。

（豊田　博）

──　ま　と　め　──

① 職場の信頼を高め，協力者になってもらう。
② 成績をあげる前に，バレーボール部のモラルを高めよ。たとえば礼儀正しさ，規則正しさ，まじめな態度など。
③ 目標を定め，よい選手を集め競技成績の向上に努めること。
④ 目標貫徹の決意を決め方針を立てること。
⑤ 環境づくり，PRに全力を尽くすこと。
⑥ 監督の決意を選手や父兄に理解させ，協力体制をつくること。
⑦ ゲーム計画の中に重点指導計画を立て実行すること。
⑧ 勝つための独特な戦法を考えること。
⑨ ときに主力中心の帝王教育をすること。
⑩ 一日の練習で多数の者は教えられない。1人か2人である。
⑪ 健康管理は当然の義務。
⑫ 魅力あるバレーボールにするための努力を重ねる。

4. 練習計画の作成

1 練習計画の重要性

　バレーボールの指導は，勝つためのバレーボールもあれば，教育の手段として，あるいはレクリエーションとしてのバレーボールもある。いずれの場合も，あらかじめその目的を明確にし，そこに到達するためにどのような過程を経ればよいかということを考えねばならない。その時々にある課題を解決していく中で評価と反省を重ね，必要に応じて目標達成のための計画の軌道を修正していく指導を展開する。指導計画を立案することによって，年間，あるいはある期間に必要な用具や施設の準備や経費の見積もり，学校・職場・家庭の生活設計まで準備，予定することが可能となる。

　今までのバレーボール指導の経験を反省すると，多くの指導者が明確な目的や正しい指導課程を守らず，その日その日の行き当たりに任せた指導に終始していることに驚く。優れた指導者は，自分が指導している対象の現状と指導期間，指導環境を理解し，将来どの水準までレベルを高めることができるのか予測することができる。その一例を大まかに示せば，高校生へ指導する場合の指導計画は，1年生時に基礎体力と基礎技術を高めることに専念し，2年生時には1年生時の補足とチームとしての応用技術を高め，最終的に3年生時で優勝をねらうといった3年計画を立てるといったことが考えられる。また，セッターにおいては，生来の素質が求められる上に育成指導にも時間がかかるので，1年生時から育成し，3年生時に次の1年生を育てるなど，一年おきに計画的に育成していくことが必要であろう。

　トップレベルのチームをつくるためには，指導効果を高める必要があり，そのためには綿密な計画を立てることが重要なのである。

2 指導計画立案上の原則

① 目的・目標の確立

　バレーボールの練習を見ていると，他のチームと同形式の練習が行われていたり，ただ漠然と目指すところもなく練習していたりする場面が多いことに気づく。これでは，練習の成果はきわめて低いといってよい。原因は，練習計画の段階で，「何のために，いつ，どこで，何を，どの程度行うか」の"何のために"という明確な目的・目標が確立し，選手に十分理解されていないからである。

② 指導対象に対する理解

　指導者は，自分が今から指導しようとする選手を十分に理解しないままでは，指導計画は立てられない。スポーツに参加した動機や目的，体力，技術レベル，経験，さらには個人の特性や家庭環境に至るまで理解していなければならない。指導時のグルーピングや声のかけ方一つにおいて，同年齢であっても全く同一に扱ってよいということはない。特に，発育・発達段階に個人差が大きい

年齢層の選手に対しては，注意して指導にあたらなければならない。

③ 指導者の調整能力

指導者が立てた計画も，そのために必要な用具や施設が使えなければ，まさしく絵に描いた餅になる。いつ，どこで，何時間練習する必要があるか考え，あらかじめその準備をする。遠征や合宿をしたくても経済的制約があれば難しい。また，個人によって家庭環境などの選手を取り巻く環境にも違いがあればなおさらである。家庭・学校・職場の行事や試験といった動かすことのできないスケジュール上の制約がある場合もある。そのスケジュールと全体の指導計画を調整することも必要になる。例えば，学校行事や試験とナショナルチームなどのスケジュールが重複した場合，ナショナルチームなどのスケジュールを優先させてもらい，レポートや追試験で補填してもらう，不足の授業を課外授業で充当するなどの，指導責任者としての努力が求められる。

④ 練習計画における周期性

練習はその期間を通し，同じ時間，同じ強度と量で反復すればよいというものではない。個人の体調にも善し悪しがあるとおり，ハードな練習と十分な休養は表裏一体の関係でなくてはならない。

休養は疲労回復の手段である。適当な休養は練習効果を最大限に発揮するための必要条件であるので，練習間の休息を計画の中に正しく組み入れるとともに，練習後の入浴，マッサージ，睡眠などに配慮しなければならない。

また，練習の効果は練習時のみに期待してはならない。練習計画を含むスポーツマンとしての全体の生活管理を忘れてはならないが，特に食事と栄養摂取に十分な配慮が必要である。

日本のスポーツ選手は，普通3,000～4,400kcal程度のエネルギーを消費している。このため，莫大な栄養摂取が必要になる。毎食ごとに3大栄養素，ミネラル，ビタミンなどが適量に含まれ，かつカロリーも1回に集中することなく，3回に分けて平均して摂取するように心がけるべきである。つまり，消費熱量と摂取熱量のバランスが保たれるように，栄養素を合理的に配分し，カロリーの摂取量を増大するように配慮することが，高度の練習を行い効果をあげる上で大切である。

⑤ 健康管理に万全を期す

スポーツ選手は，激しい運動の連続であり，期間もかなり長期にわたることがほとんどである。こうした状態のもとでは，定期的健康診断はもとより，疾病・異常に気づいたときは早期に診断を受け，その発見と処置を完全にし，すみやかに回復させるように努めなければならない。しかし，疾病や故障という理由だけで，運動を禁止したり，練習を抑制するだけでは完全な管理とはいえない。原因や程度によって，禁止や抑制の内容や量が異なってくるからである。

以上のような原則を計画の中に十分生かし，科学に根ざした実戦的練習を通して，高度のチームづくりをできるだけ短年月で完成するよう努めることが大切である。特にバレーボールを成績の側面から考察すると，成功と失敗の2つの柱から成立している。つまり，失敗率は最小限にくい止めて，成功率や決定率を高くするほどよい成績をおさめることになる。そこで失敗率を少しでも減少するには，技術を習得する過程で不足している能力を補うとともに，正確性とスピードに徹した練習が行われなければならない。

3 練習計画の種類と具体例

1）練習計画の種類

バレーボールの練習計画は，大別して次の種類が考えられる。

① 長期計画…3年～8年の長期間にわたる指導計画の主要目標とその中心となる過程を示す。

② 年間計画…当面する1年間の計画を学校・職場のスケジュールを考慮して立てる。1年間の主要目標と課題にそって，合宿や遠征などを組み込む。
③ 期間計画…1年間をさらに3～4期に分け，個々の期間の主要目標にそった指導内容を中心に周期性を持たせて構成する。技術・体力・精神面の到達目標と主要課題を個々に明確にする。移行期・鍛錬期・完成期・試合期・休息期に分けて系統的に示すもの。
④ 週間計画…期間計画をさらに1週間ごとに分けて，内容をより細かく具体的にする。練習方法や内容も含めて考える。練習の展開につれて修正を加えつつ，選手のコンディション，習熟度，取り組み方に配慮する。練習時間の配分，指導の際のポイントをまとめ，その指導成果の評価ができるようノートにまとめておくとよい。
⑤ 日間計画…1日あたりの練習時間は2～3時間の場合が多いが，練習内容と時間配分までを課題に合わせて組み立てる。鍛錬期や試合期には練習場所などの要素も考慮すると，チーム全体としての練習と個人練習を朝練習，午前・午後の練習，夕方から夜間の練習など，さらに細分化して行うことがある。例えば，学校のクラブの場合，練習時間は15～18時くらいであるだろうが，大切な試合が朝から始まる場合，その時間帯にベストの状態をつくれるように，数日前から意図的に早朝練習を加えることなどが考えられる。

2) 練習計画の具体例

バレーボールの練習計画は，いくつか考えられることはすでに述べたが，さらに詳しく述べてみる。

バレーボールの練習計画は，周期性を採用することが望ましい。この場合，1年をもって1周期とするか，半年で1周期とするかは，原則としてそのチームの目的と競技会のスケジュールに制約されることになる。普通は1年周期が採用されているが，半年周期が1年周期に劣らない効果をあげることもある。

1年周期は「1日」の計画に始まり，まとまりの最小単位である「週」となる。そしていくつかの週が集まって「段階」を形成し，段階が集まって期となる（表1，2，3）。

最近は競技会が頻繁に開催されるために，半年周期を採用しなければならない場合もある。たとえば，1年に3～4回の大きな試合があるので，各試合にあわせた3～4か月の周期が用いられる。周期が短い場合は，効果的な練習ができないために高度な技術や体力の強化策も不十分なうえに，鍛錬的な練習に陥りやすく，選手の健康管理面でも有害をもたらすことが多いので，短い周期はできるだけ避けることが望ましい。

① 年間計画

年間計画はまず，表1，2に示すように月ごとの競技スケジュールと学校行事などとの関係を明らかにし，さらにその中で合宿や遠征をどのように組み込んでいくか考える。

② 期間計画

年間計画を主要な競技会のスケジュールに合わせて，1年周期から半年周期へ変更する場合もあり，それぞれに合わせて計画を立てる（表3A・B，表4，5，6，7）。

1．移行期

この時期は，日本でオフシーズンといわれた時期で，前年度の公式ゲームも全部終了しメンバーも一新して，新年度のスタートを切ろうとする時期である。

この期の初期には，気分転換をはかる意味でも，1週間程度の休息を入れて，前シーズンの身体的・精神的疲労の回復をはかり，あわせて選手が新しいシーズンに入るにあたって，よりよい体調の維持と心身の充実をはかり，技術的な進歩の土台をつくっておくようにしなければならない。

表1　年間計画の具体例　平成17年度　全日本女子(A)チーム《スケジュール表》

【○(国内事業)／●(海外派遣事業)】

No.	事　業　名	場　　所	期　　間
1	○第1回合宿	JISS（予定）	4／4（月）～4／6（水）（3泊3日）
		小千谷市	4／7（木）　　　　　（1泊1日）
		宮崎（予定）	4／8（金）～4／13（水）（6泊7日）
2	○第2回合宿	貝塚トレーニングセンター	5／9（月）～5／20（金）（12泊12日）
3	●中国国際トーナメント	中国・寧波（5／24～5／28）	5／21（土）～6／4（土）（15泊15日）
		中国・大連（5／30～6／3）	
	●モントルーバレーマスターズ	スイス・モントルー（6／7～6／12）	6／5（日）～6／15（水）（11泊11日）
4	○第3回合宿	貝塚トレーニングセンター	6／16（木）～6／18（土）（3泊3日）
		JISS（記者会見）	6／19（日）～6／21（火）（3泊3日）
5	○ワールドグランプリ（第1週）	東京（6／24～6／26）	6／22（水）～6／27（月）（6泊6日）
	●ワールドグランプリ（第2週）	韓国・順天〈スンチョン〉(7／1～7／3)	6／28（火）～7／4（月）（7泊7日）
	●ワールドグランプリ（第3週）	タイ・スファンブリ（7／8～7／10）	7／5（火）～7／11（月）（7泊7日）
	○ワールドグランプリ（決勝）	日本（仙台・7／13～7／18）	7／12（火）～7／19（火）（7泊8日）
－	休暇	－	7／20（水）～7／27（水）
6	○第4回合宿	芦別トレーニングセンター	7／28（木）～8／5（金）（9泊9日）
7	○第5回合宿	貝塚トレーニングセンター	8／6（土）～8／29（月）（24泊24日）
8	●アジア選手権	中国・太倉（9／1～9／8）	8／30（火）～9／9（金）（11泊11日）
9	○第6回合宿	貝塚トレーニングセンター	9／10（土）～9／29（木）（20泊20日）
10	●海外遠征	キューバ・ハワイ	9／30（金）～10／17（月）（18泊18日）
11	○第7回合宿	貝塚トレーニングセンター	10／18（火）～11／5（土）（19泊19日）
12	○第8回合宿	JISS（記者会見）	11／6（日）～11／12（土）（7泊7日）
13	○グランドチャンピオンズカップ	東京（11／15～11／16）	11／13（日）～11／16（水）（4泊4日）
		名古屋（11／18～11／20）	11／17（木）～11／21（月）（4泊5日）

表2 年間計画表の具体例（高校女子S高校の例）

月＼日	5日	10日	15日	20日	25日	30日
10月	6日 体育祭	10日 オリ記念 大会	16日 中間テスト	20日	25日 合宿ゲーム	27日
11月	2日 4日 文化祭	10日 新人地区 予選	17日 新人県大会	23日 24日 遠征（東京）		
12月		6日 11日 期末テスト		19日 20日 終業式 関西遠征合宿		28日
1月	3日 7日 8日 関東遠征 始業式 合宿ゲーム 合宿	12日 15日 合宿		18・19日 合宿	26・27日 合宿	
2月	2日 選抜二次 予選	9日 11日 合宿 選抜南関東 予選	15日 入試	18・19日 合宿	23・24日 バレー部 送別会	29日
3月	3日 卒業式	7日 期末テスト	12日 14日 合宿	17日 合宿	19日 23日 24日 全国高校選抜	30日
4月	5日 入学式	8日 12日 始業式 新入生 歓迎会		21日 春季地区 大会	27日 29日 遠征	
5月	3日 5日 関東大会県 関東大会県 予選 決勝	10・11日	16日 修学旅行	23日 24・25日 インターハイ 一次予選会		
6月	1日 5日 7・8日 中間テスト 関東大会 合宿	14・15日 合宿		22日 インターハイ 予選決勝	28・29日 合宿	
7月	5日 期末テスト	10日 地区総体	14日	20日 22日 終業式	31日 遠征・合宿	
8月	2日 5日 6日 インターハイ ハワイ・カナダ遠征			20日 22・23日 県大会予選	25日 30日 休息	
9月	1日 6・7日 始業 合宿（学校）	13日 横須賀大会		20・21日 合宿		
	────（新チームトレーニング開始）────					

表3　A．1年周期

期別	段階（月別）	週
移行期	1段階（11～12月）	1～9週
鍛錬期	2段階（1～2月）	10～17週
完成期	3段階（3～4月）	18～26週
試合期	4～6段階（5～10月）	27～52週

B．半年周期

期別	段階（月別）	週
移行期	1段階（11月）	1～4週
鍛錬期	2段階（12～1月）	5～13週
完成期	3段階（2月）	14～17週
試合期	4段階（3月）	18～22週
移行期	1段階（4～5月）	1～9週
鍛錬期	2段階（6～7月）	10～17週
完成期	3段階（8～9月）	18～25週
試合期	4段階（10月）	26～30週

表4　体力と技術の配分表

トレーニング区分	体力トレーニング	技術練習
移行期（11～12月）	70	30
鍛錬期（1～2月）	60	40
完成期（3～4月）	30	70
試合期（5～10月）	30	70

この時期は，全面的な体力づくりと専門的には筋力の補強，ジャンプの基礎的トレーニング，動きの速さの基礎などをできるだけ楽しくやれるような雰囲気をつくり，オーバーワークにならないように工夫すべきである。また，技術，精神力，人の和などの各面からの反省と，新しい構想をうちたて今後の展開に対処するのである。

2．鍛錬期

　この時期は，各人の体力・技術上の欠点に応じ

た指導を徹底的に行い，バレーボール選手として必要な正しいフォームを形成するとともに，体力の諸要素の向上をはかり，基礎的な能力を拡充することが課題である。つまり，バレーボールの専門的な体力の向上と同時に，技術を基礎的に研究し，個人技の完成に努めるのである。

3．完成期

完成期は，体調を整えつつチームの完成度を高める。この段階では，6～8人の選手が中心となって試合に臨むための実戦的な練習を展開するように工夫しなければならない。鍛錬期までに獲得した全面的な体力を基盤として，ジャンプ力，攻撃力，動きの速さ，読みの能力，スタミナ（全身持久力）など，バレーボール技術と直接関係の深い専門的な体力をトレーニングし，技術面では基本技術を完成して，コンビネーションの育成をはかる時期である。

4．試合期

試合期の課題は，体力を維持し，最高の技術と戦術をいつでも発揮できるように，身体と精神の両面の充実をはかることである。この期で最も重要なのは試合そのものである。この大切な試合で最高の実力を発揮し，好成績をおさめるためのあらゆる工夫と努力を傾注すべきである。これがた

表5 各期の練習計画（3時間）

期	課題	10分	20	30	40	50	60	70	80	90	100	110	120	130	140	150	160	170 180
移行期	練習課題	準備運動	柔軟運動	サーキットトレーニング		サーブ		休息	持久走 バスケットボール サッカー		整理運動	休息，ミーティング，個人研究						
鍛錬期	練習課題	準備運動	動きのトレーニング 持久走		筋力 スピード	休息	パワー，柔軟性，調整力			パ ス		休息	トス，スパイク，サーブ，レシーブ，サーブレシーブ					整理運動
完成期	練習課題	準備運動	専門トレーニング			休息	パス，トス スパイク ブロッキング		レシーブとトス コンビレシーブ サーブレシーブ		フォーメーション	休息	乱打，試合形式練習					整理運動
試合期	練習課題	準備運動	専門トレーニング		基礎技術	休息	コンビ技術		各種フォーメーション			休息	練 習 試 合					整理運動

表6 トレーニング年間主要課題配分表

トレーニング期	中 学 ・ 高 校			大学・実業団		トレーニング主要課題
	体力トレーニング		技術的トレーニング	体力的トレーニング	技術的トレーニング	
	全面的	専門的				
移 行 期 （11月～12月） 1 段 階	50%	30%	20%	70%	30%	全身筋力の調和的発達，一般的持久力，柔軟性，調整能力，リラクゼーション，活動的休息
鍛 錬 期 （1月～2月） 2 段 階	20	40	40	60	40	筋力，持久力，スピード，ジャンプ力，柔軟性，基本技術，精神力の向上
完 成 期 （3月～4月） 3 段 階	10	30	60	30	70	パワー（ジャンプ力，打球力），スピード，基本技術の完成，コンビネーション
試 合 期 （5月～10月） 4～6段階	0	30	70	30	70	ジャンプ力，動き，リラクゼーションの完成，作戦，精神の素質の育成，理論的実戦的知識と技術

め，体力的・技術的・作戦的・チームワークの調整をはかり，それらについての知識を深め，試合についてのなれや度胸や自信をつけ，意志力を高揚し，できる限り試合経験を多くするように準備しなければならない。

5．休息期

厳しい試合期の後には7日～2週間程度の完全休息をとり，心身のリラックスを計りつつ体調をととのえ次期の準備に入る。

③ 日間計画

1日の練習をどのような内容で行うかのプランを日案ともいう。朝・午前・午後・夜間と，合宿時などの場合には4つに分けることもある。この場合，朝練習は軽い調整力とコンディショニングを中心とし，午前と午後には体力・技術の主要トレーニング，夜間の場合は個人の補強トレーニングが行われるべきである。練習計画の詳しい配列は次の通りである（表8）。

a）フットワークで軽く汗をかいて全身の準備運動（特にバレーボールのトレーニング時に多い負傷防止のため足首・膝・腰・肩の回旋運動と指・手首の屈伸運動を十分に）をおこなう。

b）ストレッチで筋や腱を十分伸ばす。疲れが残っていたり筋肉痛のある時はスポーツマッサー

表7 期間計画の具体例

期の種類	期　間	練習の主要目標	目標とする大会
第一移行期	2月1日～13日 （13日間）	休息・健診・負傷や故障の回復 体力トレーニング・ジョギング・縄とび・他のスポーツ，リラックス	
第一鍛錬期	2月14日～4月3日 （49日間）	体力トレーニング・サーブの強化（個人の能力，フォーム固定） レシーブの強化（レシーブ・トス）・結合から複合トレーニングへ アタックの強化（ブロック・スパイク・トス力）	チーム内での練習ゲーム
第一完成期	4月4日～5月1日 （28日間）	個人のトレーニングは全体の30～35％ 複合トレーニングからコンビネーションへ トレーニングゲームを加えて成果のチェック	トレーニングゲーム3～4回
第一試合期	5月2日～22日 （21日間）	コンディションの調整と欠点の修正 相手や時間・場所を考えたゲームトレーニング 7日前の土・日は実力伯仲の相手と練習試合へ	県予選 一次 5／14・15， 二次 5／21・22
第二移行期	5月23日～6月5日 （14日間）	前回の大会の反省と練習課題の把握 レギュラーは調整，控え選手の強化	
第二鍛錬期	6月6日～26日 （21日間）	第一期の不十分な個人技術の強化トレーニング チームが相手に得点を許すケースの分析，原因の把握 それに基づく強化トレーニング	チーム内での練習ゲーム
第二完成期	6月27日～7月10日 （14日間）	種々のタイプのチームに勝つための作戦や戦術の工夫と研究 フォーメーション（アタック・レシーブ・サーブレシーブ・ブロックカバー）のチェック	トレーニングゲーム2～3回
第二試合期	7月11日～7月31日 （21日）	事情が許せば2日前に会場に入り，前日，相手を選んでトレーニング・ゲーム3～4セット	全国大会 7／28～31

表8 日間計画の具体例　完成期の練習計画

練習目標と課題	練習の方法　および　内容	練習時間	分
1）準備運動とトレーニング	a）ジョギング～前後走，送り足走，ジャンプ，全屈膝走など b）準備運動～四肢，首，胴体の屈伸と回旋，足首・膝の屈伸・回旋，アキレス腱・指の伸展 c）全身のストレッチング d）筋力トレーニング～腹筋・背筋・ひざたて伏せ・馬とび・四つんばい連続とびこし	20	計20
2）ボールを用いての準備運動	a）対人キャッチボール，b）対人スパイクスウィング，c）組み手パス， d）対人レシーブ，e）オーバーパス（バック，ジャンプ）とレシーブ	10	30
3）レシーバーのレシーブとトス	a）正面移動レシーブ・トス（ポジションで） b）左右移動レシーブ・トス（ポジションで） c）レシーブ・フェイントレシーブをアンダーで二段トス	15	45
4）アタッカーのスパイク	a）直上トスのスパイク，b）二段連続コース打ち c）スパイク開いての二段打ち（つなぎ）	15	60
5）レシーバーの複合トレーニング	a）2人でのレシーブ・トス，フェイントレシーブからトス b）3～4人でのレシーブ・トス	10	70
6）アタッカーの複合トレーニング	a）スパイク，ブロック後開いての速攻，b）2人でのダイレクト・ブロック（レシーブ）・トス・スパイク，c）3人での連続同上	10	80
休　息　1	トイレ，更衣，水分補給，ミーティング	10	90
7）シートレシーブ	シートについて速攻とオープンスパイクのレシーブとトスの連続練習	10	100
8）アタックコンビ	a）チャンスボールをいれて，6人のコンビ b）サーブレシーブからのコンビ	10	110
9）サーブ練習	a）サーブのコース打ち，b）サーブ順での狙い打ち	10	120
休　息　2	ゲーム前の準備	5	125
10）ゲームトレーニング	2セットゲーム，セット間に反省を加えて	30	155
11）欠点補正練習	サーブレシーブの不正確さの調整（2～3人で）	10	165
12）整理運動	ジョギング，ストレッチ，マッサージ，ミーティング	15	180

注）基本40分，応用60分，ゲーム30分，準備・整理運動35分，休息15分の配分

ジをおこなう。
c）ボールを使った準備運動は短期間で合理的に（マンネリ化しないよう）おこなう。
d）練習の構成の原則（軽から激，単純から複雑，易から難へ）個人の練習もスピードと反射のトレーニングから始め，次第に連続的持久的に，基本練習から結合練習へさらに複合練習へ，次に攻守のフォーメーションとコンビネーションプレーへと展開していく。

④　練習の質と量
a）全力で行うスピードやパワー系のトレーニングは10～20秒間行い，3～5分間休息を入れる。
b）持久力トレーニングの運動継続の目安は心拍数180拍/分，その後90～120秒間の休息を挟む（インターバルトレーニング）。
c）体を全く動かさない静的な休息よりも，軽い運動を加えた動的な休息を加える方が体力の回復が早い。
d）長時間にわたるハードなトレーニングを行った場合や試合前には，1日の完全休息や2日間の動的休息を加えるとよい。
e）練習には集中と脱力といったリズムが必要である。

3）試合期の練習計画

　試合前には，その試合の相手にもよるであろうが，技術的にも精神的・身体的にも従来の流れを変えて区切りをつけ，よいコンディションでゲー

表9 試合期の練習計画

a) 練習前に相手チームのデータを分析し,特徴から作戦をたてる。
b) 補欠選手を使って,ゲームと同じ条件でゲームトレーニングをする。
c) 試合の時間と場所を予測して練習する。
d) 試合と同じ条件を考えて練習の前半にゲームをして体調と集中力をゲームに合わす。

練習目標と課題	練習の方法 および 内容	練習時間 分	
1) 準備運動	ジョギング,体操,ストレッチング,足首・膝の屈伸や回旋	10	計10
2) ボールを用いての準備運動	オーバー,アンダーパス,対人レシーブ,ブロックやサーブ(コートの状態によって)	10	20
3) ゲーム前のチームトレーニング	ブロック,トス,スパイクとコンビアタック シートレシーブ,二段トス,サーブレシーブ	20	40
4) ゲーム・トレーニング	反省やアドバイスをしながら2〜3セット,補欠も実戦を予測して参加させて,タイムアウトもとって	40	80
休息と反省のミーティング	トイレ,更衣,皆での話し合いと作戦の確認	10	90
5) 修正トレーニング	二段トスの調整(ポジションからのトス) ブロックフォームの修正,サーブレシーブの調整 サーブの確実さの調整	30	120
6) ゲーム・トレーニング	前のゲームでの問題点が修正トレーニングで補正されたかをチェックして,疲労度やコンディションによって1〜3セット	20	140
7) 休息と反省 2	出来栄えによって再度トレーニングも	10	150
8) インターバル・ゲーム	3〜5点連続して得点するダッシュの練習,22対20からの逆転の練習,集中力と戦術の確認	10	160
9) 個人補強トレ	個人の不出来の人の不安を取りのぞく練習	10	170
10) 整理運動,ミーティング	整理運動,ストレッチング,マッサージ,後かたずけ,話し合い	10	180

ムにのぞむように調整しなおすことが必要である。練習計画のところで述べたが,チームづくりには長期計画が必要で,目的とする大会のために1年前から精神的にも技術的にも,また身体的にも周期をつくって指導が行われるべきであるが,試合前には,練習計画やコンディションのひずみを調整し,大会当日ベストコンディションにもっていく努力が必要である(表9)。

試合前の調整のポイントとしては,チームにより,また対戦する相手によって調整の方法にも当然差があるであろうが,一般に次のような点に留意すべきであると考えられる。

① 技術的な面
1) フォーメーションと戦法の完成。
2) 相手チームを意識しての特殊な技術の完成。
3) 自チームの欠陥の最終調整と役割の明確化。

② 体力的な面
1) 疲労を除き,身体の調子を整える。
2) 試合の時間・相手の力との比較による試合の運動量を予測し,体調をあわせる。
3) 負傷者に対する回復をはかり,事故に注意する。
4) 試合前3日間は短時間の激しい,目的を持っての練習できりあげる。

③ 精神的な面
1) 選手に自信をもたせる。
2) 心にゆとりをもたせ,ファイトを盛りあげる。
3) あがりやすい選手には,個人的に暗示を与え不安を取り除く努力をする。

ある高校女子チームが,インターハイ出場をかけて行った3週間の調整法と,決勝で対決したA・B両チームの調整法の差が結果にどのような

表10 インターハイ出場のあるチームのコンディショニング

日 項目	(3)日	4月	(5)火	6水	7木	8金	9土	10日	11月	12火	13水	14木	15金	16土	17日	18月	19火	20水	21木	22金	23土	24日
行事予定	練習試合Ⓑ	対戦相手のスカウティング	練習試合Ⓐ												練習試合Ⓑ						会場到着	全日本予選会	全日本予選会
コンディション			完 成 期					休息日				調 整 期								試 合 期		
技術面	実力のややおとるBチームとゲーム	相手戦力の分析		A・B両チームとの対戦結果を反省し自チームの課題や相手チームの特徴をふまえた練習				練習をおとし、気分転換	完成	練習時間は短くコンビプレーの完	自分たちの攻め方の体得	相手チームの攻めに対する守り	練習時間を意識して練			身心の安定をはかりつつ相手を意識した練習					雰囲気にならす	
体力面	練習量を多く	底的補強試合にでた欠点の徹	疲労大きくても可		練習量をおとす		完全休息			調子をあげるやや疲労させる		短時間の激しい練習	疲労を除去し体力消耗を防ぐ		生活管理に注意							

優勝をねらうチームのコンディションの調整は2〜3週間前からはいり，次の点に注意する。
①未完成の技術を強化し，調整。
②相手チームの作戦に応じた練習。
③試合を予測して対処のしかたを研究。
④心身の疲労を除き，勝利への意欲をもりあげる。

【決勝で対戦したA・Bチームのスケジュール—よい例と悪い例】

日		7月24日														7月25日							
時	5	6	7	8	9	10	11	12	1	2	3	4	5		7	8	9	10	11		1	2	3
Aチーム	練習 試合コートなれ 重点練習 90分		入浴	夕食	ミーティング はげまし、努力の尊さ	消灯	睡 眠 8時間30分						起床		朝食	ミーティング 戦術と勝ち方 対戦相手の特徴	練習 室内コート 40分	準決勝 ゲーム勝 90分 3-0		軽食 サンドウィッチと牛乳	練習	決勝 3-0	
Bチーム	練習 激しい練習 180分			夕食 練習着のまま	入浴	ミーティング 勝つためにどうすればよいか	消灯	睡 眠 8時間					起床		朝食 ミーティングなし		練習 屋外コート 60分	準決勝 ゲーム勝 120分 3-2		昼食 昼食全部	練習	決勝 0-3	

試合は，A3-0BでAが勝つ。
①Bチームの24日の練習は疲労を残し，選手を叱りつけ，選手に自信をなくさせた。
②Bチームの入浴前の夕食は気分に安らぎを与え，非衛生的であった。
③前日のミーティングで，Bは勝つことを意識しすぎて緊張してよく眠れず，しかも要点を次の日忘れてしまっている。
④準決勝で疲労し，Bチームは決勝に一方的に敗れてしまった。

影響をおよぼしたかについての具体的な事例を示すと，表10のとおりである。

4) 練習および試合の評価と反省

① 練習の評価について

a) 準備に問題はなかったか（施設・用具）。
b) コンディショニング，体調に問題はなかったか，チェックはできていたか。
c) 準備運動・体力トレーニングに問題はなかったか。
d) 練習法の配列・順序・内容（質と量）はよかったか。
e) 集中力と休息の配列が十分であり，ムードのある練習ができたか。
f) 新らしい練習法や補助器具の活用が十分であったか。
g) 練習の成果が確実にあげられ目標に近づいているか。
h) どこに問題点があり，どのように明日以後改善すればよいか。
i) 予定の練習時間の配分はこれでよかったか。どこに明日以後の練習時間をとるべきであろうか。
j) アドバイスの与え方・叱り方やほめ方・タイミング・内容はよかったか。
k) 気になる選手・よくなったと思われる選手は誰でどこが変わったか。今後の指導上のポイントは何か。
l) 練習時間があっという間に経ち，退屈さを感じさせなかったか。
m) ミーティングを通し全員が目的を理解した練習ができたか（VTRの活用など）。

② 試合の評価と反省

a) 勝ち負けの結果よりも，予想通りの展開となり実力が十分発揮できたか。
b) VIS（技術統計）のデータや記録から勝因，敗因を分析し課題をチェック（第4章－1参照）。
c) ゲーム全体の流れや展開からメンタルコンセントレーション，指導者のゲームコーチング（タイム・選手交代・セット間のアドバイスや過ごし方の巧拙）の適・不適について反省する。
d) ゲームのシチュエーションに対応するため，今後何をなすべきかを，1セットあたり次の5フェイズ（段階）にわけて考える。

第1フェイズ　1～5点　出足の良否
　　　　　　　　　　スタートのコンディショニング
第2フェイズ　6～12点　作戦1
第3フェイズ　13～19点　作戦2
　　　　　　　　　　エース・フェイント・左右
　　　　　　　　　　速攻ブロックアウトなど
第4フェイズ　20～25点　逃げきり方法
第5フェイズ　26点以後　最後の手段
　　　　　　　　　　ピンチサーバー・奇襲奥の手

e) 相手のレベルによって技術のウエイトが大きく変ってくる。
f) 自分で今後の指導に何をなすべきか方向性をまとめると共に，選手に対しなぜそうすべきかを理解させる。

（豊田　博）

第2章

より高度なバレーボールを目指して

1. コーチングスキル向上への努力
2. バレーボールの応用技術
   1. 守りの技術（パス・トス・レシーブ）
   2. セッターの育成法
   3. 攻めの技術（スパイク・ブロック・サーブ）
3. 勝つための高度な練習法
   1. 練習法の構成上の原則
   2. 技術の発展系列
   3. 結合・複合トレーニングのねらい
   4. 複合トレーニング
4. トップレベルチームのフォーメーション
   1. 守りのフォーメーション
   2. 攻めのフォーメーション
5. トップレベルチームの技術
   1. セッターへの返球
   2. 幅のあるトスの能力
   3. ブロックからの切り返し
   4. レシーブシフトの変化
   5. 攻撃パターンの多様化

1．コーチングスキル向上への努力

　バレーボールの指導者に限らず，指導者は自分の指導力に自信と誇りを持つことが大切である。しかし，このような自信と誇りは長期間の研修と経験の蓄積により，指導実績として立派な成果を現実に挙げることによって体得できるものである。実績といっても，それぞれその程度には差があるもので，市の大会での優勝経験とオリンピック大会での優勝経験とは同じ優勝といっても天と地の差がある。世の中には，多くの人から尊敬される立派な指導者は沢山いるし，また，スポーツの世界は日毎に進歩していることを考えると，指導者は常に向上への意欲と地道な研鑽をいつになっても謙虚に続ける必要がある。

　例えば，全日本の監督が必ずしも小学生チームにとって日本一の最高の指導者であるとは限らない。その理由は，全日本のチームの監督は強化費の心配は全部協会が，また，要求される指導環境も，日本中の最高の選手達をそろえるといった素材の発掘も含めて，自分よりも多くの人々の協力によって実現されており，子ども達を集め不足の経費を調達し，体育館を探し歩き，支援者づくりをして，初めて指導を開始できる小学生指導者の苦労はほとんど経験しなくてよいであろう。すべての条件を自分が準備しなくてはならない小学生指導者の苦労の経験がない者に子どもの指導を依頼しても，プライドばかりが鼻について浮き上がってしまうという多くの事例が生じてきている。世界の一流といわれる指導者は，日本には多く見られるからお互いにその人の努力と実績を尊敬しながら，その人から少しでも何かを学び取ろうと言う姿勢が必要になる。指導者を志す者にとって私から次の5点を特に希望したい。

①　盗んで創れ

　一流の指導者はなにか他人と違ったものを持っている。他人と違わなければ平凡で一流とは言えない。その人が持っているよい点を先ず学んで，自分も真似をすることが第一段階である。さらに，自分がその上に他人にない独自の指導技術や，練習方法を編み出して現場での実績を重ねてこそ初めて一人前であることを知るべきである。

②　技術指導に必要な3つの基本技術

　選手の指導に当ってはスパイクを自分の思うところに打てること，ボールをタイミングとコース，強弱を考え，その選手の能力ぎりぎりのところにコントロールよく投げることができること，さらに変化球，ドライブの2種のサーブを選手にコントロールよく打ってやれること，この3つの能力が指導実技として最低必要なので常に選手と共に自らもこの3能力の向上に努めなければならない。

③　グループづくりと反復回数

　練習中，何人かのグループで練習することがある。例えば2人のコンビレシーブの時，誰と誰を組ませるのか，上手な人と上手でない2人の方がよいのか，例えば，ゲーム前のコンビづくりにはゲームフォーメーションを組む2人でグループをつくる方が目的からいって効果的であろう。

　また，練習をする時，何を何回どのようなインターバルで反復させるのか，例えばサーブのフォームとトスの安定化には，1人連続休まず3〜5

回連続打ちをやる方が，1本打って間をおいて，また1本という方法よりトスとフォームの安定化には役立つであろう。

④　位置どり・目のつけ所とアドバイス

練習が予定通り指導者の意図に従って展開されているかとか，出来ばえの評価にはどこからどこを見て評価したらよいか。指導者はコート内外を動きまわって細かい観察をすることが先ず必要である。もしうまくできればよいとほめてやるし，また，問題点があれば修正のポイントを短く解りやすく注意し，少しでも完成に近づけるようアドバイスする。出来なかった選手が努力の結果，それでよいとほめられた時の喜びが，やる気を呼び起す動機づけとなる。アドバイスを与えることが，指導者が自分に注目してくれているという期待感を持ち，意欲を生むことにつながる。やらなければという努力の源泉となる。指導者が何もいってくれない，見てくれないということは自分は相手にされていない，問題外だと考え，疎外されていると誤解されやすい。いつも機会を見て語りかけて激励してやる努力を忘れてはならない。

⑤　正しい技術の分析力と評価

対象者がある技術がうまく出来ない時，なぜ，どこにその原因があるのかを見究める能力が必要である。例えばレシーブに失敗した時に，最初の守備位置が問題なのか，構え方，コースの予測とタイミング，反射的能力，動く方向，連続的な動きの能力に問題があるのかなど，その原因を見究めた上で必要な修正のための適切な練習法を編み出してゆくことが必要であろう。

練習効果を左右する重要な条件の1つは前述のように参加対象者の能力，環境条件も考えるべきであるが，それらの解決の鍵は何といっても指導者の能力に大半がかかっている。チームマネジメントと指導者の指導技術，信念と姿勢が何よりもすべての原動力であることを改めて銘記し，よい指導者を目指してほしい。

（豊田　博）

2. バレーボールの応用技術

　バレーボールの技術をどのように分類し，指導においてどう体系的に展開していけばよいかについては，すでに『バレーボール指導教本』で述べたとおりである。バレーボールの基本技術をどのように考え，また応用技術や高度な技術をどのように区別するかについては，教える対象者の年齢・能力・体力などによって種々の考え方がある。ここでは，少なくとも高等学校以上のトップクラスの選手にとって，今後ぜひ体得してもらいたい基本よりやや高度な技術をとりあげ，その指導上のポイントを含めて述べることにする。

　ここで忘れてならないことは，これから述べる高度な技術は，その基盤として『バレーボール指導教本』で学んだ基本技術をほぼ完全にマスターしているという条件を前提として展開すべきであるということである。基本の体得が不十分なままでここに述べる技術を指導することは，かえって混乱を招き，体得不能であるばかりでなく，危険ですらあることを指導者は十分に理解すべきである。したがって，小・中学生にはここに示すような技術を無理して教えるよりも，むしろ「バレーボール指導教本」で示した基本技術をほぼ完全に近いまでに指導することが望ましい。

　そのうえで，さらにトップクラスのチームの選手となるためには，個人技術およびコンビネーション技術を含めてより高度な能力の限界でのプレーをめざして完成へと導く努力が必要であろう。バレーボールの技術は日進月歩，常に発展しつづけている。人間の体力の向上や能力の高度化に伴って，バレーボールの新しい技術が年々開発され，創造されていくことであろう。指導者は，ここに示された技術のみでなく，新しい技術の創造と開発に努めるべきで，今後その理論や方法がさらに新しい内容として加わっていくことを期待したい。

1 守りの技術（パス・トス・レシーブ）

① もぐりこんでのオーバーハンド後転パス

　低くとんできたボールを上方に高くあげるため，地面をすりながら引いてきた足を前足の後ろでひねって尻の下に折り込むと重心が後ろに残り，身体が次第に後転する状態になる。後転しながらボールを上に高くまたは後方にオーバーハンドパスをする。パスした後はすぐもとの体勢をとり，構えの姿勢でもとの位置にもどる。この技術ができると，やがて回転バックパスという高度な技術もできるようになる（図1）。

② 左右移動の横転オーバーハンドパス

　左右移動してもなかなか間に合わない場合，上体をボールの横に斜めに倒したままでオーバーハンドパスをし，そのあと左右に倒れ，回転をする高度なパスの技術である。これは普通行っている回転レシーブの初歩のプレーで，横転オーバーハンドパスという（図2）。

③ 横へ移動しての組み手回転パス

　横へ全力で移動しても正面でボールをとれない場合，組み手で腕を十分に伸ばし，最後の1歩を大きく踏み出してボールを上へパスしたあと，そ

図1 もぐりこんでのオーバーハンド後転パス

図2 左右移動の横転オーバーハンドパス

の方向に身体をひねって足の外側より尻の外側を床につけて回転して起きる技術である。そして，次の構えの姿勢をとる。これを横移動の組み手回転パスというが，さらに高度になってくると，横へのスライディング，あるいはフライングとなり，前に述べたようにこの技術もレシーブに近いプレーである（図3）。

④ 左右移動しての片手回転パス

このシングルハンドパスの要領は，片手をよく伸ばし，組み手パスと同じように手首のやや上にボールを当てて，ボールをすくいあげるということである。手のひらではホールディングの反則をとられやすいので，親指を折るか，手を握りげんこつの形にしたほうがよい（図4）。

このプレーにも前進してのパス，左右移動してのパス，後方へ移動してのパスがある。その動き方は，構えからの移動でよい。この技術がマスターできると，さらに高度な技術，プレーした後のスライディングやフライングなど，自分の限界のパスプレーまで身につけることができる。そしてこのような技術は，パスというよりもレシーブの技術に近いプレーといえる。

⑤ ネットぎわからの平行トスとクイックトス

高い，ゆっくりしたトスをオープントスというのに対して，低く速くネットに対して平行にあげるトスを平行トスという。また，それより距離が短く，攻撃者がジャンプして，トスされたところへ移動して攻撃するようなトスをクイックトスという。

オープントスは，相手方のブロッカーがこちら

2．バレーボールの応用技術　31

図3　横に移動しての組み手回転パス

図4　移動してのシングルハンドパス

の攻撃にタイミングを合わせやすいという欠点がある。したがって，相手ブロックのタイミングをはずす方法として，速攻・クイック攻撃が生まれてきた。そして，その攻撃法に必要なのがこの平行トスとクイックトスである。近代バレーボールにおいて，この技術は欠かせないプレーの1つである。

オープントス・平行トスは，アタッカーの最も攻撃しやすい位置へトスをあげて攻撃する方法である。しかし，クイック攻撃は相手のブロッカーがタイミングを合わせないうちに攻撃させようとするので，アタッカーの攻撃しやすいところへトスをあげるのではなく，むしろトスをあげた位置へアタッカーが移動して攻撃するという方法である。したがって，セッターとアタッカーとの呼吸が合わなければならない。これができるようになるとAクイック，Bクイック，Cクイック，Dクイック，さらに時間差攻撃，1人時間差攻撃の際に用いられるトスをあげることができる（図5）。

⑥　ネットぎわでのシングルハンドパス

ジャンプトスも両手で処理できないほど高くとんできたボールは，片手でこれをトスする。これをシングルハンドトスといっている。このプレーも相手ブロッカーから見れば攻撃されるかもしれないのでまどわされやすい技術で，身につけておかなければならない技術である。

このプレーは，ちょっとタイミングを誤まるとホールディングやドリブルの反則をとられやすい。したがって，できるだけ肩の真上で肘を伸ばし，手のひらを使わず指先を使ってボールをタイ

図5
速攻のためのトス

図6
ネットぎわでのシングルハンドトス

図7
前へのスライディングレシーブ

ミングよく突きあげなければならない（図6）。

⑦ 前へのスライディングレシーブ

前進しつつ前方にさらに身体を伸ばし、スライディング、あるいは左右に身体をひねってローリングしながらレシーブする。フェイントボールに対するレシーブなどに多く用いられる（図7）。

⑧ 左右移動での回転レシーブ

1）クロスステップ・向いて全力で走り、両腕または片腕を外方に伸ばし、レシーブ時に身体のひねり動作を加える練習（図8）。

2）クロスステップ・向いて全力で走り、片腕を伸ばしボールに対し空中をとんでフライングレ

2. バレーボールの応用技術　33

図8　横に移動しながらの回転レシーブ

シーブして着地する練習。

回転動作やフライングの動作は，高度なテクニックを必要とする。したがって，初心者の指導段階では，むしろ常にボールを正しく正面でレシーブすることから始め，トレーニングやウォーミングアップの中で回転・フライングの動作を取り入れつつ指導していくとよい。

② セッターの育成法

バレーボールの指導の中で，セッターの育成ほど難しいものはないと言われている。その理由はセッターは他の役割の選手以外に必要な要素があり，誰でも教えればセッターになれるとは限らないからである。セッターに育てようという選手を選ぶ場合のポイントを挙げると，次のような要素を素質として見究める必要がある。

1) ボールハンドリング，手首の切れのよいこと。ロングパスのできること
2) ボールの下に素早く移動できる敏捷性
3) リーダーシップとゲームの組み立ての出来る冷静かつ安定した性格

以上の条件を有する素材の中から，指導者の片腕となり，ゲームの時は監督に代って冷静にリードできるセッターを育てることである。

日本のバレーが外国に比べて，高いトスをパワフルに打ち込むエースへの依存が難しいことを考えると，平行トス・移動攻撃をおり込んで遅速の変化を多用した，粘りづよいバレーの展開が今後増々必要となる。そのためには第1条件として，サーブレシーブや相手のスパイクを正しくセッターに返球することが必要であるが，特に相手のアタックを，素早い速攻での切りかえす戦術が日本の特徴であるべきである。

従って今後の練習には，

1) サーブレシーブからの速攻〜サーブレシーブのボールをセッターがジャンプトスできる位置に正しく返球し，中央のA・B・C・Dクイックとサイドへの平行トスを使い分け，相手センターを速攻のブロックに引きつけつつ左右の平行トスによる攻撃の組み立て
2) サーブレシーブからの移動攻撃，時間差攻撃の組み合わせにより，相手ブロックに時間的圧力をあたえる攻撃
3) 相手の攻めに対しブロックから移動しての移動攻撃，またはクイックを加えた3段攻撃

今後の日本バレーは，以上の内の2)と3)をどう使いわけるかが世界大会での上位突入の鍵になると思う。

そのためには，次のような指導方針の変革が必要である。

1) サーブレシーブや相手のスパイクを，ネット際から2m以内に，高い山型のレシーブボールで返せるレシーブ力の向上

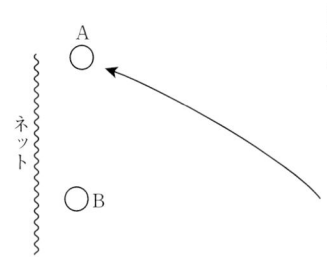

図9
矢のようなボールを送るとセンターはA点でしかトスできず，間をとりえない。

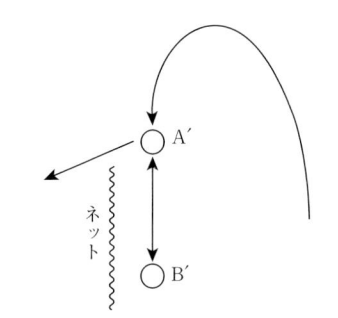

図10
山型のボールの方がレシーバーは返しやすいし安全である。選手に合わせセンターが間をとってトスできる。
A′でセッターが2段スパイクを打てる。

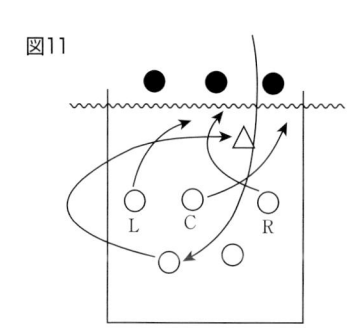

図11
サーブレシーブをゆるく返球すると，セッターの2段スパイクやフォワードがレシーブに参加したあと，ゆとりを持って攻撃できる。

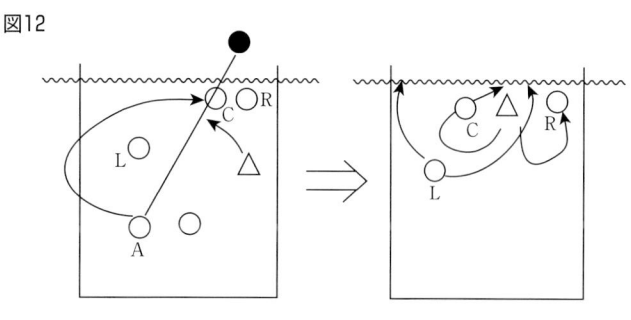

図12
相手のレフトアタッカーのスパイクボールをAがゆるく返球すると，ブロックに参加したCとRがクイックや時間差攻撃に参加することができ，センターブロックを中央に引きつけレフトへ平行トスで攻撃することも可能となる。

2）セッターがレシーブやブロックに跳んだ自チームの選手が速攻に移れるように必要な間をとり，常にA・Cクイックをからめ，相手のセンターブロックを引きつける。

3）セッターが，チームの調子のよい時はジャンプトスからの速攻を，また自チームの立て直しには，ゆっくりボールを引きつけてゲームのテンポを意図的に変えられる，チェンジオブペースを覚えること。相手のサーブとスパイクをすべて図9のようなA点に返球できるだけのレシーブ力があればジャンプトスからの速攻を多用することもよいであろうが，それは至難の技である。

図10のように山型に返球すれば，サーブレシーブから移動してクイックに入ることも可能だし，またブロッカーが着地後すぐ移動して速攻に参加し，相手ブロッカーを中央でくぎづけにすることができる（図11,12）。

もし，スパイクレシーブを低く速くセッターに返球すると，セッター（C）とライト（R）が攻撃に移るゆとりがなく，レフトの平行トス1本となり，ブロックにつかれてしまう。

要するに，現代バレーのセッターはジャンプして両サイドへの速い平行トスや，速攻アタッカーが速攻のためのジャンプに入る時間をとり，クイックのスパイカーに相手ブロッカーを引きつけてサイドからの攻めを使いうる，遅速のトスの使い分けが求められている。男子の猫田・女子の松田（元日立）のような現代バレーの中枢となる選手を育てることが日本復活の鍵である。知的でリーダーシップのとれるセッターを育てうる指導者が，バレーボールでは最高の指導者である。

2. バレーボールの応用技術

3 攻めの技術（スパイク・ブロック・サーブ）

① クイックスパイクの打ち方

　クイックスパイクは，アタッカーとセッターの呼吸が合わないと成功しないものである。したがって，練習を重ね，互いの信頼関係を築くことが大切である。アタッカーは，パスされたボールとセッターの動きをよく見て，セッターの近くに入るか，少し離れて入るかその位置を決め，腕を十分振りあげてジャンプしてボールを待つ。セッターは，その振りあげられた手をねらって速いトスをあげる。このように，クイックスパイクはアタッカーがトスに合わすのではなく，アタッカーにセッターがトスを合わすのであるから，アタッカーの動きが重要な決め手になる。アタッカーは，どんなときでもクイックスパイクが打てる助走の位置とジャンプのタイミングを合わせるコツをマスターしていなければならない。

　打ち方はまず第1に，大振りをすることなく小さく速いスウィングで，手首を十分使って高い位置で打つことが大切である。クイックスパイクはタイミングと角度，方向が重要である。練習のときから常に意識してコースを打ち分け，正面に打たないよう習慣づける。セッターにトスをあげさせて打つ練習から，ブロックからクイック，オープンスパイクからクイックと，複数の動きを加えた高度なものへと発展させる。

② 平行トスのスパイク

　コートの両サイドへ速いトスをあげて，横のゆさぶりとタイミングで相手ブロックをかわす攻撃である。クイックスパイクと違ってアタッカーは，トスを見てそれに合わせるわけである。しかし，トスが非常に速いので，ネットから遠く離れず，1～2歩の助走ですばやく踏み切りができなければならない。

③ ステップバックしてのスパイク

　自分の構えている位置より，トスがやや後方にあがったり，ブロック後すぐ自分のやや後方にボールが高くあがったとき，ゆっくり後方にさがるゆとりがない。このようなときには，ただちに2歩ステップバックして2段スパイクを打つ。この場合，右きき足の人は左・右と，また左きき足の人は右・左と大きく沈みこみつつステップバックしてジャンプし，ボールを自分のきき腕の肩の前において，全身をかぶせるようにつないで打つことが必要で，連続スパイクなどの際の応用技術として体得させることが必要である。

④ 左へサイドステップしてのスパイク

　レフトスパイカーへのトスがややポール近くに伸びたり，逆にライトのスパイカーへのトスがやや短いときには，助走のコースを急に左側に移して踏み切る必要が生じる。図13に示すように最後のツーステップをサイドステップ（右きき足の人）を用いるかクロスステップ（左きき足の人，右足を左足前にクロスし，その外側に左足を添えて踏み切る）を用いるか2つの方法がある。最初ボールを用いず，ステップからジャンプの練習をし，ステップが体得できてから実際にボールをスパイクするとよい。

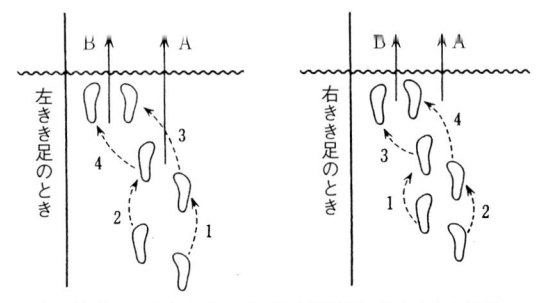

Aの助走コースをステップでBに移動してスパイクする

図13　左へサイドステップしてスパイク

⑤ 右へサイドステップしてのスパイク

　④とは逆に，レフト側でトスが短くコートの中央寄りにあがったとき，逆にライト側へのトスが流れてボールぎわにあがったときには，助走のコ

ースを最後のツーステップで2歩右へ移動し，ジャンプしてスパイクをする必要がある。④とは逆に，右きき足の人は，左足を右足前にクロスしてステップし，その右側に右足を添え，逆に左きき足の人は，右足を大きく右にサイドステップして，その左に左足を添えて踏み切ることになる。

⑥ ステップを用いての横移動からのブロックアウト

④および⑤を意識して用い，ボールを肩の正面でなく，ボール1個分ずらして肩の内・外にわざと打ち分け，ブロッカーの腕に当ててコート外に出す技術と結びつけて用いる方法である。ステップの踏みかえと3点打法を組み合わせての応用技術の1つである（図14）。

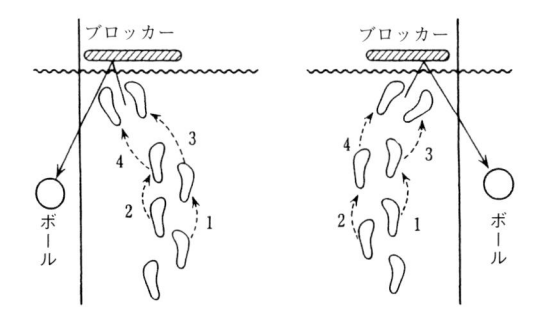

図14 横移動からのブロックアウト（左きき足の場合）

⑦ ステップの踏みかえによる逆コース打ち

左右へのステップをそれ以前の助走コースに平行にステップしないで，左・右の足をひねって着地し，最後の2歩で急に打球コースを変える場合に用いる。図15は左きき足で右ききの場合であるが，このようにすればブロッカーの左右に打ち分け，コースの予測をはずして打つことができる。

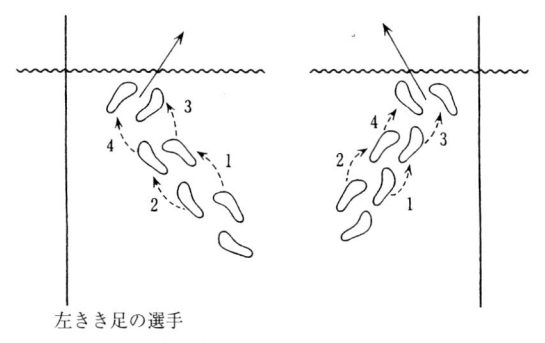

図15 ステップの踏みかえによる逆コース打ち

⑧ ステップの踏みかえと3点打法を応用しての逆逆コース打ち

⑥のステップの踏みかえによって助走コースを最後の2歩で変えたうえに，さらにボールの打点を肩の正面でなく，内・外で打つことにより逆のまた逆コースを打つ方法である。相手ブロッカーが，ステップの踏みかえによるコースの変化を読んでブロックにつくようになった場合，さらにその逆を打つという高度なスパイクの応用技術であるといえる。トップクラスのスパイカーが，個人の最高技術として体得すべき技である（図16）。

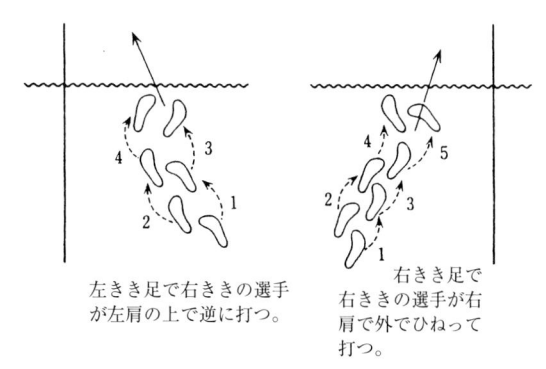

図16 逆逆コース打ち

⑨ ブロックの突き出し

ブロックの基本として，腕ははじめから伸ばさず肘を曲げたままジャンプする。アタッカーのタイミングとコースに合わせて，ジャンプの最高点で肘を伸ばす。ジャンプしながらスパイクコースやタイミング，フェイントの有無を判断して突き出し方向やタイミングを決めることができるからである。また，時間差攻撃などの場合に，次のブロックへの移行にも有効なテクニックである。

⑩ ブロック後の動作

ブロック時，アタッカーがフェイントしたボールがブロッカーの近くに落ちる場合がある。ま

2．バレーボールの応用技術

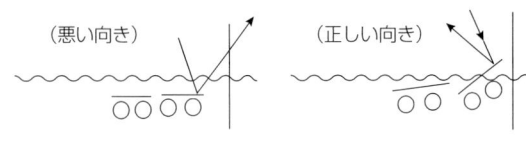

図17　ブロックの角度
（悪い向き）基本的なネットに正対したフォーム
（正しい向き）突き出しの時上体と手首を内側に捻ってボールをコート内にはね返す

図18　ブロックのステップと角度
（悪い向き）4・5のステップのように移動する方向に開いたまま外向きでとびやすい 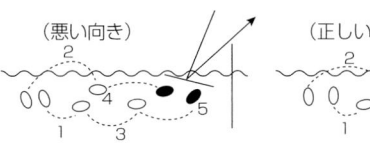
（正しい向き）4の前足で踵をつき出し捻ってステップ、5の右足も4の左足に添えて内側を向けてブロック

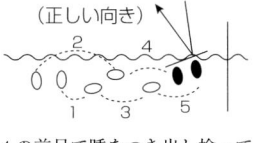

図19　ジャンピング（スパイク）サーブ

た，レシーブボールが自分の所へくれば，トスを上げる必要がある。アタッカーのコースや動作を素早く判断し，着地後のさまざまな動作に対応できるように練習する。

⑪　突き出しの角度

サイドライン付近のブロック（レフト，ライト）時，アタッカーはブロックアウトを用いる場合がある。ブロックの基本である，ネットに平行に突き出すとブロックアウトをねらわれやすい。ジャンプ時に上半身をひねり，ストレートのブロックの角度をややコート内へ向けて突き出す。この動作には体幹の筋力が要求される（図17）。

⑫　ブロックのステップ

⑪で述べた上半身をひねる動作は，タイミングが少しでも遅れると効果がない。しかし，ステップの最後で外足をしっかり引きつけ，身体をやや内側に向けてブロックすればよい。一般的に，身体を移動する方向に開いた方が動きやすいので，コート外を向いてブロックするケースが見受けられる。しかし，ブロックアウトをねらわれやすいので，特にこの技術を体得する必要がある（図18）。

⑬　ジャンピング（スパイク）サーブ

ドライブサーブが打点が低いために，ネットにかかりやすいのを防ぐために，スパイクと同様，空中でジャンプして，高い打点で力強いスピードのあるドライブサーブを打とうとするものである。ロサンゼルスオリンピックで強豪チームが多用して効果を上げたため，今では男子の選手が多用するようになった。両手または片手で自分の前方に高く上げ，2～3歩助走してタイミングを合わせて空中高くジャンプし，全身のしなりから，腹筋を使って上体をかぶせて巻き込むように，ボールに前回りの回転を与えて打つ方法である。

（豊田　博）

3. 勝つための高度な練習法

1 練習法の構成上の原則

指導者は，毎日の練習に用いている練習法が技術やチーム力の向上に最も適したもので，最小の努力で最大の練習効果をあげるように，最善の工夫と研究に努めなければならない。

よい指導者の練習は，技術上の要求を充足するのみでなく，向上の跡が明らかに認められるよう段階的に構成されるべきである。また，競技者の学習状況に応じ，常に変化させたり再度基本にもどったり，その応用力に優れていることが必要である。よい指導者は練習を創造する能力を持ち，新しい練習法を発見しては蓄積し，それらを自由に使い分けて競技者の注意と集中力を失わない効果的な練習に終始することができる。バレーボール界にも準備運動も含め，マンネリ化した，日々変化のない練習法をおしつける指導者がいるのは残念なことである。

一般に練習法を構成するときの原則として，次の点を考慮すべきである。
1）練習の目的を明確にして，最も適した練習法を考慮し取り入れる。
2）練習の質の高さ，すなわち1人当たりの練習量や頻度とともに，集中力のあるていねいな練習になっているか考える。
3）練習の回数・持続時間を考え，適度な休息と練習量に変化を持たせ，山と谷をつくる。
4）練習が次の練習目的や方法と密接な関連性，系統性を持って展開されているか。どの練習法を前に，どの練習法を後に持っていくべきかを考える。易から難，軽から重，弱から強，短から長へと展開するのが原則である（表1）。
5）練習に科学的原則を利用して効果をあげているかどうか。スピードやパワーの運動は10〜20秒が限度，全身持久力を併せて育てるには心拍

表1 練習の配列順序

1）準備運動：ランニング，フットワーク → 全身的準備運動 → 専門的準備運動
2）体力トレーニング（Ⅰ）：調整力，スピード，パワーのトレーニング
3）ボールを使った準備運動：パス，トス，レシーブなど
4）技術練習（Ⅰ）：個人技中心のスピード，反射とパワー的技術練習
5）技術練習（Ⅱ）：個人技中心の連続的・持久的技術練習
6）休息：5〜15分の休息とミーティング
7）技術練習（Ⅲ）：チームプレー，結合・複合練習，ゲーム的練習
8）技術練習（Ⅳ）：欠点補強とまとめの練習
9）体力トレーニング（Ⅱ）：持久力向上のための体力トレーニング
10）整理運動，脱力運動とマッサージ

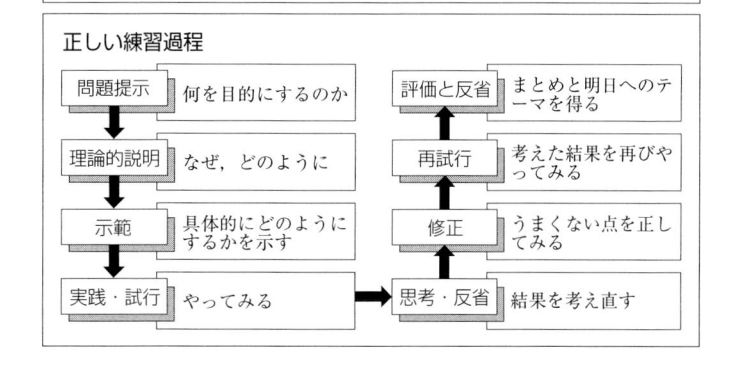

正しい練習過程

問題提示：何を目的にするのか
理論的説明：なぜ，どのように
示範：具体的にどのようにするかを示す
実践・試行：やってみる
思考・反省：結果を考え直す
修正：うまくない点を正してみる
再試行：考えた結果を再びやってみる
評価と反省：まとめと明日へのテーマを得る

数150～160拍／分以上の運動を5分間以上つづけること，また筋のパワーは最大筋力の60～70％以上を負荷して7～10回を1セットするなどの原則を生かして実施する。

6）バレーボールの練習配列の原則を理解する。表1は日常の練習法の配列の原則を示したものである。ただし，試合期・移行調整期にはまた別の配列が必要である。

7）練習に変化を取り入れ，多様性のある練習を用いてマンネリ化を防止し，集中力と質の高い練習に努力する。

表2は，どのチームもが用いる，ランニングや準備運動とトレーニング後のボールを使った練習の具体例である。よいチームの練習は，形式的でなく，目的を持った変化のある練習を多く取り入れて，短期間で変化をもたせている。

2 技術の発展系列

① 基本技の発展系列

バレーボールはチームゲームであるから，最終的にはコンビネーションやチームプレーの練習にはいるべきであるが，個人技1つずつをみても表3に示すように多くの発展系列があることがわかる。これらを易から難，単純から複雑，軽から重へと指導していくことが必要である。

② バレーボールの応用技の発展系列

1つ1つの正しい技術ができあがったら，バレーボールの実戦的な状況に応じて，適応力の養成や動きと技術のスピード化を育成するための結合練習と複合練習法を取り入れていくことが必要である。表4はその結合・複合練習法の基本型を示したもので，1人から2人の練習へと展開し，次第にフォーメーションプレーへと発展させる。

表2 ボールを使って20分の準備運動・指導者による差の具体例

	三流チームの練習法	やや工夫したチームの練習法	一流チームの練習法
5分	オーバーハンドパス（5分） 突っ立ったままのんびり	組み手パス（5分） 　前進組み手パス 　（10×3セット） 　左右移動組み手パス 　（10×3セット）	組み手突き合い反射レシーブ（2分） 　対人強弱（1分） 　左右移動（1分） フェイント対人交互レシーブ（2分）
10分	組み手パス（4分） 突っ立ったままのんびり	オーバーハンドパス（5分） 　前進後退パス 　左右移動パス 　バックパス 　ジャンプパス（各10×2セット）	組み手パス（2分） 　前後移動・左右移動（各1分） オーバーハンドパス（5分） 　前進後退・左右移動（各1分） 　ジャンプ・バック（各1分） 　引きつけ平行（1分）
15分	ロングオーバーパス（5分） 2人で向かい合ってネットごしに	ワンバウンドもぐりこみパス（2分） 　（10×2セット） ロングパス（2分） 　ランニング連続で（10×2セット）	ワンバウンドもぐりこみ（2分） 　前・左右 ランニングロングパス（2分）
20分	対人レシーブ（6分） 適当に2人で何本かで交代しながら	対人レシーブ（6分） 　前後移動（10×2セット） 　左右移動（10×2セット） 　強打フェイント交互 　（10×2セット）	対人レシーブ（5分） 　前後移動（1分） 　左右移動（1分） 　強打フェイント（1分） 　スパイク→ローリング→レシーブ（2分） 　レシーブ→スパイク→ブロック 　レシーブ→悪いボールの返球→トス

表3 基本技術の指導課程

■ボール遊びの種類と方法

ボール遊び
- 座位で行う方法（1人から2人へ）
- 立位で行う方法（1人から2人へ）
- 移動して行う方法（手足でボールを打つ、ドリブルする、障害物利用）
- 組み手または片手で打つ方法（ワンバウンドからノーバウンドへ）
- オーバーハンドパスのためのキャッチボールからパスへ展開（キャッチからパスへ）

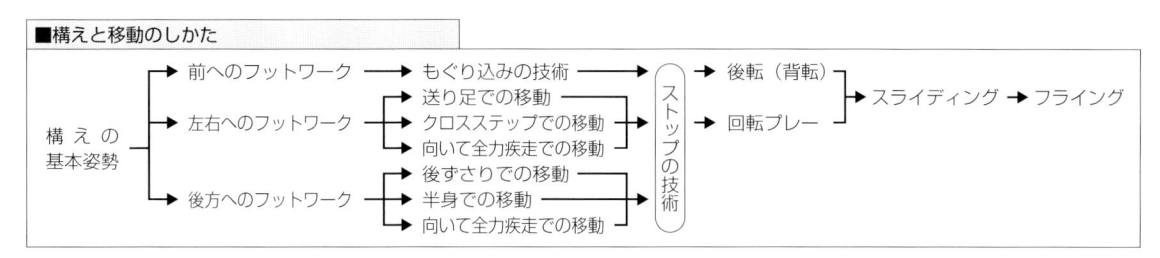

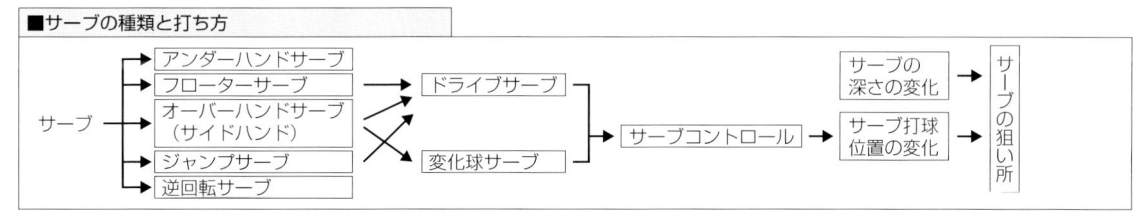

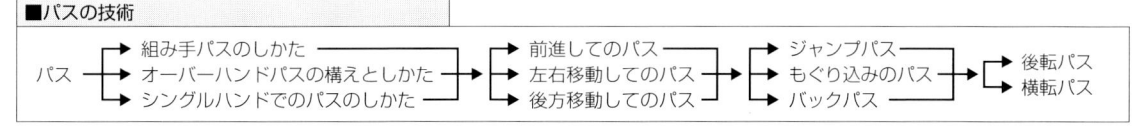

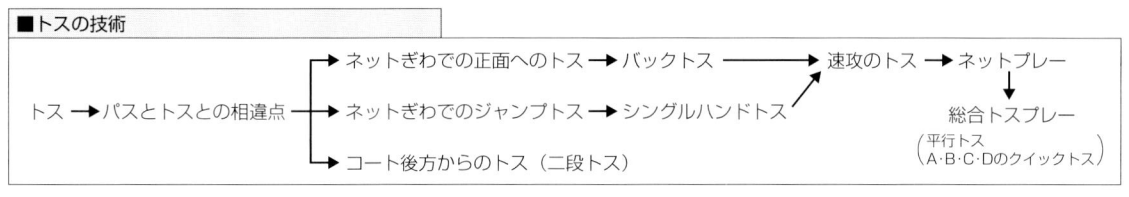

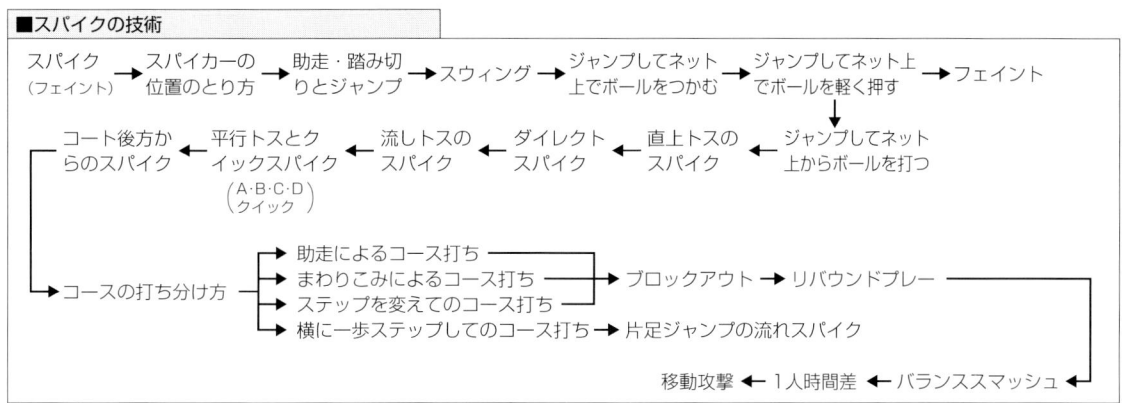

■構えと移動のしかた

構えの基本姿勢
- 前へのフットワーク → もぐり込みの技術 ─┐
- 左右へのフットワーク
  - 送り足での移動
  - クロスステップでの移動
  - 向いて全力疾走での移動
- 後方へのフットワーク
  - 後ずさりでの移動
  - 半身での移動
  - 向いて全力疾走での移動

→ ストップの技術 →
- 後転（背転）
- 回転プレー
→ スライディング → フライング

■サーブの種類と打ち方

サーブ
- アンダーハンドサーブ
- フローターサーブ
- オーバーハンドサーブ（サイドハンド）
- ジャンプサーブ
- 逆回転サーブ

→ ドライブサーブ／変化球サーブ → サーブコントロール →
- サーブの深さの変化
- サーブ打球位置の変化
→ サーブの狙い所

■パスの技術

パス
- 組み手パスのしかた
- オーバーハンドパスの構えとしかた
- シングルハンドでのパスのしかた

→
- 前進してのパス
- 左右移動してのパス
- 後方移動してのパス

→
- ジャンプパス
- もぐり込みのパス
- バックパス

→
- 後転パス
- 横転パス

■トスの技術

トス → パスとトスとの相違点
- ネットぎわでの正面へのトス → バックトス ──→ 速攻のトス → ネットプレー
- ネットぎわでのジャンプトス → シングルハンドトス ─↗
- コート後方からのトス（二段トス）

総合トスプレー
（平行トス
 A・B・C・Dのクイックトス）

■スパイクの技術

スパイク（フェイント）→ スパイカーの位置のとり方 → 助走・踏み切りとジャンプ → スウィング → ジャンプしてネット上でボールをつかむ → ジャンプしてネット上でボールを軽く押す → フェイント

コート後方からのスパイク ← 平行トスとクイックスパイク（A・B・C・Dクイック）← 流しトスのスパイク ← ダイレクトスパイク ← 直上トスのスパイク ← ジャンプしてネット上からボールを打つ

コースの打ち分け方
- 助走によるコース打ち
- まわりこみによるコース打ち
- ステップを変えてのコース打ち
- 横に一歩ステップしてのコース打ち → 片足ジャンプの流れスパイク

→ ブロックアウト → リバウンドプレー

移動攻撃 ← 1人時間差 ← バランススマッシュ

■レシーブの技術とサーブレシーブ技術

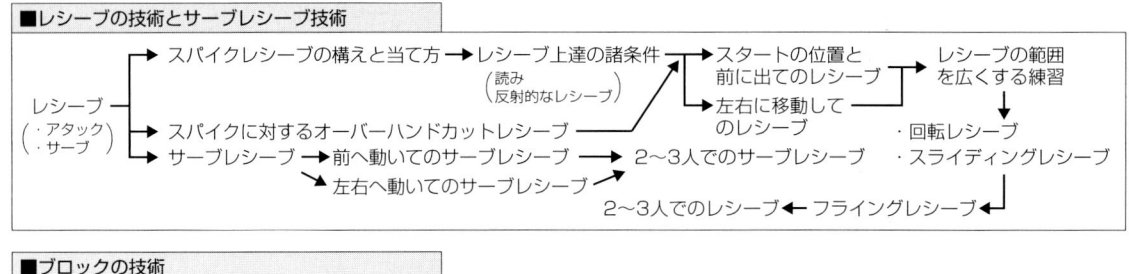

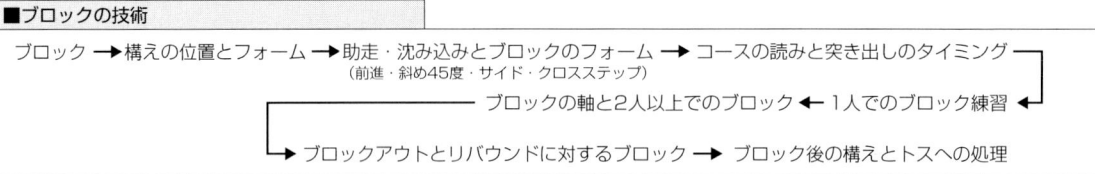

```
                    ┌→ スパイクレシーブの構えと当て方 → レシーブ上達の諸条件 →  スタートの位置と  → レシーブの範囲
レシーブ              │                                  (読み             前に出てのレシーブ    を広くする練習
(・アタック)          │                                  反射的なレシーブ)   ↓
 ・サーブ)    ┼→ スパイクに対するオーバーハンドカットレシーブ ─────────→ 左右に移動して   ・回転レシーブ
              │                                                        のレシーブ      ・スライディングレシーブ
              └→ サーブレシーブ → 前へ動いてのサーブレシーブ → 2～3人でのサーブレシーブ
                         ↘ 左右へ動いてのサーブレシーブ
                                              2～3人でのレシーブ ← フライングレシーブ
```

■ブロックの技術

```
ブロック → 構えの位置とフォーム → 助走・沈み込みとブロックのフォーム → コースの読みと突き出しのタイミング
                                 (前進・斜め45度・サイド・クロスステップ)                          ↓
              ┌──────────────── ブロックの軸と2人以上でのブロック ← 1人でのブロック練習 ←┘
              └→ ブロックアウトとリバウンドに対するブロック → ブロック後の構えとトスへの処理
```

表4　バレーボールの連続練習の発展系列

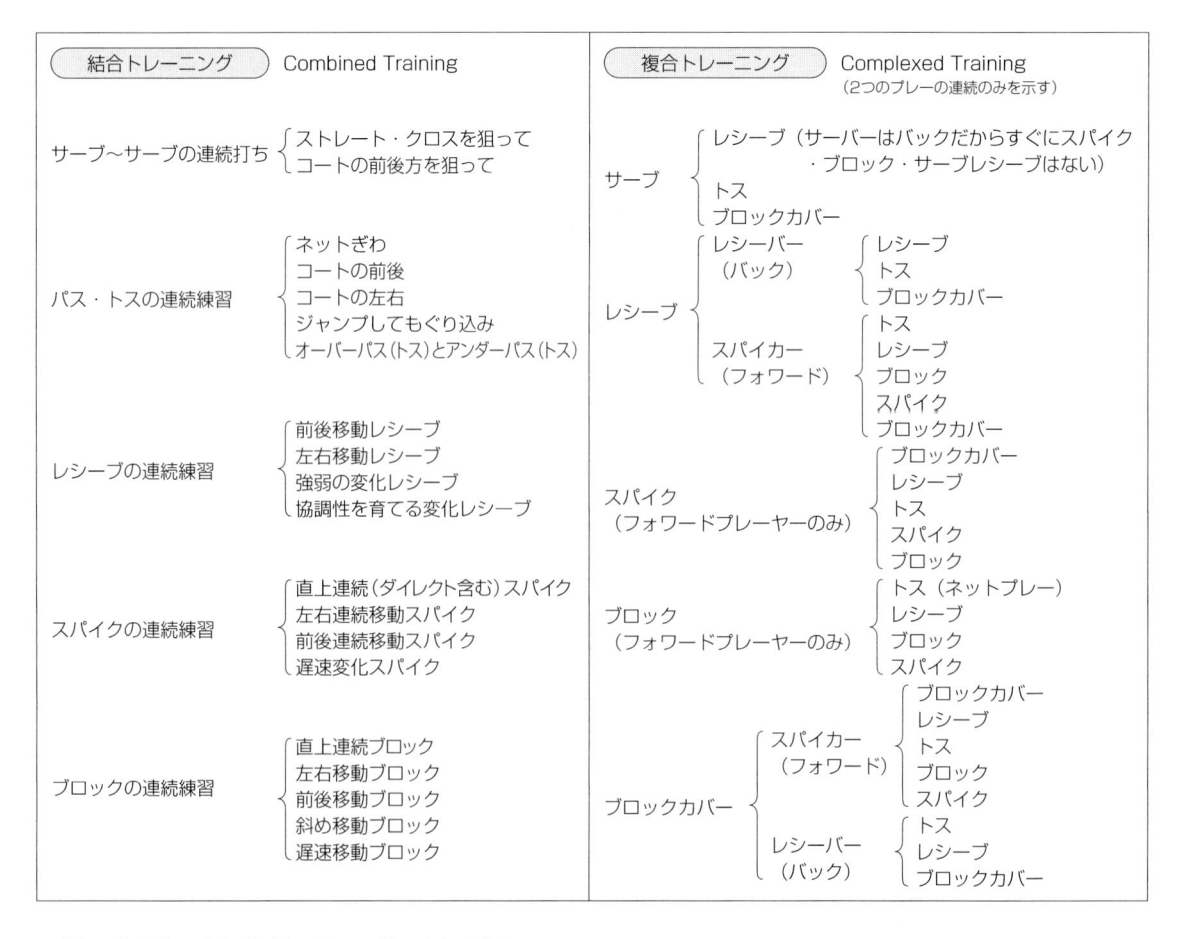

結合トレーニング　Combined Training		複合トレーニング　Complexed Training (2つのプレーの連続のみを示す)	
サーブ～サーブの連続打ち	ストレート・クロスを狙って コートの前後方を狙って	サーブ	レシーブ (サーバーはバックだからすぐにスパイク・ブロック・サーブレシーブはない) トス ブロックカバー
パス・トスの連続練習	ネットぎわ コートの前後 コートの左右 ジャンプしてもぐり込み オーバーパス(トス)とアンダーパス(トス)	レシーブ	レシーバー(バック): レシーブ／トス／ブロックカバー スパイカー(フォワード): トス／レシーブ／ブロック／スパイク／ブロックカバー
レシーブの連続練習	前後移動レシーブ 左右移動レシーブ 強弱の変化レシーブ 協調性を育てる変化レシーブ	スパイク(フォワードプレーヤーのみ)	ブロックカバー レシーブ トス スパイク ブロック
スパイクの連続練習	直上連続(ダイレクト含む)スパイク 左右連続移動スパイク 前後連続移動スパイク 遅速変化スパイク	ブロック(フォワードプレーヤーのみ)	トス(ネットプレー) レシーブ ブロック スパイク
ブロックの連続練習	直上連続ブロック 左右移動ブロック 前後移動ブロック 斜め移動ブロック 遅速移動ブロック	ブロックカバー	スパイカー(フォワード): ブロックカバー／レシーブ／トス／ブロック／スパイク レシーバー(バック): トス／レシーブ／ブロックカバー

3 結合・複合トレーニングのねらい

① 結合・複合トレーニングの効果

個人の基本技術の上達が認められた段階で，次第に連続的な練習，反復練習へと導入する。

1) 実戦的な練習と応用力・創造性の育成。
2) 技術の定着化。敏捷性・調整力の向上。
3) 練習法の多様性，創造的練習によりあきさせない練習ができる。
4) 考える練習，状況判断の能力を育てることができる。
5) 発展させるとコンビプレーからフォーメーションプレーへと展開できる。
6) 基本からゲームへと直接導入する飛躍的練習でなく系統的トレーニングができる。

② 結合・複合トレーニングの定義

1) 結合トレーニング〜同じ技術の定型化，フォームの固定と調整力・応用力を育てる。同じ技術の反復練習のこと。
2) 複合トレーニング〜異なった技術の反復・連続練習のこと。技術の実戦的条件を仮想しての連続的練習法で応用力，思考力，状況判断力が育てられる。1人から2人，3人とプレーヤーを増すことにより次第にコンビプレー・フォーメーションプレーへと移行する（表4）。

4 複合トレーニング

結合トレーニングは同じ技術の反復練習法なので，とり入れることは簡単であるが，複合トレーニングについてはあまり取り入れられていないのが現状なので，その具体例を記しておきたい。

1) レシーブ・トスの複合トレーニング（1人）

A．正面移動レシーブ・トス＝正面のボールをレシーブし，そのままボールの下に走りこみ，自分のレシーブボールをレフト，センター，ライトに正確にトス。1人1〜2回。5〜6セット。

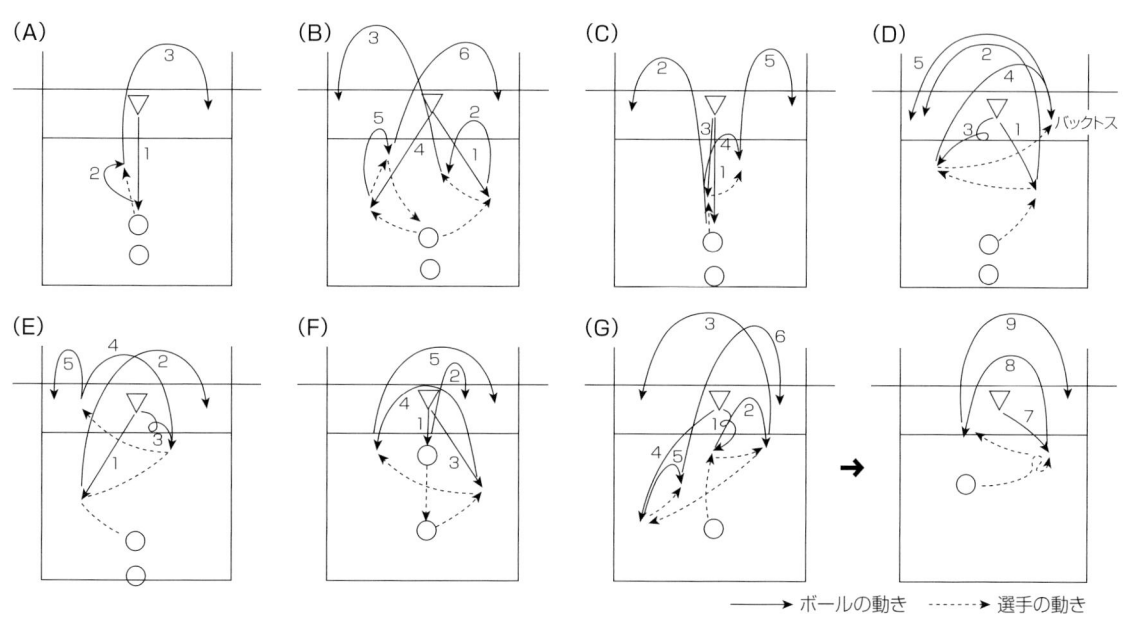

図1 レシーブ・トスの複合トレーニング（1人）

B．左右移動レシーブ，トス＝斜め右前へ移動しレシーブしたら，そのボールの下に走りこみレフトにトスし定位置にもどる．次に斜め左前へ移動してレシーブしたボールをボールの下に入りライトにトスする．5～6セット行う．

C．正面レシーブ，低い正面でのレシーブからトス＝1本正面に移動してレシーブして定位置へ戻り，次に正面の低い位置に打たれたボールをもぐりこみのフットワークで高くあげ，すぐそのレシーブボールをトス．

D．左右移動レシーブ，逆方向フライングレシーブ・バックトス＝右へ移動して強打のレシーブ，すぐ逆方向（左前）のフェイントをレシーブし，そのボールの下に入りバックトス．素早く定位置にもどり，左へ移動して同様の動作を繰返す．

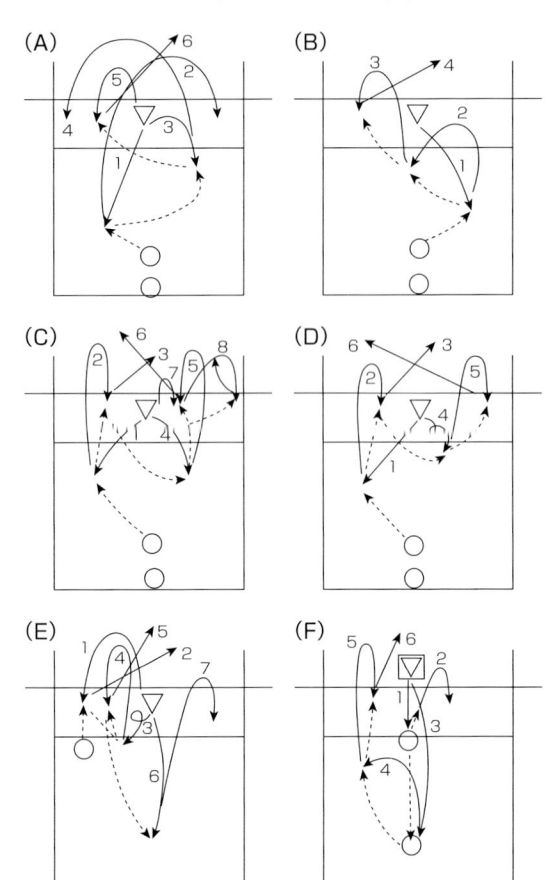

E．左右移動レシーブ，逆方向組み手2段トス・ジャンプトス＝Dと同じ方法であるが，逆方向へのフェイントをまわりこみネット際に組み手でトスし，そのボールの下に入ってジャンプトス，定位置にもどり逆方向の動作を繰り返す．

F．マッハ・前後左右移動レシーブ・トス＝アタックライン近くで強いスパイクをレシーブ，バックに後退し，前または左右でレシーブして，そのボールを直ちにトスする．マッハ・レシーブ・トスの3種を2回繰り返す．

G．前後・左右回転レシーブ・トス＝定位置から前方のフェイントボールを回転レシーブであげてトス，次いでコート後方のボールを追って上にあげ，振り向いてトスし定位置へ，さらに左・右へ回転レシーブのボールをあげトスする．1人4本の連続レシーブ・トス．

2) スパイクを加えた複合トレーニング（1人）

A．3つのボールでレシーブ，トス，スパイク＝コート後方でレシーブ，逆方向に投げられたボールをトス．次にネット際にあげられたボールを素早い助走からスパイク．スパイクを打ったら反対コートで，次の選手のスパイクをブロック．

B．レシーブ，ジャンプトス，スパイク＝コート後方でレシーブし，そのレシーブボールの下に素早く入り，ジャンプトスをネット際高く前にあげて，さらに自分があげたトスをネット際でスパイク．

C．トス，スパイクの連続＝左右前方に投げられたボールの下に素早く入ってネット際にトスし，そのボールを自分でスパイクする．次にコート後方に投げたボールを追ってバックトスし，再び自分がスパイク，さらにすぐ近くのネット際に投げあげたボールをジャンプトスして，3度自分でスパイクする．3種のトスを自分であげ，自分でスパイクする．

D．レシーブ，スパイクの連続＝レシーブし，ネット際に高くあげたボールを自分でスパイク

図2　スパイクを加えた複合トレーニング（1人）

(A)〜(G) 図解

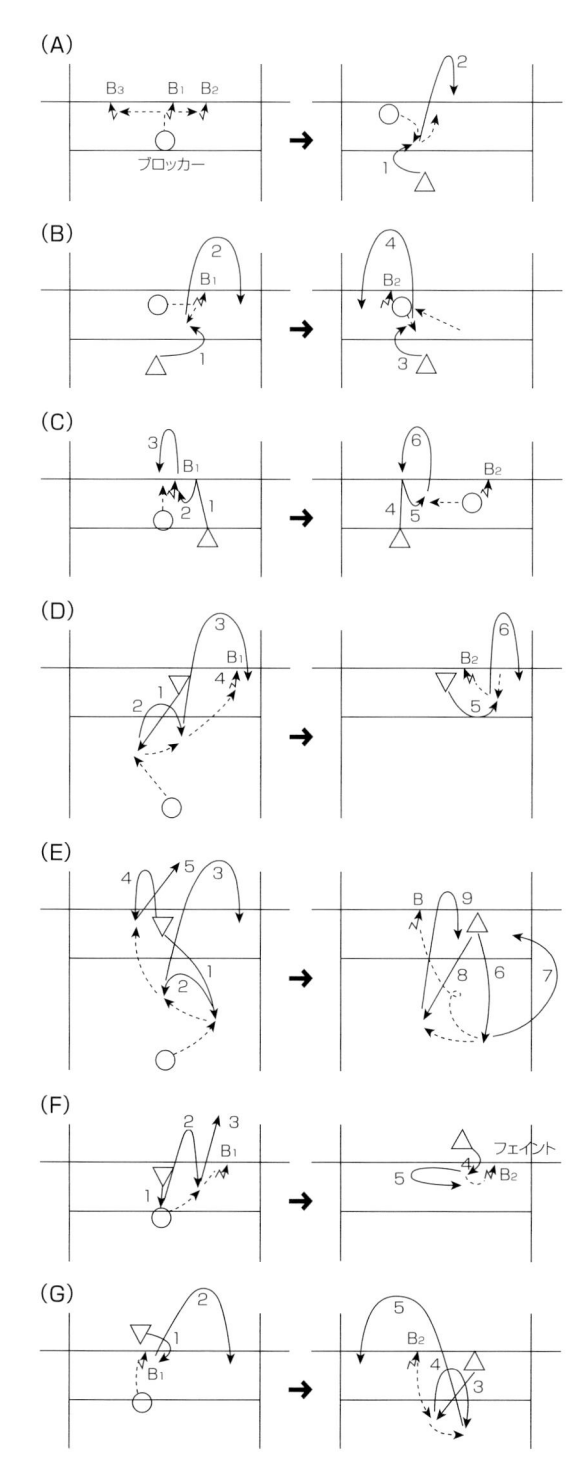

図3 ブロックを加えた複合トレーニング

し，すぐコートの後方に下がって再びレシーブし，またスパイクを打つ。レシーブ時の条件を変え，フェイントや前後左右にも対応して，どんなボールでも自分でスパイクできる位置にレシーブボールをあげるように努める。ミスしないで続けてレシーブとスパイクが反復できるようにする。

E．スパイク，トス，スパイク，レシーブの連続＝ネット際のトスをスパイク，着地したら後方に低いボールを投げ，オーバーハンドでもぐりこんでバックトスをあげ自らスパイク，次はコートの後方に遠く投げられたボールを追ってフライングレシーブ。以上を2セット反復する。トスとレシーブの正確さを要求すること。

F．台上マッハ，トス，コート後方レシーブ，トス，スパイク＝ネット越しに台上から打たれたボールをレシーブして自らトスする。コートの後方に後退し，台上からのスパイクをレシーブし自らトス，スパイクで返す。2セット反復する。

3）ブロックを加えた複合トレーニング（1人）

A．3回ブロック，トス＝正面でブロックし，右へツーステップ移動ブロック，さらに左にツーステップ移動し，すぐ振り向き後方の低いボールをもぐりこみ真上にトス，次にネット際にもどり正面，左右と3回ブロックし，左または右へ低いボールを追ってもぐりこみ，バックトスをあげる。3回ブロックとトスをあげたら交代する。

B．左右移動ブロック・バックおよびジャンプトス＝正面から右へ大きく移動しブロック，すぐ振り向いて低いボールの下にもぐりこんでバックトス。すぐネット際にもどり左へ大きく移動してブロックし，すぐ振り向いてレフトへバックトス。この後，再び左右へ動いてブロック後，振り向いて左右へジャンプトスをあげ，合計4回ブロックと2種のトスをあげたら交代する。

C．ブロック・ネットプレーからのトス＝正面でブロックし，すぐ身体の横にかけられたネットボールを自分の上にトス。大きく右へ動いてブロ

ックし，身体の左へかけられたネットボールをトス，さらに大きく右へ動いてブロックし，身体の左へかけられたネットボールをトスする。

D．レシーブ・トス・ブロック・トス・ブロック＝コートの後方でレシーブしたボールを，自分で方向指示して左右へトス，すぐにネット際に動いてブロックし，後方へ投げられたボールをもぐりこんでバックトスし，再びネット際でブロック。

E．レシーブ・トス・スパイク・ブロック・レシーブ＝コート後方でレシーブし，そのボールをトス。別のボールをネット際にあげてスパイク，すぐにその場でブロックし，コートの後方へ投げられたボールを追ってフライングレシーブ，さらに再びレシーブから最初と同様に，2セット繰り返す。

F．マッハレシーブ・スパイク・ブロック・フェイント処理・ブロック＝アタックライン近くでマッハレシーブし，そのボールをすぐにスパイクして，そのままネット近くに移動してブロック。相手コートから，ブロッカーの手にのせるようにフェイントを入れ，ブロッカーは手を引いて，着地しつつ処理しトスにかえる。再びブロックし同様にフェイントを処理。5～6セット行う。

G．ブロック・フェイント処理・レシーブ＝ネット左でブロックし，すぐにのせられたフェイントを処理してそのボールをトス。再びブロックし，後方に下がりマッハレシーブ，そのボールを方向指示してトス。2セット反復して交代。

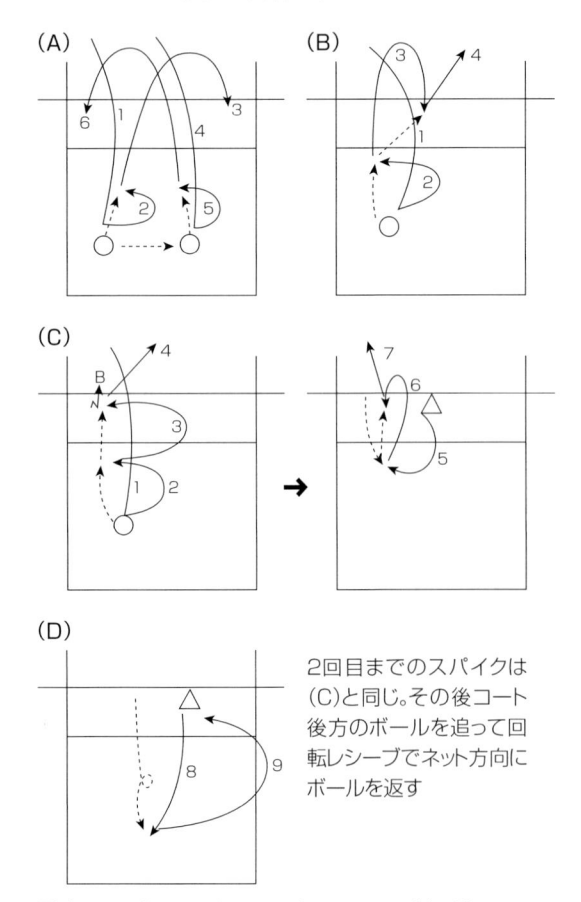

4）サーブレシーブからの複合トレーニング（1人）

A．サーブレシーブ・トス＝自分がサーブレシーブしたボールの下に素早く移動し，そのボールを1本目は自分の前方に，2本目は自分の後方にバックトスをあげる。ひとりが続けて2本トスしたら次と交代。

B．サーブレシーブ，トス，スパイク＝サーブレシーブしたボールを自分でネット際にジャンプトスして，そのボールをスパイクする。

C．サーブレシーブ，トス，スパイク，ブロック，トス，スパイク＝サーブレシーブ，トス，スパイクはBと同じであるが，スパイク後ネット際に移動し，ブロック動作を行ない，次に後方の低いボールの下にもぐりこんでトス，ネット際でスパイクする。2回繰り返したら次と交代する。

D．サーブレシーブ，トス，スパイク，ブロック，トス，スパイク，レシーブ＝6本目のスパイクまではCと同じであるが，その後コート後方に投げられたボールを追って，レシーブに入る。ひとり1回連続して練習したら次と交代する。7つの連続技術の練習であるが，1本1本を最初はやや間をおいて，次第に鋭い連続的な動きを要求しつつ，正確かつ敏速に行うよう心掛ける。

図4　サーブレシーブからの複合トレーニング（1人）

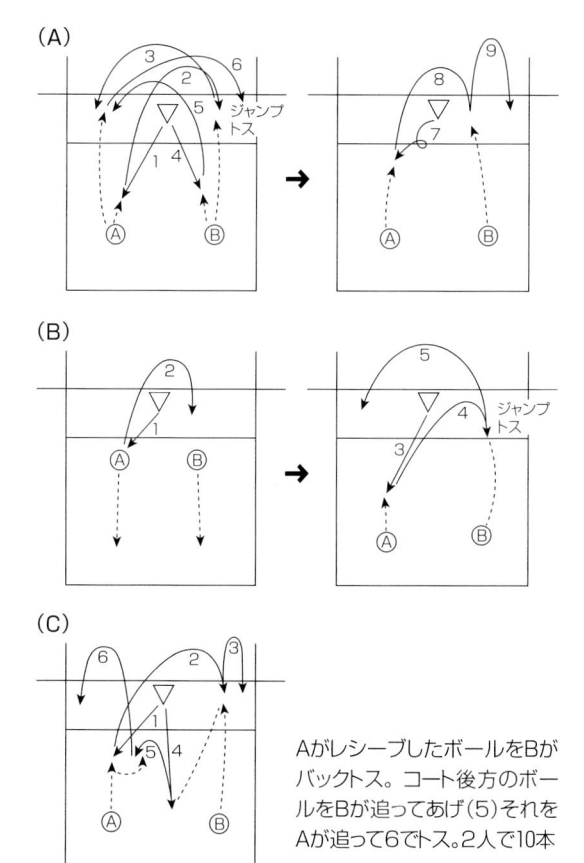

5）レシーブ・トスの複合トレーニング（2〜3人）

A．レシーブ・トス・フェイントレシーブ・トス＝コート後方両サイドに2人の選手が構える。Ⓐがレシーブしてネット際でジャンプトスしすぐもとの位置まで戻り、Ⓐがフェイントボールを処理してⒷがバックトスし後退。さらにⒷがレシーブしてⒶがネット際でジャンプトスしすぐ戻り、Ⓐがフェイントボールを処理しⒷが前進しバックトスと、2人で4本のレシーブとトスを条件を変えて行なう。

B．マッハおよびレシーブ・トス＝2人の選手をアタックライン近くに構えさせ、2人の内Ⓐにマッハレシーブ、その後すぐコートの後方に後退してⒶにレシーブさせ、そのボールをⒷがジャンプトス。再び2人ともアタックライン近くで構えさせ、Ⓑにレシーブさせ前と逆の練習をする。

C．コート内連続移動レシーブ・トス＝2人がコート内の種々のボールを追ってレシーブし、他の1人がトスをあげるべき位置を指示してトス。2人で10本レシーブ・トスしたら交代。

6）レシーブ〜スパイクの複合トレーニング（2〜3人）

A．2人でのトス、スパイク＝2人がコートの中央に構える。1人がチャンスボールをトス、他の1人がスパイク。1人3本トスしたら交代。

図5 レシーブ・トスの複合トレーニング（2〜3人）

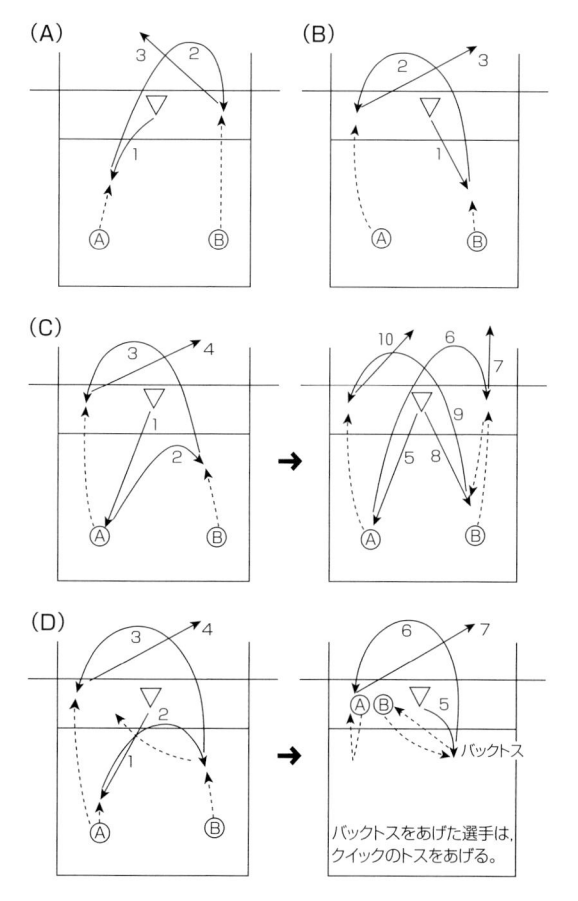

図6 レシーブ〜スパイクの複合トレーニング（2〜3人）

3. 勝つための高度な練習法 47

B．2人でのレシーブ，スパイク＝Aと同じ方法をトスでなく指導者が打ち，3本レシーブしたボールを直接スパイク。3本レシーブとスパイクが成功したら，レシーブ役とスパイカーが交代。

　C．2人でのレシーブ，トス，スパイク，レシーブ，スパイク＝コート後方の1人がレシーブし，他の1人はトス，レシーバーがスパイクを打つ。その後，最初の位置に後退し最初トス役の選手がレシーブ，他の1人がトスしレシーバーがスパイクを打つ。この後，さらにコートの後方に下がって構え，最初のレシーバーが再びレシーブし，他の1人はそのレシーブボールを直接スパイクし，さらにコート後方にもどり，その逆のレシーブ，スパイクを行う。

　D．2人でのレシーブ，トス，スパイク，トス，スパイク，クイック＝Cと同様に2人がコートの後方で構え，Ⓐのレシーブボールを⑧がⒶにトスしてスパイク。このときトスした⑧はⒶの近くでカバー，スパイク後2人の後方にボールを投げ，1人が追ってバックトスする。もう1人が開いてスパイクする。トスした選手もすぐカバーに入り，次のネット際の高いボールをジャンプトスでクイックにあげる。この後コート後方に下がり，最初の逆，すなわち⑧にレシーブさせ，Ⓐをトス役にして同じ練習を反復する。合計6本のスパイクを打ったら次の2人と交代する。2人のコンビと相手の状態を考慮して，一つひとつていねいにプレーすることが必要である。

7）サーブレシーブからの複合トレーニング（2人以上）

　A．2人でのサーブレシーブ，トス，スパイク，サーブレシーブ，スパイク＝コートに2人が入り，Ⓐがサーブレシーブしたら⑧がトスし，サーブレシーブしたⒶがスパイクを，次は逆に⑧がサーブレシーブし，Ⓐのトスをスパイクする。2回目はⒶのサーブレシーブを⑧が直接スパイクし，次に⑧のサーブレシーブをⒶがスパイクする。

　B．サーブレシーブ，トス，スパイク，ブロック，トス，スパイク＝2人の内，Ⓐがサーブレシーブし⑧がトス，それをⒶがスパイクし⑧はブロックカバーに入る。Ⓐがスパイクしたら2人そろって移動し，ブロックに跳ぶ。ブロックに跳んだ後，コート後方に投げられたボールを1人が追ってトスし，もう1人が開いてスパイクする。次に2人共コート中央にもどり，最初にサーブレシーブをしなかったもう1人がサーブレシーブ。逆の順序で同じ練習を繰り返す。

　C．サーブレシーブ，トス，スパイク，ブロックカバー，トス，速攻＝2人がコートの中央で構え，⑧がサーブレシーブ，Ⓐがトスし，そのトスを⑧が打つ。このとき，Ⓐは⑧の後方にブロックカバーに入る。Ⓐはブロックされたときと同様のボールを処理する。⑧が，カバーしたⒶにクイックのトスをあげ，スパイク。再びコート後方にもどり，Ⓐのサーブレシーブから反復する。

　D．3人でのサーブレシーブ，スパイク，サーブレシーブ，トス，速攻＝コートに3人が入る。ⒶがサーブレシーブをⒸに，次に⑧に直接2段トスしてスパイクさせる。その後3本目のサーブは，1人がレシーブし，他の2人のうちの1人がセッター役となり，レシーブしなかった1人が速攻に，レシーブした選手がサイド攻撃に加わる。

　E．3人でのサーブレシーブ・トス・スパイク・ブロック・トス・速攻＝Dと同様3人がコートに構え，1人がサーブレシーブし，他の1人がトス，それを2人のうち1人がスパイク。他の2人はカバーに入り，スパイク後ネットぎわで3人ともブロックし，コートの後方のボールを1人がレシーブ，他の1人がこれを開いてスパイクするか，速攻のトスをあげる。サーブレシーブする選手を変え，3度くり返したら次の3人と交代。

　F．サーブレシーブ・トス・速攻＝サーブレシーブからスパイクまではEと同じであるが，速攻で攻め，スパイカーがすぐにブロック，他の2人はブロックカバーにはいる。カバーのうちの1人

が相手にブロックされたボールと同じ条件のボールを処理，それをカバーして2段スパイクまたは速攻で再び攻め返す。3人がサーブレシーブし，各々トス・カバー・速攻にはいったら次の3人のグループと交代する。

G．サーブレシーブからの2対2または3対3のゲーム＝コートを2分し，ストレート同士で2対2で乱打をする。2対2のときはノーブロックでフェイントなし，3対3のときは，1人ブロックまたは1人フェイントカバーをつけてボールを落さないようにラリーをつづける。3回つづけてミスしたら他の組と交代する。

8) ブロックを加えた複合トレーニング（2人以上）

A．レシーブ・スパイク・ブロック・トス・スパイク・ブロック＝コート後方に構えた2人の選手のうち，1人がレシーブし，もう1人が2段スパイク。2人共ネット際に走ってブロック，着地したら2人の後方に投げられたボールを1人が追

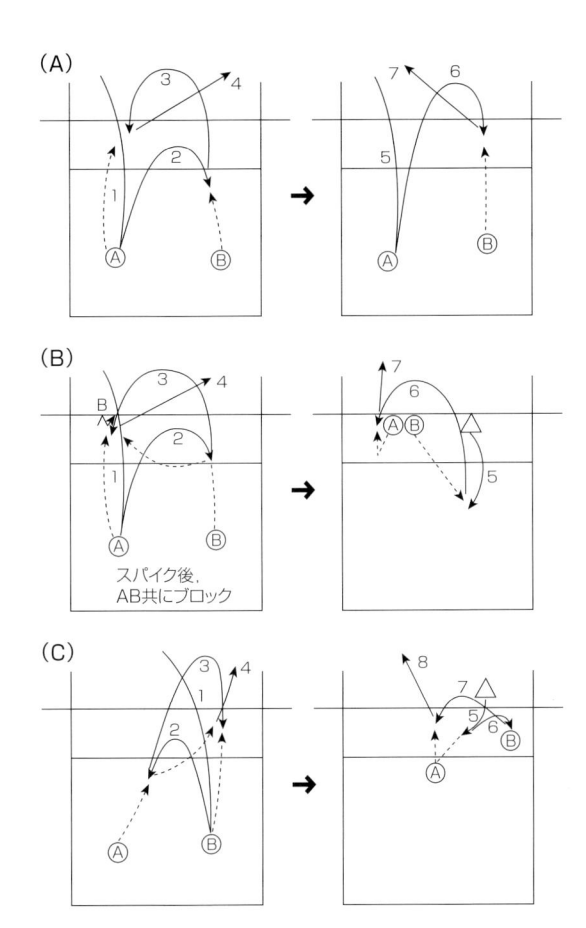

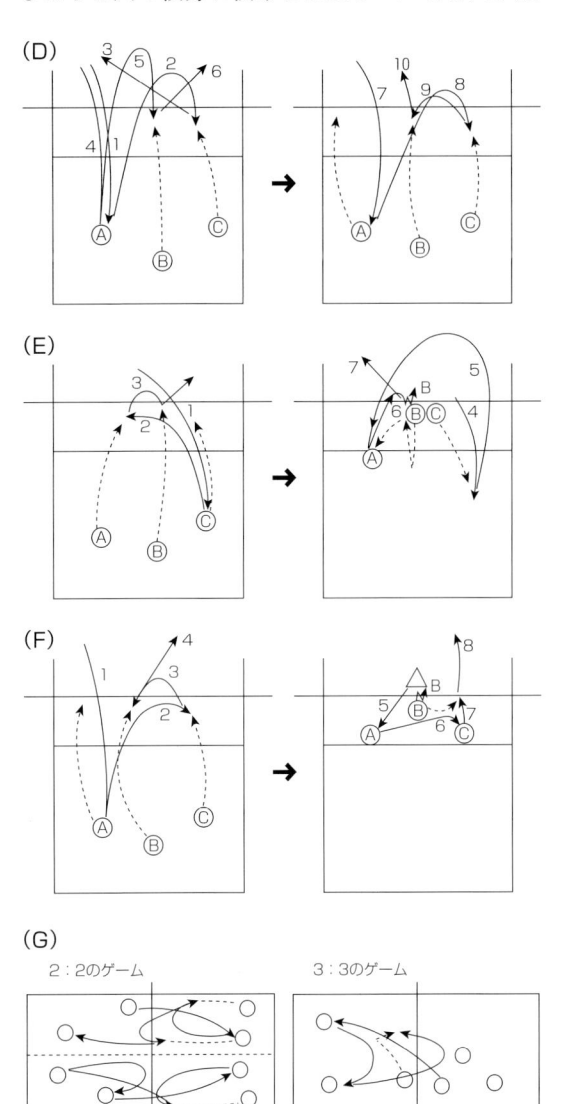

図7 サーブレシーブの複合トレーニング（2人以上）

3．勝つための高度な練習法 49

ってバックトス，もう1人がブロック後開いてスパイクし，さらに2人共ネット際でブロック。この後2人がコート後方に下がって，逆の選手がレシーブ。同じことを繰り返す。

B．フェイント・ラリー＝2人ペアでネットをはさんで向かい合う。Ⓐ，Ⓒがお互いにブロックし，Ⓑ，Ⓓはフェイントカバーにブロッカーの後方に構える。ⒶのフェイントをⒹが処理してⒸにトス。Ⓒはフェイントで相手コートへ返球し，Ⓑが処理してⒶにトス。相手のブロッカーの手に当ったときはリバウンドを考え，プレーを続行する。難しければブロッカーがトスしてフェイントレシーバーのほうがフェイントで相手に返してもよい。落さずに10～15回返し合いをして交代。

C．ブロック・レシーブ＝2人の選手がネット際でブロック。1人が再びブロックするとき他の1人がレシーブに後退し，ネット越しに打たれたボールをレシーブし，ブロッカーがトス。レシーブ役とブロック役が交代し，同様にレシーブとトスを行なう。

D．ブロック・レシーブ＝ブロックとレシーブ，トスを3人で行う。動作は基本的にCと同じであるが，フェイントおよびスパイクの切り返しを2段や3段攻撃でクイックを加えて切り返す。ブロッカーやレシーブした選手が，素早く速攻に入れるように，トスをあげる選手の間のとり方が大切である。2枚ブロック・1枚ブロック・ノーブロックの場合の3つのケースに分けて，フォワードの3人で切り返す練習を積み，相手の攻めに対する素早い切り返しを体得する。　　　　　（豊田　博）

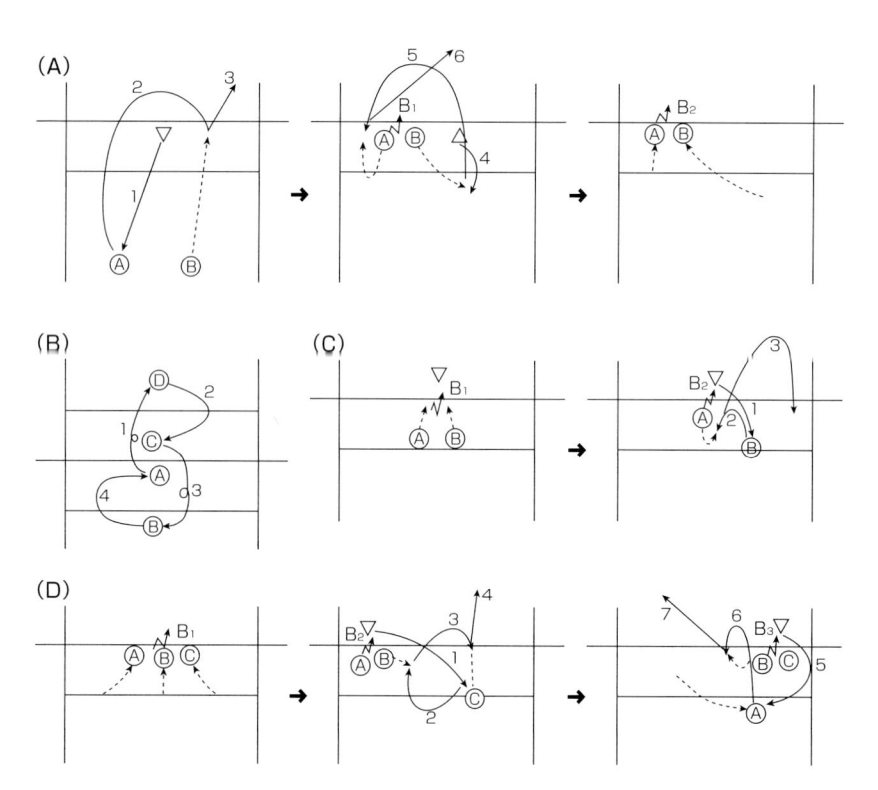

図8　ブロックを加えた複合トレーニング（2人以上）

4. トップレベルチームのフォーメーション

1 守りのフォーメーション

1）構成上の基本

　いかに個々のプレイヤーの技能がすぐれていても，集団でプレイすると意外にミスが出る。また，コートを守る場合でも2人より3人，3人より4人と数の多いほうが，より完璧にレシーブできるように思うが，実際には多くなるほど動きやレシーブが悪くなることもある。ミスがない完璧なレシーブをするためには，個人的な技能の熟練のみでなく，チームにおいて最も重要な集団性，相互関係などを含む多彩な守りのフォーメーションを理解する必要がある。

　フォーメーションは「隊形・組織・編成」という意味をもっている。レシーブでいえば，いかに組織的にコートを守れるかということである。そこでは個人の能力（レシーブの方法・能力）によって隊形が考えられ，約束（レシーブの範囲・動きの法則性）によって，集団としてのスムーズな動きやレシーブが行なわれる。つまり，フォーメーションには，その隊形に意図があり，プレイヤーはそれぞれ約束された運動を行うことが大切である。

① レシーブフォーメーションの基本的考え方

　レシーブフォーメーションを組む場合の基本的な考え方として，次の点をあげることができる。

1）守備範囲の確認　それぞれのポジションを守るプレイヤーの守備範囲を明確にすることが大切である。この守備範囲の確認は，それぞれのプレイヤーがどこに動いてレシーブしなければならないかを決定するもので，レシーブ技術の基礎をつくる意味からも重要である。

2）レシーブの集団性　球技全体からみて，バレーボールの集団性ということを考えた場合，運動的には他の競技ほど複雑ではない。しかし，ボールを手で保持できない。1人がつづけて2度プレイできない，常にボールが空間にあるという条件の中では，反射的な運動に終始するため，特有の複雑さがある。

　たとえば，図1のように，ボールa方向に対して，b・c 2人のレシーバーが並列に構えて，その2人の中間を通過するボールをレシーブしようとするとき，2人のプレイヤーが絶対ミスしないでレシーブしようと真剣であればあるほど次のような動きをする。b・c 2人のレシーバーは，レシーブしようとするため(ア)の方向に同時に動く。そこでお互いがぶつかるか，あるいは反対にbはcに，cはbにゆずり合うため(イ)の方向に

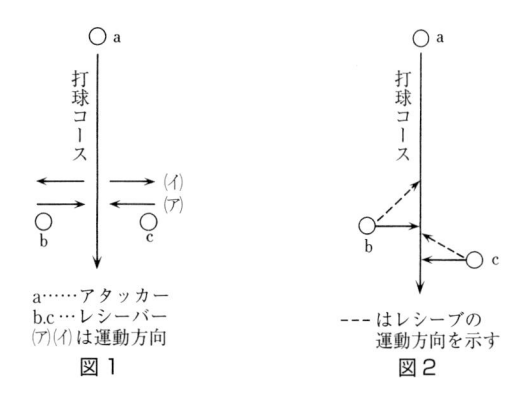

図1　a……アタッカー　b,c…レシーバー　(ア)(イ)は運動方向

図2　---はレシーブの運動方向を示す

運動をおこして見逃してしまう。したがって，一般的には図2のように，b・cの並びを前・後にして，bとcが点線方向に正しく動いてそれぞれ主体性をもったレシーブのできる条件をつくるようにする。つまり，6人のプレイヤーが攻めに対するあらゆる条件の下で，決められた方向に動いて互いにカバーしあって，スムーズな集団運動ができる運動上の約束をつくる必要がある。

3）カバーリングと連続性 レシーブのフォーメーションでは，単に攻めに対する守備隊形というだけでなく，ブロック・レシーブに対してのカバーやレシーブされたボールを次の運動につなぐという目的も含まれている。このカバーリングという連携技術は競技の要であり，この技術の可否によって勝敗が左右されるケースは非常に多い。

② 2つの基本の位置

サービス側の6人の配置やボールが相手側コートに移ったときの味方選手の配置が，無造作であってはならない（この隊形を多くは基本の位置といっている）。相手の攻撃は，アタックによる攻撃だけではない。サーブしたボールをレシーブでダイレクトに攻めてきたり，パスあるいはトスと見せかけてパスアタックするなど，相手側コートにボールがはいった瞬間からすでに攻撃が始まっている。したがって，この隊形は次に展開されるレシーブフォーメーションへのスムーズな移行のための中間的配置という目的だけでなく，この隊形そのものもレシーブという機能をもっている。この隊形で留意すべきことは，以下のようなことがらであろう。

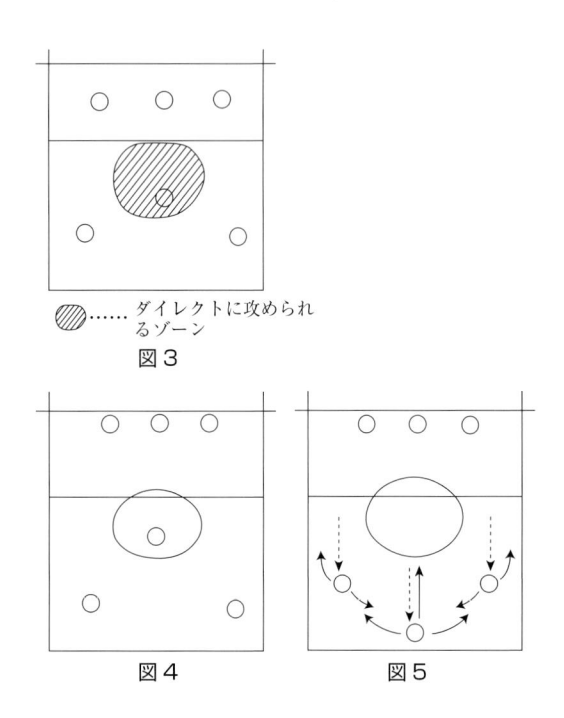

1）サーブボールをダイレクトに攻められた場合。
2）トスフェイントやパスアタックに対して。
3）レシーブフォーメーションへの移行。

図3は中級クラスのチーム力を考えてプレイヤーを配置した。この隊形では，フォワードをややネットから離して位置させ，コートの中央を警戒してバックセンターを前進させた。初歩的な段階では，ブロックをする際にもややネットから離れているほうが相手を見やすく動きやすい，ダイレクトに返ってくるボールがレシーブしやすい。

また，図4は相手の速攻とトスフェイントに備えて，上級クラスを考えて配置した。上級クラスでは，ネット際の速い攻撃があること，ダイレクトの返球を読む能力やレシーブ能力を持っていることなどを考え，フォワードをネットに接近させ配置した。バックプレーヤーについては，バックセンターを前進させ，両サイドもその後方のライン側に配置，フェイントと速攻に備えた。

図5はやはり上級クラスを考え，高いトスからのオープン攻撃に備えての配置である。特徴はコートの中央をバックサイドが警戒し，バックセンターは中央もマークするが左右へ動いてのアタックレシーブに重点をおいた。そのため，バックセンターはサイドプレイヤーよりもやや後方に位置している。

以上のことから，プレイ中の基本の位置については，味方チームの選手の能力や相手チームの能力を考え，遅速2つの相手の攻めに対応でき，か

つ前述の3つの留意点を満足させるように配置することが望ましい。

2) サーブレシーブ・フォーメーション

バレーボールのゲームは、サーブとサーブレシーブから始まる。サーブレシーブはゲームのスタートであり、サーブという攻撃に対する最初のレシーブである。また、サーブレシーブの失敗は直接得点につながるので、とくに力を入れて上達に努めなければならない。

サーブレシーブに対する要求は、単にサーブされたボールをトスしやすい状態にレシーブするという考え方から発展して、レシーブから積極的に攻撃を展開するためにレシーブするという考え方が主流になってきた。このような考え方から、攻撃意図・行動を内在したレシーブやフォーメーションが必要となってきた。基本としてのフォーメーションを十分理解するとともに、競技内容の進展に伴い、以上のような発展に考えをめぐらすことが必要である。

サーブレシーブ・フォーメーションの基本的な考え方

サーブレシーブを組む際に考慮しなければならない条件は、以下のようなことである。

1) サーバーの攻めに対する理解
① 相手サーバーの球威の特徴(重いドライブサーブ・変化球・無回転サーブ・その他)
② コートのどこを狙ってくるか(フォーメーションの中で弱い個所・守りにくいコート上の場所など)
③ 得意な攻撃を活かすための配置をどうすべきか(初歩的段階では、作戦として組み入れる)

サーバーは種々の狙いを持ってサーブを打つので、このような意図に対応したレシーブやフォーメーションを考える必要がある。

2) **サーブレシーブの特徴** レシーブの中でもサーブレシーブはどのような特性を有しているかを知っておく必要があろう。一言で言えば、スパイカーからレシーバーへの距離が近いアタックレシーブは反射的運動であるのに対して、サーブレシーブはとくに読み、判断を必要とする意識運動である。それだけに、個々のレシーブでは、正しい基本をマスターすれば比較的正確にレシーブできるが、フォーメーションを組んでのレシーブ活動になると予想外の失敗を生む。意識的運動では、常に自分の運動の中に他人が入りやすいということと、ボールに対して常に複数のプレイヤーの真剣な働きかけがあることを理解し、ポジションによる守りの範囲や動く方向やカバーリングを手段として考え、約束された運動をするよう日頃から心がけなければならない。

3) **守りの範囲** サーブレシーブの守備範囲は図6に示したように、基本的にサーバーⓐ・ⓑに対してレシーブコースの後方サイドc・dを結んだライン内にあるが、ボールの軌道は沈んだり曲がるので実際の守備範囲は広くなる(e点)。

4) **フォーメーションの組み方** 守りとしては、守備範囲に対してフォワードの位置が基準となり、コート全面の守りとカバーリングを考えてバックプレイヤーを配置する。フォワードは相手

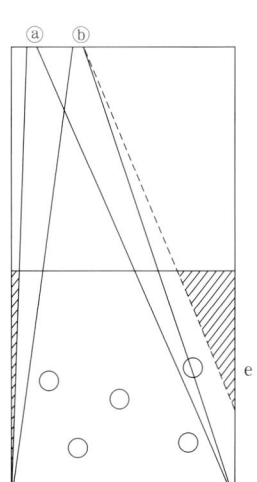

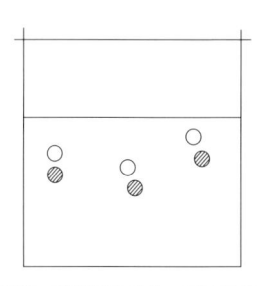

○印…前に落ちるサーブに対するフォワードの位置
●印…後ろに伸びるサーブに対するフォワードの位置

図7 フォワードの位置

図6 サーブコース

サーバーの特徴を考えて，沈むサーブの場合はややネット側に，伸びるサーブの場合はネットから離れてコート後方を守るように位置する（図7）。

バックプレイヤーは，相手サーバーの特徴にもよるが，基本的にはフォワードの2人の中間よりやや外側に位置し，お互いが前後の関係を保ちながらカバーし合い，内側に移動しながらレシーブする（図8）。また，サーバーの特徴，フォワードセンターのレシーブ能力などにより，フォワードセンターを前進させレシーブさせる場合の隊形は，図9のようになる。当然，バックプレイヤーの位置もやや内側に入り，フォワードセンターをカバーする円形布陣の形となる。

隊形を組む際のフォワードとバックの間隔は，レシーブ方法や選手の能力とも関係はあるが，基本的にはコート全面の守備範囲を考え，適当な前後の間隔をとることが必要である（図10・11）。

5）レシーブの集団性 サーブレシーブで注意しなければならないことは，ボールに対する無造作な働きかけと動く方向での重なり合いである。

サーブコースの前面でレシーブのための運動を起こした選手は，レシーブする責任があり，後方の選手はあくまでもカバーリングであることを理解してほしい。選手は個々の守備範囲を確認のうえポジションについているが，サーブコースへの移動で，図8・9・10のように左右ぶつかり合うことのない運動方向（カバーリングも含めて）を決めておくことが必要である。また，図11に示すような，ランニングセッターの場合のランニングコースへのサーブに対する警戒と，図13に示すような，サーブレシーブから移動攻撃をする場合のポジション移動によるレシーブミスを防ぐため，その対策とカバーリングを考えておかなければならない。さらに，レシーブされたボールをより完璧につなぐため，図14, 15に示すような各々ポジション移動しながらサーブレシーブするプレイヤーに正対し次の状況を判断する体勢をとることが大切である。

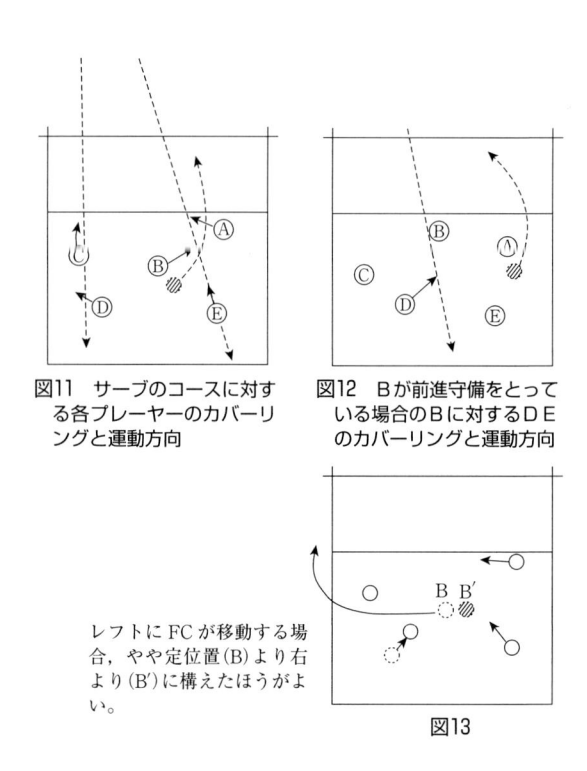

→ カバーの方向

図8

(B)のレシーブが弱い
(B)の速攻を生かす

図9

セッターがフォワードでサーブレシーブに弱いC選手を前におく時

図10

図11 サーブのコースに対する各プレーヤーのカバーリングと運動方向

図12 Bが前進守備をとっている場合のBに対するDEのカバーリングと運動方向

レフトにFCが移動する場合，やや定位置(B)より右より(B')に構えたほうがよい。

図13

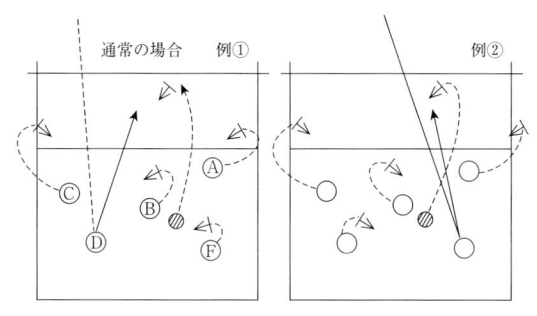

図14 つなぎのためのサーブレシーブ後のフォーメーション

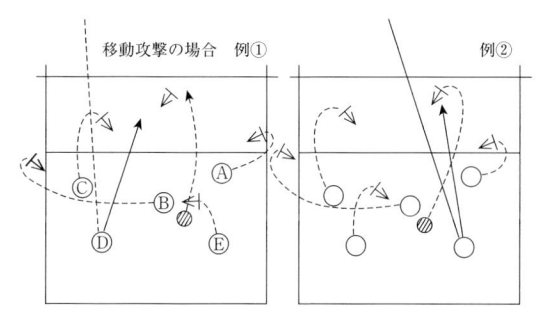

図15 つなぎのためのサーブレシーブ後のフォーメーション

3) ブロックフォロー・フォーメーション

　ブロックフォローは，毎日の練習の中で意外に軽くあつかわれているが，重要な技術の1つである。ゲームの中では，ブロックポイントの多いほうが試合に勝つといわれている。確かに攻撃したボールがブロックによってシャットアウトされることは，チームにとって大きなショックであり，その結果，それまで有利に展開していたゲームも一変して負け戦になってしまうケースが多い。しかし，反対に何度ブロックしてもフォローされ，ついには根負けしてしまうケースもある。

　このような意味から，攻撃力のないケースでは，最初の攻撃での決定率が低いため，フォローした後の攻撃に成功を期待するような作戦を立てたりする。つまり，ブロックフォローは，アタッカーをカバーするという意味でも，ゲームの盛りあがりや展開に重要な役割をもつとともに，ネットぎわの重要な戦術であるといえよう。

フォローフォーメーションの基本的な考え方

　ブロックフォローは，ブロック技術の向上とともに，非常に機敏な反射運動を必要とするようになった。アタッカーをカバーする5人のプレイヤーは，それぞれ自分の守備範囲を明確にするとともに，機能的にフォーメーションを組まなければならない。その際，フォローからのゲーム展開を考えてプレイヤーを配置することが望ましい。

　1）フォーメーションについて　フォーメーションには，3・2フォーメーションと馬蹄形といわれる2・3フォーメーションがある。

　この2つのうち好ましい方法は，特に男子の場合においては3・2フォーメーションだと思われる（図16〜18参照）。それは，前述のようにブロック技術の向上に伴って，アタックされたボールの大半が鋭角に瞬時に落ちることと，また鈍角に比較的遅く伸びるボールは，レシーブ技術の進歩に伴い幅広いレシーブが可能になったからである。

　しかし，特殊なケースとして，攻撃のためのシフトからフォローフォーメーションに移行する際，とくにセッターはトス直後の移動が要求されるが，セットアップの状態によっては間に合わない場合も起こりうる。したがって，3・2がときに2・3フォーメーションに変わる場合もあるがそれはやむを得ない。この場合，フォローフォーメーションを組む際の基準となるプレイヤーが中心となり，全体がセッターの守備領域をカバーするという心がけが大切である。

　2）ブロックフォローの特徴　フォーメーションのとり方は，アタッカーの打球方向に対するブロックの角度が問題である。基本的には打球方向，つまり反射角が位置どりの決定的条件であり，それによって予測が可能となる（図16, 17, 18に示す）。このことから，アタッカーの打球方向を正確に予測することが正確なフォローにつながるので，アタックの際の腕のスウィングや，手首の返しまで見て位置を定めなければならない。

　フォローの方法としては，ネットぎわで鋭角に

落ちるボールが多いため，前のほうに位置しているプレイヤーは姿勢を十分低くして構えるが，後方に位置しているプレイヤーは幅広いレシーブをするため，動きやすい姿勢で構えることが大切である。また，フォローのタイミングは，ブロッカーとの対応になるわけで，ブロッカーの打つボールをレシーブするという解釈にたてばよい。

3）フォローの集団性　フォローの場合，セッターがフォローの中心になることが多い。それは，どの位置でどのような攻撃をさせるかをトスに関わる選手が一番よく知っており，移動しやすいからである。したがって，高度なトスワークを展開すればするほど，そのフォローの中心が自分であることを自覚し，積極的な行動をとることが大切である。しかし，フォーメーションを組む場合の基準となるものは，アタッカーに最も近い位置にあるバックプレイヤーであり，他のプレイヤーはその基準にあわせてレシーブの集団性を考え，前後・左右に重なることのない隊形をとらなければならない。そして，それぞれのプレイヤーは守備範囲を十分確認し，組織的なレシーブをすることが大切である。

図16　3・2フォーメーション（レフト）

1は攻撃のための移動方向
2はフォローのための移動方向

□印はフォーメーションを組む際の基準となるプレイヤー。Dが基準になっていることに注意

打球方向に対するフォローのゾーンを示す。打球方向により基準が移動していることに注意

図17　3・2フォーメーション（センター）

セッターが基準になっている

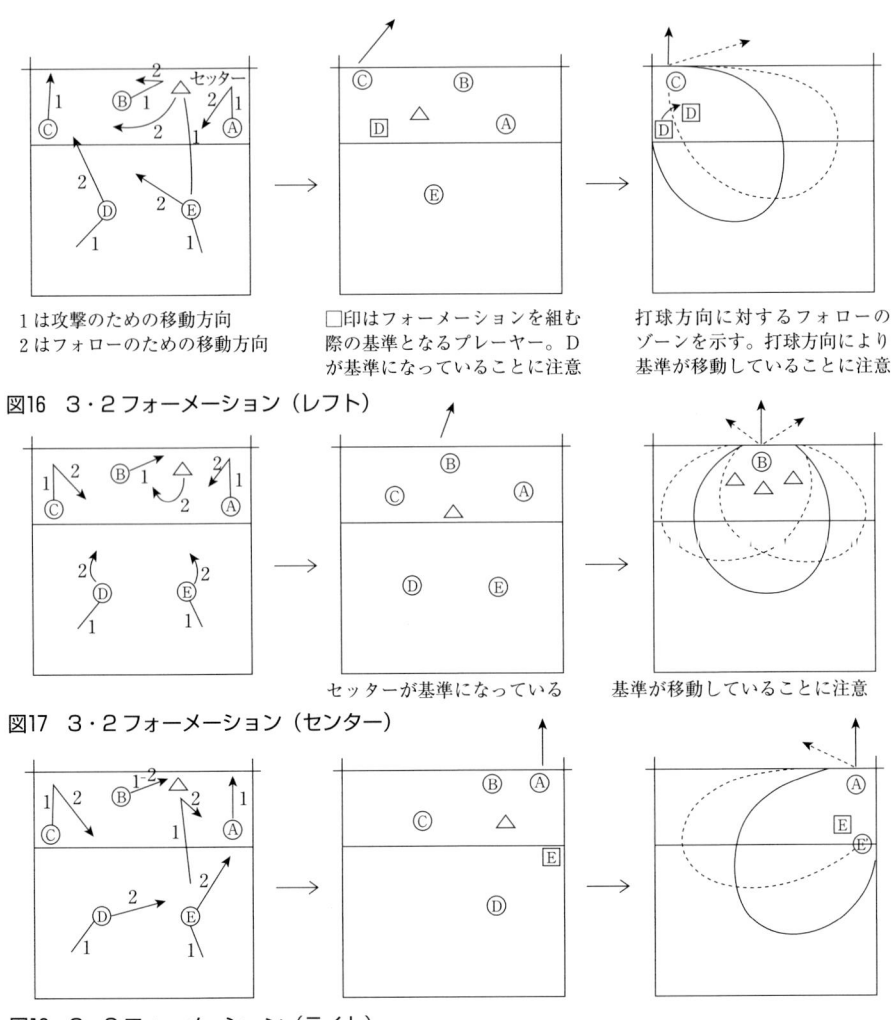

基準が移動していることに注意

図18　3・2フォーメーション（ライト）

4）アタックレシーブ・フォーメーション

相手チームにボールが移ると，プレイヤーはまず基本の位置に構える。次に相手のトスと攻撃位置（L・C・R）に対してフォーメーションを組むことになる。とくに，アタックレシーブのフォーメーションでは，ブロックとレシーブの関係を無視して考えることはできない。ブロックはブロック，レシーブはレシーブと切り離した布陣はないわけで，攻撃者の攻撃意図を十分理解したうえでブロックの位置に関連してレシーブの位置を決定することが大切である。

アタックレシーブ・フォーメーションの基本的な考え方

1）アタッカーの攻めに対する理解 フォーメーションを考える前に，ブロッカーあるいはレシーバーが，相手の攻撃の種類を理解する意味からアタッカーの攻め方について述べてみると，以下のことがあげられる。

【ブロッカーに対して】
① ブロックを抜いて打つ。
② ブロックアウトを狙う。
③ 打つタイミングをずらし，ブロックのタイミングをくずす。
④ リバウンドをとり，次の攻めを計画する。

【レシーバーに対して】
① 強打でレシーブの失敗を誘う。
② 強打と見せてフェイントをくわだてる。
③ 予想外のコースに打つ。
④ 空いているスペースをつく。

2）レシーブの特徴 アタックレシーブでは，ボールにスピードがあるので，レシーブ（動作）のほとんどが反射運動である。したがって，ブロックによってスパイクコースを限定させねばならない。それによって，レシーブもアタックコースを正確に判断した上で，アタックコースへのすばやい移動が必要となる。

以上のことからも，フォーメーションを組む際の最初の位置決定はブロッカーである。そのブロッカーに要求される条件をあげてみると，以下のようなことが必要とされる。
① アタック位置へのすばやい移動。
② 相手がどのような攻め方をするか予測する。（とくにコース・フェイントなど）。
③ ブロックでとめる範囲を正確に味方に示す。
④ 相手の攻撃を封じる範囲と技術。

しかし，ブロック技術の実際は，考えるほど理想的には運ばない。したがって，負担はどうしてもレシーバーにかかってくるので，それを念頭においてレシーブを考える必要がある。

前述のように，レシーバーの位置はブロッカーの位置に関連して定まるが，実際のレシーバーの動作と判断は，以下の順で行われる。
① 攻撃位置に対してすばやく基本的なレシーブフォーメーション（ブロックの位置を予想しながら）を編成する（1の配備）。
② ブロック位置の決定に伴い，レシーバーはレシーブゾーンに移動する（2の配備）。
③ 攻撃内容（アタックコース・強打・軟打・フェイント・ブロックのワンタッチなど）に対して組織的レシーブ活動を行う（予測と反射運動）。

3）守りの範囲 アタックレシーブの守備範囲は，コート全域と考えてよい。コートをどのようなフォーメーションで守るかは，ブロック技術やレシーバーの個人技に関連してくるのでチームの特長を考慮し，各選手の配置を決めることが大切である。実際のいろいろな攻撃を想定し，たとえば，ネットの右左・中央から・ネットから離れた位置からの攻めに対して……というようにコート図を用意し，2人のブロックの守れる範囲から抜かれるコースを考え，4人のレシーバーの守りの範囲を確認することが必要である（図19～21）。

4）能力別配置について レシーブの中心となる位置に，そのチームの最もレシーブ力のあるプレイヤーを配置することは，チームのレシーブ力を高める意味で重要である。こうした能力別配置

は，レシーブだけではなく，トス・アタック・ブロックにも適用される。バレーボールでは，インプレイ後のバックプレイヤーの攻撃とブロックに関する規定を除けば，ポジションを自由に変わることができるわけで，チームの守備力・攻撃力を能力配置によって高めることが可能である。

たとえば，2・2・2というシステムも，
　a）体力（とくに身長）の問題
　b）技術（上達に必要な練習時間の拘束）の問題
このような条件から，能力別配置による戦力を計算し考え出された便宜的なフォーメーションといえよう。とくにこの方法は中学生のチームに多く採用されている（図22，23を参照）。

5）フォーメーションについて　現在，フォーメーションには大きく分けて2通りの方法があり，その1つは，2・4フォーメーション（図24）あるいは3・3フォーメーション（図25）で，いま1つは2・1・3フォーメーション（図26）である。この使い分けについては，
　a）ブロックの能力
　b）フェイント対策
　c）レシーブの能力
などの条件と相手チームの特長が関係してくるが，なかでもフェイントに対するレシーブ能力がその鍵を握っていると思う。2・1・3の方法では，1人がフェイントのレシーブに専念するが，

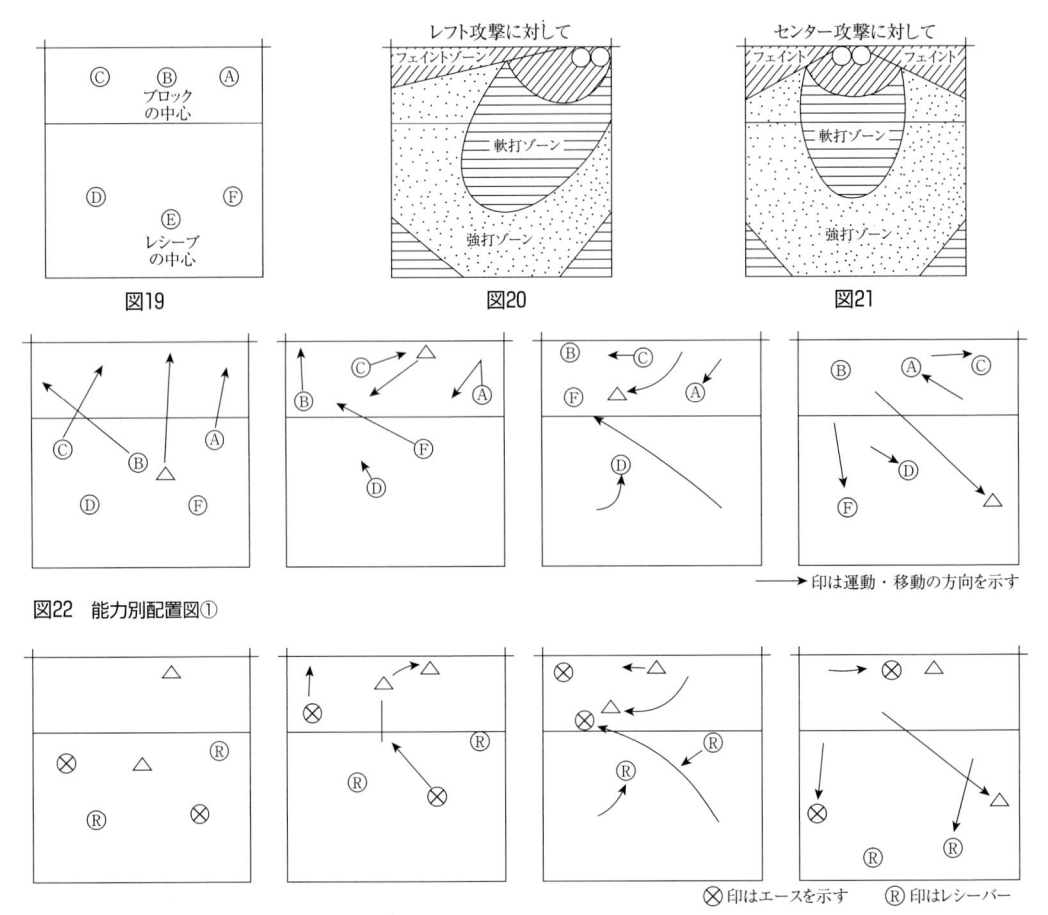

図19

図20

図21

図22　能力別配置図①

→印は運動・移動の方向を示す

図23　能力別配置図②（2・2・2システム）

⊗印はエースを示す　　Ⓡ印はレシーバー

58　第2章　より高度なバレーボールを目指して

2・4の方法では特定の人を決めず，決められたポジションで，それぞれのプレイヤーがアタックレシーブもし，フェイントのレシーブも行っている。指導者は選手の能力を考えて，どのフォーメーションを採用するか考える必要がある。

6）レシーブの集団性　各ポジションでの守備範囲が確認されると必然的に運動の方向が決まってくる。その意味で組織的に完全なレシーブができるはずであるが，実際には，プレイヤー同士の向かい合いゆずり合いがよく起こってくる。これは，隣接するプレイヤー同士が，お互いの守備範囲と動作方向を十分理解していないことと，運動の順次性（具体的にいえば，図27でAの位置によってB・Cの位置が決まり，B・Cの位置によってE・Dの位置が決まる。さらに，Bの運動によってEの運動が影響を受け，同様にCの運動によってDの運動が左右されるということ）が理解されていないからである。こうした問題の正しい理解と，図28で見るようなフェイント・軟攻に対するB・Cのレシーブについては，アタックの方向を読み，その反対側が前進して守るなどの約束をつくっておく。

また，スパイクコースに対する十分な予測ができないで，B・Cが同時に運動を起こすような場

図24　2・4フォーメーション

ト印は1のフォーメーション
──→線　レシーブ運動の方向
-----線　カバーリング
░░░印は強打ゾーン

図25　3・3フォーメーション

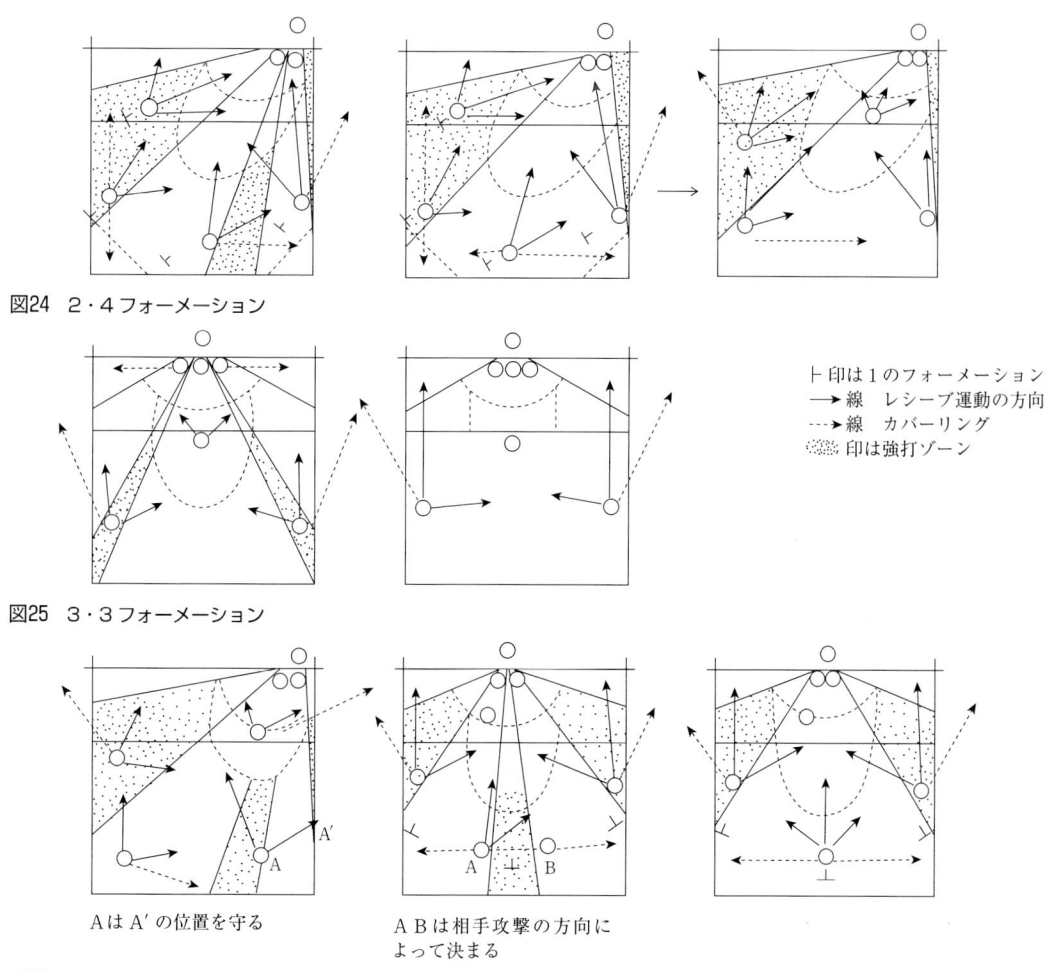

AはA′の位置を守る　　ABは相手攻撃の方向によって決まる

図26　2・1・3フォーメーション

合，B・Cはそれぞれレシーブの運動方向を考えて（図27），ぶつかることのないスムーズなレシーブのできるよう約束づけておく必要がある。D・Eの関係においても同様に，守備範囲や運動方向に対する約束をつくることがフォーメーション編成上の基礎になる。

　以上のような理論をチームの方針としてすべての選手が理解することは，コート内において思い切り活動できる環境をつくることであり，チームとしてレシーブの幅を広げ，レシーブの成功率を高めることになるのである。

5）ネットから離れたボールのレシーブフォーメーション

　ネットから離れた比較的ゆるやかな攻撃に対しては，ブロックのタイミングがとりにくいことと，鋭角に落ちるケースがないので，セッターをネットぎわに出し，他のプレイヤーは後退してサーブレシーブ同様のフォーメーションを組ませることが多い（図29）。

　強打される場合は，全員がそれぞれ自分の守備範囲を守ることに全力を注ぐが，チャンスボールの場合（図30）は，次に展開する攻撃に重点をおき，できるだけバックプレイヤーがレシーブするよう心がけ，アタッカーがよい条件で攻撃できる体勢をつくる。

　フォーメーションを組む場合，とくに注意すべきことは，守備範囲をよく理解し，無駄のない位置に構えることである。

　以上，レシーブのフォーメーションについて述べてきたが，バレーボールでは，サーブを除いて1つとしてフォーメーションの運動でないものはない。したがって，この運動を正確に，かつ忠実に行うことは，常にゲームの流れの中で完全な守りと攻めの体勢をつくることであり，バレーボール練習全体の中で徹底させ習慣化させることが大切である。

（宗内　徳行・豊田　博）

図27　→は運動の方向　Aはブロックを示す

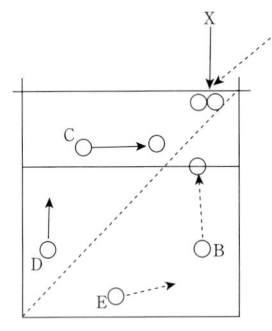

図28　Y攻撃に対してBがフェイントのレシーブに前進する。Bの前進に伴ってEがBの位置をカバーする。X攻撃に対するC，Dの動きも同様である。

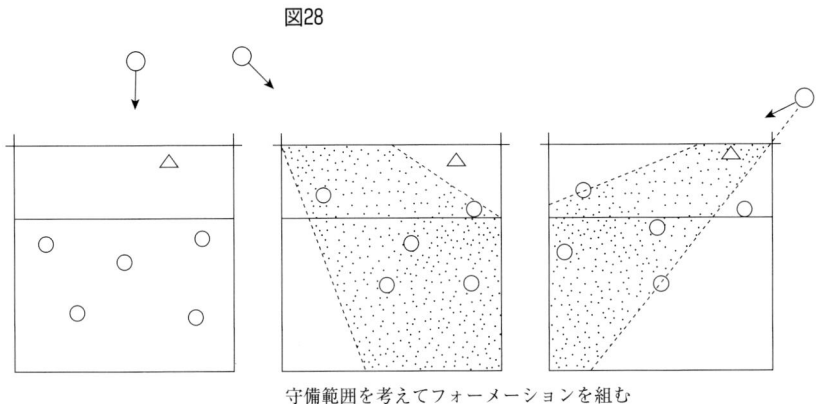

図29　離れた位置からの攻撃に対するレシーブフォーメーション　守備範囲を考えてフォーメーションを組む

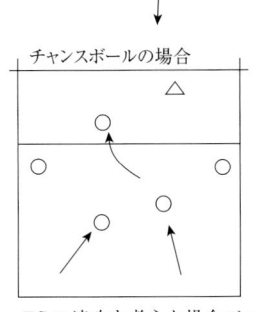

図30　FCの速攻を考えた場合バックプレイヤーが前進し，FCのレシーブの負担を軽くする。　チャンスボールの場合

2 攻めのフォーメーション

1) フォーメーションについて

　攻めのフォーメーションの具体的な問題にはいる前に，一般的にフォーメーション（チーム構成）のつくり方について考えてみたい。6人制バレーボールで，選手層が厚く，しかもキャリア・体力・技術・その他性格面（精神面）などのすべての条件のそろったオールラウンドプレイヤーがそろえばチーム構成も容易であり，攻めに関するフォーメーションは，無限ともいえるほどの型・形が考えられる。しかし，現実において，そのような条件のそろった選手を1チームに集めることはなかなか困難である。そこにチームづくりのむずかしさがあり，またそのむずかしさが指導者にとって苦労である反面，ある意味では楽しみでもある。周知のとおり6人制バレーボールでは，正選手6名と補欠選手6名，計12名の選手で1チームを構成することができる。そして，1セットに最大12名の選手を使うことができるわけである。その12名の選手をいかにうまく組み合わせるかにより，そのチームの持てる力を十分（最大）に発揮させるのが指導者の手腕の見せどころである。

　そこで指導者は，まず自チームの選手個々の能力（体力面，技術面，性格面，精神面）の長所・短所をよく理解し，どのようなチームに構成すればよいかの適確な判断をくだす必要がある。そして，自チームの選手を最大限に生かし，最も効果的な練習をし，最強のチームをつくるために日夜努力をしてゆく必要がある。

　攻めだけから考えると，攻撃の3大要素である高さ・スピード（パワー）・幅を考えてフォーメーションを組むことが必要である。しかし，勝つことを条件にチームをつくるためには，当然攻撃以前の守りのフォーメーションについての問題を考えなければならない。以上のように，チームの構成は単に身体面だけでなく，人間関係，年齢（学年），性格，その他の精神的な組み合わせまで考慮する必要がある。このように6人の選手をどう選び，どのようなチームをつくるかは，いかにむずかしい問題であるか理解できると思う。

チーム構成上の留意点

1) 体力面中心においての構成（技術面）
　① 攻守平衡型のチーム……全員（6人）が高さ，速さ（攻撃力・守備力）を兼ね備え，攻守にバランスのとれている場合。
　② 攻撃型のチーム……長身者が多く，攻撃力，ブロックが十分に発揮できる場合。
　③ 守備型のチーム……長身者が少なく（ジャンプ力も考慮），攻撃力・ブロックが劣る場合。
以上のように，体力面を中心にチームづくりを考えると3つのタイプが考えられる。

2) 精神面中心においての構成（内面的）
　① 性格の明暗……明朗さは団体競技であるバレーボールのチームには絶対欠かせないものである。
　② 性格の強弱……強気の者ばかりでもチーム構成上問題が多く，強弱のバランスも考えなければならないが，勝負に弱気は禁物である。
　③ 年齢・学年の関係……バレーボールは，キャリアのスポーツだとよくいわれる。しかし，上手な選手から6人並べれば強いチームができるというものではない。チームワークづくりの面から考えると，上級生が多いときは危険なことも多い。
　④ 内向性か外向性か……バレーボールは，同じ球技でもバスケットボール，サッカーなどの敵・味方入り乱れての競技ではなく，ネットという境界線がある。内弁慶な性格の者がよいプレイヤーになれることも多い。

　以上のように，チーム構成を内面的な問題も考慮していけば，その選手の育った環境，あるいは今現在の心境までも選手選びに心をくばらねばな

らない。いかにチームづくりが大変なことであり，容易ではないことが理解いただけたと思う。

2) 攻めの基本的なチーム構成

攻撃は最大の防御といわれるが，最近の6人制バレーボールでは攻撃方法も複雑かつスピード化してきた。ここでとくに重要なことは，セッターの問題である。セッターの良否によりチームの構成も異なるし，またチームの持ち駒によって，オープン攻撃主体か，速攻主体かという攻めのフォーメーションは決定されることになる。

① 1人セッターの場合

(1) セッターが前衛の場合

1) 攻撃者が2人となり攻撃力が低下する。
2) セッターがブロックに参加した後のトスがむずかしい。
3) セッターがトスアップ（後方からランニング）しなくてよいので正確なトスを上げやすい。
4) パスされたボールがネット上端より高くパスされても，二段スパイクやブロックができる。

(2) セッターが後衛の場合

1) 攻撃者が3人となり，攻撃に幅と変化をもたらすことができる。
2) ランニングセッターとなり，アウトオブポジションの反則やトスに正確さを欠くことがある。
3) ネット上端にあるボールに対しては，バックプレイの反則をおかしやすい。

〈標準的な選手配置〉

主力アタッカーを1・4の対角に，セッターは3・6の対角に配置する（図31）。または2・5の対角に配置する。

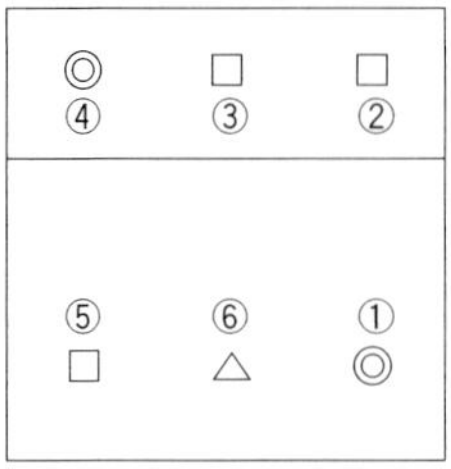

② 2人セッターの場合

(1) サーブレシーブ，0・6システムの場合

1) 攻撃者が3人となり，攻撃に幅と変化をもたらすことができる。
2) ランニングセッターとなるのでアウトオブポジションの反則やネット上端のボールに対しては，バックプレイの反則をおかしやすい。
3) ランニングセッターのため，サーブカットのパスの目標が遅れるのでパスが通りにくく，トスに正確さを欠く場合が考えられる。

(2) サーブレシーブ，1・5システムの場合

1) 攻撃者が2人となり，攻撃力が低下する。
2) セッターがトスアップしなくてよいので，サーブカットも正確にセッターに通しやすい。
3) ネット上端のボールに対して，二段攻撃やブロックができ，ポジション反則の心配もない。

〈標準的な選手配置〉

主力アタッカー，補助アタッカー，セッターと対角に配置する（図32）。3・6にセッター，2・5に補助も考えられる。

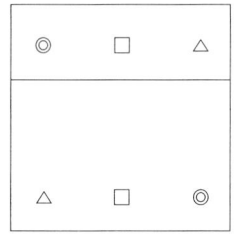

③ 1人レシーバーを入れる場合

(1) レシーバーが前衛にいてセッターとなった場合（2・1・3の場合）

1) パスされたボールがネット上端ぎりぎりにくると，ボールの処理が十分できない。
2) 攻撃・ブロックともに2人（前衛の）に負担がかかり，攻撃力・ブロック力が低下する。
3) レシーブにもある意味では負担がかかる（2・1・3システムを考える）。

(2) レシーバーが後衛の場合

1) レシーブ力が強化される
2) レシーバーがセッター（ランニング）となる場合は，パスされたボールがネット上端ぎりぎりにあると処理が困難である。

攻守フォーメーションで3・3のときと2・2・2のときがあって，チームとしては2通りのシステムの練習をしなければならない。また，レシーバーをセッターとして使わないほうがレシーバー

本来の力を出すことができるよう配慮すると同時に，補助アタッカーがセッターを兼ねるほうがよい場合が多い。

〈標準的な選手配置〉

　レシーバーを1人入れることによって，フォーメーションはかなりの変化が生じる（2・1・3または3・3）。レシーバーをセッターにしてもよいが，その他補助攻撃兼セッターを2人入れる場合も考えられる。

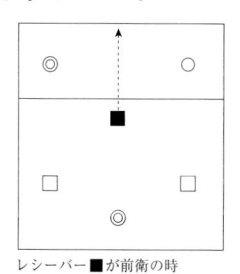

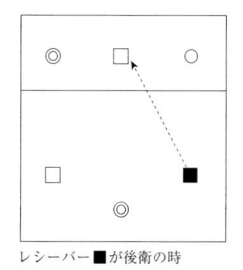

図33　レシーバー■が前衛の時　／　レシーバー■が後衛の時

④　2人レシーバーを入れた場合（2・2・2の場合）

(1)　ブロック・攻撃ともに前衛の2人で行うため，前衛2人の負担が大となる。
(2)　相手の速攻や変化攻撃に対してのブロック力が弱い。
(3)　レシーバーをセッターとして使う場合は，ネット上端の位置にあるボール処理が困難である。
(4)　2・2・2システムは重なりが多くなり，レシーブ練習に時間が必要とされる。

〈標準的な選手配置〉

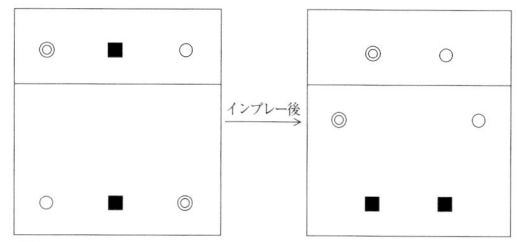

図34　　■ 2人のレシーバー

(5)　レシーブ力は強化される。

　2人のレシーバーをレシーブ専用とし，レシーバー以外の者をセッターとする（2・2・2システム）。インプレイ後は，レシーバーはいち早くバックへ移動し，相手攻撃に備える（図34）。

3）返球数による種類と方法

① ダイレクト攻撃

　攻めは速いほうが，相手のブロックやレシーブ態勢がととのわないため効果があることはいうまでもない。よいサーブを打ち，またはよい攻めをして，相手方から返ったボールをダイレクトで攻撃できれば最高である。

② 2段攻撃

　3回で攻める常識的な攻撃では，相手の守備が完備されてしまう。したがって，相手方が返したラストボールをすぐにトスに変えてアタッカーに打たせれば，相手チームはブロックに参加できなかったり，守備が不完全な状態のうちに攻撃でき，3段攻撃より効果的となる。

表1　基本的なチーム構成

	項　目	攻守フォメーション	サーブレシーブフォーメーション	備　考
セッターを中心としたチームづくり	1人セッター	3・2	1・5　併用可 0・6	全員攻撃・ブロックが可能な場合
	2人セッター	3・3	1・5　併用可 0・6	同　上
レシーバーを入れる場合	1人レシーバー	2・2・2 3・3	1・5　併用可 0・6	5人が攻撃・ブロックが可能な場合
	2人レシーバー	2・2・2	1・5　併用可 0・6	4人が攻撃・ブロックが可能な場合

③ 3段攻撃

ダイレクト攻撃・2段攻撃のチャンスは，ゲーム中たびたびできるものではない。通常は1本目のボールをセッターがつなぎ，3つ目で相手に返すという3段攻撃が一番多く用いられている。

4) 攻撃の型による種類と方法

① オープン攻撃

高いトスからの攻撃であり，当然ブロックは2枚以上つくことになる。したがって，高い打点，幅，パワー，技巧が要求される。チームが混乱したのをたてなおすとき，あるいはスパイカーの打点が高く，ブロックの上からスパイクできるようなときに用いる最も基本的な攻撃法である。

② クイック攻撃

クイック攻撃は，セッターに一定のテクニックが必要とされ，アタッカーにもジャンプ力（滞空力）とスピードが要求される。

③ フェイント攻撃

相手のレシーブが強打に対してかまえているような場合に有効である。相手側のレシーブフォーメーションをくずす目的で行う軽打攻撃法である。あくまでも強打するスパイクモーションから行わないと効果がない。バレーボールでは，強弱の攻めの変化を工夫することが必要である。それと同時に，いつも一定の位置にフェイントしたり打ったりするのではなく，ストレート・クロス・コートの中央と3つのコースの変化を入れ，相手のレシーブの逆をつくことが大切である。

相手のレシーブフォーメーションによって，フェイントの決まる位置はいろいろある。以下に，レフトオープンスパイクの場合にフェイントする場所をあげてみよう。

1) 3・3フォーメーションのレシーバーがフェイントフォローにはいったとき（図35）。
2) バックセンターがフェイントフォローにはいったとき（図36）。
3) ブロックに参加しないフォワードがフェイントフォローにはいたとき（図37）。
4) 2・2・2フォーメーションのとき（図38）。

センター攻撃・ライト攻撃の場合にも，相手レシーブフォーメーションによって必ずフェイント攻撃に有効な場所がある。試合前に相手のシフトを見て，レシーブとフェイントの弱点について，あらかじめ相手を研究しておく。

5) 高度な攻撃法

① 時間差攻撃

1) 横の時間差攻撃　これは1人をおとりにし，相手のブロッカーをかく乱する攻撃方法である。クイックについたブロッカーが，おりた位置から打つことが重要である（図39）。

2) 縦の時間差攻撃　これは現在，バックアタックも含めて多用される傾向にある時間差攻撃である。クイックスパイカーの後ろにネットからややボールを離してあげる。スパイカーの滞空力・高さが要求される（図40,45）。

3) Bクイック前（B前・B間）　Bクイックをお

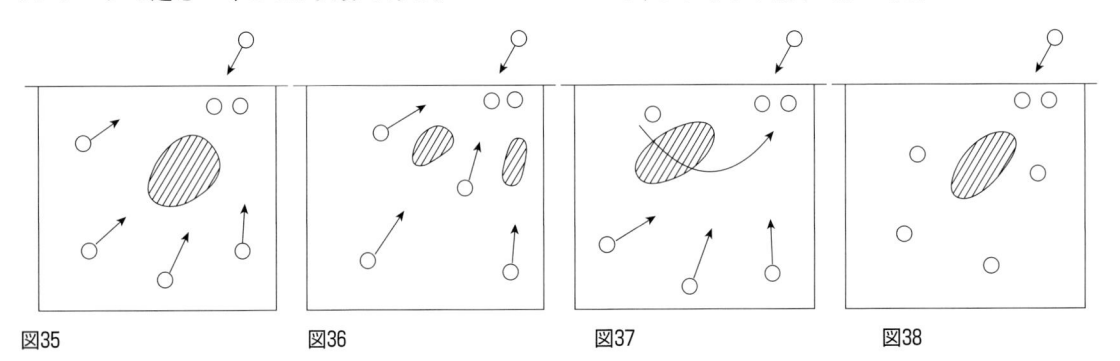

図35　　　図36　　　図37　　　図38

とりにして，その間から攻める方法である。セッターはボールをBクイックの選手に十分に引きつけてからボールが流れないようにあげる（図41, 46）。

4）クイック後ろ（B後） この場合，×印の位置（縦）からのダブルBの攻撃も考えられる。いずれの場合でも，Bクイックに入る選手と打つ選手の出発の位置は，いろいろなケースが考えられる（図42, 47）。

5）1人時間差攻撃

ⓐ　AクイックからバックセミスパイクーAクイックを打つタイミングで入ることが大切である。トスは少しネットより離したほう（流しぎみ）が

図39　横の時間差攻撃

4．トップレベルチームのフォーメーション　65

図40 縦の時間差攻撃

図41 Bクイック前

図42 Bクイック後ろ

よい(図43, 48)。
　ⓑ　BクイックからセミクイックはBクイックのタイミングで入るため，トスはAクイックトスよりも多少高くあげなければならない(図44, 49)。
　ⓒ　ステップにフェイントを加えた攻撃。セッターの前に時間差攻撃をかけるステップからバッ

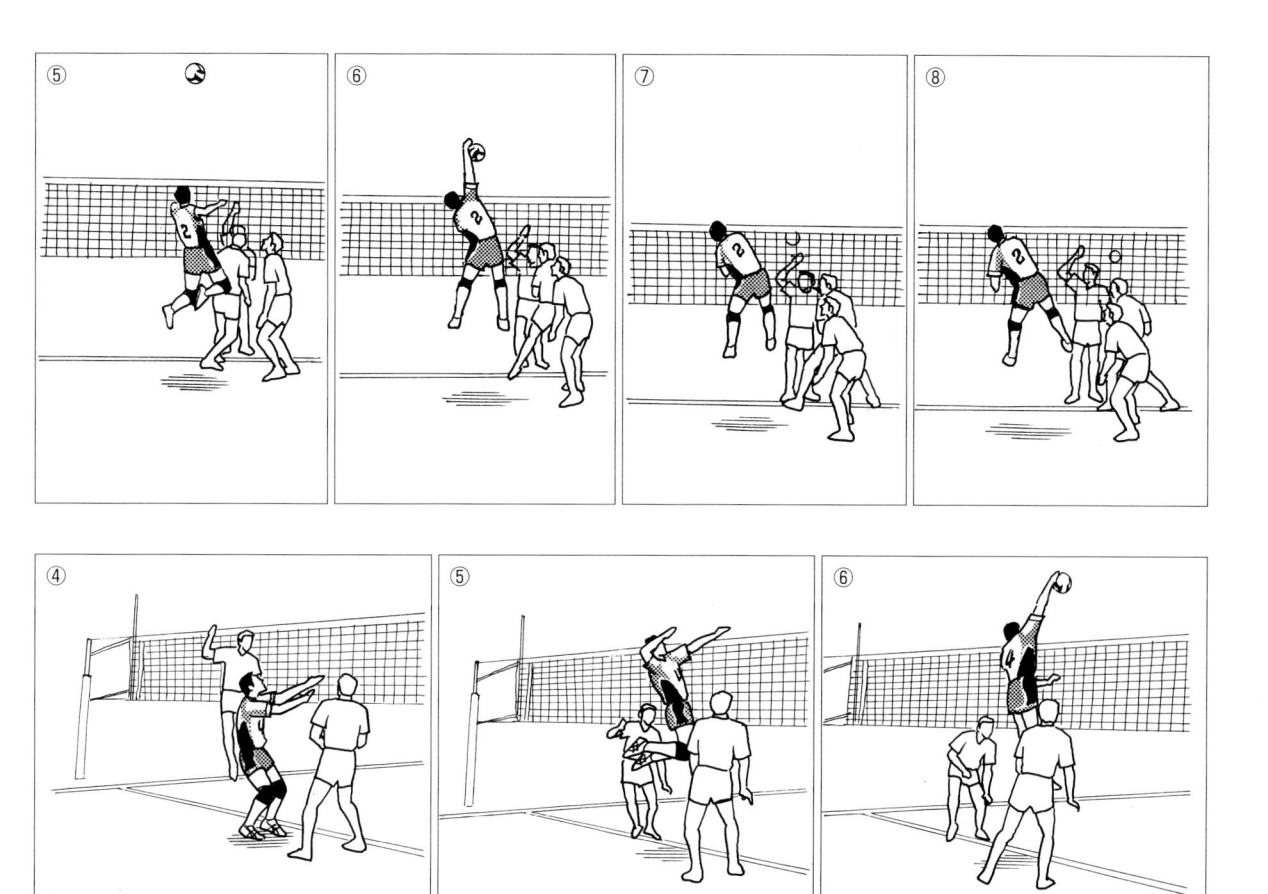

ク攻撃に入る(図50)。
ⓓ その他…1人で2人分の役割をはたし，相手ブロックを乱すための攻めは，まだまだ多くのパターンが考えられる。しかし，それにはセッターの高度なテクニックとスパイカーのすばやい動きが必要であり，豊富な練習により可能な

4．トップレベルチームのフォーメーション　67

図43　Aクイックからバックセミスパイク

図44　Bクイックからセミクイック

プレイである。とくに，ワンセッターによるチームの場合は，少なくとも2名の選手がこのプレイをマスターしなくてはならない。

②　リバウンド攻撃

強打すれば相手ブロックにシャットアウトされる（トスの乱れや攻撃を相手に読まれてブロックが完全に近い状態）ような場合に，ブロックを利用して軟打し，チャンスボールを自陣に入れ，次の攻めに回す非常に高度なプレイである。

攻撃者に相当な技術とキャリアが要求される。また，プレイ後のワンボールは，スパイカー自身が処理するケースが非常に多い。

③　ブロックアウト攻撃

相手のブロックが非常に高い場合には，強打するとシャットアウトされるケースが出てくる。このような場合，むしろ高いブロックを利用して，コート外にボールをたたき出すテクニックが必要になってくる。この攻撃は，高度な技術と経験をもたねば可能なプレイではない。アウトコースをねらう場合があるので，スパイクがアウトになる危険を伴うプレイの1つといえよう。

1）縦のブロックアウト　相手ブロックの上端にボールを当てて，ワンタッチボールをエンドライン後方に出す戦法である。

2）横のブロックアウト　相手ブロッカーの側面（レフト攻撃の場合は相手ライトブロッカーの右手）を利用しワンタッチボールを外（自陣・敵陣）に出す攻撃である。

④　バックアタック

とくにワンセッターの場合，6つのフォーメー

④

⑤

⑥

④

⑤

⑥

図45 縦の時間差

図46 Bクイック前

図47 Bクイック後ろ

図48 Aクイックからバックセミスパイク

図49 Bクイックからセミクイック

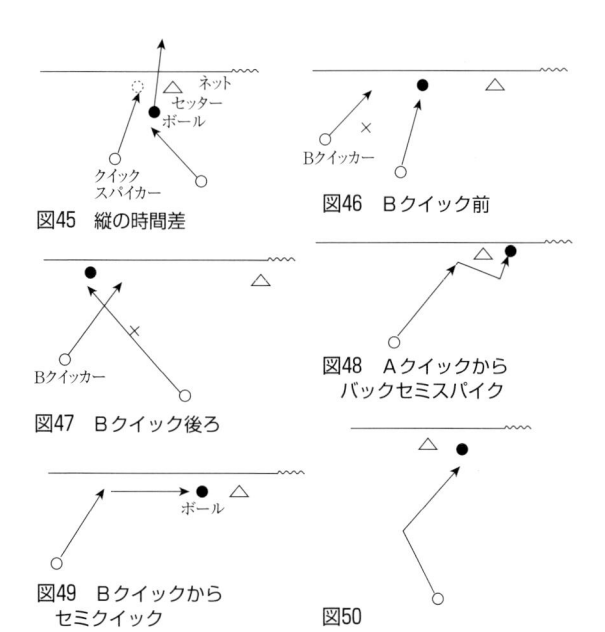

図50

ションの半分はフォワード2名の攻撃者となる。しかも相手ブロッカーは常に3名である場合，バックアタックを加えて攻撃にバリエーションをもたせる。このプレイもセッターの技巧とアタッカーの高さ，滞空力が要求される。

　以上，現在とくに利用されている攻撃のフォーメーションについて説明したが，勝負する以上勝つことが前提条件となる。そのためには，常に新しい攻撃方法を考え出し，自チームの選手の能力を最高に発揮させるべく練習しなければならない。しかし，古いものが悪く，新しいものがよいというものでもなく，「常に基本に忠実」なバレーボールをわすれてはならない。

（上野 尚志・豊田 博）

4．トップレベルチームのフォーメーション　69

5. トップレベルチームの技術

世界のバレーの歴史を分析してみると，戦術上のオリジナリティを持ってないチームは，その流れを変え，世代交代を計ることが出来ないのは歴史の証明するところである。東京オリンピックまでは力のソ連（現ロシア），技のチェコの2主流が世界のバレーをリードしてきたが，さらに1964年から1972年ミュンヘンオリンピックまでの8年間に，これに加えて，速さとコンビネーションの日本バレーと高さの独という2つの流れが生まれ，さらにポーランドのボイトビッチ選手らによる，縦の時間差攻撃を含む立体バレーが新しい流れとして加わって来た。その後はこれら5つの主流をミックスし，その完成度の高い男子のセルビアモンテネグロ，ブラジル，イタリア，フランス，女子の中国，ブラジル，イタリアといったチームが世界のトップクラスを占めるという，混戦時代を迎えているというのが，2000年代当初の世界のバレー界の実状であろう。

その中で日本が今後，体格差というハンディをのりこえて，再び世界の上位を目指すためには一体何をどうすればよいのであろうか。そのポイントを十分理解し，世界の流れについて強化関係者すべてが共通認識の上に立って，まず，選手個人の完成度を高める努力を続けることから始めない限り，再建は不可能である。それらを整理すると筆者はつぎの5点を今後緊急の課題として挙げておきたい。

1 セッターへの返球

日本のバレーは速攻が持ち味であるが，サーブレシーブもアタックレシーブも，低く速いボールをセッターがジャンプトスのできるポイントにもってゆくことを理想と考えている誤った指導者の考え方をまず変えることである。日本のバレーはサーブやスパイクがゆるく，チャンスボールを得た場合は，速いパスから華麗に攻めることを主としている。相手のフェイントや強烈なスパイクを打たれた場合，あげるだけで精一杯でセッターにボールを正しく返すことができない。そして，エースの決定力不足のためパワフルな相手チームには勝てないという，弱い者いじめのバレーになっていないだろうか。反省すべきである。したがって相手の強烈なスパイクでも，セッターの近くネット際1～2mの所に，ゆるく高い山型のボールを正確に返すサーブレシーブ，およびレシーブとチャンス時の速く低いボールの返球を使い分け，攻撃のリズムに遅速の幅のある戦術を体得しなければ勝てる見込みはない。

チャンスには速く，また守りから攻めのきり返しの速さを日本が持ち味とするなら，ブロックにとんだ選手が速攻に入るためには，移動の時間が必要であるから，山型のボールをセッターに返し，ブロッカーをABCDの速攻で引きつけながら，相手センターブロッカーをコート中央に引きつけて，中央の時間差やサイドの平行トスを活用

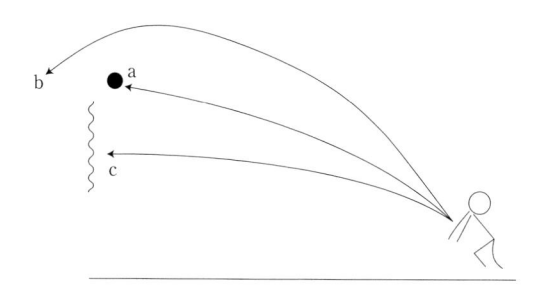

図1 低く速いパス・レシーブボールをa点に持っていくとbおよびcの危険性があるばかりかa点でしかトス出来ず単調な攻めになりやすい

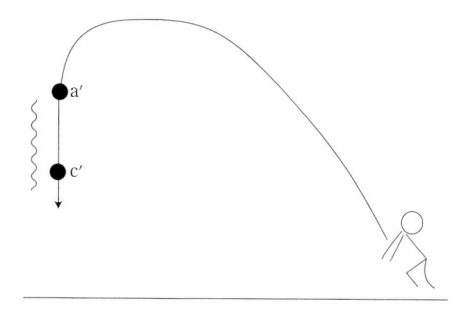

図2 強いサーブ・スパイクは山型のゆるいボールをセッターに，セッターはスパイカーの速攻への移動をまって引きつけa'とc'の間をとってトス

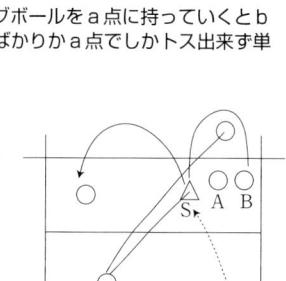

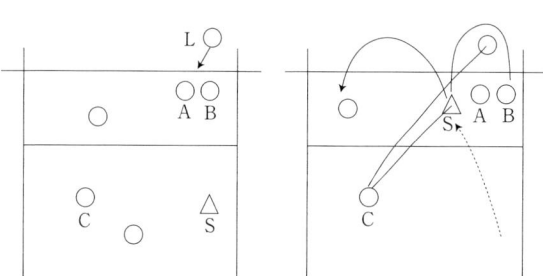

図3 相手のレフトアタックの場合，A・Bがライトでブロック，レシーバーCが低く速いボールをセッターSに返すとAもBも移動出来ず，速攻不能

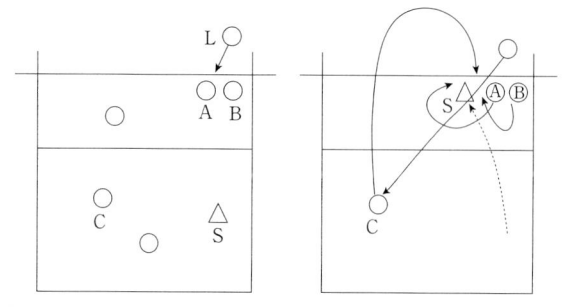

図4 CがSに山型のゆるいボールを返球すればブロッカーのAとBも開いてSの前後で速攻に参加し，相手ブロッカーを中央に引きつけられる。また時間差攻撃をA・Bで組める

するという戦術が必要である。

② 幅のあるトスの能力

最近は男子，女子もジャンプトスを多く用いるチームがほとんどである。高い位置からのトスはセッターの2段攻撃もおりこめるし，相手ブロッカーの移動の遅れを生む原因となるので，1つの大切なセッターの能力であるが，一方では逆に相手におされ，チームの流れがくずれてくると，返球位置の乱れによって自滅の原因となっている多くの事実を幾多経験している。パスもレシーブも図1に示すようにつぎのようなボールをa点に送るコントロールが完璧であれば結構であるが，相手の強烈なスパイクやサーブをa点にもってゆけ

ず，bのように相手コートに入ったり，セッターが間に合わず，トスミスやネットタッチの原因を生む。低すぎて引きつけることもできないし，cのようにネットにかかってしまうという大変な危険性をはらんでおり，その結果多くのチームが1セット2〜3点の失点を生んでいるケースが多い。もちろん，チャンスボールはa点に速く持っていってもよいが，図2に示すようにセッターの頭上にゆるい山型のボールを返球する方が安全であり，かつセッターが速攻の選手の移動と助走のタイミングを計るチャンスの幅を作ってやることができる。コート中央を軸とする切り返しの速さの基本となることを考えると，現在の日本バレーの流れは必ずしも正しいとはいえない。ラリーポイント制では自チームのミスが直接失点につながることを考えると，日本のバレーの戦術を改める工夫が必要である。

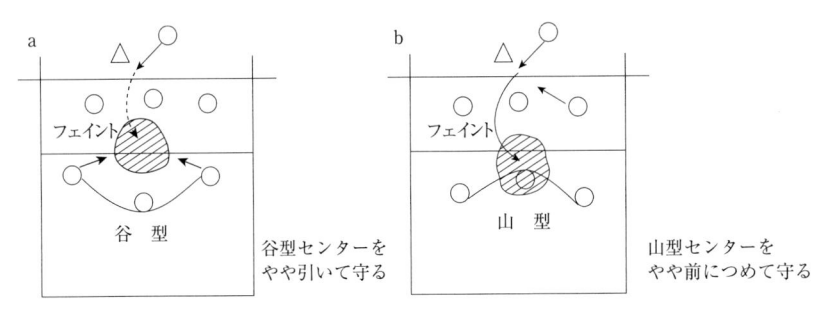

図5　速攻レシーブからフェイントレシーブへ

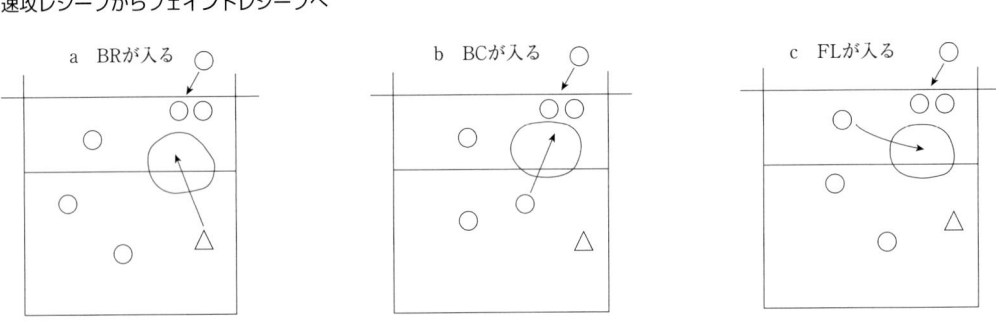

図6　相手レフトスパイカーのフェイントレシーブに対するシフト

③ ブロックからの切り返し

　日本のバレーが攻撃上の戦術として解決すべき課題の1つは，相手ブロッカーの1～2枚をいかに速攻でコート中央に引きつけておくかという点である。そのためには，ブロックにとんだ選手が味方のレシーブの時，直ちに速攻や移動攻撃に入って，中央近くに相手ブロッカー1～2枚を引きつけ時間差攻撃をとり入れつつ，サイドへの平行トスによるスパイクをきめさせることを基本戦術とすることが必要である。そのためにもパスをゆるく山型に，確実にセッターに返すレシーブ力の育成に務めると共に，味方ブロッカーに速攻のための移動のゆとりを与えて，切り返しの速さを何時も用いることのできるよう工夫をすることを忘れてはならない（図3，4）。

④ レシーブシフトの変化

　相手チームが強打を原則として攻めていても，必ず1セットに2～3本は意図的にフェイントを用いて，強弱の変化による守りのかく乱を意図してくることは戦術上予想できることである。相手に対するスカウティングのポイントの1つとして，必ず相手のフェイントの穴を考慮して作戦をたててくるから，相手の作戦の裏をかいて，フェイントをチャンスボールに変える練習をしておくことも，指導者として心がけておくべきであろう。
　基本の守りの中で，相手の速攻に対するレシーブシフトとしては図5のa・b，またオープン攻撃に対してのフェイントのシフトは，図6のa・b・cがある。これらのフォーメーションを得点経過により，次の守りから攻めへの切り返しを頭に入れて，1セットの間に8点毎に変化させるな

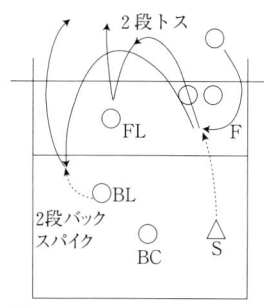

図7 セッターのフェイントレシーブからの2段スパイク

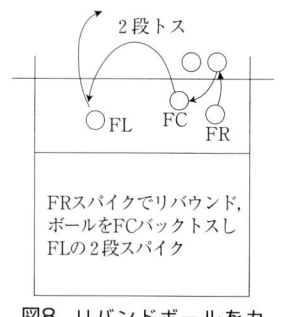

図8 リバンドボールをカバーしての2段スパイク

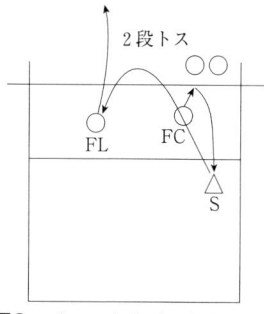

図9 ブロックカバーからのセッターのトスによる2段スパイク

ど，コーチのサインによってシフトを変化させるように今後は工夫して練習し，相手のフェイントをチャンスにする機会を生かすべきである。

また誰がフェイントカバーに入るかは，特に相手スパイカーの得意な打球コースを考えて決めておくべきで，例えば相手レフトがストレート打ちを多用するのに，何もバックライトにいるセッターをフェイントカバーに前進させることはない。フォワードレフトをブロックカバー（図6のc）に入らせるといった工夫も，相手の攻め方に応じて出来るようにしておくべきである。

5 攻撃パターンの多様化

① フェイントレシーブ・リバンドから2段アタック

フェイントボールやゆるやかにはね返ったリバンドボールを，再びセッターに返し，トス・スパイクの3段戦法で攻めかえすケースは，一流チームでも多くみられる。守りから攻めへの切り返しが一番速いのは，ダイレクトスパイクを決めることであるが，これはたまたまボールがネット近くに返らない限り不可能である。次に速いのは2段攻撃である。例えば全日本女子の竹下選手にフェイントをレシーブさせれば，日本の速攻は軸となるセッター不在となる。この場合，フェイントを逆方向のスパイカーにダイレクトで低くトスし，すぐ打ち返せば，相手もブロックカバー体勢からすぐブロックに開けないので最も効果的である。

また，同様に高い相手のブロッカーの場合，わざとゆるくリバンドを取って，ブロックカバーに入っている逆サイドの味方にダイレクトトスして，2段で打たせることも，日本のような粘って勝つ宿命を有するチームには必要な技術の1つであろう。もちろん，ブロックカバーからのボールを直接スパイカーに送って，2段スパイクを打つことも練習して実戦に用いたい（図7〜8）。

② 攻撃パターン

移動攻撃のパターンをいくら増しても，速攻を使えるだけの正しいレシーブボールがセッターに数多くかえらないと，宝の持ちぐされになってしまうが，その条件を前提として，ここ1点ほしい時の決定的フォーメーションが必要で，チームとして今まで使わずに温存していたパターンを使って相手の意表をつく作戦を，ここ1点という時のためにすべきである。古くはミュンヘンオリンピックの森田選手の1人時間差や大古選手のX・Z攻撃など，秘密兵器を用いて勝負を決めなければ相手も必死だけに，そう容易に1点を与えてくれるはずがない。1点が取れず涙をのんだケースは，トップクラスチームでも，アテネオリンピックの女子ブラジルチームの対ロシア戦をはじめとして山ほど例がある。

少なくともトップクラスの高校チームでも，1

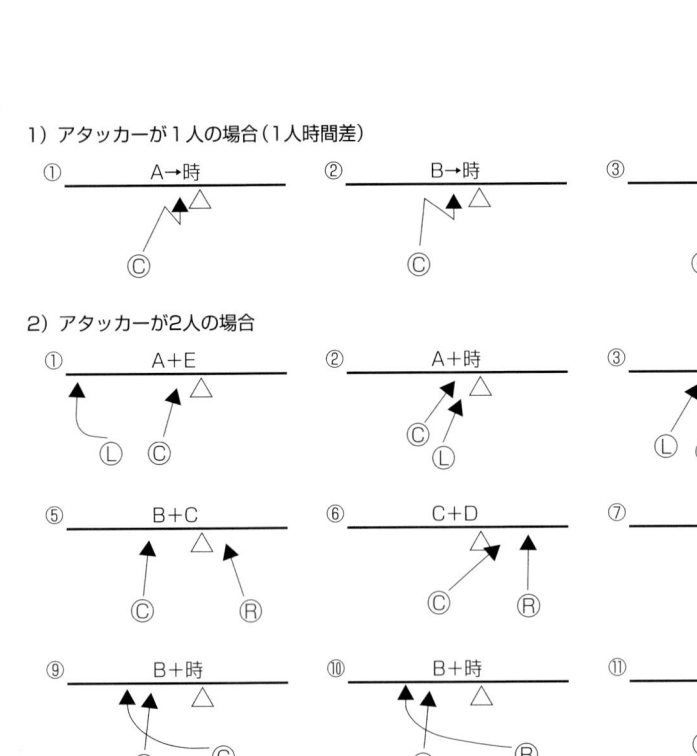

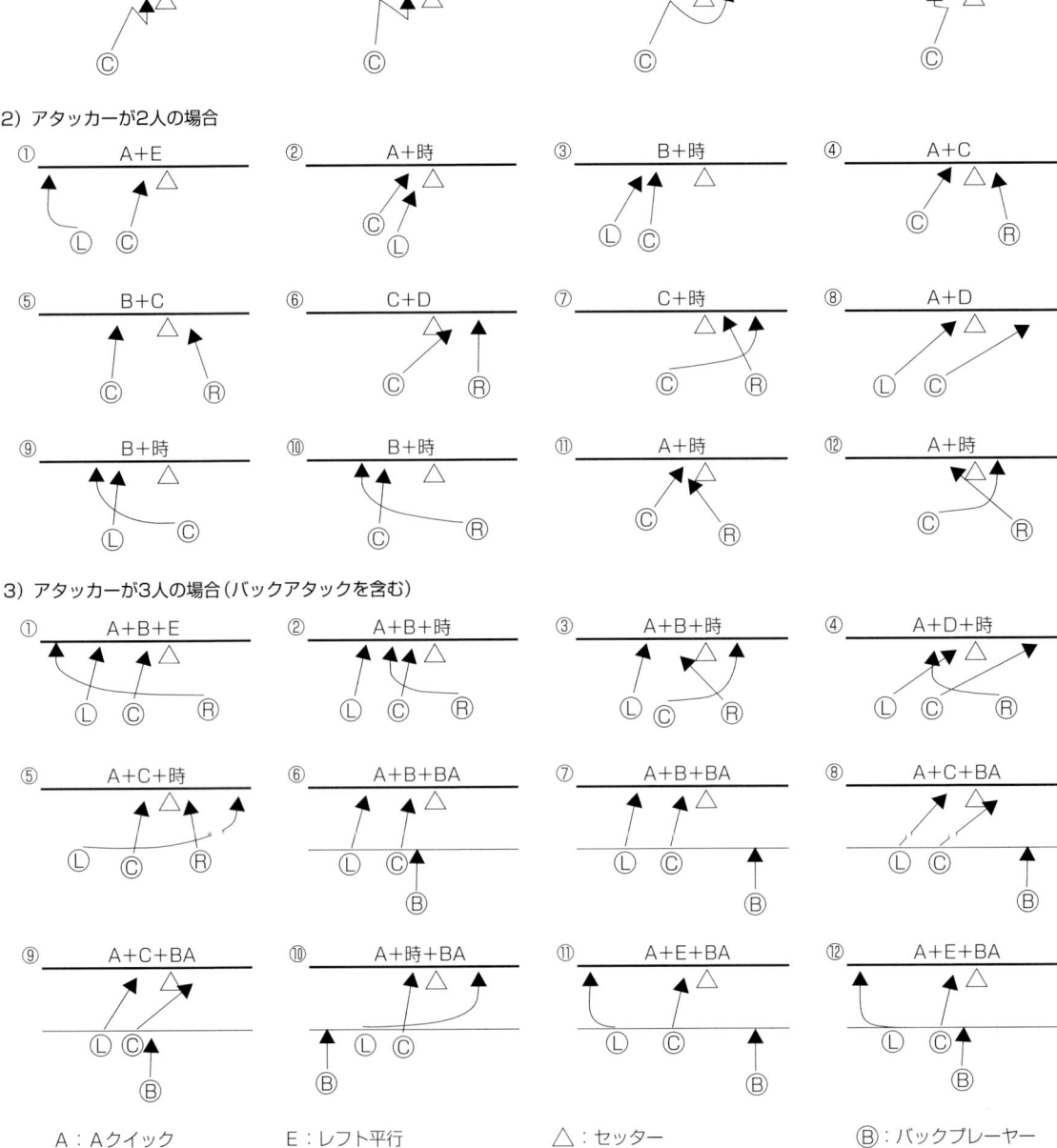

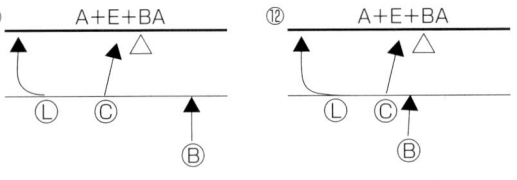

1) アタッカーが1人の場合（1人時間差）

2) アタッカーが2人の場合

3) アタッカーが3人の場合（バックアタックを含む）

A：Aクイック
B：Bクイック
C：Cクイック
D：Dクイック
E：レフト平行
時：時間差
BA：バックアタック
△：セッター
Ⓛ：レフトプレーヤー
Ⓒ：センタープレーヤー
Ⓡ：ライトプレーヤー
Ⓑ：バックプレーヤー
──：センターライン
──：アタックライン

図10　人数別にみた速攻，時間差攻撃のパターン例（28例）

つのローテーションで2～3種の攻撃パターンを持つべきだし，ましてやナショナルチームは秘密兵器を含め，4～5種の移動攻撃パターンを各ローテーション毎に有し，ゲームの流れと得点経過を考えながら，確実に使い分けてゆくことが今後は必要になる。もちろん選手の能力によって，すべてのローテーションですべてのパターンを用いることは出来ないとしても，選手とセッターが話し合って，最適のフォーメーションを必要に応じ用いることができるよう練習し，マスターしておくべきである。図10にその幾つかのパターンを示しておきたい。

③　フォワードの速攻コンビの充実

最近のバレーは，トスはセッターのするものとの考えからセッターに頼りすぎるため，セッター以外の選手のトス能力が著しく低下しているのは悲しいことである。9人制の経験を持つ日本のバレーなら，セッター以外の選手のトスコンビネーションを充実させ，セッターに頼らないフォワード同士の速攻トスからのコンビネーションや，また2段トスを交えての2段攻撃のチャンスを多く生かしたゲームを展開すべきではないだろうか。そのためにはコート後方からの2段トスの正確さを増すトレーニングと共に，フォワード同士の速攻コンビの育成に最大の力を注ぐべきである。フォワードにボールが来ると，すべて高いオープントスしかあげられないようなチームでは，世界のトップを狙うことは不可能で，セッター以外の誰でも速攻のトスが挙げられるよう，日頃から努力すべきである。速攻のトスをマスターすれば，逆にスパイカーとしても同じタイミングで合わそうとするから，速攻のスパイクのマスターにも大いに役立つものである。

④　アタッカーの育成とバックアタック

アテネオリンピック男子では，ほとんどが2m近いロシアを除けば，ブラジル，イタリアのエースは195cmクラスで，あまり日本のエースと体格には相違はない。しかし1m近いジャンプ力を有し，パワフルな思いきりのよい，素晴らしいスパイクを打ちこなしている。

日本にエースが育たない原因の1つは，スパイクの指導に際して，あまりにもよいトスを速くばかり打つことに重点がおかれていることにあるのではないか。スパイク力強化のためには，まずバックアタックを全力で打ち抜ける気力と体力を育てることが大切で，指導の初期にあまりにも早く小細工を教え，分業化を急ぎすぎているのは間違っているのではないか，反省してみる必要がある。もちろんそのためにはパワーとスピードを育てる体力づくりが基盤にあるが，現在の中・高校生には遊びとゲーム中心の指導が多く行われており，将来を考えた正しい指導が必ずしも行われていないことにエース育成上の問題点が存在していると考えるのは筆者1人であろうか，大いに反省すべき点であろう。

⑤　サーブレシーブ

サーブレシーブは，スパイクレシーブよりもサーバーとレシーバーの距離がやや長いので，守りやすいはずである。しかし最近では，1人のサーバーがスパイク同様のパワフルなジャンプサーブを打ったり，ネット際に沈むサーブを打ち分けたりしている。サーブレシーブ後に仕掛ける速攻のため，男子では2～3人，女子でも3～4人でサーブレシーブシフトを布くことが多くなっているため，守備範囲が広く，レシーブボールをセッターに正しく返すことはなかなか難しいというのが現状である。日本のバレーの問題点の1つは，サーブレシーブのボールもセッターのジャンプトスの位置に低く速く返すケースが流行していることである。しかし，本当に正しい戦法であろうか。筆者はサーブレシーブはゆるく高く山型のボールを，セッターにゆとりを持って返す方が，前述（図2）のようにはるかに安全性は高いし，またその間サーブレシーブに参加した速攻の選手も，その後自由に移動して意図した速攻に入ることが可能なので，低く速くジャンプトスの位置に返す単純

な戦法には反対である。

　そのよい例がアテネで優勝した中国女子チームのサーブレシーブ力である。ゆるいネット際のボールをセッターのフェン・ワンが，時にはジャンプして平行トスや2段スパイクを，また時にはセンターの移動とジャンプを待って，相手ブロッカーをセンターに引きつけて，左右への平行トスを用いる戦術は特に優れ，安定度の高いバレーを完成させている。日本も遅速両方の戦術を用いられるよう，現行の指導方針を大いに改めると共に，そのような能力を有する大型セッターの育成が，オリンピックでメダルを取るためには不可欠の条件である。

⑥　サーブとブロックの関係

　アテネオリンピックで，日本女子チームのブロック成功率は1セット当り1.8本という，最も低い成功率で，ベスト8の平均が2.5本（ベストはロシア2.8本）であることを考えると，極めて貧弱であるという恥しい結果であった。ブロック成功率の低さは，1人1人のブロックの基本・動き・フォーム・スパイカーへの読みなどの基本のマスターが不十分であるからである。抜ければバックの責任，とまればもうけものという指導者，選手の意識の変革と共に，日本のサーブ力の劣弱さにもよるものと筆者は考えている。いくらよいブロッカーでも相手が速攻，移動攻撃，バックアタックなどを自由に変化させ得る条件の下で，攻められたのではたまったものではない。相手の攻めに対する予測と現実の条件を考えながら，可能性の高い攻め方の1つを選択してブロックに入るわけであるが，サーブで相手の選択肢に制限を与えるような，例えば極力サーブで相手の速攻を封じ，オープン攻撃のみの可能性しか与えない条件を作ってくれれば，そこに焦点をしぼって守れるから，ブロックの成功率も自ら高くなるわけである。

　サーブ力の強化にはまず確実性を益すためにトスの安定化とフォームの固定化，トスからスウィングへのリズムの体得が必要で，そのためには5本〜10本（変化球は10本）位の休息をおかない連続打ちを，毎日10〜20セット集中的に練習するとよい。またパワーアップのウェイトトレーニングによる全身のスピードと筋力アップのトレーニングも忘れてはならない。そして1人の選手が強弱・左右など少なくとも2〜3種のサーブを使い分ける工夫が必要で，サーブの不安定さは指導者の手抜きと軽視が根底にあると考えられる。日本バレーが至急に改革すべき弱点の1つである。

（豊田　博）

第3章

バレーボールのトレーニング

1. バレーボールの体力測定とその分析方法
2. バレーボールのトレーニング方法
    1 トレーニングの科学的背景
    2 基本的および専門的レジスタンストレーニング
    3 最近の専門的トレーニングとその考え方
3. バレーボール選手のメンタル・スキル・トレーニング
    1 今なぜメンタル・スキル・トレーニングなのか？
    2 メンタル・スキル・トレーニングとは何か？
    3 メンタル・スキル・トレーニングのプロセスとその実際

1. バレーボールの体力測定とその分析方法

1) 体力の概念

「体力」は，図1に示されるように定義される。すなわち体力は身体的要素と精神的要素からなり，それぞれが行動体力と防衛体力からなる。しかし，スポーツ科学の世界では（バレーボールの

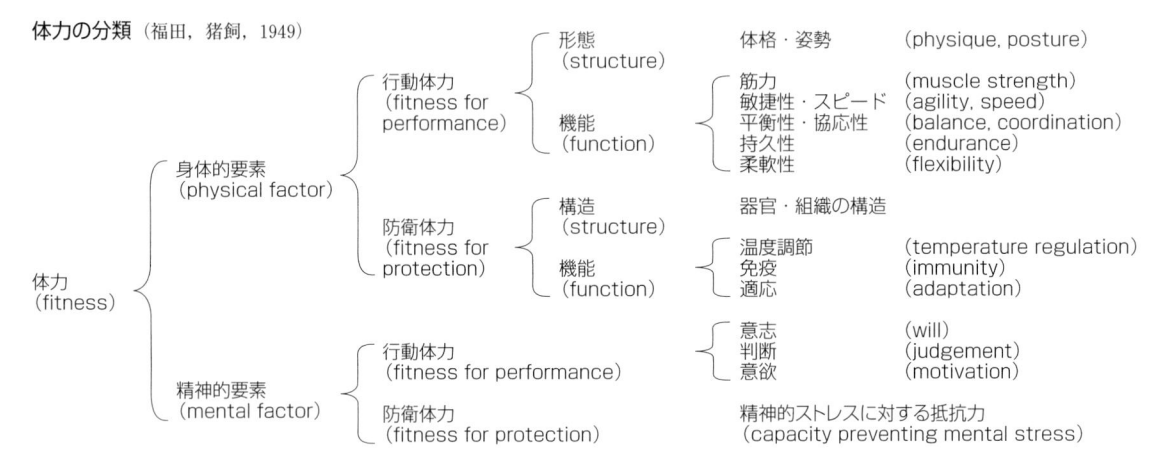

体力の分類 (福田, 猪飼, 1949)

```
体力
(fitness)
├─ 身体的要素 (physical factor)
│   ├─ 行動体力 (fitness for performance)
│   │   ├─ 形態 (structure) ─ 体格・姿勢 (physique, posture)
│   │   └─ 機能 (function)
│   │       ├─ 筋力 (muscle strength)
│   │       ├─ 敏捷性・スピード (agility, speed)
│   │       ├─ 平衡性・協応性 (balance, coordination)
│   │       ├─ 持久性 (endurance)
│   │       └─ 柔軟性 (flexibility)
│   └─ 防衛体力 (fitness for protection)
│       ├─ 構造 (structure) ─ 器官・組織の構造
│       └─ 機能 (function)
│           ├─ 温度調節 (temperature regulation)
│           ├─ 免疫 (immunity)
│           └─ 適応 (adaptation)
└─ 精神的要素 (mental factor)
    ├─ 行動体力 (fitness for performance)
    │   ├─ 意志 (will)
    │   ├─ 判断 (judgement)
    │   └─ 意欲 (motivation)
    └─ 防衛体力 (fitness for protection)
        └─ 精神的ストレスに対する抵抗力
           (capacity preventing mental stress)
```

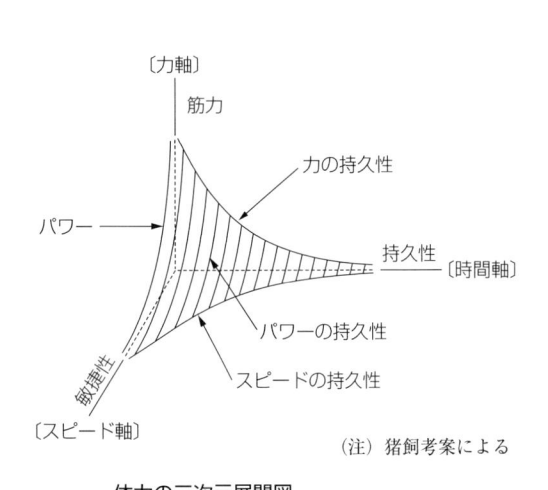

体力の三次元展開図
（注）猪飼考案による

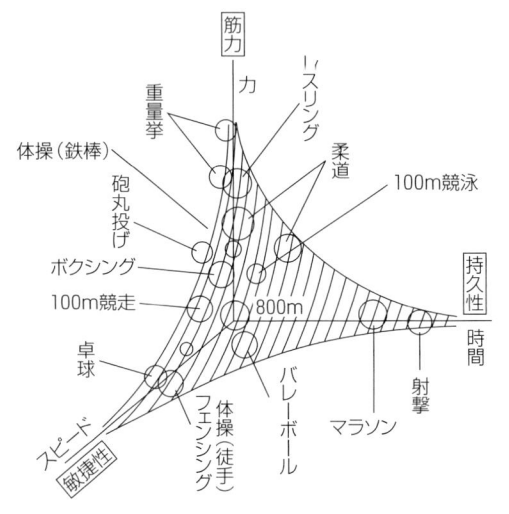

体力の三次元展開

図1　体力の概念

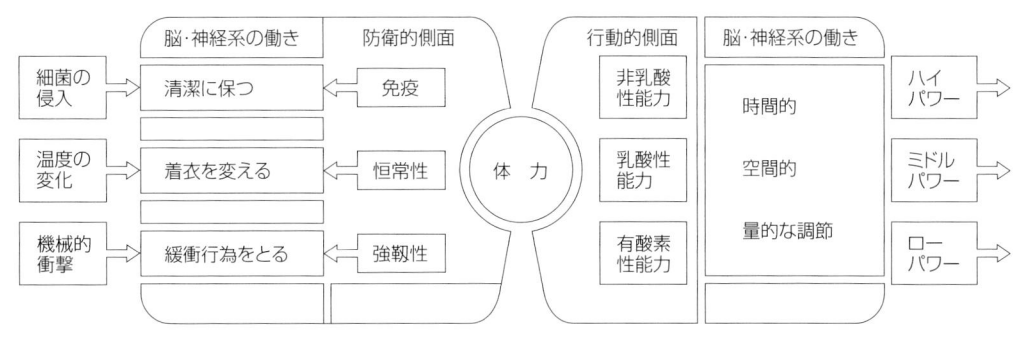

図2 体力の構成（宮下, 1978）

表1 エネルギー供給機構からみたスポーツ種目（Fox, 1979, 宮下加筆）

段階	運動時間	エネルギー獲得機構	スポーツの種類（例）	パワーの種類
1	30秒以下	非乳酸性機構	砲丸投げ，100m走，盗塁，ゴルフとテニスのスィング，アメリカンフットボールのバックスのランニングプレー	ハイパワー
2	30秒〜1分30秒	非乳酸性機構＋乳酸性機構	200m走，400m走，スピードスケート（500m, 1000m），100m競泳	ミドルパワー
3	1分30秒〜3分	乳酸性機構＋有酸素性機構	800m走，体操競技，ボクシング（3分間のラウンド），レスリング（2分のピリオド）	
4	3分以上	有酸素性機構	1500m競泳，スピードスケート（10000m），クロスカントリースキー，マラソン，ジョギング	ローパワー

世界も含めて）身体的要素の行動体力，さらにその機能面の諸要素を指して，狭い意味で「体力」ととらえることが多い．本章でも「体力」はこの狭い意味での「体力」を指す．

「体力」という言葉のニュアンスには，スタミナ，パワー，スピード，筋力，瞬発力，柔軟性，敏捷性など，種々のイメージが混在し，選手や指導者の多くがこれらの言葉の総合体という漠然とした概念で「体力」を理解している．この漠然とした概念が，系統だったトレーニングの障害になっていると考えられる．まず「体力」を科学的に，かつ定量的にとらえ直す必要がある．

宮下（1978）は，体力を単位時間当りの仕事量（パワー）を利用して分類することを提案した．人間の運動におけるエネルギー供給機構は，
①有酸素性機構
②乳酸性機構
③非乳酸性機構

の3つに分類できる（図2, 表1）．さらにこれらは実際の運動中の発揮パワーに対応させることができ，それぞれ，
①ローパワー
②ミドルパワー
③ハイパワー
という用語で表現される．

このとらえ方によるバレーボールの各プレーを分類すると，ほとんどが非乳酸性機構となる．試合を通じてのスタミナ（ジャンプ力が落ちない，パワーが低下しない，動きのスピードが維持できるなど）は有酸素性機構によるところが大きく，また，ラリー継続時間は30秒間にもおよぶことがあるので，乳酸性機構も利用されることもあるが，スパイク，サーブ，ジャンプトス，強打に対する反応やレシーブ，ブロック，瞬間的なポジション移動などのプレーは非乳酸性機構によって必要なエネルギーが生み出されていると考えられ

る。したがってトレーニングの中心は非乳酸性機構をいかに向上させることができるかがキーポイントとなる。

　このように生理学的な観点から考えると，競技力向上のためには，その運動・動作に特有なエネルギー供給機構を高めると同時に，さらに必要な筋パワーを養成する必要がある。トレーニング計画を立案するためには，バレーボールのプレーに必要な体力を生体内のエネルギー供給機構という視点に立って，正しく評価する必要が生じるのである。

（高梨　泰彦）

2）体力測定

　個人の真の体力を知るには，心理的限界・生理的限界・コンディション等を考え，その測定値を得ることが重要である。

　(財)日本バレーボール協会科学研究委員会体力部作成の「体力測定マニュアル」を掲載する(一部変更)。

<体力測定マニュアル>
科学研究委員会体力部

Ⅰ．体力測定の意義

　競技力を，単純に技術と体力とに分類して論議することができるとしたら，バレーボールの競技力に占める，技術的要素と体力的要素とはどのような比率になるだろうか。図3は各スポーツ種目における体力要素と技術要素の占める割合の概観を模式的に示したものである。この図を見ると，バレーボールはやや技術の占める割合の方が高い競技スポーツということになる。

　現場のコーチがこのような観点から技術偏重の練習を実施しているわけではないと考えられるが，現実問題として現在の日本の練習メニューは，技術重点主義に陥っている傾向にある。このことは逆に，体力トレーニング軽視の傾向となっ

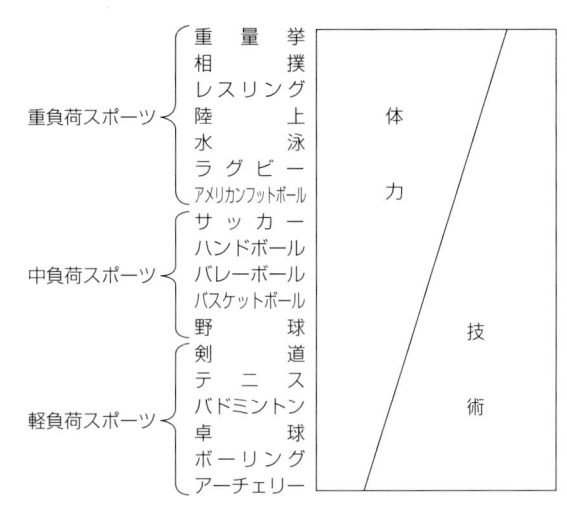

図3　種目別にみた体力と技術との占める比率（福永，1981）

て表れており，日本リーグに所属する一流レベルのチームの中にも，充実したトレーニングルームを持っているチームが少ないという現実を生んでいる。

　技術がいかに優れていようとそれを支えるのは豊かな体力であり，技術を充分に生かすためにも高い体力レベルが要求されることはいうまでもない。特にバレーボール競技においては，競技の特性上，ジャンプ力の競技に与える影響は大きく，体力トレーニングの重要性は非常に高い。しかしながら，体力トレーニングはそこに明確な強化目的が存在して初めて「立案・実行・評価」されるものである。強化目的は，監督，コーチを中心とした指導者が選手を観察・分析することによって定められるが，客観的な分析のためには体力を評価すること，すなわち体力測定を行うことが一番の近道である。

　本マニュアルは，「競技力向上のためにはまずそれを成し得るための体力を養成することが重要」という前提に立ち，競技力向上のための体力トレーニング立案に必要な体力測定に焦点を当て，その理論と方法について解説するものである。

80　第3章　バレーボールのトレーニング

II. 体力測定の具体的方法

A. 形態計測

(1) 身　長

身長計または金属製マルチン式身長計を用いるとよい。素足となり，両足先を30〜40cm開いて立つ。踵，背，殿部を尺桿につける。両手を自然にさげ，頭部を正しく保つ（耳眼水平）。目盛りは検者の目の高さで，被検者の頭頂部と水平にして読む。身長は普通朝は大，夕方は小で差は1〜2cmである。

(2) 体　重

小型自動式体重計を使う。身体を動かさず台秤の中央部に立つ。食事ごとに増すので朝食前に量るとよい。

(3) 胸　囲

布製または鋼鉄製のメジャーを使う。被検者は両手を横にあげて立つ。メジャーが肩甲骨下端と乳頭を横切るようにし，手を静かにおろさせる。肩と腕の力を抜かせ，自然呼吸の終わりに目盛りを読む。女子ではメジャーを少し高くし，乳頭のやや上部に当てて計測する。

(4) 片手指高

直立姿勢から片手を直上に伸ばし，その状態で床面から指先までの高さを測定する。この時，できるだけ高い所に手が届くよう努力させる。

(5) 両手指高

壁面に対して背面をつけ直立し，両腕を垂直上方に伸展させ測定する。

(6) 上腕囲

被検者は手を伸ばし，肩の高さまで腕をあげ，上腕の長軸方向に対して垂直方向にメジャーを巻き測定する。なお，伸展した状態の最大囲および屈曲した状態での最大囲の両方を測定する。

(7) 大腿囲

両足を10cmくらい開いて，両足に体重を均等にかけてまっすぐ立つ。大腿の最も太い部分において，長軸に垂直な周囲の長さを測定する。

(8) 下腿囲

大腿囲と同様の姿勢をとり，右下腿の最大囲を測定する。単位はcm，少数第1位まで読み取る。

(9) 座高

（椅子等に座った）座位の状態で測定する。単位はcm，少数第1位まで読み取る。

(10) 皮脂厚

キャリバーのはさむ圧が$10g/mm^2$となるように，ばねの強さを調整する。測定部位をよく確認し，脂肪層だけを深くしっかりつまみあげる。片手ではつまみきれないときには，両手で脂肪層をたぐりよせてからつまむとよい。

測定は原則として身体の右側について行う。

表2　皮脂厚（肩甲骨下角部＋上腕背部）による体脂肪率の早見表（成人用）

皮脂厚 (mm)	6	7	8	9	10	11	12	13	14	15	16	17	18	19	20	21	22	23
男性 (%)	7.3	7.7	8.2	8.6	9.1	9.5	10.0	10.4	10.9	11.4	11.8	12.3	12.7	13.2	13.7	14.1	14.6	15.1
女性 (%)	8.3	8.8	9.3	9.8	10.4	10.9	11.4	11.9	12.5	13.0	13.5	14.1	14.6	15.1	15.7	16.2	16.8	17.3

皮脂厚 (mm)	24	25	26	27	28	29	30	31	32	33	34	35	36	37	38	39	40	41
男性 (%)	15.5	16.0	16.5	16.9	17.4	17.9	18.4	18.8	19.3	19.8	20.3	20.7	21.2	21.7	22.2	22.7	23.2	23.6
女性 (%)	17.8	18.4	18.9	19.5	20.0	20.6	21.1	21.7	22.2	22.8	23.3	23.9	24.0	25.0	25.6	26.1	26.7	27.3

皮脂厚 (mm)	42	43	44	45	46	47	48	49	50	51	52	53	54	55
男性 (%)	24.1	24.6	25.1	25.6	26.1	26.6	27.1	27.6	28.1	28.6	29.1	29.6	30.1	30.6
女性 (%)	27.8	28.4	29.0	29.6	30.1	30.7	31.3	31.9	32.4	33.0	33.6	34.2	34.8	35.4

キャリパーの測定点は，つまんだところから1cm離れたところとする。また，キャリパーはつまんだ軸に直角になるようにする。一定圧がかかりキャリパーの指針が止ったら，0.5mmまで読みとる。

測定は一度だけでなく，数度繰り返して測定値を確かめる必要がある。また測定は服の上から行ってはならない。測定部位は下記の2カ所が主たるものであるが，必要に応じて身体各部を測定する。

1．上腕背部：肩峰と肘頭突起との中間にあたる上腕後部
2．肩甲骨下角部：肩甲骨下角部の下

B．各種筋力測定

(1) 握力

スメドレー型握力計を用い，まず拇指根を握力計のグリップにかけ，第2～5指の第2関節で握るようにする。被検者は両脚を少し開いて立ち，上肢をわずかに体側から離し，肘関節を伸ばし，握力計をその針が外に向くように握る。3回の試技を左右両手交互に行い，左右ともその最大値をとる。

(2) 背筋力

K.Y.S式背筋力計を用いる。被検者は足先を60度開き，台の足型の上に立つ。順手で把手を握り上体を30度前傾し，肘，膝関節を伸ばしてクサリの長さを調節したうえで全力で引っ張る。連続3回行い，最大値をとる。

(3) ベンチプレス

1RMを測定する。グリップ幅は，肩幅よりやや広め(ひとにぎり程度)にし，シャフトが胸部に接触する(安全のため胸部にタオルなどをおいて測定するときにはそのタオルに接触する)までおろすこと。単位はkg。

(4) スクワット(ハーフ)

シャフトを僧帽筋下部の位置にのせ，膝関節が90度以上屈曲するまでおろすこと。パワーラックで測定することが望ましい。なおフルスクワットを測定する場合には，後部大腿部が床面と水平になるまで屈曲させること。単位はkg(5kgきざみ程度で可)。

(5) レッグプレス

膝関節90度程度屈曲した状態で右足のみで測定する。

※ レッグプレスは，スクワットの測定が困難な場合に，スクワットの代用とする。

C．各種パワー測定

(1) 最大無酸素パワー

測定には，コンビ株式会社製パワーマックスVを用いる。被検者をパワーマックスV上にのせ，サドル，ハンドルを適正な位置に調節し，トゥグリップを締める。被検者にはあらかじめ全力でこぐよう指示する。

本試行の前に0～1kpの負荷で全力駆動の準備運動をさせ，若干の休憩をとり本試行にはいる。その後は，測定装置の指示にしたがい，10秒間の全力駆動を3回実施する。それぞれの全力駆動は，ペダリング中に回転回数が上昇しなくなったと判断された時点で，10秒間が経過していなくてもペダリングをやめてよい。また測定者は，被検者が全力発揮しているかどうかを常に注意し，必要に応じて声をかけるなどの激励を行う。

(2) 40秒パワー

測定は，コンビ株式会社製パワーマックスVを用いる。被検者をパワーマックスV上にのせ，サドル，ハンドルを適正な位置に調節し，トゥグリップを締める。

本試行の前に0～1kpの負荷で全力駆動の準備運動をさせ，若干の休憩をとり本試行にはいる。本試行に先立ち，測定者は被検者に対して，次のような指示を与える。「最初から最後まで全力でこぎ，ペース配分をしたり，ラストスパートをかけたりしないこと。また作業中サドルから腰をあげないこと」これらの注意を守らないと，正確な測定が不可能となる。なお負

表3 40秒パワーの評価基準

(単位は体重1kg当たりのワット)

40秒パワー	評 価
7.0 〜	非常に優れている
6.5 〜 6.9	かなり優れている
6.0 〜 6.4	優れている
5.5 〜 5.9	やや優れている
4.5 〜 5.4	普通
4.0 〜 4.4	やや劣っている
3.5 〜 3.9	劣っている
〜 3.4	かなり劣っている

荷値は,最大無酸素パワーテスト実施後に装置に表示される「ミドルパワートレーニング値」を用いるか,3〜5kp前後の値を使用する。

測定者の合図とともに,被検者は最大努力で40秒間のペダリングを行う。なお,測定中は決して被検者に時間経過を伝えないようにする。

(3) 最大酸素摂取量($\dot{V}O_2max$)

単位時間内にどれだけ多くの酸素を空気中から取り入れることができるかの指標となる測定法で,有酸素的能力を評価する分析法である。測定には自転車エルゴメーターやトレッドミルなどの機器が必要となるが,かわりに12分間走やシャトルランを用いて屋外で測定し,評価する方法が多く用いられる。

(4) $PWC_{75\%HRmax}$

人間の心臓はこれ以上速く拍動できないという上限値(最高心拍数,HR_{max})があり,この最高心拍数は,加齢とともに低下する。20歳以上の日本人成人男女における最高心拍数は次式によって推定できる。

男性:最高心拍数 = 209 − 0.69 ×(年齢)
女性:最高心拍数 = 205 − 0.75 ×(年齢)

この最高心拍数が加齢とともに減少するため,心拍数170拍/分は,若年者では最高心拍数の80〜85%に相当するが,50歳以上ではほぼ100%に達する。このため,20歳から60歳までのPWC_{170}は加齢とともにほとんど変化しないか,むしろ増加の傾向を示す。また,運動強度の点から考えても,最大下の安全な強度の運動であるとはいいがたい。

そこで加齢にともなう最高心拍数の減少を考慮し,各個人に同一条件の負荷設定を行うために,各個人の最高心拍数に対して相対的に一定の心拍数で運動を行わせたときの仕事量をエアロビクス・パワーの指標としたものが$PWC_{75\%HRmax}$である。

D. フロアー実施種目

表4 最大酸素摂取量測定における負荷の漸増方法

装 置	対 象		開 始 負 荷 と 時 間	漸 増 方 法	
自転車エルゴメーター	一 般 成 人		25W (0.5kp, 50rpm)で2分間	以後,毎分25W (0.5kp, 50rpm)ずつ増す	
	スポーツ選手	男	120W (2.0kp, 60rpm)で2分間	以後,毎分30W (0.5kp, 60rpm)ずつ増す	
		女	60W (1.0kp, 60rpm)で2分間		
トレッドミル	一 般 成 人		速度90m/分,斜度0%で3分間	以後,斜度を毎分1%ずつ上げる	17%に達した後は毎分10m/分ずつ速度を上げる
	スポーツ選手	男	速度220m/分,斜度2%で2分間	速度は同じで斜度を4%にして2分間	以後,毎分10mずつ速度を上げる
		女	速度180m/分,斜度2%で2分間		

<参考文献>

小林寛道:「日本人のエアロビック・パワー〜加齢による体力推移とトレーニングの影響〜」杏林書院,pp 5 − 17,1981.

宮下充正,袖山紘:日本人水泳選手の最大酸素摂取量.体育学研究16:253−257,1972.

宮下充正,芳賀脩光,水田拓道:中高年者における全身持久性トレーニング終了6ヶ月後の有酸素的作業能および呼吸循環機能の変化,体育の科学4:52−59,1976.

⑴　ジャンプ

ジャンプには3種類あり，助走をしないでの垂直跳，1歩の助走を用いてブロックをし，両手を水平にしてタッチするブロックジャンプ，2～3歩の助走を用いて垂直跳と同じようにきき手でタッチをするランニングジャンプがある。チョーク法を用い，指跡から床までの高さ（到達点）から指高を差し引いたジャンプ高を用いる。なお，ランニングジャンプは片手指高を，ブロックジャンプは両手指高を用いて計算する。

⑵　立3回跳

コートのサイドラインの外側に両足先を揃えて立つ。全身の屈伸を使って連続3回両足跳をし，最後の着地点の踵の位置を決める。最初の足先から最後の着地時の踵までの距離を計る。3回実施して遠い距離の値をとる。ジャンプの途中休まず連続的に行うこと。

⑶　9m3往復走

コートのサイドライン上にバレーボールを3個並べる。被検者はボールの置いてある反対側のサイドラインに両足先を揃えて立つ。合図でスタートし，ボールを1個取ってスタートラインに折り返し，ライン上にボールを置く。これを3回くり返し，最後に3個目のボールをスタートラインに持ち帰って床上につけるまでの秒数を測る。ボールは投げてはいけない。休みを間に入れて3回くり返し，ベストタイムを記録する。3人くらい同時に行わせ競争させるとよい。

⑷　サイドステップ

3本のライン（中央ラインの中心から左右それぞれのラインの外側までは100cm）をあらかじめフロアーなどに準備（ラインは木目に沿うようにする）し，被検者はその中央のラインをまたいで準備する。測定者の合図とともに20秒間全力で，リズムよく左右のラインを踏むか，踏み越すようにステップし，ラインをまたいだ（またはタッチした）回数を数える（中央のラインも含める）。途中すべるなどの失敗をした場合には，若干の休憩の後に再度測定する。

⑸　立位体前屈

台上に登り，両脚を伸ばし揃えて立ち，踵をつけて足先を5cm離す。両手を揃え指先を伸ばした状態で，物さしに触れながら膝を曲げないようにして身体をできるだけ前屈し，そのとき示す指先の値を記録する。3回行い最大値をとる。前屈は徐々に行い，反動をもちいてはいけない。物さしのかわりに巻尺を当てて測ってもよい（最近では長座体前屈を用いる）。

⑹　上体反らし

うつ伏せに寝て，両手を腰の後ろで組ませる。他の1人に膝窩部を上からおさえさせる。そしてできるだけ後方に上半身をそり返らせる。顎の先から床上までの垂直距離を測る。3回行い最大値をとる。反動を使わず徐々にそらせること（最近は測定をしないのが普通）。

⑺　全身反応時間

全身反応時間の測定できる器具を用意し（光刺激によって，構えの姿勢から動き出すまでの時間を測定するタイプのもの），測定する。

⑻　バレーボール投げ

両膝をついた状態から両手でバレーボールを投げ，その距離を測定する。最近ではメディシンボールを投げることも多用されている。

3）日本チームの体力測定結果とその推移

形態面，特に身長・指高・上下肢長は向上しているが，胸厚などに関しては強化改善が必要であろう。機能面については，以前から指摘されている通り低下の傾向にあるものもあれば，向上しているものもあり，一概にはいえない。日本の長所と言われていた調整力・器用さに関しても発育発達に応じた基本的な動作やマット運動等のトレーニングが必要である（p.89～90）。

表5 最大無酸素パワーテストによるアネロビックパワーの評価表（男性）（単位はワット）

評価＼体重(kg)	50〜51	52〜53	54〜55	56〜57	58〜59	60〜61	62〜63	64〜65	66〜67	68〜69	70〜71	72〜73	74〜75	76〜77	78〜79	80〜81	82〜83	84〜85	86〜89	90〜95	96〜100
非常に優れている	〈898	〈925	〈956	〈992	〈1032	〈1074	〈1117	〈1158	〈1198	〈1235	〈1274	〈1313	〈1352	〈1387	〈1417	〈1441	〈1458	〈1467	〈1474	〈1513	〈1603
かなり優れている	897〜822	924〜850	955〜881	991〜916	1031〜954	1073〜994	1116〜1035	1157〜1074	1197〜1111	1234〜1147	1273〜1181	1312〜1215	1351〜1249	1386〜1280	1416〜1308	1440〜1331	1457〜1349	1466〜1359	1473〜1362	1512〜1400	1602〜1475
優れている	821〜747	849〜775	880〜806	915〜840	953〜877	993〜915	1034〜953	1073〜990	1110〜1025	1146〜1057	1180〜1088	1214〜1117	1248〜1146	1279〜1174	1307〜1200	1330〜1223	1348〜1240	1358〜1250	1361〜1253	1399〜1283	1474〜1347
普通	746〜671	774〜699	805〜731	839〜764	876〜799	914〜835	952〜871	989〜906	1024〜939	1056〜969	1087〜995	1116〜1019	1145〜1043	1173〜1067	1199〜1091	1222〜1113	1239〜1131	1249〜1141	1252〜1144	1282〜1165	1346〜1219
やや劣っている	670〜596	698〜624	730〜655	763〜688	798〜722	834〜756	870〜789	905〜822	938〜853	968〜880	994〜902	1018〜921	1042〜940	1066〜960	1090〜982	1112〜1004	1130〜1022	1140〜1032	1143〜1035	1164〜1048	1218〜1091
劣っている	595〜520	623〜549	654〜580	687〜612	721〜644	755〜676	788〜707	821〜738	852〜767	879〜791	901〜809	920〜824	939〜837	959〜853	981〜874	1003〜895	1021〜913	1031〜923	1034〜925	1047〜930	1090〜964
かなり劣っている	519〜	548〜	579〜	611〜	643〜	675〜	706〜	737〜	766〜	790〜	808〜	823〜	836〜	852〜	873〜	894〜	912〜	922〜	924〜	929〜	963〜

表6 最大無酸素パワーテストによるアネロビックパワーの評価表（女性）（単位はワット）

評価＼体重(kg)	40〜41	42〜43	44〜45	46〜47	48〜49	50〜51	52〜53	54〜55	56〜57	58〜59	60〜61	62〜63	64〜65	66〜67	68〜69	70〜71	72〜79
非常に優れている	〈576	〈597	〈621	〈650	〈685	〈726	〈770	〈815	〈859	〈899	〈931	〈956	〈974	〈988	〈999	〈1008	〈1100
かなり優れている	575〜512	596〜537	620〜562	649〜591	684〜624	725〜660	769〜698	814〜737	858〜774	898〜809	930〜840	955〜867	973〜892	987〜915	998〜938	1007〜960	1099〜1042
優れている	511〜449	536〜477	561〜504	590〜532	623〜562	659〜594	697〜626	736〜658	773〜689	808〜719	839〜748	866〜778	891〜809	914〜842	937〜876	959〜912	1041〜984
普通	448〜386	476〜417	503〜446	531〜473	561〜500	593〜527	625〜554	657〜580	688〜604	718〜629	747〜657	777〜689	808〜727	841〜769	875〜815	911〜864	983〜926
やや劣っている	385〜323	416〜357	445〜388	472〜414	499〜439	526〜461	553〜483	579〜501	603〜519	628〜539	656〜565	688〜601	726〜645	768〜696	814〜754	863〜816	925〜868
劣っている	322〜259	356〜297	387〜329	413〜356	438〜377	460〜395	482〜411	500〜423	518〜434	538〜449	564〜474	600〜512	644〜563	695〜623	753〜693	815〜768	867〜810
かなり劣っている	258〜	296〜	328〜	355〜	376〜	394〜	410〜	422〜	433〜	448〜	473〜	511〜	562〜	622〜	692〜	767〜	809〜

表7-①　最大酸素摂取量によるエアロビック・パワーの評価表（男性）（単位はℓ/分）

年齢（歳）	20-24	25-29	30-34	35-39	40-44	45-49	50-54	55-59
非常に優れている	3.75-4.49	3.57-4.39	3.39-3.78	3.22-3.62	3.04-3.44	2.87-3.27	2.70-3.10	2.52-2.92
かなり優れている	3.12-3.74	3.03-3.56	2.94-3.38	2.84-3.21	2.75-3.03	2.65-2.86	2.56-2.69	2.47-2.51
優れている	2.87-3.11	2.78-3.02	2.69-2.93	2.59-2.83	2.50-2.74	2.40-2.64	2.31-2.55	2.22-2.46
ふつう	2.35-2.86	2.26-2.77	2.17-2.68	2.07-2.58	1.98-2.49	1.88-2.39	1.79-2.30	1.70-2.21
劣る	2.09-2.34	2.00-2.25	1.91-2.16	1.81-2.06	1.72-1.97	1.62-1.87	1.53-1.78	1.44-1.69
かなり劣る	-2.08	-1.99	-1.90	-1.80	-1.71	-1.61	-1.52	-1.43

(小林, 1982)

表7-②　最大酸素摂取量（体重当たり）によるエアロビック・パワーの評価表（男性）（単位はmℓ/kg/分）

年齢（歳）	20-24	25-29	30-34	35-39	40-44	45-49	50-54	55-59
非常に優れている	65.0-74.9	60.0-69.9	52.6-59.7	51.3-58.4	49.9-57.0	48.5-55.6	47.2-54.2	45.8-52.9
かなり優れている	51.0-64.9	49.5-59.9	48.0-52.5	46.5-51.2	44.9-49.8	43.4-48.4	41.9-47.1	40.4-45.7
優れている	47.1-50.9	45.6-49.4	44.1-47.9	42.6-46.4	41.0-44.8	39.5-43.3	38.0-41.8	36.5-40.3
ふつう	39.2-47.0	37.7-45.5	36.2-44.0	34.6-42.5	33.1-40.9	31.6-39.4	30.1-37.9	28.6-36.4
劣る	35.3-39.1	33.8-37.6	32.3-36.1	30.8-34.5	29.2-33.0	27.7-31.5	26.2-30.0	24.7-28.5
かなり劣る	-35.2	-33.7	-32.2	-30.7	-29.1	-27.6	-26.1	-24.6

(小林, 1982)

表8-①　最大酸素摂取量によるエアロビック・パワーの評価表（女性）（単位はℓ/分）

年齢（歳）	20-24	25-29	30-34	35-39	40-44	45-49	50-54	55-59
非常に優れている	2.60-3.39	2.55-3.27	2.30-2.58	2.17-2.45	2.00-2.27	1.92-2.19	1.78-2.08	1.67-1.97
かなり優れている	2.11-2.59	2.02-2.54	1.93-2.29	1.85-2.16	1.76-1.99	1.67-1.91	1.58-1.77	1.49-1.66
優れている	1.96-2.10	1.87-2.01	1.78-1.92	1.69-1.84	1.60-1.75	1.51-1.66	1.43-1.57	1.34-1.48
ふつう	1.64-1.95	1.55-1.86	1.46-1.77	1.37-1.68	1.28-1.59	1.19-1.50	1.11-1.42	1.02-1.33
劣る	1.48-1.63	1.39-1.54	1.30-1.45	1.22-1.36	1.13-1.27	1.04-1.18	0.95-1.10	0.86-1.01
かなり劣る	-1.47	-1.38	-1.29	-1.21	-1.12	-1.03	-0.94	-0.85

(小林, 1982)

表8-②　最大酸素摂取量（体重当たり）によるエアロビック・パワーの評価表（女性）（単位はmℓ/kg/分）

年齢（歳）	20-24	25-29	30-34	35-39	40-44	45-49	50-54	55-59
非常に優れている	53.0-59.9	51.0-57.9	41.0-46.9	39.5-45.4	37.0-42.9	35.5-41.4	33.0-38.4	31.5-37.9
かなり優れている	39.8-52.9	38.1-50.9	36.4-40.9	34.8-39.4	33.1-36.9	31.4-35.4	29.7-32.9	28.0-314
優れている	37.1-39.7	35.4-38.0	33.7-36.3	32.0-34.7	30.3-33.0	28.6-31.3	27.0-29.6	25.3-27.9
ふつう	31.5-37.0	29.8-35.3	28.1-33.6	26.4-31.9	24.8-30.2	23.1-28.5	21.4-26.9	19.7-25.2
劣る	28.8-31.4	27.1-29.7	25.4-28.0	23.7-26.3	22.0-24.7	20.3-23.0	18.6-21.3	16.9-19.6
かなり劣る	-28.7	-27.0	-25.3	-23.6	-21.9	-20.2	-18.5	-16.8

(小林, 1982)

表9　PWC75%HRmaxによるエアロビック・パワーの評価表 （単位はワット）（宮下ら，1983，1984）

年齢（歳）		20−24	25−29	30−34	35−39	40−44	45−49	50−54	55−59
男性	非常に優れている	215−	209−	203−	197−	191−	185−	179−	173−
	かなり優れている	187−214	181−208	176−202	170−196	164−190	158−184	152−178	146−172
	優れている	159−186	153−180	147−175	142−169	136−163	130−157	124−151	118−145
	ふつう	130−158	125−152	119−146	113−141	107−135	101−129	95−123	90−117
	劣る	102−129	96−124	91−118	85−112	79−106	73−100	67−94	61−89
	かなり劣る	−101	−95	−90	−84	−78	−72	−66	−60
女性	非常に優れている	138−	134−	130−	125−	121−	117−	113−	108−
	かなり優れている	119−137	114−133	110−129	106−124	102−120	97−116	93−112	89−107
	優れている	99−118	95−113	91−109	86−105	82−101	78−96	74−92	69−88
	ふつう	80−98	76−94	71−90	67−85	63−81	59−77	54−73	50−68
	劣る	60−79	56−75	52−70	48−66	43−62	39−58	35−53	31−49
	かなり劣る	−59	−55	−51	−47	−42	−38	−34	−30

体力測定用紙の例

測定日　年　月　日
生年月日　年　月　日　　氏名＿＿＿＿＿＿

1. 形態計測

身長	cm	体重	kg
座高	cm	指高（片手）　　cm（両手）	cm
胸囲	cm	上腕囲（伸）　　cm（屈）	cm
大腿囲	cm	下腿囲	cm
皮脂厚（上腕背部）	cm	皮脂厚（肩甲骨下）	cm
皮脂厚（傍臍部）	cm	体脂肪率	％

2. 各種パワー

最大無酸素パワー	w	40秒パワー	w
PWC75%HRmax	w	$\dot{V}O_2max$	ml/kg/min

3. 各種筋力

背筋力	kg	握力（右）　　kg（左）	kg
ベンチプレス	kg	スクワット	kg

4. フロアー実施種目

9m3往復走	秒	サイドステップ	回
全身反応時間	秒	立位体前屈（長座体前屈）	cm
上体反らし	cm	垂直跳	cm
ブロックジャンプ	cm	ランニングジャンプ	cm
ブロックジャンプ到達点	cm	最高到達点	cm
バレーボール投げ	m	立3回跳	m

図4　体力測定用紙の例

表10 体力基準値（男子）

男子ジュニア

項目	単位	1次基準値	2次基準値	3次基準値
身長	(cm)	187.9	190.6	193.3
体重	(kg)	77.3	80.3	83.3
握力	(kg)	52.8	55.7	58.6
背筋力	(kg)	185.1	197.5	210.0
立3回跳	(m)	8.7	8.9	9.2
指高	(cm)	240.8	244.5	248.2
垂直跳び	(cm)	72.3	75.6	78.8
ブロックジャンプ	(cm)	73.6	77.2	80.8
スパイクジャンプ	(cm)	85.8	89.5	93.2
9M3往復走	(秒)	12.8	12.6	12.3
サイドステップ	(回)	56	58	60
体前屈	(cm)	14.9	17.9	20.9

男子ユース

項目	単位	1次基準値	2次基準値	3次基準値
身長	(cm)	188.9	191.4	194.0
体重	(kg)	77.6	80.5	83.4
握力	(kg)	49.5	51.9	54.3
背筋力	(kg)	169.2	183.2	197.2
立3回跳	(m)	8.5	8.8	9.0
指高	(cm)	241.2	245.5	249.9
垂直跳び	(cm)	69.9	73.3	76.7
ブロックジャンプ	(cm)	69.9	73.5	77.2
スパイクジャンプ	(cm)	81.0	85.3	89.6
9M3往復走	(秒)	12.8	12.5	12.2
サイドステップ	(回)	57	59	62
体前屈	(cm)	14.9	18.7	22.5

男子シニア

項目	単位	1次基準値	2次基準値	3次基準値
身長	(cm)	192.9	196.8	200.7
体重	(kg)	83.4	86.8	90.3
握力	(kg)	54.6	57.8	61.0
背筋力	(kg)	197.0	213.7	230.3
立3回跳	(m)	9.1	9.3	9.5
指高	(cm)	247.5	256.1	259.7
垂直跳び	(cm)	74.0	77.0	80.0
ブロックジャンプ	(cm)	75.0	78.5	82.0
スパイクジャンプ	(cm)	88.9	92.5	96.1
9M3往復走	(秒)	12.6	12.2	11.7
サイドステップ	(回)	58	60	62
体前屈	(cm)	15.5	18.7	21.9

表11 体力基準値（女子）

女子ジュニア

項目	単位	1次基準値	2次基準値	3次基準値
身長	(cm)	175.6	178.8	182.1
体重	(kg)	65.3	68.0	70.6
握力	(kg)	34.0	36.0	38.1
背筋力	(kg)	122.2	132.1	142.0
立3回跳	(m)	7.0	7.2	7.4
指高	(cm)	225.1	230.0	234.9
垂直跳び	(cm)	54.2	57.0	59.8
ブロックジャンプ	(cm)	51.9	54.7	57.5
スパイクジャンプ	(cm)	62.9	65.9	68.9
9M3往復走	(秒)	13.9	13.6	13.4
サイドステップ	(回)	51	53	54
体前屈	(cm)	18.5	25.3	32.0

女子ユース

項目	単位	1次基準値	2次基準値	3次基準値
身長	(cm)	174.8	177.0	179.2
体重	(kg)	64.5	66.8	69.2
握力	(kg)	33.6	35.9	38.2
背筋力	(kg)	113.6	123.4	133.3
立3回跳	(m)	6.9	7.1	7.3
指高	(cm)	224.2	227.6	231.0
垂直跳び	(cm)	55.1	58.1	61.1
ブロックジャンプ	(cm)	51.2	55.3	59.4
スパイクジャンプ	(cm)	63.8	67.2	70.6
9M3往復走	(秒)	14.0	13.7	13.4
サイドステップ	(回)	51	52	54
体前屈	(cm)	17.0	20.6	24.3

女子シニア

項目	単位	1次基準値	2次基準値	3次基準値
身長	(cm)	177.02	180.2	183.5
体重	(kg)	67.35	70.2	73.0
握力	(kg)	37.8	41.0	42.1
背筋力	(kg)	133.8	145.6	157.4
立3回跳	(m)	7.3	7.5	7.6
指高	(cm)	227.0	231.8	236.6
垂直跳び	(cm)	59.0	62.3	65.7
ブロックジャンプ	(cm)	58.2	63.0	65.0
スパイクジャンプ	(cm)	69.5	73.4	77.2
9M3往復走	(秒)	13.5	13.2	12.9
サイドステップ	(回)	54	56	57
体前屈	(cm)	21.3	23.7	26.1

表12-① 全日本男子バレーボール選手の体力測定値（1988年5月）

項目	形態			筋力			敏捷性		パワー						柔軟性		反応時間		全身持久性
氏名	身長(cm)	体重(kg)	胸囲(cm)	握力 左(kg)	握力 右(kg)	背筋力(kg)	サイドステップ(回)	9m3往復(秒)	V-Jump(cm)	V-H(cm)	B-Jump(cm)	B-H(cm)	R-Jump(cm)	R-H(cm)	3回跳(cm)	体前屈(cm)	体後反(cm)	音(秒)	光(秒)	最大酸素摂取量(l/min/kg)
S.K	185.3	78.0	89.5	51.0	57.0	176.0	60.0	12.2	82.0	319.0	78.0	315.0	95.0	332.0	9.45	23.5	58.5	285.0	294.0	49.5
I.A	182.5	75.0	96.5	49.0	50.0	156.0	60.0	12.2	88.0	319.0	86.0	317.0	103.0	334.0	9.27	18.0	49.5	265.0	272.0	60.7
M.E	184.6	77.5	91.0	50.0	56.0	207.0	63.0	12.4	73.0	312.0	77.0	316.0	92.0	331.0	9.54	18.5	58.5	286.0	260.0	48.5
Y.K	180.5	72.0	93.5	45.0	47.0	160.0	61.0	11.8	75.0	303.0	78.0	306.0	92.0	320.0	9.48	20.0	59.5	283.0	273.0	52.5
K.S	194.5	83.5	100.5	56.0	63.0	187.0	63.0	12.2	83.0	332.0	78.0	327.0	90.0	339.0	9.40	16.0	57.0	259.0	264.0	46.6
K.Y	190.5	94.5	103.0	53.0	53.0	182.0	62.0	12.4	69.0	314.0	71.0	316.0	81.0	326.0	9.01	14.0	49.5	279.0	278.0	34.7
K.M	192.5	83.5	99.0	54.0	59.0	224.0	54.0	12.8	68.0	320.0	68.0	320.0	73.0	325.0	8.77	14.0	58.0	334.0	329.0	47.5
M.M	188.5	95.5	102.0	51.0	58.0	188.0	62.0	12.8	72.0	310.0	72.0	318.0	82.0	320.0	9.00	17.5	68.5	302.0	282.0	40.0
K.Y	194.0	83.5	97.0	58.0	59.0	234.0	58.0	12.6	74.0	320.0	72.0	323.0	86.0	332.0	9.13	16.5	65.0	292.0	279.0	63.0
I.Y	194.5	85.0	97.0	54.0	58.0	201.0	58.0	12.3	69.0	320.0	72.0	323.0	86.0	337.0	9.01	10.5	64.5	295.0	285.0	52.7
T.N	190.3	74.5	93.0	48.0	52.0	248.0	60.0	12.4	75.0	316.0	71.0	312.0	86.0	327.0	8.88	15.5	58.5	300.0	284.0	39.3
H.H	185.0	86.5	101.0	59.5	64.0	190.0	60.0	12.5	77.0	314.0	82.0	319.0	93.0	330.0	9.73	11.6	48.0	320.0	294.0	66.4

表12-② 全日本男子バレーボール選手の体力測定値（2001年4月）

名前	所属チーム	身長(cm)	体重(kg)	指高(cm)	握力 右	握力 左	握力 平均	背筋力(kg)	垂直跳び(cm)	S到達点(cm)	ブロック(cm)	B到達点(cm)	スパイク(cm)	S到達点(cm)	3回跳び(cm)	9m3(秒)	反復(回)	体前屈(cm)	体後反(cm)	VB指数
H.N	NEC	191.1	87.5	245.0	45.7	41.1	43.4	190.5	66.0	311.0	70.0	315.0	87.0	332.0	875.0	13.0	53	14.0	50.5	126.6
T.T	堺ブレイザーズ	193.8	85.8	247.0	55.9	47.6	51.8	189.5	68.0	315.0	70.0	317.0	83.0	330.0	835.0	13.0	59	6.5	52.0	128.4
S.N	東レ	204.6	93.1	260.0	72.5	65.2	68.9	216.0	73.0	333.0	64.0	324.0	82.0	342.0	872.0	12.5	57	14.0	52.0	151.6
O.Y	NEC	190.6	77.8	236.0	42.0	38.0	40.0	128.0	75.0	311.0	71.0	307.0	85.0	321.0	818.0	12.9	56	15.0	52.0	111.4
W.S	NEC	192.7	75.7	247.0	50.8	48.3	49.6	170.0	76.0	323.0	79.0	326.0	88.0	335.0	882.0	13.1	53	15.0	54.0	138.8
A.K	サントリー	197.6	86.7	249.0	52.1	52.9	52.5	203.5	79.0	328.0	70.0	319.0	79.0	328.0	820.0	12.8	60	19.0	46.0	130.9
T.K	サントリー	181.4	76.4	232.0	38.1	39.5	38.8	159.0	79.0	311.0	80.0	312.0	76.0	308.0	877.0	13.4	55	13.0	58.5	100.0
K.H	富士フイルム	201.1	79.7	256.0	54.5	56.1	55.3	207.0	74.0	330.0	79.0	335.0	105.0	361.0	905.0	13.1	54	11.5	56.5	173.8
U.M	松下電器	186.6	79.3	242.0	59.0	56.2	57.6	196.5	82.0	324.0	83.0	325.0	93.0	335.0	940.0	13.8	52	16.0	68.0	133.6
K.Y	東レ	190.2	86.3	249.0	52.9	52.4	52.7	205.0	77.0	326.0	72.0	321.0	82.0	331.0	802.0	13.1	54	22.0	63.0	129.9
S.U	堺ブレイザーズ	196.6	83.7	250.0	55.8	56.0	55.9	189.0	78.0	328.0	70.0	320.0	85.0	335.0	913.0	12.6	58	21.0	33.5	136.7
K.H	NEC	197.8	89.6	253.0	57.2	57.1	57.2	185.0	79.0	332.0	79.0	332.0	100.0	353.0	926.0	12.6	58	18.5	71.0	158.7
Y.T	松下電器	201.5	87.1	256.0	46.0	55.0	50.5	168.0	68.0	324.0	61.0	317.0	78.0	334.0	878.0	13.5	55	21.0	52.0	136.8
U.D	NEC	184.6	80.2	235.0	56.6	51.1	53.9	196.0	87.0	329.0	88.0	323.0	101.0	336.0	923.0	12.8	58	16.0	43.5	131.4
K.K	近畿大学	195.2	75.8	252.0	49.2	40.2	44.7	187.4	77.0	324.0	78.0	330.0	94.0	346.0	915.0	12.8	61	-6.0	53.0	152.6
K.U	松下電器	195.6	82.3	254.0	46.5	52.5	49.5	168.5	68.0	322.0	66.0	320.0	82.0	336.0	889.0	12.7	62	22.5	61.0	136.8
K.H	サントリー	192.6	80.0	244.0	53.7	50.0	51.9	239.0	77.0	321.0	80.0	324.0	90.0	334.0	876.0	13.0	58	9.5	62.0	136.3
K.U	JT	191.0	81.7	236.0	50.0	46.5	48.3	164.5	65.0	301.0	68.0	304.0	81.0	317.0	857.0	12.8	60	8.0	56.0	106.1
平均		193.4	82.7	246.8	52.1	50.3	51.2	186.8	74.9	321.7	73.8	320.6	87.3	334.1	877.9	13.0	56.8	14.3	54.7	134.5
最高		204.6	93.1	260.0	72.5	65.2	68.9	239.0	87.0	333.0	88.0	335.0	105.0	361.0	940.0	12.5	62.0	22.5	71.0	173.8
最低		181.4	75.7	232.0	38.1	38.0	38.8	128.0	65.0	301.0	61.0	304.0	76.0	308.0	802.0	13.8	52.0	-6.0	33.5	100.0
標準偏差		5.9	5.0	8.1	7.6	7.2	7.0	24.9	5.9	8.7	7.2	8.0	8.3	12.1	39.6	0.3	3.0	6.9	8.8	17.9

1. バレーボールの体力測定とその分析方法　89

表12-③ 全日本女子バレーボール選手の体力測定値（1996年11月）

NO	Name	所属	AGE yrs	身長 cm	体重 kg	胸囲 cm	握力(R)	握力(L)	背筋力 kg	3回J m	指高 cm	垂直J cm	垂直J Max.cm	ブロック cm	ブロック Max.cm	スパイク cm	スパイク Max.cm	到達点 Max.cm	9m3 sec	サイドS fre	F.FLE cm	B.FLE cm	Jump index
1	N.C	ユニチカ	30	162.2 B	55.0	81.0	39.9 A	38.7 A	154.5 A	7.30 A	203.0 B	66.0 A	269.0 A	67.0 A	270.0 A	75.0 A	278.0 A	278.0	13.2 B	59 A	17.0 C	47.0 C	72.4 C
2	O.M	東洋紡	29	182.8 A	67.2	86.0	28.8 C	28.1 C	129.5 B	0.00	233.0 A	66.0 A	299.0 A	62.0 A	295.0 A	78.0 A	311.0	311.0	0.0	52 C	26.5 A	63.5 A	128.9 A
3	N.Y	東洋紡	27	173.0 B	63.5	84.5	32.0 C	35.2 A	128.0 B	7.52 A	225.0 A	57.0 B	282.0 B	53.0 C	278.0 C	68.0 B	293.0	293.0	13.3 B	52 C	23.0 A	58.0 A	95.0 A
4	T.C	ユニチカ	26	178.2 A	69.0	89.5	30.8 C	32.4 C	114.0 C	7.29 A	225.0 A	59.0 A	284.0 A	63.0 A	288.0 A	73.0 A	298.0	298.0	13.6 B	56 A	23.5 A	44.0 C	109.8 A
5	N.K	ユニチカ	25	169.8 B	68.0	96.5	42.6 A	44.0 A	134.0 A	0.00	0.0	0.0	0.0	0.0	0.0	0.0	0.0	0.0	13.3 B	57 A	17.5 C	48.5 C	
6	S.M	ユニチカ	25	171.8 A	63.5	87.5	37.8 A	35.8 A	134.5 A	7.06 B	220.0 B	59.0 A	279.0 A	59.0 A	279.0 B	70.0 A	290.0	290.0	12.8 A	56 A	20.0 A	65.0 A	92.8 A
7	T.A	日立	24	179.6 A	70.5	87.0	36.6 A	36.3 A	0.0	0.00	230.0 A	63.0 A	293.0 A	63.0 A	293.0 A	75.0 A	305.0	305.0	13.7 C	54 A	21.0 A	0.0 C	120.3
8	E.N	日立	24	185.7 A	64.0	91.5	28.7 C	31.2 C	86.0 C	0.00	240.0 A	52.0 C	292.0 A	54.0 C	294.0 C	67.0 C	307.0	307.0	14.3 C	54 A	24.0 A	54.0 C	126.8 A
9	H.K	NEC	24	177.3 A	68.0	87.0	44.8 A	47.4 A	151.5 A	7.17 B	226.0 A	65.0 A	291.0 A	64.0 A	290.0 A	77.0 A	303.0	303.0	13.8 C	0	22.5 A	64.0 A	114.8 A
10	H.A	日立	22	185.0 A	69.0	92.0	33.0 C	35.0 A	154.0 A	7.08 B	236.0 A	56.0 C	292.0 A	56.0 A	292.0 B	67.0 C	303.0	303.0	13.3 B	56 A	13.0 C	57.5 B	121.4 A
11	O.I	NEC	20	172.6 A	68.0	90.5	45.5 A	39.2 A	125.5 B	7.50 A	217.0 B	65.0 A	282.0 A	68.0 A	285.0 A	81.0 A	298.0	298.0	12.9 A	51 C	26.5 A	71.0 A	104.0 A
12	N.Y	東洋紡	20	182.5 A	72.5	93.0	39.2 A	39.0 A	133.5 A	0.00	233.0 A			0.0 A	289.0 B	72.0 A	305.0	305.0	0.0	0	23.0 A	72.0 A	119.0 A
統計 平均			25.1	176.7 A	66.5	88.8	36.6 A	36.9 A	131.4 A	7.27 A	226.2 A	60.8 A	286.3 B	60.5 A	286.6 B	73.0 A	299.2	299.2	13.4 B	54.7 A	21.5 A	58.6 A	109.6 A
計 SD			2.6	6.7 0	4.4	4.0	5.7 0	5.1 0	18.8	0.17 0	9.8 0	4.6 0	8.3 0	4.9 0	7.5 0	4.5 0	8.9	8.9	0.4 0	2.41 0	3.8 0	9.0 0	16.4

日本バレーボール協会 科学研究委員会

表12-④ 全日本男子バレーボール選手の体力測定値の推移

項目 年	形態 身長	形態 体重	形態 指高	筋力 握力 左	筋力 握力 右	筋力 背筋	敏捷性 サイドステップ	敏捷性 9m 3往復	パワー V-Jump	パワー V-H	パワー B-Jump	パワー B-H	パワー R-Jump	パワー R-H	パワー 3回跳	柔軟性 体前屈度	柔軟性 体後反度
1971年	189.4	81.8	—	50.9	56.3	160.9	50.7	12.8	—	—	74.0	—	84.0	—	9.1	18.7	65.7
1977年	191.5	83.4	239.7	53.1	53.1	188.4	54.4	12.7	76.8	316.4	76.2	315.8	89.1	328.8	9.1	14.7	59.7
1978年	189.3	82.5	238.0	57.1	57.1	195.5	57.3	12.8	81.4	319.4	81.6	319.6	94.5	332.5	9.1	12.9	61.7
1980年	189.2	82.0	239.9	53.0	58.0	220.4	54.5	12.4	77.6	317.5	77.3	317.3	93.9	333.9	9.3	19.4	62.0
1981年	187.8	78.3	238.1	53.0	53.0	212.3	57.2	12.5	75.2	313.3	75.0	313.1	92.0	330.1	9.3	18.3	60.5
1982年	189.3	82.0	242.3	51.5	51.5	182.4	58.4	12.2	78.2	322.7	79.9	322.4	91.5	334.0	9.3	16.7	59.9
1987年	188.5	82.4	239.8	53.7	56.3	208.0	59.6	12.3	77.3	310.2	81.9	320.9	93.3	333.2	9.2	14.1	62.5
1988年	188.6	82.4	241.2	52.4	56.3	196.1	60.1	12.4	75.4	316.6	75.4	316.6	88.3	329.4	9.2	16.3	57.9

4) 体力基準値

一つの指標として現在までの体力測定値を統計的に処理し体力基準値を(財)日本バレーボール協会科学研究委員会体力部で作成した(表10, 表11)。

5) バレーボール競技の運動特性

① ジャンプ頻度

図5は1981年ワールドカップ(女子) 5試合のジャンプ頻度及びジャンプインターバルの結果である。図5-①はサーブ打時から、各ラリー終了時までのジャンプインターバル、図5-②は第一回目のジャンプから、各ラリー終了時までのジャンプインターバルである。ジャンプ頻度は、3セット51回から67回、5セットで96回から210回で1セット平均約27回であった。図5-①は、1秒から17秒の範囲にあり、5秒が最も高く全体の17.6％で、5秒、6秒、7秒で51.1％と過半数を示した。図5-②は、1秒から19秒の範囲で3秒が最も頻度が高く全体の19.2％で、3秒、4秒、5秒で過半数を示した。

② 試合中の高さ

スーパー4男女のチームの選手がゲーム中、実際にどんな高さの打点でスパイクしているか、またその具体的フォームをスティックピクチャーで示すと表13・14と図6の通りである。

③ 試合中の心拍数

3つのポジション(センター、セッター、レシーバー)別の心拍数を図7に示した(大学男子バレーボール選手)。試合中の運動強度は各ポジションで差異があるが、練習はその強度以上で実施することが必要である。

6) 傷害予防と空中フォーム

ジャンプ力を高める有効なトレーニング法としては、ゴムテープジャンプ、カードジャンプ、階段かけ上がり等が報告されている。

反面バレーボール選手の多くは関節の障害をかかえていることも周知の通りである。バレーボール競技ではスパイク、ブロック、サーブ、トスなど多数のジャンプをしている。特にスパイク時の空中フォームで左右の肩がさがる選手を見かけることがある。この姿勢では、打点が下がる、強打のコースが決定される、着地時バランスがくずれ2番目のプレーが困難になる、などが考えられる。そこで、よりよい空中フォームを得るため膝の衝撃度の実験を試みた。その結果、左右の肩が下がりバランスの悪いフォームと正しいフォームでは、2～3倍の衝撃度の差が見られた。

(南 匡泰)

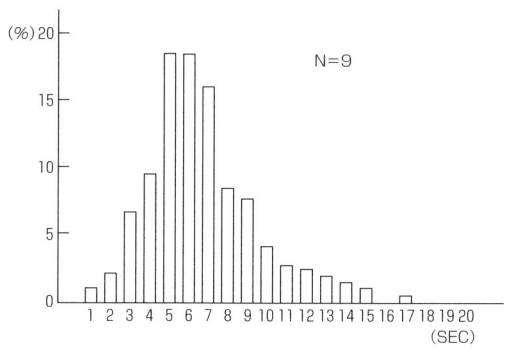

図5-① ジャンプインターバル

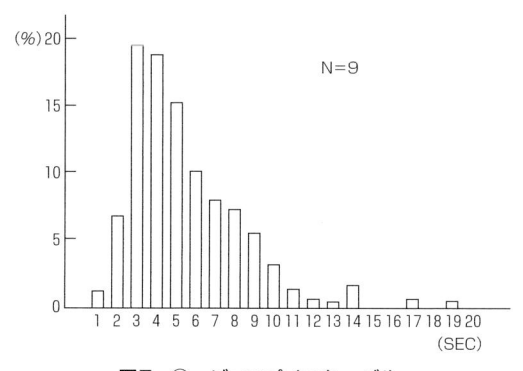

図5-② ジャンプインターバル

表13 男子選手の打点の高さ('94スーパー4より)

選手名	No	国名	最高値(cm)	平均打点高(cm)	%
HE	3	オランダ	347	323.7	93.3
ZW	8	オランダ	347	325.8	93.9
CT	4	アメリカ	341	302.6	88.8
HI	7	アメリカ	343	303.0	88.3
FO	8	アメリカ	338	306.3	90.6
PA	6	イタリア	348	308.1	88.5
BR	8	イタリア	349	304.1	87.1
CA	10	イタリア	347	310.4	89.5
GI	13	イタリア	355	321.7	90.6
NU	3	日本	343	311.4	90.8
AS	11	日本	331	311.7	94.2
IZ	15	日本	352	321.9	91.4

表14 女子選手の打点の高さ('94スーパー4より)

選手名	No	国名	最高値(cm)	平均打点高(cm)	%
MO	2	ブラジル	309	285.5	92.4
AL	4	ブラジル	298	264.4	88.2
DI	10	ブラジル	306	269.7	88.1
SO	16	ブラジル	290	278.1	95.9
MO	2	ロシア	305	286.3	93.9
BA	4	ロシア	297	289.0	97.3
ME	7	ロシア	309	284.6	92.1
LU	3	キューバ	335	300.4	89.7
BE	8	キューバ	326	284.8	88.1
OM	1	日本	312	271.6	87.0
YU	4	日本	317	283.0	89.3
MR	8	日本	310	278.7	91.2

イタリア
最高値 最低値 平均 標準偏差
331.2 280.6 308.1 17.8

日本
最高値 最低値 平均 標準偏差
330.6 307.6 321.9 8.1

オランダ
最高値 最低値 平均 標準偏差
337.1 306.2 325.8 7.6

図6 スパイカーの空中動作

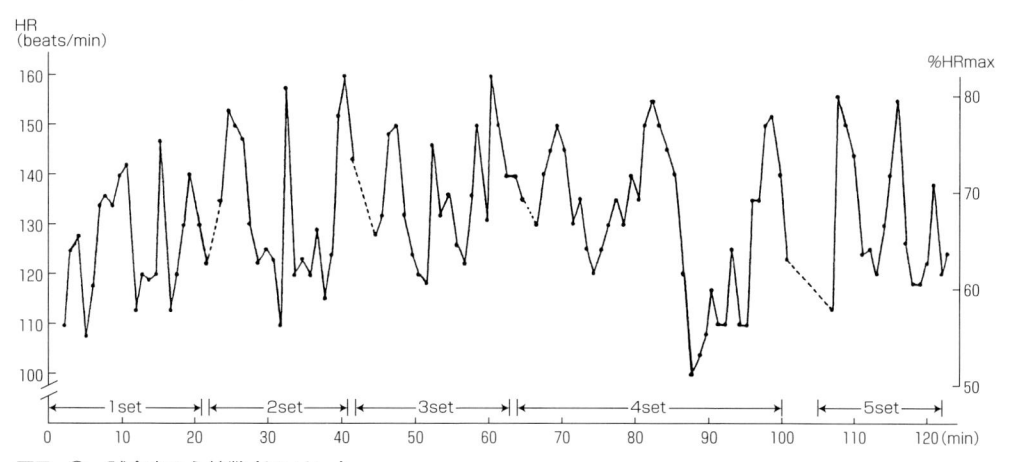

図7-① 試合中の心拍数(センター)

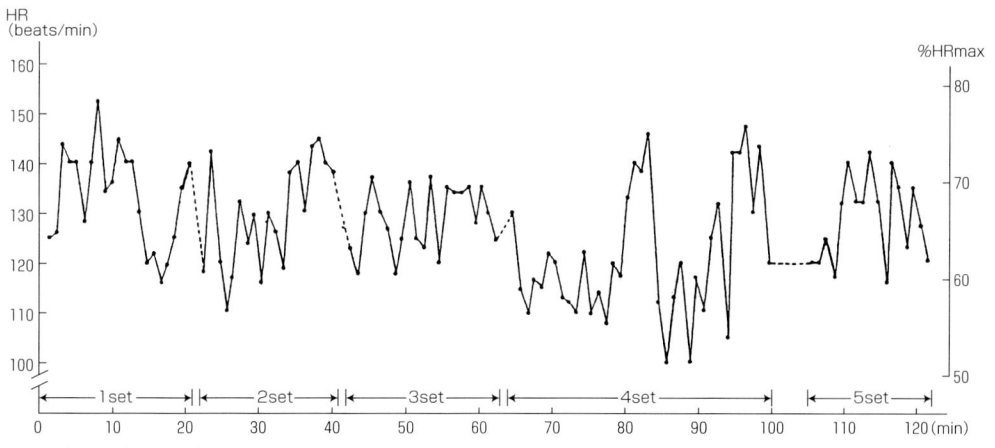

図7-② 試合中の心拍数(セッター)

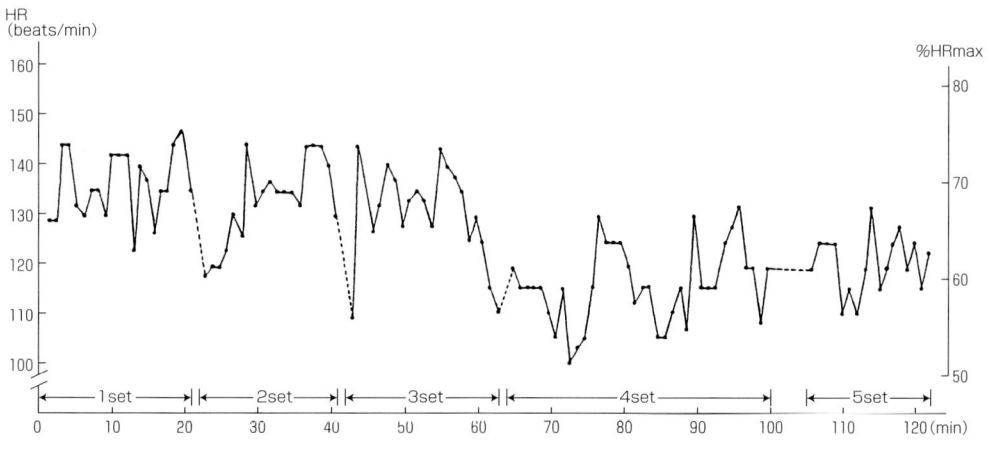

図7-③ 試合中の心拍数(レシーバー)

1. バレーボールの体力測定とその分析方法

2．バレーボールのトレーニング方法

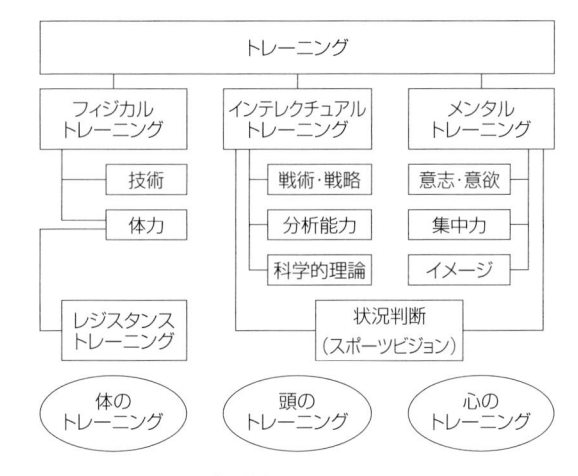

1 トレーニングの科学的背景

1）トレーニングの概念とその種類

　トレーニング（Training）は英語の「Train」という動詞の名詞形である。その意味を辞書（研究社：大英和辞典）で引くと，①仕込む，教育する，しつける，訓練する　②…の体を慣らす，鍛える　③養成する　④…に向ける　⑤好みの形に仕立てる…他，数多くの意味が出てくるが，総じて「何らかの目的」に合うよう，「人，動物，物」を「変化させる」，または「変化させる行為」をしていると考えられる。したがってバレーボールにおけるトレーニングは「バレーボールのパフォーマンス（競技力）向上」を目的として「選手またはスタッフが練習すること」と言い換えることができる。注意したいのは，必ずしも筋力トレーニングや柔軟性のトレーニングなどの狭い意味での体力トレーニングだけが「トレーニング」なのではなく，パス練習やスパイク練習，さらには映像を利用したスカウティング，メンタルトレーニングなども含めた練習全体のことを「トレーニング」と呼ぶのが正しい。

　このように考えるとトレーニングは図1のように分類できる。本章では主としてバレーボールにおけるフィジカルトレーニングのうち，狭い意味での体力トレーニング，特に負荷をかけたトレーニング（レジスタンストレーニング）について考え

図1　トレーニングの分類

てみたい。

2）レジスタンストレーニングの誤解

　よく，「バレーボールの練習をしているだけで，必要な筋力はつきませんか？」という質問を耳にする。確かにボールを投げていれば，それなりに遠投能力がつき，走る練習をしていれば，それなりに速く走れるようになる。同様にバレーボールの練習をしていれば，確かにジャンプ力は向上し，パスも飛ぶようになるので，筋力がついてきたと思いがちである。しかし，このようなパフォーマンスの向上の多くは，動作が改善されたことによって生じたものであることに注意したい。パスフォームがよくなったからパスが飛ぶようになったのであって，筋力の向上が主役なのではない。

　一方，確かに，バレーボールの練習だけでも筋

力の向上は見られる。バレーボールは，爆発的な力を要するプレーが多く，スパイクやブロック時にはジャンプという爆発的な動作を，スパイクのスウィング時には腕から肩，胸部にかけて瞬発的な筋力が要求される。バレーボールのプレーだけを実施していても，かなりの筋力が使われており，バレーボール動作に必要な筋肉は，プレーによっても鍛えられる。しかし，こういったプレーによる筋肉の使用だけでは，高いレベルの筋力を獲得するには不足で，筋力・パワーの向上は結果的に停滞する。そこでウェイトトレーニングを中心としたレジスタンストレーニングが必要になる。

さらにバレーボールの練習だけでは，使用される筋肉が偏り，筋肉のアンバランスが生じて，パフォーマンスの向上を阻害するだけでなく，スポーツ傷害の原因にもなる。やはりバレーボールの練習だけでは，種々の理由で「不足」であることを認識すべきであろう。

3）トレーニングの原則

スポーツのトレーニング（図1のすべてのトレーニングを含む）にあたって，考え方の基本となる原則を理解する必要がある（図2）。

① 全面性の原則

トレーニングの内容には偏りがあってはならず，オールラウンドでなくてはならないということ。たとえば，技術練習ばかりするのではなく，レジスタンストレーニングをはじめとする体力トレーニングや，インテレクチュアルトレーニング，メンタルトレーニングも，場合に応じて，バランスよく配分しなければならない。さらにはスポーツを通じたトレーニングを行う際には，人間総体としての発育発達も考慮すべきであり，スポーツにしか通用しない人間を育ててはいけないということである。また，狭い意味での体力トレーニングにおいては，トレーニングの部位や，種目，種類に偏りがあると，バランスのよい体力は身につかないので，オールラウンドな体力向上を目指したトレーニングプログラムが必要であることを示唆している。

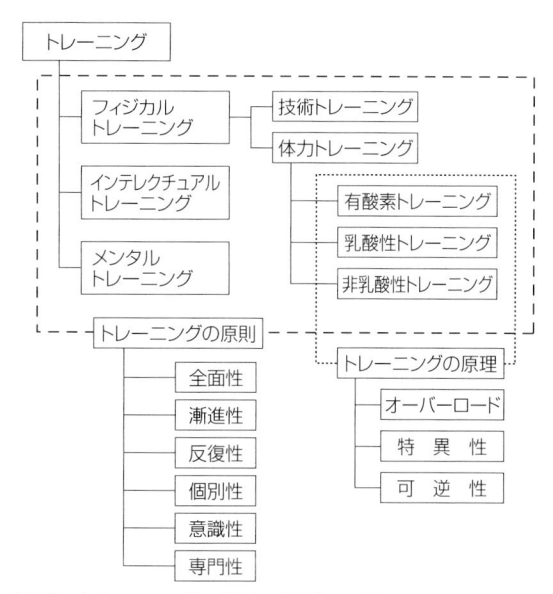

図2　トレーニングに関する原則，原理

② 漸進性の原則

個人の持っている能力に応じてトレーニングの量と質を徐々に増加させなくてはならないということ。特に最初は適切な負荷量であっても，時間の経過とともに選手の体に適応現象が生じ，負荷が不適切になることがあるので，能力の向上に応じても負荷の質・量を考慮しなくてはならない。

③ 反復性の原則（継続性の原則）

どんなトレーニングも反復して実施（継続して実施）しなければ効果が期待できないということ。この場合，反復の間隔はトレーニングの種類によって「適度な間隔」が存在することに注意したい。たとえば，筋肥大を目的とした筋力トレーニングの場合，間隔は48〜72時間といわれている。

④ 個別性の原則

人間には個人差が存在し，トレーニングを実施するにあたっては，このような個性を十分に尊重しなければならないということ。とかくスポーツ

におけるトレーニングは，選手全員で一斉に実施することが多いが，トレーニングの形式は同じでも個人の能力や特徴に応じた配慮が必要であり，さらにはグループ別，個人別トレーニングも考えなければならない。

⑤ 意識性の原則

トレーニング目的を明確にし，理解したうえでトレーニングに取り組まねばならないということ。スポーツの現場では，とかくコーチの言いなりになり，「コマ的感覚」でトレーニングに取り組む選手が多いが，目的意識を持つことで，トレーニング効果はまったく違ったものになる。さらには実際の試合では自分の意思決定は自分自身で実施しなければならない場面が多く，普段から自らの意思でトレーニングに取り組む習慣を身につけたいものである。

⑥ 専門性の原則

トレーニングを実施するにあたり，スポーツ種目の専門性や，さらには環境，ポジションの専門性，負荷強度や時間，フォームの専門性なども考慮に入れてトレーニング計画を立てなければならないということ。特に，バレーボールはジャンプという特徴的な動作が大きく関係するが，バレーボールのジャンプは一般的なジャンプとは大きく異なり，専門性が高い。したがって，そのフォーム，負荷量，負荷時間を考慮したトレーニングメニューを考えなければならない。

4) トレーニングの原理

上述したトレーニングの原則は，練習を含めた広い意味でのトレーニングに関する原則であるが，体力トレーニング，特に狭い意味でのレジスタンストレーニングに関しては以下の3つの原理を理解する必要がある（図2）。

① オーバーロードの原理

トレーニング効果を期待するには，トレーニングの進行に合わせて個人の能力を考慮し，あるレベル以上の適度な質・量の刺激（負荷）が要求され

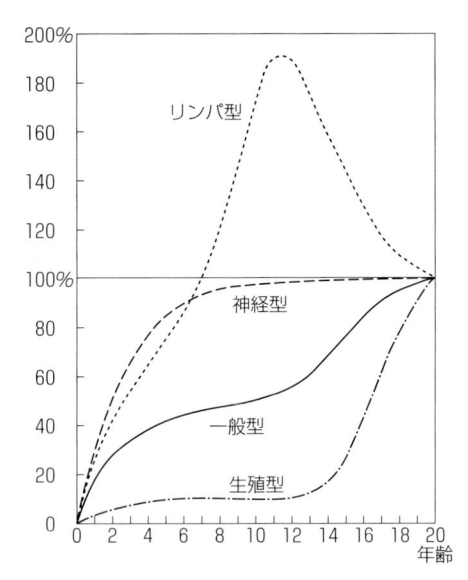

図3 スキャモンの発育発達曲線

るということ。言葉のニュアンスからはかなり大きな負荷をかけないといけないように思えるが，基本的にはある一定以上の負荷が必要であることを表現しているに過ぎない。また負荷の内容については「強度」，「回数（時間）」，「頻度」の3要素を考慮しなければならない。

② 特異性の原理

トレーニング中の運動負荷の内容や与え方（フォーム・時間など）を反映した変化が，トレーニングによって身体に特徴的に現れるということ。たとえば，バレーボール選手がジャンプ力のトレーニングを実施する場合に，下半身の筋力アップを自転車エルゴメータを使ってトレーニングするよりも，スクワットのほうがより効果があり（フォームの特異性），縄跳びのような持続的なトレーニングよりも，ボックスジャンプや全力ジャンプのような負荷の大きなジャンプトレーニングのほうが効果が高い（時間の特異性・エネルギー供給機構の特異性）。

③ 可逆性の原理

トレーニングによって獲得した効果は永続的なものではなく，トレーニングの中止，または規則

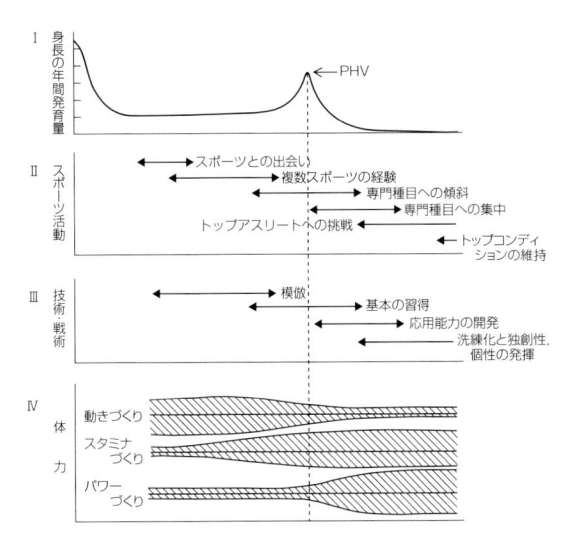

図4 PHVとトレーニングのあり方（浅見俊雄「スポーツトレーニング」朝倉書店を高梨が加筆）

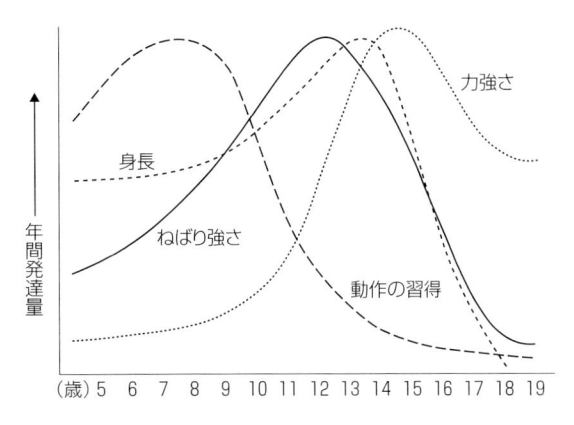

図5 運動能力の発達
（宮下充正「子どものからだ」東京大学出版会）

的・継続的な負荷を与え続けなければ，やがては消失してしまうということ。

5）発育発達とトレーニング

子どものスポーツ指導を考える上で，スキャモンの発育発達曲線は重要である。すなわち，人間の身体や身体内の臓器は図3に示される4つの成長パターンに分類できる。
①一般型：身長，筋肉，骨，血液量など
②神経型：脳，脊髄，視覚器，頭の大きさなど
③生殖器型：睾丸，卵巣，子宮，前立腺など
④リンパ型：胸腺，リンパ節など

「巧みな動作」のトレーニングの実施は，図3の「神経型」の成長過程を考慮するとよい。「神経型」は幼児期に爆発的に成長し，12歳ごろまでにほぼ成長が終わる。脳が著しく成長する時期に，言葉や動作を大量に学習し身につける。この時期に動作を覚えさせると，タイミングよく，効率的に習得させることができる。したがって具体的には，バレーボールの基本動作は，できるだけ小学生までの間に覚える方がよいことになる。しかし，一方でバレーボールばかり実施するのではなく，基本動作の習得といった観点から考えると，種々のスポーツや遊びに取り組みながら「巧みな動作」を身につけることも重要と考えられる（前述したトレーニングの原則：「全面性の原則」）。

図3の成長曲線の中でレジスタンストレーニングに関係があるのは「一般型」である（筋や骨格はこの成長パターンを示す）。「脳」の例から「筋」や「骨」は10歳前後から急激な成長をはじめるので，この時期から本格的なトレーニングをするのがよいと考えがちであるが，大きな誤解である。骨の成長は，骨端にある成長線（骨端線）から成長する。この成長線は過大な負荷に耐えられず，成長期に無理なトレーニングをすると，この成長線が破壊され，スポーツ傷害につながる。軽い負荷であれば（自重負荷のトレーニングなど）問題ないが，本格的なレジスタンストレーニングは成長線が閉じた後に（成長軟骨がなくなったときに）はじめるべきである。個人差はあるが，女子ではおよそ中学生後期，男子では高校生期と考えられよう。成長線が閉じているかどうかを正確に知りたい場合には，手の甲のレントゲン写真から成長線を確認する方法や，PHV（身長発育速度曲線のピーク，図4）を見れば判断できる。

年齢および身長の伸びに対して，相対的にいつ頃からどのような運動能力が発達するかを示した

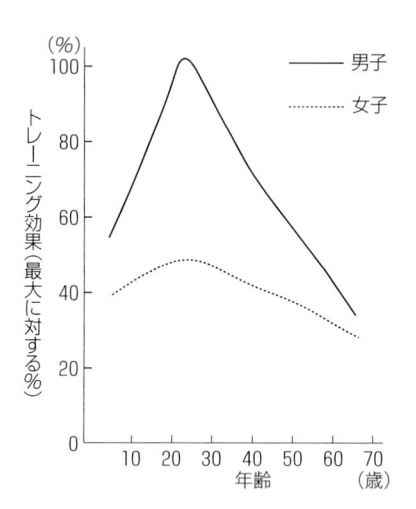

図6　年齢および性別に見た筋力トレーニング効果
（ヘティンガー，1961年）

のが図5である。まず小学校低学年までは，脳や神経系が発達する時期なので，いろいろなスポーツや遊びに取り組むことで，種々の身体動作を習得し，器用で巧みな子どもに育てるよう注意する。次に小学校高学年～中学生前半では，心肺機能が最も発達する時期なので，持久力のトレーニングを中心に，ねばり強さの向上を目標とする。筋肉や骨格に対する働きかけは，前述のとおり危険が伴うので，軽い負荷のレジスタンストレーニングを実施する。そして身長の伸びが鈍化する中学生後半から高校生の時期に，ウェイトをかけたレジスタンストレーニングを開始し，筋力アップを目指す。

※小学生のレジスタンストレーニングは有効か？

　確かに効果はゼロではないが，効率も悪くスポーツ傷害の危険性を考慮しなければならない。図6は男性，女性の筋力トレーニングの効果を年齢別に示したものである。低年齢時にトレーニングを実施しても，効果は非常に小さいことは明らかである。男性・女性とも効果が高いのは20歳ごろであり，レジスタンストレーニングを，あまり早い時期に始める必要はなく，高校生の時期から計画的に始めれば十分と考えられる。

2 基本的および専門的レジスタンストレーニング

　レジスタンストレーニングには，バレーボールに必要な基本的な筋肉を作り，土台となる基礎筋力を養成することを目的とする「基本的（レジスタンス）トレーニング」と，基本的レジスタンストレーニング後に，バレーボールに特有なプレーのスピードや動き，パワーをより高度なレベルで養成し発達させることをねらった「専門的レジスタンストレーニング」の2種類がある。基本的レジスタンストレーニングは『バレーボール指導教本』でも説明されているが，ここではレジスタンストレーニングの全体像とその考え方を説明する。

1）レジスタンストレーニングの必要性

　レジスタンストレーニングの必要な理由は次の2つが考えられる。
① バレーボールパフォーマンス（競技力）向上
② バレーボールで生じるスポーツ傷害の予防

　レジスタンストレーニングを実施していなくても，競技力の高い選手（たとえばジャンプ力のある選手）は存在する。そのため，レジスタンストレーニングを軽視する指導者も多いが，各種身体能力を改善する上で，レジスタンストレーニングに効果があることは科学的事実である。レジスタンストレーニングの効果がプレーや競技力に反映されないと嘆く指導者も多いが，それはレジスタンストレーニングの方法論が誤っているためと考えられる。

　レジスタンストレーニングの目的は，人体のエンジンである筋肉の能力をバレーボール向きに変えながら向上させることと考えられる。車を例に取ると，小さいエンジンの排気量を大きくすることに当たる。しかし，排気量を大きくしても必ずしも速く走れるわけではなく，ドライバーのテクニックや足まわり，オイル，ガソリンの質など，

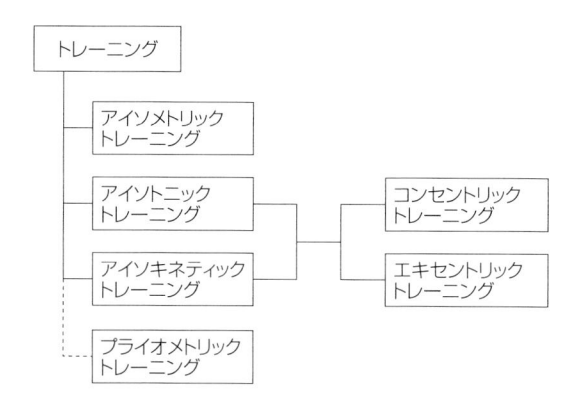

図7 活動様式によるトレーニングの分類

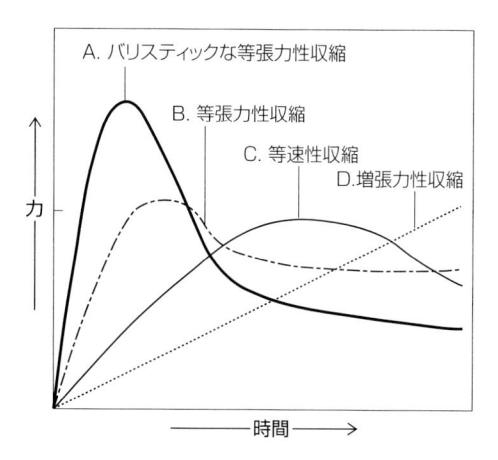

図8 筋力発揮特性からみた筋活動様式

様々な要因によって車の「走り」は異なってくる。スポーツの成績は，この車の「走り」と考えることができる。エンジン（筋肉の出力）は大きい方がよいが，それだけではよい成績，パフォーマンスを得ることはない。筋出力に見合ったフォームやプレー，戦術・戦力の改善を図る必要がある。

確認のため，レジスタンストレーニングの効果を列挙しておく。
①筋力の向上と，関連する体力要素や専門的体力の向上
②関連するスキル・フォームの改善
③発揮パワーや動作効率の改善
④高度な戦術・戦略へのアプローチ
⑤身体組成の改善（筋量の増加）
⑥スポーツ傷害の予防と回復
⑦心理的効果

2）レジスタンストレーニングの種類

レジスタンストレーニングの方法は種々の観点から分類される。

1．筋活動（筋収縮）の観点から

それぞれの筋活動様式に応じて図7のようにトレーニング方法を分類する。この中で筋肥大は主としてエキセントリックトレーニングによって筋が損傷を受け，修復されるときに生じると考えられる。フリーウェイトのトレーニングでは，バーベルやダンベルをおろす時にエキセントリックな筋活動が生じるので，おろすときにも集中することが重要となる。

2．筋出力パターンの観点から

筋出力パターンによっても分類できる。レジスタンストレーニング時の筋肉に対する負荷のかかり方には，図8のように多様である。
①バリスティックトレーニング
　動作のはじめに瞬間的に大きな筋力を発揮させるタイプのトレーニング。初動負荷トレーニングも，このタイプの筋力発揮である。
②等張力性（アイソトニック）トレーニング
　バリスティックトレーニングほどではないにしろ，動作の前半で筋出力が大きくなるタイプのトレーニング。一般的なウェイトトレーニングの筋出力がこの型。
③等速性（アイソキネティック）トレーニング
　一定の速度で関節角度を変化させながら最大筋力を発揮させるタイプ。各関節角度で筋出力を最大に発揮させることができるというメリットがあり，リハビリテーションなどで利用される。
④増張力性（オルソトニック）トレーニング
　トレーニングの終盤で筋力が高くなるタイプのトレーニング。チューブトレーニングなどがこの

様式の筋出力パターンを示す。

　バレーボール競技では，その最初に爆発的な筋力発揮を要求されるプレーがほとんどであり，①の筋出力タイプを主体にトレーニングを組み立てることが重要と考えられる。ウェイトトレーニングを実施する場合には，動作の最初に精神を集中し，一気にバーベルを衝き上げるつもりでリフトアップするようにしたい（クイックリフト）。

3．器具の観点から

　ダンベルやバーベルなどを使うフリーウェイトトレーニングと，トレーニングマシンを使うマシントレーニングに大別できる。

　トレーニングマシンは，最近では研究が進み，種々の負荷がかけられるマシンが考案されている。マシントレーニングの最も大きな利点は安全性と，特殊な負荷をかけられることにある。フリーウェイトに比べ高価であることは確かだが，動作の初期に大きな負荷がかかるように設定されたマシンや，関節角度によって負荷が変化するマシンが販売されている。これらの負荷はフリーウェイトによっては生み出すことが難しく，効率よく筋力トレーニングを実施するためには，このようなマシンを利用することも有効である。

　また，メディシンボールトレーニングやチューブトレーニングも器具（というよりは道具）を用いたレジスタンストレーニングの代表的なものといえる。一方で，全く器具を使わない自重負荷のトレーニング（腹筋運動や腕立て伏せ）もバレーボールの現場では盛んに行われている。

4．その他

　最近，レジスタンストレーニング中に，特定部位の筋肉に筋の周囲から圧力をかけることによってトレーニング効果を高めようとするトレーニング方法が注目を集めている（加圧トレーニング）。詳しくは，専門書も出版されているのでそちらを参照していただきたい。特徴としては筋肥大のメカニズムにのっとった，効果的な方法であると考えられているが，残念なことに，方法や器具に対して特許が取得されているため，関係者以外がこのトレーニング方法について解説し指導することは難しい。

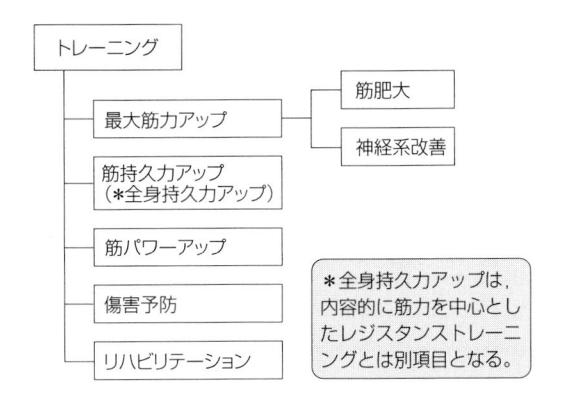

3）トレーニングプログラムの作成方法

第1段階　トレーニングの目的

　最初に確認することがトレーニングの目的である。トレーニングの目的は大きく分類すると図9のようになる。以下具体的に説明する。

①最大筋力アップ…力負けしないようにしたい。たとえば空中で相手とのボールの押し合いに負けないようにしたいなど。

②筋持久力アップまたは全身持久力アップ…フルセットを戦えるだけのスタミナがほしい。

③筋パワーアップ…ジャンプ力をつけたい，スパイク力をつけたい。

④傷害予防…捻挫しにくい足首を作りたい，腰痛や膝の痛み，肩の痛みの予防をしたい。

⑤リハビリテーション…スポーツ傷害からできるだけ早く復帰したい。

　トレーニング目的を明確化させることは非常に重要である。トレーニング目的が異なると，次に述べるトレーニングバライアブル（変数）が異なってくる。つまり，プログラムの作り方が異なってくるからである。

図9　トレーニングの目的

```
トレーニング
├─ 最大筋力アップ ─┬─ 筋肥大
│                  └─ 神経系改善
├─ 筋持久力アップ
│  （*全身持久力アップ）
├─ 筋パワーアップ
├─ 傷害予防
└─ リハビリテーション
```

*全身持久力アップは，内容的に筋力を中心としたレジスタンストレーニングとは別項目となる。

第2段階　バレーボールの種目特性の理解
①動作特性

　バレーボールがどんな動作から構成されているのかを明確化させる。また，それぞれの動作で動因される筋肉の種類も確認する。これらの確認によって鍛えるべき筋肉が明らかになるとともに，トレーニングエクササイズの選択にも役立つ。たとえば，バレーボールにはジャンプ動作が多いが，ジャンプ動作の特性が理解できれば，ジャンプ力向上のために，エクササイズとしてスクワットが効果的であることがわかる。

②生理学的特性

　バレーボールで利用されるエネルギー供給機構を確認する。一般的にバレーボールでは，無酸素性エネルギー供給機構のうち，特にATP-CP系が多く利用される。また，フルセット戦うためのスタミナに関わる有酸素性エネルギー供給機構も重要である。反面，無酸素性エネルギー供給機構のうち乳酸性エネルギー供給機構はそれほど利用されない。

第3段階　トレーニング実施者(選手)の特性の理解

　トレーニングをするバレーボール選手の特性も把握しておく必要がある。

①体力的・技術的特性

　選手の体力測定を実施するなどして選手の現状を把握しておく。トレーニングプログラムは，選手の現状に合わせて作成する。トレーニング前後に測定を実施しておけば，トレーニング内容のチェックにも役立つ。

②スポーツ医学的特性

　選手の傷害の有無やアライメントを確認する。傷害の状態によっては実施できないトレーニングエクササイズもある。

③トレーニングの経験度

　選手のレジスタンストレーニング経験度を確認する。初心者の場合には軽めの負荷からフォーム作りをすること，比較的単純な動作からなるトレ

```
トレーニングバライアブル(変数)

①エクササイズの選択
②トレーニング頻度
③エクササイズの実施順序
④負荷強度と回数
⑤総セット数
⑥休憩時間(セット・エクササイズ間)
```

図10　トレーニングバライアブル(変数)

ーニングエクササイズを選択することが重要になる。経験者には，その段階に応じたプログラムを作成する。

第4段階　実際のメニューの作成～トレーニングバライアブル(変数)

　目的や競技特性，選手特性に応じた効果的なトレーニングプログラムを作成するには，トレーニングの様々な条件・項目・内容を，合目的的に変化させる必要がある。このように，トレーニングプログラムのうち意図的に変化させるべき項目のことをトレーニングバライアブル(変数)と呼ぶ。トレーニング変数を図10に示す。

① エクササイズの選択

　トレーニングの目的(特に動作)，トレーニングの経験度，トレーニングの環境(場所・器具・人数など)，時間，指導者，年齢，性差などの条件を考慮し，エクササイズを選択する。エクササイズにはコアエクササイズ(基本トレーニング)と補助エクササイズがある。

1．コアエクササイズ

　複数の大筋群を使用し，複数の関節にまたがる運動を実施することで目的とする筋群を鍛えるエクササイズのこと。代表的な例としてベンチプレス，スクワット，デッドリフトなどがある。

2．補助エクササイズ

　主に小筋群を単関節運動によって鍛えるトレーニングエクササイズのこと。これに分類されるエクササイズは数多いが，一例としてバイセプスカール，レッグエクステンション，カーフレイズな

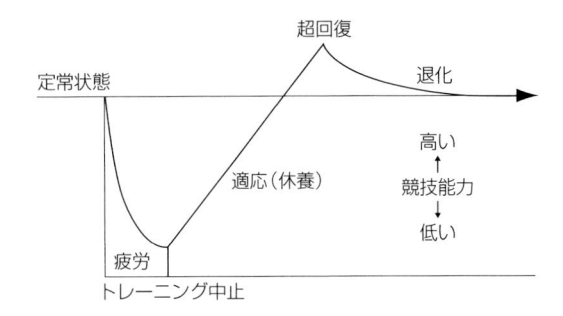

図11　超回復の概念図

図12　トレーニング目的と負荷の大きさ・反復回数

目的	筋力アップ		筋持久力アップ	筋パワーアップ
	筋力強化	筋肥大		
負荷値	100～90	90～80	80～60	50～30	60～30
反復回数	1～3	5～10	10～15	30～	10～20

（負荷値は1RMに対する割合を%で表したもの，鈴木（1990）を改変）

どがあげられる。

3．フリーウェイト，マシントレーニング以外のエクササイズ

　メディシンボールやチューブを使ったトレーニングなど。そのほかにも砂袋を使ったり，特別な機材や道具を使ったりする方法もある。目的に応じて工夫することが重要。

②　トレーニングの頻度

　トレーニング目的・内容（筋肥大，筋力アップ，筋持久力アップなど）や，時期（ピリオダイゼーション：オフシーズン，プレシーズン，インシーズンなど），トレーニングの経験度，トレーニング環境などの諸条件から週当たりのトレーニング回数を決める。

　また，超回復の概念（図11）にそって休養を取ることも大切である。一度トレーニングした筋肉の超回復に要する休養時間は，一般的には48～72時間と言われており，したがって，同じ部位をトレーニングするときには，中1日か中2日の休養が必要ということになる。すなわち，特定の筋肉をトレーニングする場合，週に2～3回が適当であるということになる。上級者の場合は，中1日程度で追い込むことも可能で，週3～4回以上のトレーニングも考えられる。一般的に，オフシーズンやプレシーズンでは週に3回程度，インシーズンでは頻度は減る傾向にあるが，インシーズンといえども，週に2～3回は実施したいものである。

③　エクササイズの実施順序

　エクササイズの順序を決める基本的な考え方は次の通り。

1．大筋群→小筋群のエクササイズへ
2．コアエクササイズ→補助的エクササイズへ
3．体幹部のエクササイズ→末端部のエクササイズへ
4．難易度の高いエクササイズ→簡単なエクササイズへ（心理的な影響を考慮）
5．上半身エクササイズと下半身エクササイズを交互に配置（ただし同じ日にこれらのメニューを配置するとき）
6．プッシュエクササイズとプルエクササイズを交互に配置
7．主目的とする筋群を最初に配置（たとえば下半身の強化を重点とする選手は，下半身のエクササイズを始めに実施する）

④　トレーニングの負荷と回数

1．トレーニング目的から負荷の大きさを決定する

　トレーニングの負荷と回数との間には密接な関係がある。簡単に言えば，重い負荷ではあまり回数は出来ず，反対に軽い負荷では，多くの回数が実施可能である。ところで負荷の大きさは，トレーニングの目的によって決定される（図12）。

　また負荷の大きさは1RMに対する割合で表される（1RMは最大挙上重量のことで，1 Repetition Maximum の頭文字をとったもの）。

2．1RMの測定

　1RMの測定方法には直接1RMを見つける「直

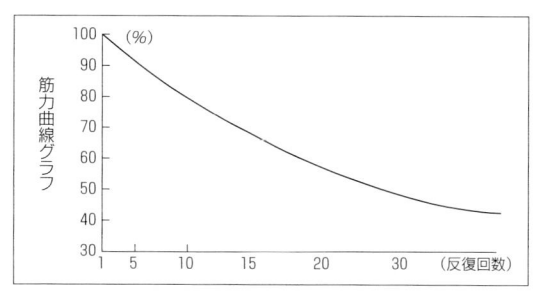

図13 1RM早見表（小山「新トレーニング革命」）

1RM早見表	反復回数	最大筋力に対するその質量の割合				
			4回	92.5%	11回	78%
			5回	90%	12回	76%
			6回	88%	13回	74%
			7回	86%	14回	72%
	1回	100%	8回	84%	15回	70%
	2回	97.5%	9回	82%	16回	68%
	3回	95%	10回	80%	17回	66%

接法」と，1RM早見表などを使って推定する「間接法」がある。ここでは初心者にも役立つよう，間接法を簡単に説明する。

間接法は1RM早見表（図13）を利用する方法で，計算によって1RMを推定する方法である。

ア）まず無理なく反復できるような軽めの負荷で，20回前後ウォーミングアップをする。

イ）10回以内しか反復できないような負荷で，できなくなるまで実施する。

ウ）十分な休みをおいてイ）を2～3回繰り返す。

エ）イ），ウ）で反復できた回数の平均を計算し，図13を利用して1RMを推定する。

ここで難しいのは，10回以内程度しかできない負荷重量をどのように決定するかである。初心者の場合，男性で体重の60～70％，女性で50％程度の重さでチャレンジすると，だいたい10回程度までしかできないことが経験上わかっている。したがって，これより大きな負荷で実施すれば，10回以下になると考えてよい。

以下具体例を挙げる。ある男子選手は，身長180cm，体重80kgで，この選手のベンチプレスにおける1RMの測定を実施するとする。

ア）ウォーミングアップ。体重の1/3程度の重量はだいたい25kgと計算できるので，25kgで20回程度ベンチプレスを実施する。

イ）負荷重量の設定。体重80kgなので，その60～70％はだいたい55kg（キリのよい少し大きめの数字）。負荷を55kgとして，できなくなるまでベンチプレスを実施させる。

ウ）5分以上の休憩の後に，55kgで再度ベンチプレスを実施する。さらにもう一度繰り返す（ウは省略してもよい）。

エ）反復回数を平均する。仮に平均回数が8.3回であれば四捨五入して8回とし，図13から最大筋力に対する割合を読みとる（この場合は84％）。

$1RM \times 0.84 (84\%) = 55kg$

となるので1RMは次のように計算される。

$1RM = 55kg \div 0.84 = 65.4kg$

このようにして1RMを約65kgと推定する。

3．実施回数

トレーニングの目的が明確化し，1RMがわかったら，図12に示す回数にしたがってトレーニングを実施する。ただしこの回数をすべてのセットでクリアするのは難しい。基本的には，できなくなるまでやればよいのであって，この回数をしなければならないということではない。

⑤ 総セット数

トレーニングの総セット数は，トレーニングエクササイズ（種目），経験，熟練度，レベルやその時のコンディションによって異なってくる。しかし一般的には多少の誤差はあっても，大筋群の場合，以下のようになる。

ウォーミングアップ1～2セット
メインセット3～5セット
クーリングダウン1～2セット

したがって，だいたい5セット以上実施することが普通で，比較的小さな筋群をトレーニングする場合には，ウォーミングアップは軽め，メインセットを短縮し，クーリングダウンは省略して，合計3～5セット程度にする。バレーボール選手

の場合，ウォーミングアップも含めて，大筋群で5～7セット程度，小筋群で3～5セットを目安にするのがよい。

⑥ 休憩時間

トレーニングの間に入れる休憩時間も，トレーニング目的によって異なる。簡単にまとめると，以下のようになる。

1. 筋肥大・筋持久力の向上…休憩時間は短め
2. 筋力・筋パワー向上…休憩時間は長め

以下のように考えてもよい。

筋力アップ…2分以上
筋肥大…2分以内
筋持久力アップ…1分以内
筋パワーアップ…2分以上

特に大きな負荷で筋力アップを図る時は3～4分，場合によっては5分程度の長めの負荷をとり，前セットの疲労をある程度取り除いた後にトレーニングを実施するようにしたい。

4) 具体的メニューについて

表1～表14に具体的メニューを作成した（筋肥大を目的とした例）。表1～表7は各部位ごとのメニュー，表9はオールラウンド型メニューである。それぞれ，負荷は1RMに対する割合で，セット数にはウォーミングアップは含まれていない。また表10～表14には週間メニューのバリエーションを示した。トレーニング目的を考慮しながらトレーニングバライアブルに着目し，メニュー作成に役立てていただきたい。

表1 脚部のトレーニングメニュー例

	トレーニング種目	負荷	回数	セット数
脚部-1	スクワット	70%±	10～15	3～5
2	レッグランジ			
3	サイドランジ			
4	レッグカール			
5	カーフレイズ		12～15	

表2 背部のトレーニングメニュー例

	トレーニング種目	負荷	回数	セット数
背部-1	デッドリフト	70%±	10～15	3～5
2	ベントオーバーローイング			
3	グッドモーニングエクササイズ			
4	チンニング	全体重で	最大回数	3

表3 胸部のトレーニングメニュー例

	トレーニング種目	負荷	回数	セット数
胸部-1	ベンチプレス	70%±	10～15	3～5
2	ストレートアームプルオーバー			
3	バタフライ			
4	ディッピング	全体重で	最大回数	3

表4 肩のトレーニングメニュー例

	トレーニング種目	負荷	回数	セット数
肩-1	アップライトローイング	70%±	10～15	3～5
2	バックプレス			
3	ラテラル(サイド)レイズ			

表5 腹部のトレーニングメニュー例

	トレーニング種目	負荷	回数	セット数
腹部-1	シットアップ(負荷をつけて)	70%±	10～18	3～5
2	レッグレイズ			
3	サイドベント			

表6 腕のトレーニングメニュー例

	トレーニング種目	負荷	回数	セット数
腕-1	フレンチプレス	70%±	10～15	3～5
2	アームカール			
3	リストカール		12～18	
4	リバース・リストカール			

表7 頸部のトレーニングメニュー例

	トレーニング種目	負荷	回数	セット数
頸部-1	ネックフレクション	12～15回程度できる負荷	10～15	3～5
2	ネックエクステンション			

表8　ベーシックトレーニングのメニュー例

	トレーニング種目	負荷	回数	セット数
胸部	ベンチプレス	70%±	10〜15	3〜5
肩	アップライトローイング			
背部	デッドリフト			
脚部	スクワット			
腹部	シットアップ（負荷をつけて）		10〜18	

表9　オールラウンドトレーニングのメニュー例

	トレーニング種目	負荷	回数	セット数
胸部－1	ベンチプレス	70%±	10〜15	3〜5
肩　－1	アップライトローイング			
背部－1	デッドリフト			
脚部－1	スクワット			
腹部	シットアップ（負荷をつけて）		10〜18	
胸部－2	ストレートアームプルオーバー		10〜15	
肩　－2	ラテラル（サイド）レイズ			
背部－2	ベントオーバーローイング			
腕　－1	リストカール		10〜18	
2	リバース・リストカール			
脚部－2	サイドランジ		10〜15	
3	カーフレイズ		12〜15	

表10　基本的な週間スケジュールの例－1，表8の場合

月	火	水	木	金	土	日
休養日	○	休養日	○	休養日	○	休養日

表11　基本的な週間スケジュールの例－2，
　　　表9の種目を2分割した場合

A：胸部，背部，肩のトレーニング種目
B：脚部，腹部，腕のトレーニング種目

月	火	水	木	金	土	日
休養日	A	B	休養日	A	B	休養日

表12　基本的な週間スケジュールの例－3，
　　　表1〜7の種目を2分割した場合

A：胸部，背部，肩のトレーニング種目
B：脚部，腹部，腕，頸部のトレーニング種目

月	火	水	木	金	土	日
休養日	A	B	休養日	A	B	休養日

表13　週間スケジュールのバリエーション，
　　　表1〜7の種目を3分割した場合

A：胸部，肩のトレーニング種目
B：脚部，腹部のトレーニング種目
C：背部，腕，頸部のトレーニング種目

月	火	水	木	金	土	日
休養日	A	B	C	A	B	C

表14　週間スケジュールのバリエーション，
　　　脚部強化をねらったメニュー

A：表1の脚部のトレーニング種目
B：表8のベーシックトレーニング種目

月	火	水	木	金	土	日
A	休養日	B	休養日	A	休養日	B

＊日曜日は脚部のトレーニング種目は省略する

3　最近の専門的トレーニングとその考え方

1）基本的および専門的トレーニング

　基本的なレジスタンストレーニングの実施が，専門的（レジスタンス）トレーニングの効果や可能性に大きな影響を与える。スクワットやベンチプレス，デッドリフトなど，『バレーボール指導教本』に掲載されている基本的なレジスタンストレーニングを省略して，専門的なトレーニングのみを実施しているチームを見かけるが，このような方法ではスポーツ傷害が起きやすく，プレーの向上も頭打ちになる傾向がある。以下，基本的なレジスタンストレーニングが重要になる例をバレーボールの特殊性から説明する。

　バレーボールでは静止している状態から急激な運動や加速を必要とするプレーが数多くある。たとえば，

①強打に対するレシーブ
②フェイントボールに対する反応
③ブロックの移動
④ラリー中のポジション移動
　これらのプレーはすべて，重心をスムーズに移

図14 基本的トレーニングと専門的トレーニングの関係

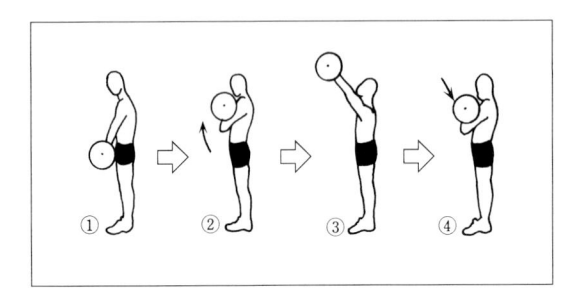

図15 フリーウェイトを使った専門的トレーニング（ブロック）

図16 フリーウェイトを使った専門的トレーニング（スパイク）

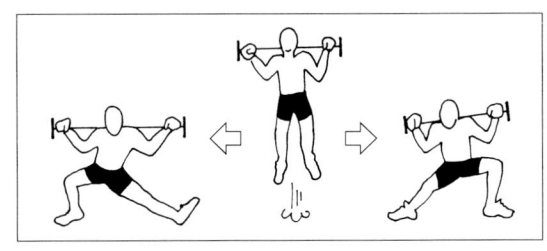

図17 フリーウェイトを使った専門的トレーニング（レシーブ）

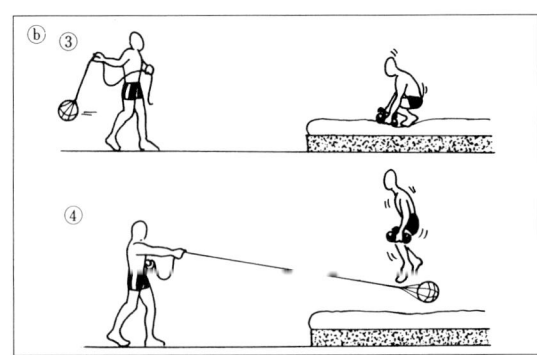

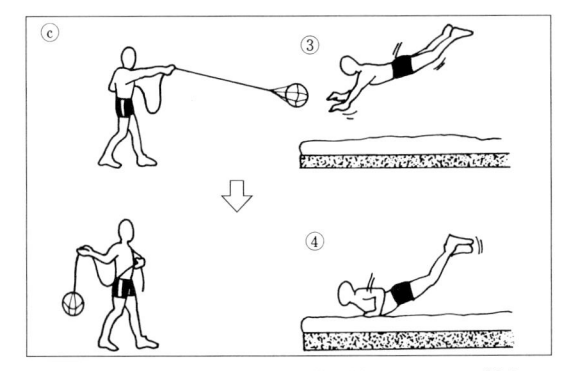

図18 回転するボールを使った専門的トレーニング（1）

動させることによって，静止状態後，または方向転換後に急激な身体の加速を必要とするプレーである。身体の重心をスムーズに移動させるためには，ある一定以上の脚筋力が必要であることは言うまでもない。また，静止状態から急激に加速するためには，最大筋力を向上させておくことが重要となる。さらにジャンプの着地後や急激な方向転換時（ブロックで振られた場合など）には，非常に大きな衝撃が加わるために，関節周囲の筋肉を充分に肥大させ，関節を保護するとともに，急加

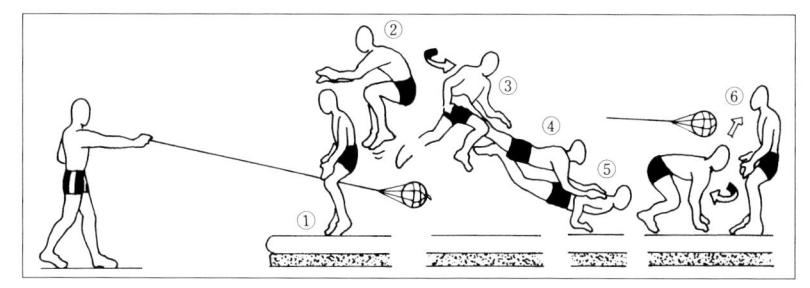

図19 回転するボールを使った専門的トレーニング(2)

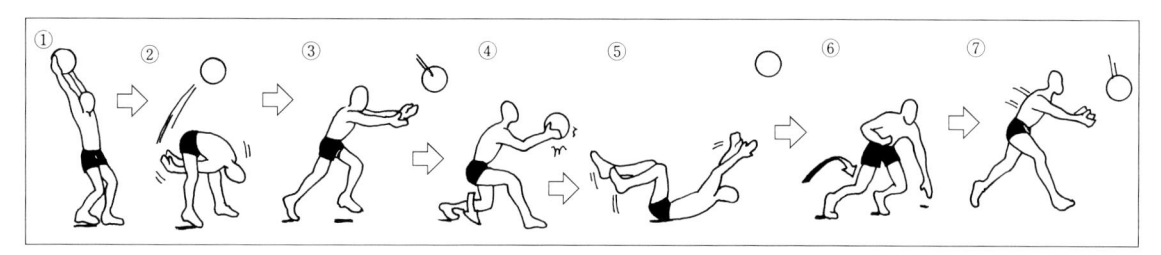

図20 ボールを使った専門的トレーニング(1)

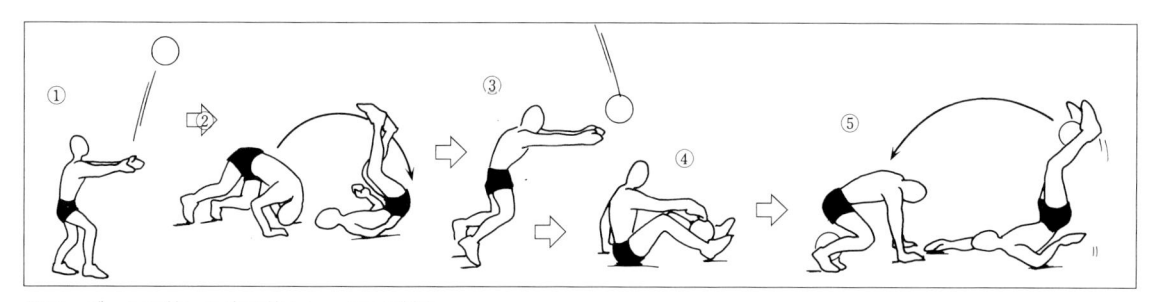

図21 ボールを使った専門的トレーニング(2)

速に必要な最大筋力を養成しておく必要がある。

このような筋力は，バレーボールに特化した専門的トレーニングだけで養成されるのではなく，基本的なレジスタンストレーニングにより大筋群を十分にトレーニングし，バランスのよい身体作りをした後に，専門的トレーニングを実施することによって獲得されるものである(図14)。

2) 専門的トレーニングの種類

種々のトレーニングが考えられる。

① ウェイトトレーニングによる方法

フリーウェイトを用いて，バレーボールのプレーの擬似動作を反復する方法である。

図15にブロック強化の例，図16にスパイク強化の例，図17にレシーブ強化の例を挙げておくが，動作に負荷をかけるという原則にしたがって工夫すれば，バリエーションは無限に広がる。

② バレーボールを用いた方法

古くは斉藤式ボールトレーニング(図18，19)が有名であるが，そのほかにもバレーボールを用いたコート上でのトレーニングは数多く考案されている(図20，21)。工夫次第でオリジナルなものができるだろう。さらに，最近ではメディシンボールを用いたエクササイズも注目されている(後述)。

③ アクロバティックな動きやバレーボール特有な動きを配置した連続体操

コート上で敏捷性や身体調整力の向上を目的として行われる連続体操である。バレーボールのプ

図22 ボールを使った連続体操トレーニング

図23 連続体操トレーニング(1)

レーに近い動作や，プレーそのもの，またはアクロバティックな動きを組み合わせることによって，多数の方法が考えられる。図22～25に例を挙げるが，これもバリエーションは無数にある。

④ その他

チューブを用いたPNFパターントレーニング，ボックスやゴム，その他の器具を利用したプライオメトリックトレーニング，ミニハードルやラダーなどを用いたアジリティトレーニングなど多くの専門的トレーニングがある。

図24 連続体操トレーニング(2)

3) 専門的トレーニングの実際（メディシンボールを使って）

ここでは，メディシンボールを用いた専門的トレーニングについて紹介する。

① メディシンボールの種類

図26に示すようにゴム製のものと皮製のものとに大別される。どちらを使用してもよいが，目的に応じて使い分けることが大切である。最近，バレーボールと同じ材質，大きさで，高重量のもの

2. バレーボールのトレーニング方法

図25 連続体操トレーニング(3)

110 第3章 バレーボールのトレーニング

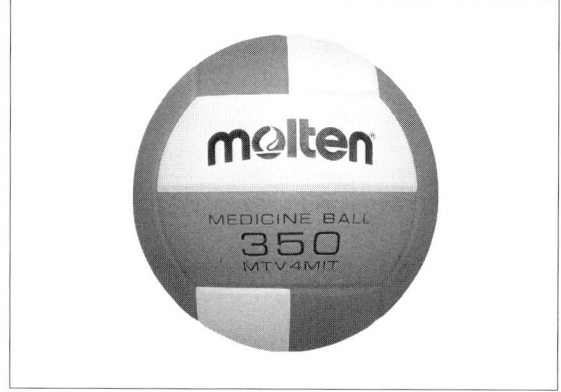

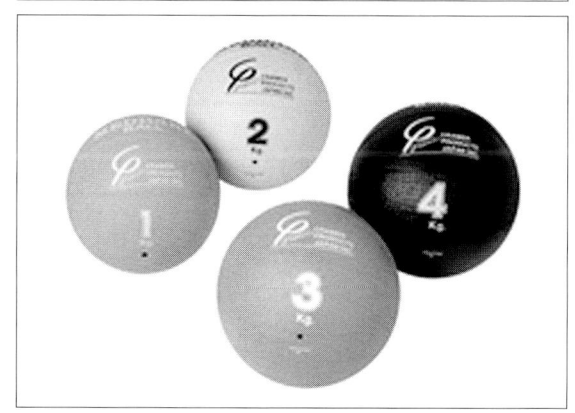

図26 メディシンボールのいろいろ

右上　バレーボール型のメディシンボール4号球，350g
　　　（写真提供：株式会社モルテン）
右下　天然皮革製のメディシンボール，2・3・4・5kg
　　　（写真提供：株式会社ニシ・スポーツ）
左下　ゴム製のメディシンボール，1・2・3・4kg
　　　（写真提供：株式会社クレーマージャパン）
左上　バレーボール型のメディシンボール5号球，1kg
　　　（写真提供：株式会社ミカサ）

○通常のウェイトトレーニングでは利用できないスピードでのトレーニングが可能
○実際の動作に近いトレーニング動作が可能
　・3方向への動作
　・2本の足で重心をコントロール
　・全身，全可動域を使った加速，減速運動
　・初動負荷的な動作
○プレーと筋力トレーニングとの橋渡し

図27　メディシンボールトレーニングが有効な理由

が開発され，現場で活用されつつある。

② **メディシンボールトレーニングが有効な理由**

図27にメディシンボールが有効な理由を掲げる。この中で特に重要なのが，実際の動作に近い形で負荷がかけられること，および初動負荷に近いトレーニングが実施可能なことである。こういった負荷のかけ方は通常のトレーニング器具では難しく，特にコート上ではほぼ不可能である。メディシンボールならば，コート上で理想的な負荷がかけられる。

③ **メディシンボールの負荷の大きさ**

初めてメディシンボールでトレーニングをする場合には，以下の重量を目安とする。

　小・中学生女子：1kg
　小学生男子：1kg
　中学生男子：1〜2kg
　高校生女子：1〜2kg

2．バレーボールのトレーニング方法　111

高校生男子：2～3kg
大学生・一般女子：2kg
大学生・一般男子：2～3kg

④ トレーニング基本動作

投げ方で分類する。5つの基本動作からなる。

1. アンダーハンドスロー（図28）

両手でメディシンボールを持ち，膝を十分に曲げながらボールをおろす。ボールを地面すれすれまでおろしたところで素早く膝を伸ばしはじめ，同時にできるだけ速く腕をスウィングさせてボールを前方へ投げる。背中を丸くしたり，腰を曲げて投げたりすると，腰痛などの傷害につながるおそれがあるので注意。

図28 アンダーハンドスロー

2. サイドハンドスロー（図29）

足を肩幅程度に開き，軽く膝を曲げながら身体を横にねじり，ボールを十分に後方に引きつけてから，素早く身体および腕を使って前方に投げる。左右ともに実施すること。また，右にねじる場合には，左足をやや前方に，左にねじる場合には右足をやや前方に出すことによって半身の構えで実施すると，投げやすくよりスピーディーに実施することができる。

図29 サイドハンドスロー

3. チェストスロー（図30）

胸の前で両手でボールを持ち，肘の曲げ伸ばしを利用してボールを投げる。オーバーハンドパスと似た動作となっており，オーバーハンドパス強化のための専門的トレーニングの代表的なものといえる。

図30 チェストスロー

図31 オーバーヘッドスロー

112　第3章　バレーボールのトレーニング

4. オーバーヘッドスロー（図31）

両手でボールを頭上で持ち，そのまま肘を曲げてボールを大きく後方に引き下げてから，素早く肘を伸ばしてボールを前方に投げる。できるだけ深く肘を曲げることが重要。スパイク時の腕のスイング動作に近く，スパイク強化のための専門的トレーニングでもある。

5. オーバーヘッドバックスロー（図32）

アンダーハンドスローと同様の構えから，前方ではなく，やや身体を反らせながら全身を使って後方へ投げるスローイング。上半身だけでなく，下半身も意識し，全身で投げられるかどうかがポイント。

図32　オーバーヘッドバックスロー

⑤　応用動作

1. 上半身を意識した投げ方

基本動作が理解できれば，後は目的に応じて工夫する。たとえば，図33は膝をつくことによって下半身の動きを制限し，より上半身にトレーニングの重点を置いた投げ方になり，上半身強化のための専門的トレーニングとなる。また，図34のように座ってしまえば，上半身の中でもさらに腕に重点を置いた投げ方になる。

2. 下半身を意識した投げ方

投げるときに十分に膝を曲げ，主として膝の曲げ伸ばしでボールを投げるようにすれば，下半身に重点を置いた専門的トレーニングになる。図35は，膝を深く曲げてボールを上方に投げ上げ，キャッチする動作であるが，繰り返し実施すれば，スクワットトレーニングの補強運動にもなり，ジャンプを入れれば，さらに効果的な下半身強化トレーニングになる。ただしトレーニングの初心者は，フォーム作りが難しいので，軽いボールからスタートしたい。

図35　下半身強化の投げ方の例

3. ペアでのトレーニング

メディシンボールトレーニングは，2人一組で実施するのが一般的である。すでに説明した5つの基本動作のスローイングは2人一組でトレーニングできる。このような場合，投げあう二人の距離および投げ上げるボールの高さによって，負荷の大きさを調節できる。なお，ペアの二人は，できるだけ体力レベルの同じ程度の選手であることが大切である。

図33　上半身強化(1)　　図34　上半身強化(2)

図36 体幹部の強化運動の例(1)

図37 体幹部の強化運動の例(2)

図38 体幹部の強化運動の例(3)

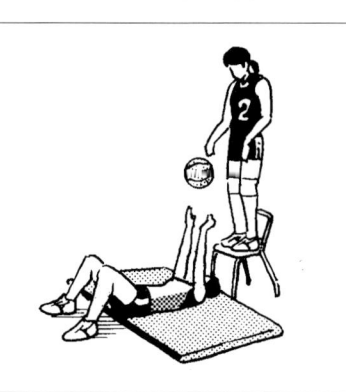

図39 上肢の強化運動の例

⑥ 部位別および基本動作強化の方法

　図36〜39に体幹部強化，上肢・下肢強化の一例を示した。また，図40〜42にはバレーボールのプレー中に現れる動作を意識した基本動作トレーニング（走る，投げる，跳ぶ，キャッチするなど）を示した。

⑦ 目的別強化の方法

1．オーバーパス強化

　ボールは市販されているバレーボール用のメディシンボール（400gのものが一般的。1kgのボールも使用可能）か1kg程度までのゴム製，または固めのメディシンボールを使用。トレーニングの

図40　基本動作のトレーニング例(スローとキャッチ)

図41　基本動作のトレーニング例(2人でのスローイングを利用)

図42　基本動作のトレーニング例(オーバーハンドパスを意識したトレーニング)

一例を図43に示したが，それぞれ前後・左右方向へのステップワークを入れるとさらに効果が上がる。

2．セッター強化

オーバーパス強化のトレーニングの応用。普段のセッター練習にメディシンボールを使えばよい。一例を図44に示す。

3．ブロック強化

ブロック強化もメディシンボールを使って通常の練習を実施すればよい。使用するボールは400g程度で，台上からスパイクを打ってやり，タイミングを合わせてブロックする(図45)。もちろん慣れてきたら重めのボールでもよい。はじめから強打で練習すると，肩を痛める恐れがあるので，最初は軟打をブロックするようにする。また，ステップワークを入れたり，2枚でタイミン

図43 メディシンボールを使ったオーバーパス(1kg)

図44 メディシンボールを使ったセッター強化練習(1kg)

図45 メディシンボールを使ったブロック練習(400g)

グを合わる練習も入れるとよい。

4. スパイク・サーブ強化

　普段の練習にメディシンボールを取り入れればよい。一例としてメディシンボールを使った直上スパイクの練習などが考えられる。はじめは400g程度からスタートし，軟打から入るのが安全な導入になる(サーブも同様)。

(高梨　泰彦)

3. バレーボール選手のメンタル・スキル・トレーニング

1 今なぜメンタル・スキル・トレーニングなのか？

今日，メンタルマネジメント，メンタル・スキル・トレーニングやイメージトレーニングといった，心理的側面をトレーニングすることに関連した言葉が，スポーツの世界で頻繁に目や耳にされるようになってきている。このことは，それだけ競技場面においての心理的側面の影響や役割の重要性に対する認識が高まってきたということであろう。

ところが，まだ依然として指導者の一部には，根性などに代表される様に心理的側面の能力はハードトレーニングによって身につくものとある種の修行感覚でとらえ，身体への激しい練習を盲目的に継続している場合があったり，上記の用語を一時のファッション的なものとしてとらえ，安易な受け取り方をしているために，短絡的に心理的側面のトレーニングの効果を判断してしまうなど，競技現場において十分な理解・認識が不足しているケースが指摘される事も多い。

加えて，心理的側面のトレーニングに関する多くの研究や書籍が公表されてはいるが，競技現場サイドに即した内容のものが少なく，競技指導現場の切実な要求に耐えられず，ややもすると理論的なものだけが先行しているきらいがあり，指導現場サイドと同じ視線の高さを持つメンタル面に関する実践者が求められていることも事実である。

いずれにしても，心理的側面のコントロールは，練習時の力を試合時においても常に安定的に発揮するために，大変重要な役割を果たすものであることを考えると，選手や指導者に心理面に関する認識を高めてもらい，その上で積極的に競技場面に取り入れてもらうためにも，現場サイドに立ったより実際的・具体的な心理面のコントロールやトレーニングに関する情報の提示が急務と思われる。

そのような状況の中で，全日本男子バレーボールチームは2002年度チームを構成するために初めて選手選考に「トライアウト」を採用しており，これまではややもすると「受け身的に選抜に応じてきた！」という選手が，自ら志願して選考試験に参加するというように，心理的にもチームスタート時からの意欲が異なることが解る。また，全日本男子チームはシニア，ジュニアに限らずユースに至るまでメンタル・スキル・トレーニングを積極的に取り入れようとし始めていることが知られており，日本のバレーボールにおいてもメンタル的側面に関する取り組みに着手しており，今後の成り行きが期待される。

2 メンタル・スキル・トレーニングとは何か？

1) メンタルマネジメント，メンタル・スキル・トレーニングの基本的考え方

まず，メンタルマネジメントやメンタル・スキ

ル・トレーニングとはどういうものなのかを考えてみよう。定義的には，競技におけるメンタルマネジメントとは，「自己の最高能力を試合等の場面で発揮できるよう選手が自己の心理面を効率的に管理し，コントロールする事」であり，メンタル・スキル・トレーニングとは，「メンタルマネジメントのために必要な心理的諸技術を習得し，高めるためのトレーニングである」とされている。練習や試合においてどんな時でも，自分で調子がいいなあ！と感じた時やよい成績を収めることができた時には心身共によい状態にあったと言える。そのような自分のよい状態の時の，特に心理状態をいつでも作り出せるように，自分の実力が発揮できるような状態を作ることがメンタルマネジメントということになる。「あがってしまって練習の実力を試合で発揮できなかった」または「ブルペンでは調子がいいのに実際にマウンドに立つとその力を発揮できないブルペンエース」といった話を聞くことがあると思うが，このことは，本番を普段と異なった心理状態で迎えており，メンタルマネジメントがうまくいかなかったことを示していることになる。もっと違う言い方をすれば，競技場面における「気持ちの持ち方を変える」「考え方を変える」「見方を変える」，それがメンタルマネジメントであると言ってもよいであろう。

例えば，次の図を見て何に見えるであろうか？

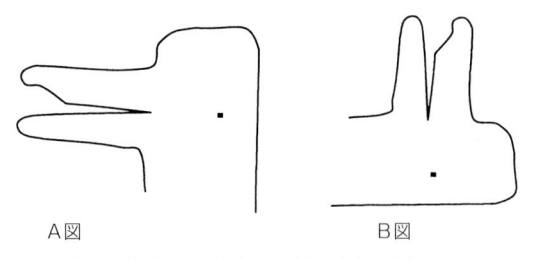

図1　見る角度によって異なるものに見える？

多くの人たちには，A図はきっと「鳥」に見えるかもしれないし，B図は多分「ウサギ」に見えるかもしれない。もちろんお解りのように，両図はただ横転させただけで，図そのものは変わりないものである。しかし，見る角度が変わることによって全く違うものに見えてしまう。これは本来は知覚の問題であろうが，メンタルマネジメントの考え方に応用すると，例えばバレーボールで「スパイクを打つ」「サーブする」という技術を遂行すること自体は練習であろうと試合であろうと変わるものではない。なぜならコートの広さやネットの高さはルールに定められており，いつでも変わらないはずだからである。ところが，違う体育館であったり，相手がいたり，何かの大会であったりすると，「ああ会場が違うんだ」「これはオリンピックで普通の大会とは違うんだ」というように自分から見る角度，もしくは，受け取る角度を変えてしまい，それにより自分自身も普段とは変わってしまい，ひいては，スパイクやサーブといった技術の本来の動作をも変えてしまうという悪循環に陥るのである。元をただせば，各競技に要求されるプレーの本質は常に同じであって，その本質をどんな時でも受け取り方を変えることなく見られるようにすることがメンタルマネジメントである。そのためには様々な心理面の練習が必要であり，それがメンタル・スキル・トレーニングといわれるものなのである。

確かに，一流選手やベテランは長い経験の中で必然的にこういった考え方をするようになったということも事実であろう。しかし，その域に達していない選手でも，ものの受け取り方や気の持ち方を意識してコントロールすることにより一流選手と同じ考え方に近づくことは可能であり，そうなるためにメンタル・スキル・トレーニングが必要となってくるのである。

2) メンタルマネジメントを実践するに当たっての留意点

ここで，メンタルマネジメントを実践するに当たって混乱のないよう，いくつかの留意点を挙げておきたい。

① メンタルマネジメント，すなわち，心理的に

自己をコントロールすることができるということも「技術」であり，日頃からのトレーニングが必要である。

このことは決して特別な考え方ではない。例えば，技術的に巧くなるためには練習が必要であり，体力をつけるには体力トレーニングをしなければならない。それと同じように，心理面もアップするためには，定期的にそのためのトレーニングをしなければならない。確かに，さまざまな競技場面を経験することも一種の心理面の訓練にはなる。「百戦錬磨」とはよく言ったもので，ベテランと呼ばれる一流選手の中には，心理的な技術・テクニックを経験的に身につけ必要に応じて用いている場合が当然ある。筆者もこれまで何人かのオリンピック選手らと面談する機会があったが，多くのプレッシャーの中でそれなりの成績を残している選手は，自分なりのストレスに対する処し方を経験的に感じ取って実践しており，それらが本項であつかう様々な心理的技術と合致しているケースに何度となく遭遇してきた。しかし，それではものすごく時間を要することになり，心理的にも経験が不足している若手と呼ばれる選手にとって不利なことは言うまでもない。したがって，心理面もトレーニングしないとその技術は向上しないという意識を持ち，できるだけ日々の練習の中に，わずかな時間でもよいから取り入れていくことが肝要なのである。そして，自分自身を評価し気づきを高めることが心理的技術を向上させる第一歩と言える。

② メンタルマネジメントは，トッププレーヤーには特に必要かつ有効である。

後述することにも関係するが，メンタルマネジメントはトッププレーヤーにおいて特に必要かつ有効であることを確認しておきたい。図2は，競技成績やプレーの出来映えに直接的に関与している体力的・技術的要因と間接的に関与している心理的要因が試合においてどの程度戦績に関与しているかその割合を示したものである。初級者から上級者まで，若手からベテランまで，選手個々の特徴や技術レベルによって用いる技術には多少の違いはあるかもしれないが，メンタルマネジメントはそれぞれに必要かつ有効である。

確かに，競技レベルが高いほど，さらに，実力が接近しているほど，心理面のコントロールの良否が勝敗を左右することは事実であろう。しかし，初級者であってもメンタルマネジメントをできた者の方が実力を発揮しやすいわけであり，競技成績に関与する心理的要因の比率は決してゼロではない。

③ 技術的・体力的側面を背景にして心理的側面を考える必要がある。

スポーツにおいてのメンタルマネジメントの重要性を主張してきたが，メンタル・スキル・トレ

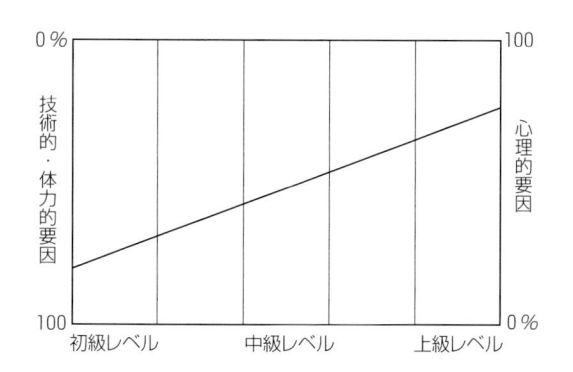

図2 競技レベルから見た試合を左右する各要因の割合
（霜・香西(1986)に遠藤が加筆修正）

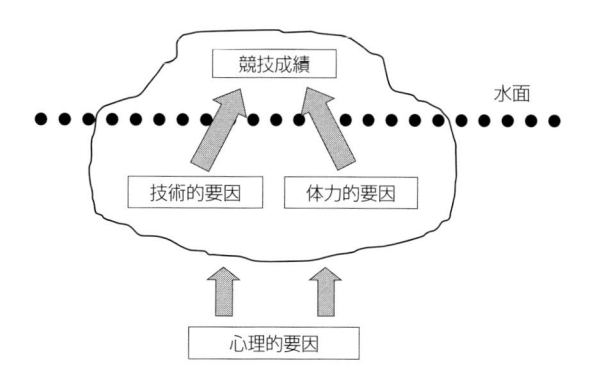

図3 競技成績への心・技・体の関わり方

ーニングを取り入れただけで即競技力向上につながる訳ではないことを肝に銘じておく必要がある。スポーツでは「心・技・体」の3要素が競技成績に関係している。しかし，心理的側面と技術的・体力的両側面の競技成績への関わり方には若干の違いがある。

図3は，このことを氷山を例にとって示したものである。海面上にでている部分が競技成績，プレーの出来映えと考えて頂きたい。この海面上にでている部分を多くするには，氷山自体を大きくして浮力を高めること，すなわち，技術的，体力的側面をトレーニングしてアップすることが必要である。たとえば，バレーボールのスパイクを例に取ると，フォームやジャンプの仕方といった技術的要因や，ジャンプ力に代表される体力的要因の両要因が直接的にスパイクの出来映えを規定しているのである。

ところが，実はもう一つ氷山を浮かび上がらせる方法が考えられる。それは，氷山が浮かぶ海水の密度を増すことにより，氷山自体の大きさは変わらないが，氷山を押し上げ海面上にでている部分を多くする方法である。すなわち，これが心理的側面の関与する部分であり，たとえば，精神的に必要以上に緊張した状態よりも適度にリラックスした状態の方が自分の技術的，体力的能力を生かしたスパイクを打つことが出きるということなどがそうである。このように心理的側面は間接的にではあるが競技成績に多くの影響をおよぼしているといえる。

しかし，競技成績を直接的に規定している肝心の技術的，体力的側面が細々としたものであれば，いくら心理的側面を充実させても競技力の向上には限界があると言わざるを得ない。やはり，ある程度技術的，体力的側面を背景としながら心理的側面を考える必要がある。勝利を得るには9割が技術的，体力的問題であり，残りの1割において心理的問題が関与するといっても良いであろう。ただし，この1割はどうしても切り捨てることのできない部分であり，技術向上やレベルの向上に伴ってその重要性が増す1割であることは言うまでもない。

3 メンタル・スキル・トレーニングのプロセスとその実際

具体的に，メンタルマネジメントのためにどのようにトレーニングを進めればいいのであろうか？メンタル・スキル・トレーニングの考え方には様々な捉え方があるかもしれないが，ここでは大まかなメンタル・スキル・トレーニングのプロセスとして図4のように捉えたい。このプロセスに沿って一連の流れの中で各項目を必要に応じて実施し，心理的スキルを高めていくということになる。

1）目標設定の基本的考え方

目標設定は，スポーツの分野に限らず人間のパフォーマンスを向上させる心理的な方策として用いられている。目標を達成するための組織的なプログラムを遂行することは動機づけが高まり，選手の身体的・心理的スキルが向上する。これらの結果は，スポーツ心理学の学問領域で繰り返されてきた実験などで明らかにされており，それらに関する研究の90％以上が目標設定の有効性を明らかにしている（Weinberg & Gould, 1998）。最も身近なメンタル・スキル・トレーニングの一つである目標設定の基本的な原理を身につければ，指導者にとってもコーチングなどのあらゆる状況で応用できるはずである。しかし，適切な目標設定を行わなければパフォーマンスの低下につながることもある。それゆえ，ここでは効果的な目標設定を行うための原則と具体的な方法について考えてみる。

① なぜ目標をたてるのか？目標設定の意義と効果

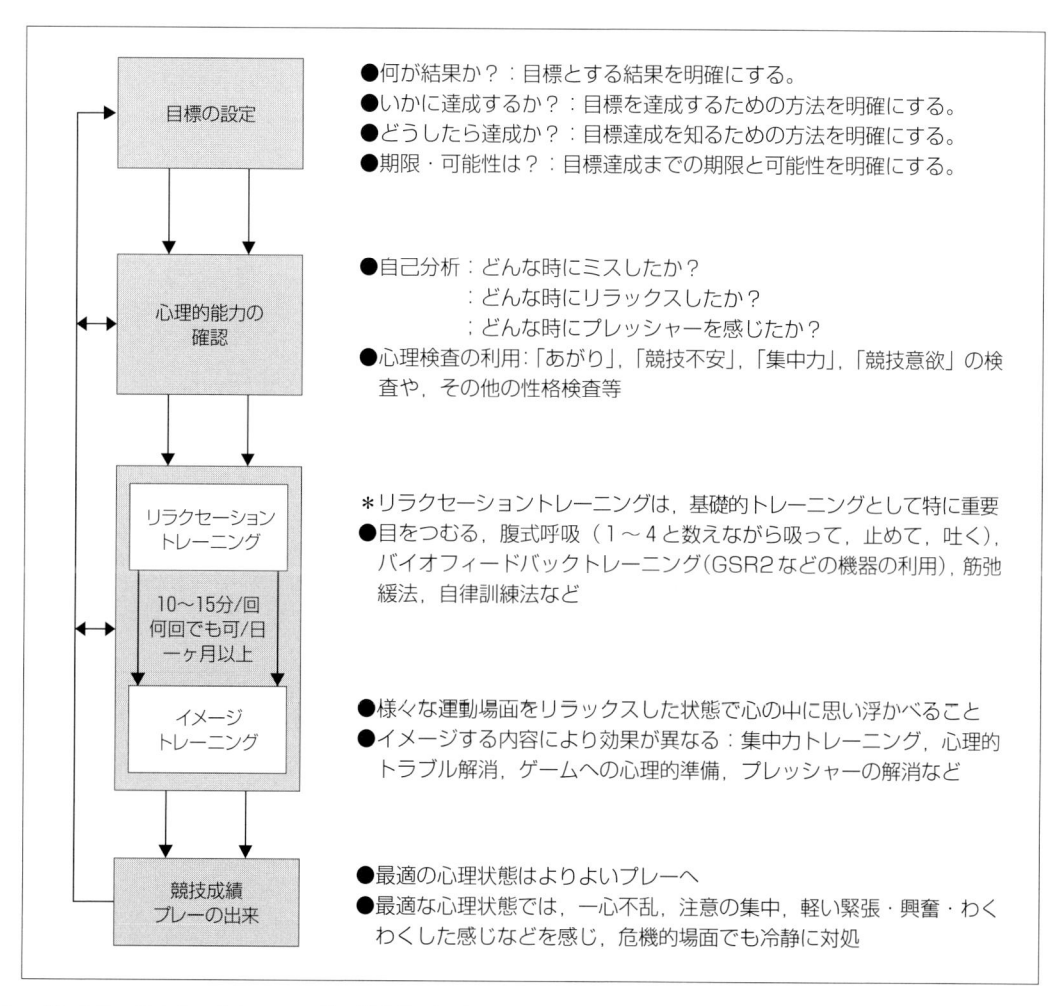

```
┌─────────────────────────────────────────────────────────────────────┐
│  ┌─────────┐    ●何が結果か？：目標とする結果を明確にする。              │
│→ │ 目標の設定 │   ●いかに達成するか？：目標を達成するための方法を明確にする。    │
│  └────┬────┘    ●どうしたら達成か？：目標達成を知るための方法を明確にする。    │
│       │         ●期限・可能性は？：目標達成までの期限と可能性を明確にする。     │
│       ▼                                                              │
│  ┌─────────┐    ●自己分析：どんな時にミスしたか？                         │
│↔ │ 心理的能力の │          ：どんな時にリラックスしたか？                       │
│  │   確認    │          ：どんな時にプレッシャーを感じたか？                   │
│  └────┬────┘    ●心理検査の利用：「あがり」、「競技不安」、「集中力」、「競技意欲」の検 │
│       │           査や、その他の性格検査等                               │
│       ▼                                                              │
│  ┌─────────┐    *リラクセーショントレーニングは、基礎的トレーニングとして特に重要 │
│↔ │リラクセーション│  ●目をつむる、腹式呼吸（1〜4と数えながら吸って、止めて、吐く）、  │
│  │ トレーニング │    バイオフィードバックトレーニング（GSR2などの機器の利用）、筋弛 │
│  └────┬────┘    緩法、自律訓練法など                                   │
│  ┌────┴────┐                                                         │
│↔ │10〜15分/回│                                                        │
│  │何回でも可/日│                                                        │
│  │一ヶ月以上 │                                                        │
│  └────┬────┘                                                         │
│       ▼                                                              │
│  ┌─────────┐    ●様々な運動場面をリラックスした状態で心の中に思い浮かべること   │
│  │  イメージ  │   ●イメージする内容により効果が異なる：集中力トレーニング、心理的 │
│  │ トレーニング │    トラブル解消、ゲームへの心理的準備、プレッシャーの解消など    │
│  └────┬────┘                                                         │
│       ▼                                                              │
│  ┌─────────┐    ●最適の心理状態はよりよいプレーへ                        │
│  │ 競技成績  │   ●最適な心理状態では、一心不乱、注意の集中、軽い緊張・興奮・わく  │
│  │プレーの出来│    わくした感じなどを感じ、危機的場面でも冷静に対処            │
│  └─────────┘                                                         │
└─────────────────────────────────────────────────────────────────────┘
```

図4　メンタル・スキル・トレーニングの基本的プロセス

　身近な例をあげてみよう。レシーブをしている選手に対して「拾え！」と漠然と指示した場合と，相手のスパイクコースとブロッカーを示して「このコースに入ってレシーブしてみなさい！」と指示した場合とでは，結果が大きく異なることは容易に理解できよう。このことは，レシーブに限らず全ての状況にあてはまることであり，明確な目標（目的）を設定することはパフォーマンスの向上に役立つのである。以下に目標設定することの意義についてまとめてみた（Locke & Latham, 1985）。

1．必要な活動に注意をむけ，集中できる

例えば，スパイクのコースの幅をつけることを目標としている選手がいたら，その選手はスパイクの幅をもたすために，クロスとストレートを打ち分けるということを意識した練習を試みるようになる。

2．適切な方策を工夫するようになる

　言い換えれば，選手が目標を達成するための適切な方法を考えるようになる。例えば，スパイクレシーブの強化を目標にしている選手がいるならば，スパイクレシーブを1本でもあげるために，選手自らがどこのコースに入るべきかを考えるよ

うになるであろう。

3．目標はやる気を保つ手助けとなる

例えば、ウェイトトレーニングを行う際に、スクワットで50kgの増加を1年の最終目標としたとき、いきなり目標を達成するのは難しいが短期的な目標を設定し、少しずつ負荷を増加させることで最終目標を達成できるようになる。さらに、やる気を保つ手助けになることで、選手に活動の方向性を示してくれるのである。

4．目標を設定することによって新しい技術の習得方法を知ることができる

たとえば、ブロックポイントを1試合で5本決めると目標をたてると、選手はその目標達成のためにはどうしたら良いかの方法を考え、より効率のよい技術でそれらを達成しようと努力するようになる。

② どのように目標をたてれば良いのか？　目標設定のポイント

選手が自分にあった目標を効果的に設定するためには、押さえておくべきいくつかのポイントがある。

1．結果でなく、バレーボールのプレーそのもののパフォーマンスを重視した目標を設定する

このような目標を設定するのには3つの主な理由が考えられる。

a) 勝利・敗北といった競技結果を重視する目標は、選手の個人的な能力や技術の向上をいつも反映するとは限らない。

b) 勝敗は選手1人ではコントロール出来ないが、選手の技術やその発揮といったプレーのパフォーマンスは選手自身がコントロール出来ることである。

c) プレーのパフォーマンスを重視した目標をたてておけば、競技結果に関係なく選手が行ってきたことを評価することができる。

しかし、ここで気をつけなくてはならないことは、「結果目標が悪くて、パフォーマンス目標がよい」という訳ではないことである。最近のスポーツ心理学の研究において、超一流選手は、結果目標とパフォーマンス目標を状況に応じて上手く使い分けているということが報告されている（Hardy, Jones, & Gould, 1996）。一流選手は、重要な試合が時期的に離れており単調な練習を繰り返しているとき（ランニングやウェイトトレーニング、基本的な動作の繰り返しなど）には結果目標を重視している。つまり、このような状況では、「勝つためにやる！」という目的意識をもつことがやる気に関しては重要である。

一方では、「結果は自分だけではコントロールできない。自分が出来ることだけに意識を向けよう！」と考えることも必要である。両者の考え方は矛盾するようであるが、結果を恐れずに自分のパフォーマンスだけに集中することが、最終的には高いレベルの"結果"を生み出す確率を高めるのである。どんな選手でも緊迫した試合になると、結果を考えるという「結果目標」の思考に陥る。しかし、多くの場合、結果を考えすぎることによって失敗している。したがって、身体・技術トレーニングと同様に日頃から（技術練習や試合中）パフォーマンス目標をたてるトレーニングをしておく必要があるのである。

2．具体的な目標を設定する（可能ならば数値で表し客観的に判断できる目標にする）

明らかに具体的な目標は、一般的な目標よりも行動を変えることには有効である。しかし、我々コーチ達は曖昧な目標設定をさせている場合もある。たとえば、「春までに筋力をつけろ！」という表現などがそうであり、それよりも「春のリーグ戦までに、スクワットで今の負荷より10％アップしろ！」と具体的数値で指示した方が適切である。

3．挑戦的ではあるが現実的な目標を設定する

選手の能力に比べて目標が低すぎれば、興味が薄れて努力しなくなるだろう。一方、目標が高すぎると、フラストレーションが溜まり自信を喪失してパフォーマンスの低下につながる。つまり、目標は選手が達成できる範囲ぎりぎりのものを設

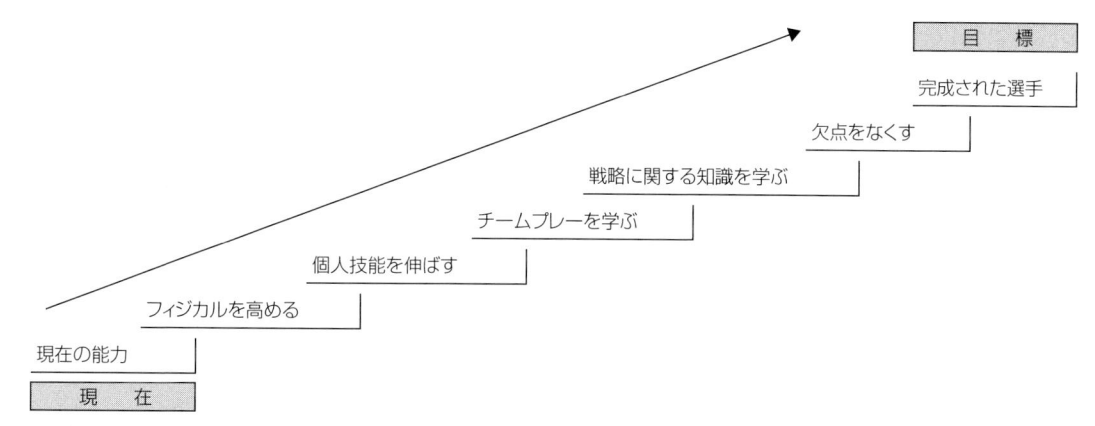

図5 バレーボール選手として完成された選手を目指すときの段階的アプローチの例

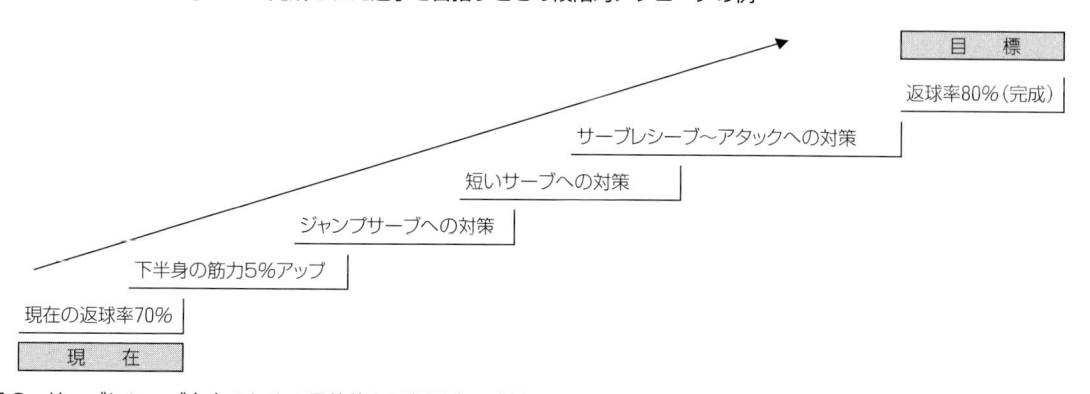

現在の能力 → フィジカルを高める → 個人技能を伸ばす → チームプレーを学ぶ → 戦略に関する知識を学ぶ → 欠点をなくす → 完成された選手（目標）

図6 サーブレシーブ向上のための具体的な目標設定の方法
厳密には各段階でそれぞれの数値目標を設定したり目標達成のための方策（たとえば技術的なこと）を考えることも必要である

現在の返球率70% → 下半身の筋力5％アップ → ジャンプサーブへの対策 → 短いサーブへの対策 → サーブレシーブ〜アタックへの対策 → 返球率80％（完成）（目標）

定することが重要である。目標を挑戦的でしかも難しくしすぎないように保つためには，次節に示す段階的アプローチによる目標設定を利用すると良い。

4．目標を記述し公表する

設定した目標を，壁やロッカーなどの常に見える場所に紙に書いて掲げることが奨励されている（Harris&Harris,1984）。我が国のジュニアやシニアのナショナルチームにおいても，練習日誌に目標を書き込むことで動機づけの維持や心理的コンディションの把握に役だつことが報告されている（遠藤他1994，1995，1996）。

5．目標を達成するための作戦（方策）を立てておく

たとえば，スパイクの決定率を昨シーズンよりも5％アップするという目標を立てたなら，そのためには何をすべきか考える必要がある。間違いなく，筋力のアップも必要であろうし，スパイクコースの幅を広げるための練習が必要となってくる。そこでどういった練習やトレーニングを行うべきなのかを建設的に考え，具体的な数値目標を掲げることが必要である。最終的に，選手の進むべき道筋をはっきりさせるべきである。

③ 目標設定の段階的アプローチ

目標の段階的アプローチとは，短期目標を着実に成功して，最終的に長期目標を達成していくステップのことである。選手は，現在のパフォーマンスやそれ以前の数回のパフォーマンスを省み

表1 自己の心理状態のチェックリスト(ジム・レイアー, 1987)

ポジティブ・エネルギー	程　　度	ネガティブ・エネルギー
1. 体は(筋肉)はリラックスしていた	1　2　3　4　5	体(筋肉)は緊張していた
2. 落ち着いて冷静だった	1　2　3　4　5	混乱し,動揺していた
3. 不安はなかった	1　2　3　4　5	とても不安だった
4. エネルギッシュだった	1　2　3　4　5	エネルギーが足りなかった
5. 積極的だった	1　2　3　4　5	消極的だった
6. とても楽しかった	1　2　3　4　5	まったく楽しめなかった
7. 無理に努力した感じはない	1　2　3　4　5	非常に努力したつもりだ
8. 自然にプレーしていた	1　2　3　4　5	プレーより意識が先走っていた
9. 自信満々だった	1　2　3　4　5	自信がなかった
10. 注意力が鋭かった	1　2　3　4　5	注意力が散漫だった
11. 自己コントロールができていた	1　2　3　4　5	自己コントロールができていなかった
12. 集中していた	1　2　3　4　5	集中していなかった

て,現時点での自分自身のレベルを見極めた後,それを基準として,少しレベルの高いところで短期目標を設定する。そして,その前の目標よりも少しずつ難しくなるように目標を設定する。この方法では,選手が短期目標を達成したとき,その達成に対してある意味報賞を与える機会が多くなり,選手自身の自信ややる気を向上させることが可能になる。注意しなければならないことは,段階が1つ上がった時点での進歩は僅かであることを認識して,継続して努力することを心がけることである(図5,6)。

④ **目標設定の際に見られる一般的な失敗**

目標設定は,メンタル・スキル・トレーニングの中でも比較的手軽に出来るものである。しかし,導入の方法を失敗すると意味のないことになってしまうことがしばしば認められる(Gould, 1993)。一般的に見られる,有効に機能しなかった例を以下に示す。指導者として認識しておくことが必要である。

1. 具体的な目標設定がおこなわれていない
2. 一度に多くの目標を立てすぎた
3. 状況に応じて目標設定を変更できなかった
4. 目標に対する評価とフィードバックが適切に行われなかった

2) 心理的諸能力の確認

体力トレーニングを実施する際には,体力測定を行って体力面の実体を把握することは周知の通りであろう。心理面に関しても全く同じであり,自分の心理的な短所や長所は何だろう？ 今どういう心境なのだろう？ といった自身の心のコンディションをも含めて,自分を見つめる作業が必要になる。要するに「自分を知る」ということで,様々な状況に置ける自分の心理状態の違いが分かるようになることを目指す。

① **自己分析**

例えば,自分の今までの試合等を振り返って,「どんなときにプレッシャーを感じたか？」,「すごく調子のよかったときの心身の状態はどうだったか？」,「どういうときにやる気がでたか？」といったことを思いつくままにノートに書き出してみる。調子のよかったとき,悪かったときのことを書き出し,それらを比較分析してみると,二つの局面で結構心身の状態が異なることが自分でもわかるはずである。自分にとってプラスもしくはマイナスに働く条件や状態を整理し把握するということであり,それによって,自分にとってマイナスに働く状態等を改善するための方向性が明らかになってくる。

もし，書き出すことが面倒な場合には表1ような「チェックリスト」を使ってみるのも良い。

② 心理検査の活用

様々な心理検査を用いて，選手の心理的能力を把握することも判断の基準がはっきりしているので有用である。あがりやすいかどうかの程度を調べる検査，不安傾向を調べる検査，集中力の程度を調べる検査などが利用できる。しかし，項目数が多くて実施したり採点したりするときに面倒だと，利用しようという意欲がそがれてしまう場合もあり，実施に際しては注意しておく必要がある。

以下にスポーツ選手に用いられ，選手の心理的諸能力の確認，心理的コンディション把握，メンタル・スキル・トレーニング効果などの把握に有効な心理検査を，参照する際の取り扱い先やそのホームページアドレスも含めて紹介する。ただし，心理検査を用いる場合，選手のプライバシーにかかわることも含まれるためデータの管理には注意する必要があるし，また，あくまでも選手理解のための補助的参考資料であり，検査結果が選手の全てについて物語っているという過信は禁物であることを確認しておく。

1．TSMI（体協競技動機検査
　　Taikyo Sport Motivation Inventory）

スポーツ選手のモチベーションをできるだけ実際の競技場面に即した形で測定し，指導者がフィールドにフィードバックしやすいように工夫されたテストである。

URL：http://www03.u-page.so-net.ne.jp/tkk/

2．PCI（心理的コンディション診断テスト
　　Psychological Condition Inventory）

このテストは，競技のポジティブな心理的側面を想定し，競技前の心理的コンディションで重要な7つの側面を客観的に評価するものである。継続して実施する事によって心理的コンディション把握に役立てられる。

URL：http://www03.u-page.so-net.ne.jp/tkk/

3．DIPCA（心理的競技能力診断検査
　　Diagnostic Inventory of Psychological Competitive Ability for Athletes）

スポーツ選手を対象としたテストであり，実際の試合場面で実力を発揮するために必要な精神的な能力を測定できる。

問い合わせ先：（株）トーヨーフィジカル

4．POMS（気分プロフィール検査
　　Profile of Mood States）

このテストは，おかれている状況変化に対する一時的な気分変化の状態を測定できるという特徴をもっており，選手の心理的なコンディショニングの評価・診断に用いられる。

URL：http://www.kanekoshobo.co.jp

5．STAI（状態－特性不安検査
　　State-Trait Anxiety Inventory）

選手がおかれている状況によって変化する状態不安と，性格特性である特性不安を分けて測定でき，不安の低減効果を調査する際に用いられているテストである。

URL：http://www.jitsumu.co.jp

6．TEG（東大式エゴグラム）

どの自我状態がその人にとって優位であるか知るテストであり，自分を知るための手段として用いられている。ある状況において自分の心はどのような要素が優勢に働き，どのような感情反応が起こるのかを理解するのに大変適したテストである。特に，指導者と選手の人間関係の中で，指導者側に直接的な理由がある問題を知る上で非常に役に立つテストである。

URL：http://www.kanekoshobo.co.jp

7．TAIS（注意・対人スタイル診断テスト
　　Test of Attention and Interpersonal Style）

注意の方向が内側に向けられているか外側に向けられているか，また注意の幅が広いか狭いかといったスポーツ選手の注意集中の様式（スタイル）を測定するテストである。さまざまなスポーツ場面において要求される注意集中の様式（スタイル）

は異なるため，このテストを用いた選手のスカウティングやポジションなどの適材配置などに役立つ。

URL：http://www.saccess55.co.jp

③ コンディショニング把握としての練習日誌の活用

心理検査よりもさらに手軽に利用できる方法として，「トレーニング日誌」の活用が考えられる。標準化された心理検査と比べると若干判定の基準の精度は下がるが，継続することによりその欠点を補うことは十二分に可能である。というのは，選手自身の心身のコンディションを，他者によるチェックに頼るだけでなく，毎日トレーニング日誌というような形で手軽に自己の主観的分析ができれば，自己の心身に対する感受性・気づきも高まり，それが選手の自主的コンディショニングにもつながることが期待できるのである。また，このような選手自身によるチェックを記録に留めておくと，指導者にとっても改まったテストという形ではなく，日々簡便に選手の心身の状態をある程度把握することができ有用であることは言うまでもない。

練習日誌の内容については簡便なものであることが望ましい。また，記入方法は記述方式よりも，チェック方式を用いたほうが選手にとってより客観的に評価が出しやすい。また，自由記述の欄を設け，指導者との意見交換ができるスペースを設けると，個人的に問題や疑問を抱える選手にとっての有効なスペースとなる。2001年より，全日本男子チームが使用している練習日誌を資料1，2（次頁）に示したので内容などを参考にしてほしい。

3）リラクセーショントレーニング

バレーボールを競技として続ける限り，試合前に何らかの緊張や不安を感じるであろう。適度な緊張感や不安感は最高のパフォーマンスを引き出すのには重要である。しかし，過度の緊張や不安はパフォーマンスの妨げになることは誰しも経験的に知っている。それ故，選手は緊張や不安をコントロールするためのリラクセーションの方法を理解して，バレーボールの試合場面や練習場面で取り入れることが必要となってくる。

また，一言に緊張といっても，その種類，症状は多種多様であり個人差が存在することを理解しておく必要である。大別すると生理的な緊張と認知的な緊張に分けられる。生理的な緊張には，心拍数の増加，血圧の増加，発汗，震え，のどの渇き，筋肉の硬直などが含まれ，認知的な緊張には，マイナス思考，考えすぎ，不安感，自信の欠如，などが含まれる。それぞれ症状が発現した場合には緊張状態であると考えれば良い。

① 緊張や不安を軽減するためのリラクセーション方法

ここでは緊張や不安を軽減させるための具体的なリラクセーションの方法として，手軽に取り入れることができ，さらには行動面や思考面を少し変化させることによりリラックスが図れるという主なものを取り上げた。最近のスポーツ心理学では，競技中にパフォーマンスが急激に落ちた場合は，リラクセーションをしない限り元の状態には戻らないとされており（Hardy, Jones, & Gould, 1996），これらのことからもリラクセーションのテクニックをうまく取り入れることは重要である。

1．深呼吸（腹式呼吸）の活用

緊張しているときとリラックスしているときとでは，呼吸の方法が異なることは多くの選手が経験している。具体的には，緊張状態のときには短く不規則で浅い呼吸になりやすいのに対して，リラックスしているときには深く自然で一定のリズムを保っている。したがって，深くゆっくりとした呼吸に調整することにより緊張を和らげ，リラクセーションを促すことができる。具体的には腹式呼吸を行う。「い～ち，に～い，さ～ん，し～い」と4呼間で息をゆっくり鼻から吸い込む。そ

資料1　記入方法と目標設定用フォームの例

＜全日本男子チーム使用の練習ノートのサンプル＞

練習ノートの記入について

☆この練習ノートは，心身のコンディションの確認，練習メニューや気持ちの整理をあなた自身で行うための手がかりになるようにつくられました。できるだけありのままに記入しましょう。

☆日付，天気，睡眠時間，今日の目標，身体的・心理的コンディションについては，起床から午前の練習等のスケジュールの前までに記入する。

☆練習内容は，午前・午後のそれぞれの練習が終了する毎にできれば記入する。試合であればそのスコアー等，結果を記入する。

☆練習・試合を振り返って，今日の反省は，消灯までに記入する。

あなたの目標は何ですか？

☆スポーツで勝利を得るためには道しるべが必要です。それが目標です。

以下にあなた自身の最終目標・中間的目標・現在の目標のそれぞれを，できるだけ具体的に記入しましょう。そして，毎日機会がある毎にその目標を見て確認しましょう。

1．今の時点で目標とする大会に向けての目標は？

○第一期

○第二期

○第三期

2．1の目標を達成するために何が必要か？

○第一期

○第二期

○第三期

3．ここ当面（現在）のあなたの課題は何？

○第一期

○第二期

○第三期

資料2　一日分のトレーニング日誌用フォームの例

月　　　日（　）天気　　　睡眠時間（　　時間）　HR（　　回/分）	
練習内容（午前）	練習内容（午後）
時　　分　　～　　時　　分	時　　分　　～　　時　　分

◇◇　　　朝　＜身体的コンディション＞　　　◇◇			
体　　調	非常に悪い	1－2－3－4－5－6－7	非常に良い
悪い場合はどのように？			
食　　欲	全くない	1－2－3－4－5－6－7	非常にある
故　　障			
有の場合，気になる程度および，その処置は？	気になる	1－2－3－4－5－6－7	気にならない
◇◇　　　朝　＜心理的コンディション＞　　　◇◇			
不　　安	全くない	1－2－3－4－5－6－7	非常に多い
悲 し み	全くない	1－2－3－4－5－6－7	非常に多い
怒　　り	全くない	1－2－3－4－5－6－7	非常に多い
活　　気	全くない	1－2－3－4－5－6－7	非常に多い
疲　　れ	全くない	1－2－3－4－5－6－7	非常に多い
頭の混乱	全くない	1－2－3－4－5－6－7	非常に多い
ヘトヘトにくたびれている	全くない	1－2－3－4－5－6－7	非常にそう
精神的に疲れている	全くない	1－2－3－4－5－6－7	非常にそう
疲労がたまっている	全くない	1－2－3－4－5－6－7	非常にそう
全身がだるい	全くない	1－2－3－4－5－6－7	非常にそう
足がだるい	全くない	1－2－3－4－5－6－7	非常にそう
疲労困憊している	全くない	1－2－3－4－5－6－7	非常にそう
◇◇　　　夜　＜練習・試合を振り返って＞　　　◇◇			
満 足 感	非常に低い	1－2－3－4－5－6－7	非常に高い
疲 労 感	非常にある	1－2－3－4－5－6－7	全くない
今日一番印象に残るプレーは？　それはナイスプレー，それともだめだったプレー？			
コーチの説明や指導・助言に関して不明な点は？　うれしかった点は？　わかった点は？			
メンタルトレーニングの実施状況は？　実施した場合その内容は？			
実施した　・　実施しなかった			
実施した結果は？（何でもよいから思ったことを書く。Ex 思い通りに動いた。感覚も感じた。周囲の場面も浮かんだ等）			
体力面のトレーニングを実施した感想は？			
明日に向けて（今日の反省を含めて）			

のときに腹全体を前に膨らませ，その力で肺に空気が入るようにする。息をすったら「い〜ち，に〜い」と2呼間息を止めて，また「い〜ち，に〜い，さ〜ん，し〜い」と4呼間で腹を引っ込めるようにして，できるだけ長くゆっくりと口から吐き出す。息を吸うときに肩を上げ，吐くときに下げるようにしても良い。

さらに，息を吸うときに，「勇気を吸い込んでいる」，「自信を吸い込んでいる」，「力を吸い込んでいる」と心の中で念じながら吸い込み，また吐き出すときも「不安が出ていく」，「肩の力が抜けていく」，「リラックスしていく」，「落ち着いてくる」と心の中で呟くようにすることも効果的である。これは自己暗示の一種で「暗示呼吸」といわれている。理屈云々ではなく，本当にそうなっていくと自分に思い込ませていくことが大切である。

例えば，サーブなど狙われているとき，サーブの前にプレッシャーを感じるときなどに，プレーの間に数回深呼吸してみることは重要である。また，メンバーチェンジなどでベンチに戻ってきたときなどに，特にプレーが上手くいかなかった時などには，タオルを頭からかぶり，目をつむって深呼吸を数回行うなどにより過敏な反応を鎮めることに役立つ。

２．筋弛緩法

筋弛緩法は，筋肉をリラックスする方法としてスポーツ選手を対象にも使われている。基本的には，部分的な小さい筋肉群から全身の筋肉群に至るまで，漸進的に各筋肉を緊張させては一気に弛緩させるということで，筋肉の緊張状態とリラックスした状態の違いを感じ取り，それによってリラックス状態を修得しようというものである。また，筋肉をリラクセーションすることによって認知的な緊張感も軽減される。試合中に指導者はよく「リラックスしろ」と選手にアドバイスするかもしれないが，多くの場合，選手は筋肉の緊張状態とリラックスした状態の違いを識別できないものである。こうした観点からも，筋弛緩法を用いて選手に筋肉の緊張状態とリラックスした状態を体験させるのも有益だと思われる。

３．キーワードを用いる

自分にとってリラックスの手がかりやヒントとなるような言葉を発することで，条件反射的にリラックス状態を作り出そうというものである。「リラ〜ックス」，「楽〜に」，「自信」など自分の好きな言葉で良いので，目を閉じ，吐く息に合わせてその言葉を繰り返し呟くようにする。あくまでもその言葉を信じ，その言葉に注意を向け続けることが必要である。例えば，サービス時にボールを2〜3回弾ませながら，「サービスポイント」と一言呟きながら，自分が落ち着いてサービスする姿を思い浮かべると良い。

４．視線のコントロール

人間は，緊張状態に陥るとだんだんと視野が狭くなってくることが知られている。スポーツにおいても例外ではなく，過度な緊張によって視野は狭くなり周りが見えなくなってくる。プレーのうまくいかなかった選手による「周りが見えていなかった」というコメントはよく耳にすることである。バレーボールのような競技において，視野が狭くなることは致命的で，間違いなくパフォーマンスの低下につながると思われる。緊張して視野が狭くなることを防ぐためには，試合中や練習中のプレーの合間に遠く見つめるようにする必要がある。そのためには，例えば体育館にある時計，旗，天井の一部などのずっと同じところにあると分かっているものを見るポイントとして選んでおくのである。そのポイントを見ることによって視野が広がる。さらに，そのポイントを見ることで，これまでやってきたことの整理や次のプレーのために準備すべき内容を確認することが可能になる。逆に，へたに周りに視線を向けすぎると，余分な情報を取り込むことになり，それにより腹を立てたり，冷静さを欠いたりなどでプレーがおろそかになってしまう危険性がある。

５．否定的思考の停止

自分自身やプレーに対してネガティブな思考が頭をもたげそうになったら，考えることそのものを止めることが一番である。「ストップ」という言葉を口に出したり，赤信号を思い浮かべることをきっかけにするとよい。これなら試合中でも時間をとらない。そして，「さあ来い！」「次はやってやるぞ！」といった積極的な部分に意識を切り替えることが重要である。筆者も，ナショナルチーム選手を始めとするバレーボール選手にこの方法を指導したが，ほとんどの選手が「けっこう有効に機能して気が楽になった！」という感想を述べていた。考えることを止める！という一見単純なことだが，その効果は絶大である。

② バレーボールの競技場面で特に有効なリラクセーションテクニック

　テニスのトッププレーヤーによる試合を見ると，サービスやリターンの直前に選手たちがシャツの袖をひっぱったり，体を前後に動かしたり，ボールをコートに弾ませたりしていることに気づいている人も多いだろう。大リーガーのイチローも，打つという行為に至るまでの動きが一定であることはよく知られている。スポーツの種を問わず，このようなプレー直前にある一定の動作を常に正確に繰り返すといったパターン化された動作は「ルーティン」と呼ばれており，さらに，一流選手になればなるほど，ルーティン化された自分の動きを持っていると言われている。

　これらの一定した行動「ルーティン化された行動」は，実はパフォーマンスの確実性と関係している。一般的にミスをしたり，競っていたり，相手のペースにはまり焦っているようなとき，我々の動作はいつもよりも知らず知らずの内に速くなっている。こんなときには，次のプレーをミスするケースが当然多くなってくる。これはプレッシャーのかかった状態から早く脱出したいという心理が働き，普段よりも気が急くばかりでなく動作も速くなることから，プレーの正確性が低下するからである。重要な場面でサービスが回ってきたとき，いつもより早いテンポでサーブを打ついわゆる「早打ち」することによって起きるミスなどがその例である。

　このような時にルーティン化された行動を持っていると，これを常に行うことにより，特に緊張場面では，普段通りのことをやっているんだという確実感・安心感を持つことができ，焦って次の動作に移ろうとする自分にブレーキをかけることができる。さらに，決まりきった筋肉を使用することにより，不必要な筋肉の緊張を解くことに役立ち集中力の高揚にも効果がある。

　インプレー中は自然と身体が動くことに意識が行き，余分なことを考える余裕はないが，時間的に間があり あれこれとネガティブなことを考え易い，特にインプレーに移る直前（静から動に移るとき）に行うとよい。バレーボールにおいては，サーブ，サーブレシーブ，ブロックなどの直前にルーティンを取り入れると効果的である。

　ルーティンを確立させるためには，今までの競技生活を振り返って，自分の調子が良いときにでる"くせ"を思い出し，それを中心に考えると作り易い。そのときに，言語的，視覚的，動作的な側面からどんな所作を加えたらよいか考えることが重要である。

　言語的：自分自身にどのような言葉を語りかけるのか？　チームメイトと何を話すのか？　特にサーブレシーブの場合。

・集中，ゆっくり，OK，サーブのコースの確認など

　視覚的：何を見るのか？

・会場にあるもの（時計，国旗，ボール，アンテナなど）

　動作的：どのような動きをするのか？

・大きく深呼吸する。ボールのリバウンドさせる回数を一定にするなど。

　ただし，一度に多くの"くせ"を組み入れようとすると，そのことばかりに気を取られて逆効果になることがあるので，1つか2つにしておくと

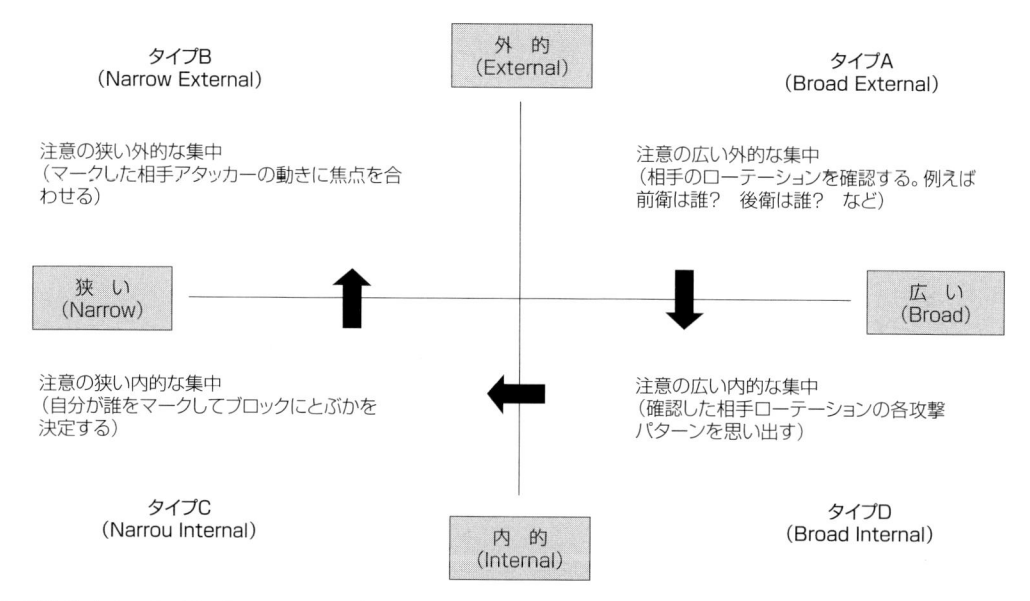

図7 注意集中のスタイル（Nideffer, 1976）

タイプB（Narrow External）
注意の狭い外的な集中
（マークした相手アタッカーの動きに焦点を合わせる）

タイプA（Broad External）
注意の広い外的な集中
（相手のローテーションを確認する。例えば前衛は誰？　後衛は誰？　など）

タイプC（Narrou Internal）
注意の狭い内的な集中
（自分が誰をマークしてブロックにとぶかを決定する）

タイプD（Broad Internal）
注意の広い内的な集中
（確認した相手ローテーションの各攻撃パターンを思い出す）

効果的である。

　バレーボールにおける一例としては以下のようなことが考えられるが，ただし，これらの一定化したルーティンとしての行動は選手によって違うので，自分にあったもの見つけだすことが肝要である。

　サービス時：ボールを見つめ，素晴らしいサーブを打っている姿を想像しながら，2～3回ボールを弾ませた後，いったん動作を止め，構えて深呼吸してから打つ。

　筆者の今までの経験から，ホイッスルの後に大きな行動，例えば，深呼吸やボールを手から落としたりする動きの出来る選手ほど，安定したサーブを打てるようである。

　サーブレシーブ時：隣のポジションの選手と位置とコースの確認をして，左足，右足の順で足元を固め，いったん組んだ両手を両膝に当てて構える。

4）集中力トレーニング

① 集中力とは？

　高いパフォーマンスを発揮するために集中力は欠かせない心理的能力であり，一般的には「注意もしくは意識をあることに集中して，それを継続する力」と定義されている。

　注意力を考える際には，以下の3つの条件を理解しておくことが重要である。

1．注意の選択：刺激を受けても，その刺激に対する関心度やこころ構えによって知覚されるものと知覚されないものに分かれる。つまり好きなものには注意が向くが，嫌いな事には注意が向かないということがある。

2．注意の能力：注意を受け入れる能力には個人差があり，さまざまな情報を同時に受け入れられる人と受け入れられない人がいる。

3．注意の警戒：ある刺激に対して準備態勢を整えておけば，その刺激に関してたくさんの注意を受け入れる事ができるようになる。

　また，いろいろなプレー場面のそれぞれにおいて，必要とされる集中力は若干スタイルが異なると言われている。図7は競技場面において発揮される注意集中のスタイルの違いについて示したも

のである。注意集中のスタイルは，注意の焦点をどのくらいの範囲に絞るかという「広さ」の次元と，注意の焦点を自己の内部（思考や感情など）もしくは外部環境（対戦相手やボールなど）のどちらに向けるかという「方向」の二次元から分類される。図7には，サービスサイドでブロッカーとして相手の攻撃に備える際を例にとり，注意集中のタイプがA→D→C→Bと切り替わっていく様を示したが，このように，必要な刺激に選択的に注意を向け，そして，必要に応じて注意集中の仕方を柔軟に切り替える能力が集中力には重要となる。また，長時間にわたり何かに注意を向け続けることは不可能であるため，注意と弛緩を繰り返すことによって結果的に注意集中の持続力を高めることができる。

② 技術練習中やゲーム中での集中力トレーニング

集中力は注意を的確にコントロールする技術なので，当然トレーニングにより向上させることができる。そして，この集中力を高めるためのトレーニング法については，既にその大半は説明が終わっているといってもよいかもしれない。というのは，これまでリラクセーショントレーニングについて考えてきたが，実はそのトレーニング法のほとんどが集中力のトレーニングとしても役立つのである。例えば，目をつむり腹式呼吸をする場合でもキーワードを用いる場合でも，それぞれ呼吸することやリラックスのきっかけとなる様な言葉に注意を集中することが必要であるため当然，集中力のトレーニングにもなる。事実，適度なリラックス状態の時に出現すると言われている脳波は，高度に集中している時に出るとされる脳波と同じα波である。

１．妨害条件下でのプレー

試合場面においては練習場面とは異なり，多かれ少なかれ観客等の周囲からのヤジや声援，歓声などの中でプレーしなければならない。そして，このような状況に慣れていないと肝心の試合においても集中できずに，自分が今何をやっているのか，次に何をやったらいいのかなどもわからなくなり，あがりの原因ともなってしまう。というのは，我々の記憶は「状態－依存的」であるという認知理論が当てはまるからである。これは，我々が何かを憶える場合には自分の気分やその場の雰囲気をも含めて記憶されるというものであり，スポーツにおいても，いろいろな技術練習によって技術も身についていくがそれと同時にその練習がどの様な気持ちで，どのような状況で行われていたかも記憶として蓄積されるということである。すなわち，雑音などのない状況下で練習していれば，そのような静かな状況下では練習した技術が発揮できるが，雑音などがあると技術の発揮が困難になることが考えられるのである。したがって，プレー中に周囲から雑音をたてたり奇声を上げたりすることなどによって，日頃の練習時からそういった妨害要因に対する抵抗力を強化しておくことが重要である。

２．情報を制限した中でのプレー

ネットを布などで全面覆った状態で乱打形式の練習を行うといったように，練習場面において相手からの情報を収集しにくい状況下をつくり少ない情報に注意を傾けてゲームを遂行し，注意集中を高めるトレーニングを行う。この練習では，覆われたネットの上下に見える相手の足，手，ボールのみが入手できる情報であり，それらの断片的な動きに注意を集中することが必要であり，それにより相手の攻撃を予測し対応するということになる。

３．いろいろな条件場面を想定した中でのプレー

例えばゲーム形式の練習で，Aチーム対Bチームの得点を18対20に設定するといったように，練習段階において相手にリードされているなどの劣勢や優勢場面を設定し，あらゆる状況下で注意集中を持続・維持するためのトレーニングを行う。

４．視線のコントロール

前述したルーティンにも関係するが，視線を意

識して感情を持たない中立的なものに向けることにより，プレー中のボールへの集中力を高めることができるし，さらに感情のコントロールにも役立つ。

5．必要とする注意集中のタイプを明確にする

外部への集中が必要な場合には，何にどんな順序で注意集中のターゲットをおくのかを事前に整理し確認しておくことが重要であり，内部への注意集中が必要な場合には「負けるものか！」「やってやるぞ！」といった意欲や闘志，「自分たちには力があるのだ！」「負けるはずがない！」といった有能感などの，感情の積極的で肯定的な部分に注意を向けるようにするとよい。

6．注意を現在のプレー，もしくは直後のプレーに集中する

既に終わったプレーに対してああすればよかった，こうすればよかったと考えたり，さらには，少し先のプレーに対して，こうしよう，ああしてみよう，とあれこれ考えることは現在のプレーに対する集中力を散漫にし，プレーの正確性をも低下させることになりかねない。ゲーム進行中には，今現在もしくはこれからすぐに起こりうるプレーに注意集中するようにし，ミス，得点，勝敗などに注意を向けすぎないことが重要である。

5）イメージトレーニング

イメージトレーニングとは，「外から見てあまり具体的な動作を伴わないで，心や頭の中に思い浮かべた運動場面などの像（イメージ：imagery）だけを利用して行う練習法」である。これは，メンタルトレーニングのプロセスにおいて最終段階となる重要なステップであり，練習する・トレーニングするという観点からは最も競技場面に直結した心理的スキルと言える。バレーボールの競技特性から考えると，イメージトレーニングは以下の3つの目的を持つと考えられる。

1．実際の身体的な技術練習と組み合わせることによるバレーボール技能の習得の補助。

2．メンタルマネジメントを目指した，リラクセーション，ストレスマネジメント，注意のコントロールなどのいわゆる心理的スキルの向上。

3．バレーボールの試合における戦略，作戦のなどの記憶の強化，あるいは実行の円滑化。

具体的なイメージトレーニングの手法

イメージトレーニングを効果的にするための手法を以下にまとめた。イメージトレーニングも体力や技術トレーニングと同様に，毎日の練習に含めることが最も重要である。そして，指導者としてイメージトレーニングの必要性やイメージは能力であることを選手に伝えることも大事である。

1．適切なトレーニング環境を確保する

イメージ力に優れ競技成績の高い選手は，どのような場所でもどのような姿勢でもイメージを用いることができる。しかし，イメージトレーニングの初心者は，まず始めに静かで落ち着いた場所に仰臥位か座位で行うことが勧められる。イメージトレーニングを就寝前に実施したり，試合前や練習前のロッカールームで実践することも可能である。技術の向上と同様に，イメージトレーニングも訓練することによって試合中などの緊迫した状態でもイメージを上手く取り入れ，パフォーマンスを向上させることが可能になる。

2．心身共にリラックスした状況でトレーニングする

イメージトレーニングの前にリラクセーションをすることは，非常に効果的であると言われている（Weinberg, Seabourne, & Jackson, 1981）。というのは，心身が緊張していたのでは注意が様々なことに向けられてしまい，イメージを描くということに集中できないからである。最適な緊張状態では「一心不乱」「注意の集中」などの心理状態を呈することが知られており，少なくともこれに近い状態でトレーニングを行えばイメージ想起がスムーズに行われることが分かっている。

3．成功した場面をイメージする

一般的には成功したイメージを描くことが必要

である。しかし，実際にはミスをしない選手はいないので，自分のミスをイメージの中で分析することも重要である（Mahoney & Avener, 1987）。何度も同じミスを繰り返してしまうとき，イメージトレーニングを含めた次の練習をすることで改善されることがある。

まず，自分のミスと正しい反応（フォーム，ブロックの手の出し方，サーブなど）についてイメージする。そして，本来の正しい反応のイメージ（正しい反応の感情も含めて）を繰り返す。最終的にイメージしたことをコート上で実際にやってみる。成功したイメージをすることで頭の中にそのプログラムがインプットされる。忘れてはならないこととして，ミスは試合の中の一部として認識することが必要である。そしてミスを犯さないための準備を周到に行い，それをイメージすることが大切である。

4．ビデオテープを有効に活用する

多くの選手はチームメイトの姿や相手チームに関してはイメージできるが，自分自身がプレーしている姿をイメージすることは容易ではない。しかし，実際に自身のプレーをイメージしないとトレーニング効果は少ない。したがって，ビデオテープを使って自身のプレーを観察することは重要である。コーチや監督のアドバイスをもとに最高のパフォーマンスをしているときのものを編集し，イメージトレーニングを行う前にそのテープをみると効果的であり，ピークパフォーマンス法と呼ばれている。

5．プレーの遂行とその結果を含めてイメージする

結果を生み出すまでの過程とその結果を常にイメージするようする。たとえば，スパイクをイメージするならば，ボールが，相手のコートから自分のコートにきたときからスパイクが決まるまでをイメージする必要がある。

6．実際のプレーに要する時間を考慮する

イメージをする時間を実際のプレーに費やす時間に近づけることが必要である。例えば，一つのプレーが終わり次のサービス許可の吹笛までは大体5〜8秒間である。さらに，8秒間にサーブを打たなければならないので，約15秒前後の時間をかけてサービスのイメージをするということになる。

7．「見ている」イメージではなく「行っている」イメージを描く

自分の運動をイメージに描く場合でも，ビデオに映した自分のプレー場面を第三者として見ている，観察しているように描くイメージ：「運動を見る」イメージ（客観的イメージ，外的イメージとも呼ばれる）と，自分がプレーしている場面を実際のプレーの遂行時と同じ目で見て，筋肉運動感覚的にも同じように感じながら描くイメージ：「運動を行う」イメージ（主観的イメージ，内的イメージとも呼ばれる）の2つに分けて考えることができる。

そして，新しい技術を練習し始めるときやイメージトレーニングの初歩の段階においては，「運動を見る」イメージがどうしても中心になる。しかし，イメージ想起技術の上達に伴って，イメージもはっきりと描け，さらに自分の思い通りにコントロールできるので，次第に身体の様々な部分の動きやそれに伴う感覚にまで意識を向けることができるようになる。そうすると「運動を行う」イメージが描けるようになり，イメージの中で自分の身体を動かし，さらに動かした結果をも自分で感じ取ることができるようになる。そしてここでは，イメージの流れにしたがって起こる様々な身体的な反応を五感のみならず，筋肉感覚といった全ての感覚器官を総動員して感じ取れるように注意することが大切となる。

加えて，緊張・不安・恐れ・喜び・悔しさ・嬉しさなどの感情的な変化をも加味されるようになると，イメージトレーニングもより熟達した段階となり，メンタルマネジメントの観点からも有用なトレーニング手段となる。

（遠藤　俊郎・渡辺　英児・田中　博史）

参考文献

- Burton, D.(1990): Multimodal stress management in sport: Current status and future directions. In J.G.Jones and L.Hardy(eds.), Stress and Performance in Sport, Wiley, Chichester, pp.171-201.
- 遠藤俊郎他(1994)：全日本ジュニア選手の心理的コンディションの変化とその調整に関する研究，平成5年度日本オリンピック委員会スポーツ医科学研究報告NO.Ⅲ ジュニア期のメンタルマネジメントに関する研究—第1報—，49-69
- 遠藤俊郎他(1995)：全日本ジュニア選手の心理的コンディションの変化とその調整に関する研究（第2報），平成6年度日本オリンピック委員会スポーツ医科学研究報告NO.Ⅲ ジュニア期のメンタルマネジメントに関する研究—第2報—，61-81
- 遠藤俊郎他(1996)：全日本ジュニア女子バレーボール選手の心理的コンディションの変化とその調整に関する研究（第3報），平成7年度日本オリンピック委員会スポーツ医科学研究報告NO.Ⅲ ジュニア期のメンタルマネジメントに関する研究—第3報—，46-71
- Gould,D.(1993): Goal setting for peak performance. In J.Williams(Ed.), Applied sport psycho-logy: Personal growth to peak performance(2nd ed.,pp.158-169). Palo Alto, CA: Mayfield.
- Harris, D.V.&Harris, B.L.(1984): The athlete's guide to sports psychology: Mental skills for physical people. New York: Leisure Press.
- Hardy,L., Jones,G., & Gould, D.(1996): Understanding psychological preparation for sport: theory and practice of elite performers. Wiley, Chichester. Locke & Latham, 1985
- 猪俣公宏編，JOC・日本体育協会監修(1997)：選手とコーチのためのメンタルマネジメント・マニュアル，大修館書店
- ジム・レイアー(1987)：勝つためのメンタルトレーニング，スキージャーナル
- Mahoney,M.J., & Avener, M.(1977): Psychology of the elite athlete: An exploratory study. Cognitive Therapy and Research, 1, 135-141.
- 中込四郎編(1994)：メンタルトレーニング・ワークブック，道和書院
- Nideffer,R.M.(1977): Test of Attentional and Interpersonal Style interpreter's manual, Behavioral Research Applications Group, Inc.
- 日本スポーツ心理学会編(1998)：コーチングの心理Q&A，不昧堂出版
- 霜禮次郎，香西俊輔(1986)：ライフル射撃競技のメンタルマネジメントの報告，昭和60年度日本体育協会スポーツ医・科学研究報告No.Ⅲ スポーツ選手のメンタルマネジメントに関する研究—第1報—，Vol.2，123-135
- 卜田雅夫監修(2000)：スポーツ心理学ハンドブック，実務教育出版
- Weinberg,R. & Gould,D.(1998): Foundation of Sport and Exercise Psychology. Human Kinetics, Champaign,IL.
- Weinberg,R, Seabourne,T. & Jackson,A.(1981): Effects of visuo-motor behavior rehearsal, relaxation, and imagery on karate performance. Journal of Sport Psychology, 3, 228-238.
- 山本章雄，遠藤俊郎(1994)：一流選手の心理状況の変化に関する研究—女子バレーボール選手について—，大阪女子大学紀要，第31号，59-73

第4章

バレーボールの科学

1. ゲームの分析法と作戦論
   1. バレーボールゲームの分析
   2. ゲームの分析方法
   3. データの整理・分析と活用方法
   4. ゲームの作戦とコーチング
2. バレーボールの科学的分析と指導上の原則
3. 健康管理と栄養管理
   1. 健康管理
   2. 栄養管理

1．ゲームの分析法と作戦論

1 バレーボールゲームの分析

1）スカウティングとは

　バレーボールチームや選手の能力要素は，一般的に心・技・体と言われるように，技術・体力・精神力などの要因から成り立っており，これらの能力が高いほど，よい成績が得られる。しかし，試合の結果は，自チームと相手チームの能力差だけで決定されるものではなく，ゲームの流れの中で，相手チームから，いかに効果的に得点を取り，失点を最小限に止めるかが勝敗のポイントになってくる。つまり，相手チームとの能力差が大きくない場合には，相手チームとの駆け引きが重要となっている。この相手チームとの駆け引きが作戦であり，作戦を決定するためには，自チームの能力を把握すると共に，相手チームの能力を正確に分析する必要がある。このように，相手チームを分析するための情報を集めることがスカウティングである。

　バレーボールの競技力が極めて低いチームでも，ゲームが始まれば，相手チームの12番の選手がエースでよく打ってくるからマークしようとか，10番はレシーブが下手だから狙っていこうなどと，スカウティングの初歩的なことは，自然となされているに違いない。また，相手の中心選手を徹底的にマークし，弱点を効果的に攻めるであろう。しかし，トップレベルのチームとなると，

1点でも先に相手から点を取り，防げる失点をいかに最小限に止めるかが勝負となるため，ゲーム前に相手の情報を収集し分析するとともに，ゲームの流れの中でもゲーム中に収集した情報を活用し，戦法を変更していくことが必要となっている。
　日本男子ナショナルチームは，このスカウティングの重要性から，1990年に情報収集・分析の専属スタッフ（アナリスト）を配置した。また，国際大会に参加するチームは，複数のアナリストを帯同させるのが常識である。さらに日本国内のVリーグや大学のトップクラスのチームでもアナリストの存在は重要視されている。しかし，その内容については，チームが独自に開発したものが多く，一般に公開されるものではなかった。この項では，ゲーム分析の基本的要素から，著者がナショナルチームのアナリスト活動を通して得た知見についても解説したい。
　競技レベルが低いチームでは，専属のアナリストを配置することは不可能であろう。この場合，監督やコーチがこの任務にあたるべきである。しかし，余裕のある限り選手に情報収集の手伝いをさせることが大切である。とくに，中学生や高校生など経験の少ない者にとっては，情報の必要性が分かるとともに，考えてバレーボールをしたり，ゲームの本来の楽しさを理解できるに違いない。
　相手チームを分析するための情報は，質が高く・量が多いほど理想的である。しかし，最終的に選手が理解できるものには限度があるし，実行できることは，僅かであろう。重要な情報を短時

間で判断し，試合中に不必要なものや選手が実行できないものを捨て，最も有効で選手が実行可能な要素だけを選択しアドバイスすることが，監督やコーチの大切な任務である。つまり，自分のチームの実戦に必要な要点を得たスカウティングは有効であるが，ただ大量の情報を選手に与えることは，実行できないばかりでなく，かえって混乱を招いてしまう。

2) ゲーム分析のポイント

バレーボール競技は，技術・体力・精神力などの個人的要素のものと，チームワーク・戦術などのチームとしての要素から成り立っている。そして，これらの要素は，全て相手チームと対戦する上で戦術的な情報として欠かすことができないものである。

バレーボールの技術は，サーブ・サーブレシーブ・オーバーハンドパス・アンダーハンドパス・ブロック・アタック・トスの個人的技術とレシーブのフォーメーション・アタックのコンビネーション・ブロックのフォーメーションなどのチームとしての技術に分類することができる。体力や精神力は，一般的には多くの要因に分類することができるが，特にバレーボール競技として重要な要因は，身長と指高（手を挙げて立ったときの床から指先までの高さ）・最高到達点・ジャンプの持久力・敏捷性・精神の安定度・粘り強さ・知的能力があげられる。

戦術的情報を分析する上で必要なポイントは，以下に示すとおりである。

1．サーブ：誰がどのようなサーブを打つか
① スピードと球質（ジャンピングサーブ，ジャンプフローターサーブ，フローターサーブ）
② コース（得意のコース，特定の選手を狙うか）
③ ピンチサーバーの特徴

2．サーブレシーブ：返球率・フォーメーション
④ フォーメーション（どのアタッカーがレシーブに参加するのか，セッターの出る位置）
⑤ 返球率（上手な選手と下手な選手，リベロの能力，どのようなサーブでミスが多いか）
⑥ 補欠選手のサーブレシーブ力

3．攻撃について：アタックの決定力（高さ・破壊力），得意のコース，コンビネーション
⑦ サイドアタッカー（だれが，どのようなスパイクをどこに打ってくるか，平行や時間差攻撃の早さ，2段トスのアタックの特徴）
⑧ センター（速攻の種類と速さ，コース，動作の特徴）
⑨ コンビネーション（得意のパターン，バックアタックや一人時間差の有無）
⑩ チームとしての特徴（フェイント，ブロックのワンタッチを狙う方向，移動攻撃）
⑪ 補欠選手のアタックの特徴

4．ブロック：フォーメーション，高さと動きの速さ，速攻に対する対応（リードブロックかコミットブロックか）
⑫ 速攻に対するブロックの特徴（コミットブロックを多様するのか）
⑬ サイドの速い攻撃に対しどのように対応するのか
⑭ どのような攻撃に対し，何人の選手がブロックに参加するか
⑮ 決定力のある選手と弱点（動作が遅い，高さがない）の分類
⑯ フェイントに対するブロッカーの対応動作

5．アタックに対するレシーブ：基本パターンとフォーメーション，フェイントカバー
⑰ フォーメーションにおける弱点（レシーブの悪い選手，軟攻が有効な場所）
⑱ フェイントに対する対応力とフェイントが有効な場所
⑲ セッターの出る場所とセッターがレシーブしたときの攻撃の特徴
⑳ チャンスボールが返ってきたときのフォーメーションと対応力
㉑ リベロの特徴

6．セッター：動作や配球の特徴，ツーアタックの特徴（トスフェイント・強打），トスの速さ
㉒速攻やバックトスを上げるときの特徴や癖
㉓ツー攻撃（フェイントをする場所，強打は打てるのか）
㉔配球の特徴（ミスが出た場合，連続して同じトスをあげるか。調子のよい選手にボールを集めるのか。ブロックの弱いところにボールを集めるのか。）
㉕セッター以外の選手のトスの特徴（速い攻撃が可能なのか）
7．ブロックカバー
㉖ブロックカバーのうまさ（自分のチームの研究には役立つが，相手チームを研究してもゲームの中では活用できないと思われる）
㉗ブロックカバー後の攻撃の特徴
8．体力について
㉘高さ（スターティングメンバーの身長と指高，最高到達点）
㉙動作の速さ（アタックの助走やブロックの移動の速さ，動作の遅い選手）
㉚敏捷性（アタックの助走でステップを変える選手，動きの鈍い選手，フェイントに対する対応力の悪い選手）
㉛持久力（ゲームの後半でのジャンプ力や動作スピードの低下する選手）
㉜全体のコンディションはよいか，悪いか
9．精神力について
㉝ゲーム開始時の緊張状態（緊張して動きの悪い選手）
㉞ねばり強いか，あきらめやすいか
㉟プレッシャーに弱い選手はいるか
㊱連続失点の原因は何か
㊲コート内の精神的なリーダーシップを持っている選手は誰か
10．監督について
㊳監督のキャリア（バレーボールの知識）
㊴チームの作戦の傾向，ゲームの流れの中での変化
㊵タイムアウトの取り方の傾向
㊶戦法として必ず行うメンバーチェンジ（ピンチサーバー，ワンポイントブロッカー，セッター対角の2枚替えなど…）
11．その他
㊷データの信頼性：データにミスが混在すると作戦が立てられないだけでなく，選手との信頼関係が崩れてしまう。
㊸控えの選手：あまり出場しない選手や新人選手の特徴（練習試合などでしか情報を得ることができない）
㊹メンバーとポジションの予測：チームと選手のコンディション（主力選手の過去の怪我や病気の回復状況）
㊺情報収集者の育成，情報収集協力者の依頼（相手チームを直接見ることができない場合に必要）

2 ゲームの分析方法

相手チームの分析ポイントは，前述した11要素45項目で多くのポイントがある。これらのポイントは，自分のチームを指導していく中では必要不可欠であろうし，相手を分析する上でもすべてのポイントをチェックする必要がある。監督が全項目を分析することが理想であるが，時間的にゆとりがなかったり物理的に無理な場合もある。また，コーチやスカウティング専属のスタッフもこの作業に従事するが，マネージャー・選手以外の部員・卒業前の上級生に情報収集を手伝わせるチームも多くある。このように，部員たちを活用し情報収集を行う場合，日頃から練習試合などで記録をつける練習を行わせ，そのポイントと方法を十分体得させておかなければならない。

1) 客観的な情報と主観的な情報

バレーボールゲームにおける情報は客観的なものと主観的なものに分類することができる。客観的な情報としては，国際バレーボール連盟が採用している試合の公式記録(VIS)が代表的なものである。これは，各選手ごとにゲーム中のアタック打数とこの決定数および決定率，サーブの打数と決定率，ブロックの決定数，サーブレシーブの返球率などを集計したものである。また，VISから選手の年令，身長，体重，ジャンプの最高到達点に関する情報も得ることができる。これらの記録から，直接試合を見ることができなくても，ある程度はチームの特徴を把握することができる。国内の大きな大会でも技術記録(特記・JVIS)が一般的に採用されているが，中学生や高校生の地方の大会では，このような記録がされていない場合が多い。一方，各チームがスコアブックや独自に開発した記録法により，ゲーム中の技術を数量化することもできる。さらに，レシーブの体型やアタックのコンビネーションを図示することも客観的な情報といえる。

これに対し，主観的な情報とは，ゲーム中の選手の動きのスピード，アタックの破壊力，セッターやアタッカーの特性，ゲームの流れの中での戦術的な変化など，数量化することは困難ではあるが，非常に重要な情報である。また，相手チームの試合を観戦し，おもな戦法や特徴を観察し頭の中で整理したり，メモを残す方法もある。この場合，ゲームのヤマ場での現象のみが印象に残りやすいので，片寄った見方になる危険性がある。

2) ゲームの記録方法

1. ビデオ撮影による方法

ビデオカメラにより，ゲームの状況が適切に撮影することができれば，非常に多くの情報を得ることができる。最大の利点は，何度も繰り返して見ることが可能であり，必要に応じて，静止させたり，スローで見たりできる。また，不必要な場面は，早送りすることもできるため，チームでのミーティングやゲーム分析の時間を短縮することも可能である。さらに，試合会場で記録することができなかった技術的なデータをゲームの後で正確にチェックするときにも必要不可欠である。ビデオテープを編集することにより，必要な場面だけをまとめたテープを作ることもできる。編集には6つのローテーションごとに，サーブレシーブからの攻撃をまとめたり，選手ごとにアタックの場面だけをまとめる方法がある。編集テープには必要な場面だけがまとめられていることから，攻撃のパターンやアタックを打つ選手の特徴を強く印象づけるのに最も効果的な方法である。この手法は，トップクラスのチームでは必ず行われている。

2. ビデオ撮影のテクニック

ビデオテープに収録された映像の評価は，画像の鮮明さとカメラのアングルによって決定される。カメラの三脚を設置する場所は，バレーボールコートのエンドライン後方からできるだけ離れた，コート面からの高さが3－7mの位置が理想的である。エンドライン側から9mのエンドラインが画面いっぱいに入るまで拡大すると，選手の番号まで確認しやすい。また，コートからの距離は，コートに近いと，広角レンズを使用するために遠近感が強く，手前側のエンドラインは，大きく画面にはいるが，向こう側のエンドラインが小さくなり，選手も確認しにくくなる。そこで，できるだけコートから離れた位置でズームレンズを使用すれば，手前側の選手と向こう側の選手がほぼ同じ大きさで画面に納めることができる。

映像情報を補佐するために，カメラのマイクを使い必要な内容をアナウンスすると，後で分析するときに非常に役立つし，ミーティングでの効果も上がる。アナウンスの内容としては，画面に映っていない，レフリーのジャッジや得点の経過である。また，選手の背番号も画面では分かりにく

いことが多いので，サーブ・サーブレシーブ・アタックをした選手の番号を吹き込んでおくべきである。さらに，戦術的に必要な場面でコメントを入れておくことも必要である。ビデオ撮影で，最も大切なことは，ミスが許されないことである。しかも，このミスは，カメラの操作法に不慣れであったり，確認を怠ったために起きる場合が多くある。

3．試合観戦による方法

近年，ビデオ撮影によるスカウティングが大きな成果を上げている中で，試合を直接観戦し情報を収集することも重要であり，一般的になされている方法である。また，対象となるチームとの対戦が間近に迫っている場合は，ビデオを活用することは困難であることから，試合を観戦しながら正確に情報を収集し，短時間で次の作戦に活用できるようにまとめなければならない。

一人でおこなう試合観戦によるスカウティングでは，収集できるデータの数に限界があるので，数人で作業を分担し記録を付けることにより，多くの正確な情報を得ることができる。試合の場面だけでなく，ウォーミングアップの段階から見ることにより，選手のコンディション（怪我の状態）を把握すると共に癖などの特徴も見つけることができる場合もある。特にセッターと攻撃の特徴が明らかになれば，大きな成果となる。

ビデオ撮影では，カメラを固定し，バレーボールコートだけが写るようにセットするためコート外の情報は得ることができない。そこで，観戦する場合は，ベンチから選手に対する指示の出し方やウォーミングアップゾーンにいる選手の状態，コート外にいるチームスタッフの活動状態をチェックしておく必要がある。ビデオの画像からは，実際のボールや選手のスピードが把握しにくいため，これらの要素も試合観戦中に主観的情報として観察しなくてはならない。

4．スコアブックによる記録法

市販のスコアブックを用いた記録方法は，最も一般的にゲーム中になされている。スコアブックの一例として図1-1（p.143）に示してある（豊田博著）。これは従来の記録に加えて，技術成績と基本シフトなどを記入できるようにしてあるのが特徴である。また，巻末のスカウティングノートを活用し，すべてのアタック打数なども記録できるようになっているが，一人で両方をミスなく記入することは困難である。

記録の例も図1-2（p.144）に示してある。一般的には，攻撃者を有利に記録を付けるようになっている。たとえば，サーブレシーブでボールをはじき出した場合，サービスエースとして記録するが，レシーバーの能力が低いために起こった場合は，サーブレシーブミスとして記録した方が適切であろう。判断しにくい場合は，両者を記録しておくこともできる（図中の★）。また，このような記録の処理の工夫は，相手チームを分析する貴重な資料となっていく。

スコアブックでは，サーブを打った選手から始まり，得点（失点）をした選手とこのプレーおよび得点経過が主に記入される。そこで，ゲーム中にスコアブックを記入する場合，記録の本来の目的を明確にしておくことが大切である。このポイントは，以下に示すとおりである。

・サーブを打った選手（ローテーション確認のため）

・得点（失点）とこのときのプレー，得点表示の確認

・メンバーチェンジをしたプレーヤーと回数（交代選手の記録欄にも記入）

・タイムアウト（点数を含む）

公式戦でも大会のレベルによっては，公式記録（IF）記録員や審判が適切な処置をとれず，ローテーションミスや得点の確認で混乱をきたすこともしばしばある。このようなときに，スコアブックは重要な証拠となるであろう。また，記録担当者は上記のポイント上のミスを発見したり，ミスが発生しそうになった場合（例：間違った選手がサー

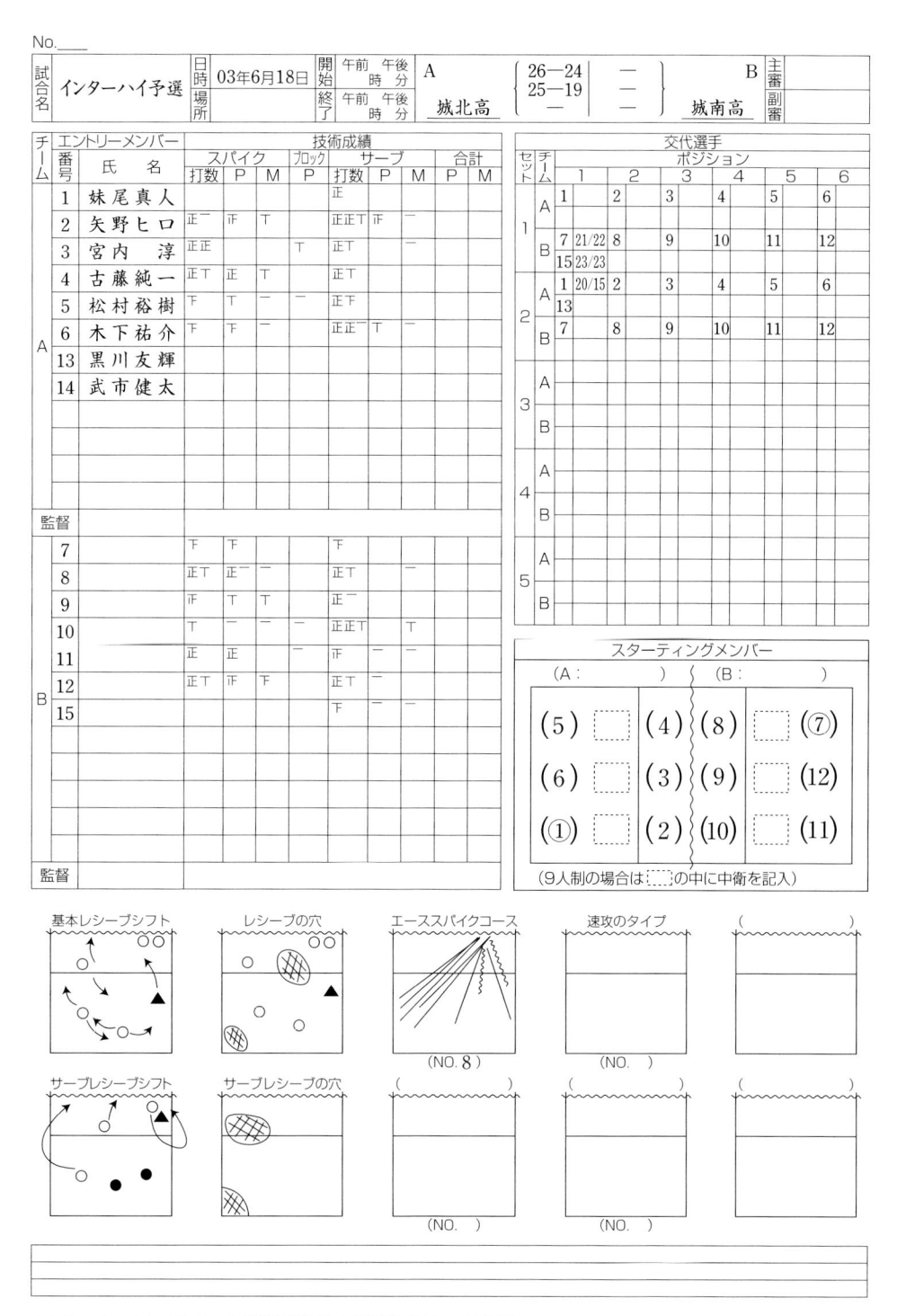

図1-1　スコアブック（豊田博）および記入方法・記入例

	第1セット								第2セット							
	A				B				B				A			
	サーバー	得点	摘要		サーバー	得点	摘要		サーバー	得点	摘要		サーバー	得点	摘要	
	1					1	S	9	7					1	(S)	3
		1			8		SE	8			MT	7	2	2		
★	2	2	SP	2			MSR	6			MS	9	2	3		
	2	3					MS	10		1			2		MS	4
	2					2	(S)	11	8					4	S	4
		4	F	6	9						⟳	7	3	5		
	3					3	S	10			F	9	3			
					10	4	S	7	9					6	S	4
		5	S	5	10					2	(S)	11	4			
	4	6					MS	12	10	3	R	11				
	4	7	B	6					10		SE	10		7		
	4	8					MT	7			#	12	5	8		
			〰	〰	〰	〰	T_1				MF	12	5	9		
	4					5	S	12		4	S	12	5			
					11	6	SP	11	11					10	S	2
		9	(S)	6	11						MS	12	6	11		
	5	10					#	7					6	12	SP	6
	5					7	F	7			T_1	〰	〰	〰	〰	
					12	8	SP	12					6	13	B	3
		11	S	2	12					5	S	8	6			
	6	12					MR	7	12					14	F	2
	6					9	(S)	8		6			1		#	2
		13	S	4	7				7					15	S	4
	1					10	(S)	8			MSB	12	2	16	SP	
			⟳	1	8	11					D	7	2	17		
			MS	4	8	12				7	F	8	2			
		14	S	4	8				8	8					⌒#	3
★	2	15	SP	2			MSR	6	8					18	(S)	3
	2		SE	2		13					MS	9	3	19		
					9	14	B	10					3	20	B	5
		16	F	3	9						T_2	〰	〰	〰	〰	〰
	3					15	(S)	11		9			3		SE	3
			⌒#	5	10	16			9	10					MT	1
					10	17	SP	10	9	11					S⇸	3
					10	18	S	11	9						WA	HC
			T_1	〰	〰	〰	〰			12	(S)	11	4			
		17	S	5	10				10	13					MR	5
	4	18					MT	7	10	14					MT	1
★	4		MR	2		19	F	7	10	15					MS	5
		19			11		SE	11							(1→13)	
	5					20	S	12	10					11	(S)	6
		20	F	2	12						⇸	12	5	22		
	6	21					H	11		16	S	12	5			
	6	22					MS	8	11					23	F	6
			〰	〰	〰	〰	T_2						6	24	SP	6
	6					21	S	8		17			6		SE	6
						(7→15)			12	18					MS	2
					15	22	SP	15	12	19					#	2
			MS	2	15	23					〰	〰	〰	〰	T_1	
			T_2	〰	〰	〰	〰		12					25	(S)	3
		23			15		SE									
						(15→7)										
	1	24	B	3												
	1					24	(S)	8								
		25	S	3	8											
	2	26	SP	2												
	26				24				19				25			
	16／18		22／23		4／8		20／22		4／12		8／20		24／19		／	

図1－2　スコアブック(豊田博)の記録例

<記録に用いる記号>

スコアブックの記録法にはいろいろなものがあるが，スピーディーなゲームの展開につれて，どのようなケースにも対応できるよう，簡単で，誰もが見てもわかりやすいことが必要である。一般には選手の背番号やバレーボール技術の頭文字や記号を用いて記録し，次のように表示する。

●技術に関するもの

S ：スパイク，(S)はクイックスパイク
F ：フェイント，(F)はクイックからフェイント
SP：サービスエース(サービスポイント)
SE：サービスエラー(サービスミス)
B ：ブロックポイント(ブロックエース)
T ：トス
M ：ミスプレー(例＝MS：スパイクミス)

●ゲームの進行，反則に関するもの

T ：タイムアウト
TT：テクニカルタイムアウト
RT：レフリータイム
→ ：メンバーチェンジ(例＝7→5)
：ネットタッチ
⌒# ：オーバーネット
H ：ヘルドボール(ホールディング)
D ：ダブルコンタクト(ダブルドリブル)
OT：フォアヒット(オーバータイムス)
⇸：ペネトレーションフォールト(パッシング・ザ・センターライン)
⟳ ：ポジショナルフォールト
IF ：インターフェアー(守備妨害)
S̸ ：ディレイインサービス
S⇸：アタックライン踏み越し
□：スクリーンプレー
WA：警告(P：反則の場合)
(9人制の場合)
W ：ダブルフォールト
O ：第1サーブが入ったとき
V ：第1サーブが入らなかったとき

●選手・コーチに関するもの

一般に記号の前に背番号をつけて選手を示す。
HC：ヘッドコーチ(監督)
C ：コーチ

ブを打ちに行こうとした），直ちに監督に知らせられるように指導しておくべきである。

5．特別記録（JVIS）により記録法

日本バレーボール協会は，Vリーグや国内で行われる大きな大会において，アタック・ブロック・サーブなどの個人賞の選考やマスコミ等への情報提供のために公式記録とは別に特別記録を併用している。日本バレーボール協会情報処理部が開発したJVISは，パソコンの普及により試合終了後直ちにアタックなどの打数・決定率の提供を可能とした。現時点では，地方協会までの普及となっているが，将来一般化されていくと思われる。また，単なる統計データだけでなくゲームを分析する上で重要な要素が含まれているので，内容について詳しく説明する。

サーブ・サーブレシーブ・アタック・ブロックについて，判定員と入力者が一組となり，ラリー中連続して入力していく。コンピュータにトラブルがあった場合のバックアップシートの記入例は，図2（p.146）に示してある。手書きとなると大変な作業であるが，コンピュータを使った場合，キーボードで同じ項目の入力は，単純な操作で作業が完了する。出力される項目としても時間的な経過としてゲームが入力されていることから，多くの加工法が可能である。Vリーグで実際に行われたゲームの一例を図3（p.147）に示した。図3の上段から，スタートメンバー・ローテーション別の得点と失点の記録・得点の経過・ランニングスコアが示されている。

6．オリジナルの記録

単独チームが少数のスタッフで効果的な情報を収集するためには，目的を明確にした独自の記録法を考案することがベストであろう。この一例として，愛媛大学チームが使っている記録用紙を図4（p.148）に示した。サーブレシーブは，次に示す5段階評価である。

```
A：セッターがほとんど動かない
B：セッターが2－3歩動くがコンビが可
C：二段トスになった
D：チャンスボールを返した
M：返球不能
```

サーブとアタックは，試技数とポイントおよびミスの評価。ブロックは，ポイントとミスの評価。以上の項目を一枚の用紙にて正の字で記録し集計することができる。地方大会や大学リーグでも，アタック・ブロック・サーブについては，類似した方法で記録・集計をしている場合が多い。

図4の記録をさらに改良したものが図5（p.148）である。大きな違いは，6つのローテーションごとに分類して記録することと，アタックの種類を分類して記録できることである。用紙が2枚になる点と記録が複雑になるが，ゲーム中にはより高度で戦術的な資料となる。

視覚的な資料として集計する方法を図6（p.149）に示した。これは，サーブレシーブからの相手の攻撃を6つのローテーションごとに分けて記録するものである。アタックは，種類ごとにコースと結果（決定，継続，ミス）を記入する。また，サーブレシーブのフォーメーションを記入し，レシーブをした場所とこの結果も記録できる。特に，サーブレシーブが悪かった場所（選手）は，作戦上で重要な資料となる。この記録は，一人でもゲーム中に簡単に記入ができる。選手に指示をする場合も，直接資料を見せることができ，興奮状態にある選手でも視覚的な資料は理解しやすいことが特徴である。アタックの種類は，それぞれのチームで使っている用語を略したものを用いるべきである。

7．パソコンを使った記録

トップレベルのチームでは，パソコンを利用して，ゲームの記録や分析が常識的に行われている。ビデオカメラと連動させビデオの編集と統計

図2の記入例(表)についての説明:

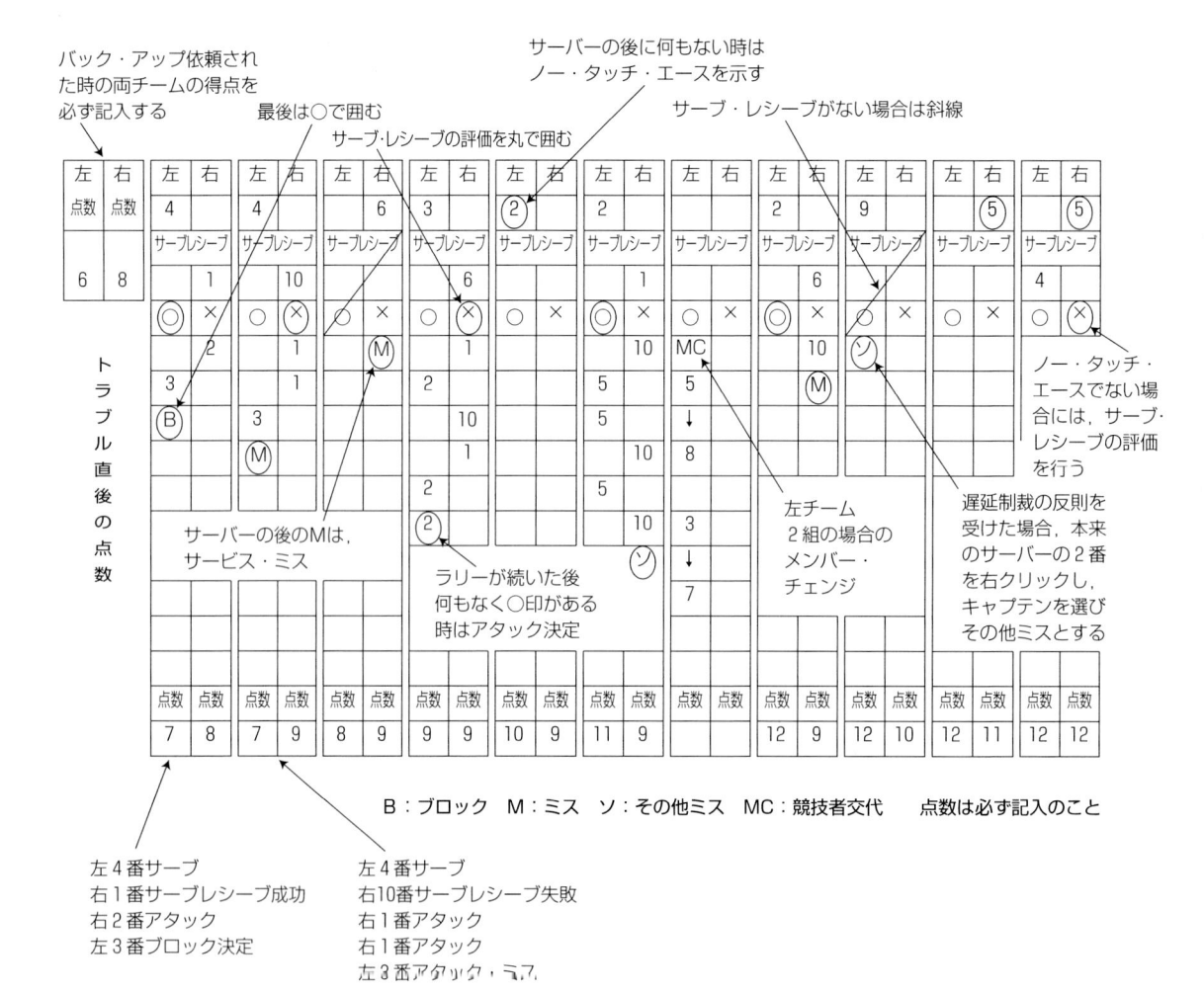

凡例・注記:
- バック・アップ依頼された時の両チームの得点を必ず記入する
- 最後は○で囲む
- サーブ・レシーブの評価を丸で囲む
- サーバーの後に何もない時はノー・タッチ・エースを示す
- サーブ・レシーブがない場合は斜線
- ノー・タッチ・エースでない場合には，サーブ・レシーブの評価を行う
- サーバーの後のMは，サービス・ミス
- ラリーが続いた後何もなく○印がある時はアタック決定
- 左チーム2組の場合のメンバー・チェンジ
- 遅延制裁の反則を受けた場合，本来のサーバーの2番を右クリックし，キャプテンを選びその他ミスとする

左点数	右点数
6	8

トラブル直後の点数

左	右
4	4
サーブレシーブ	
1	
○	×
	2
3	
Ⓑ	

左	右
	4
サーブレシーブ	
	10
○	×
	1
	3
	Ⓜ

左	右
	6
サーブレシーブ	
○	×
Ⓜ	1
2	
	10
	1
2	

左	右
3	
サーブレシーブ	
	6
○	×
	1
5	
	10
5	
②	

左	右
②	
サーブレシーブ	
1	
○	×
10	
5	
8	
10	
3	
Ⓨ	10
7	

左	右
2	
サーブレシーブ	
○	×
MC	

左	右
	2
サーブレシーブ	
	6
○	×
	10
Ⓜ	

左	右
9	
サーブレシーブ	
○	×
Ⓨ	

左	右
⑤	⑤
サーブレシーブ	
4	
○	×

点数	点数
7	8
7	9
8	9
9	9
10	9
11	9
12	9
12	10
12	11
12	12

B:ブロック　M:ミス　ソ:その他ミス　MC:競技者交代　　点数は必ず記入のこと

左4番サーブ
右1番サーブレシーブ成功
右2番アタック
左3番ブロック決定

左4番サーブ
右10番サーブレシーブ失敗
右1番アタック
右1番アタック
左3番アタック・ミス

　コンピュータ入力状況が，試合と異なった場合(点数の違い，サイドの違い)には，すぐにバック・アップ・シートを作成しなければならない。

　この場合のトラブルは，右チームにサーブ権があるときに，本来ならば，右チームの失権(あるいは左チームの得点)の場合に誤って右チームの得点(あるいは左チームの失点)とし，パソコンの画面上「6：9」となった。

① バック・アップ・シートの記入依頼を行う
② 記入依頼されたものは，トラブル直後の得点を記入し，その後はラリーにしたがいバック・アップ・シートを記入する
③ 入力員は，「前ラリー」を選択し，バック・アップ・シートのトラブル直後の得点とその後のサーバーが合致するように修正する
④ その後は，バック・アップ・シートにそって入力を行い，ラリーに追いついた後，バック・アップの終了を告げる

図2　JVA技術統計バック・アップ・シート記入例(日本バレーボール協会情報処理部)

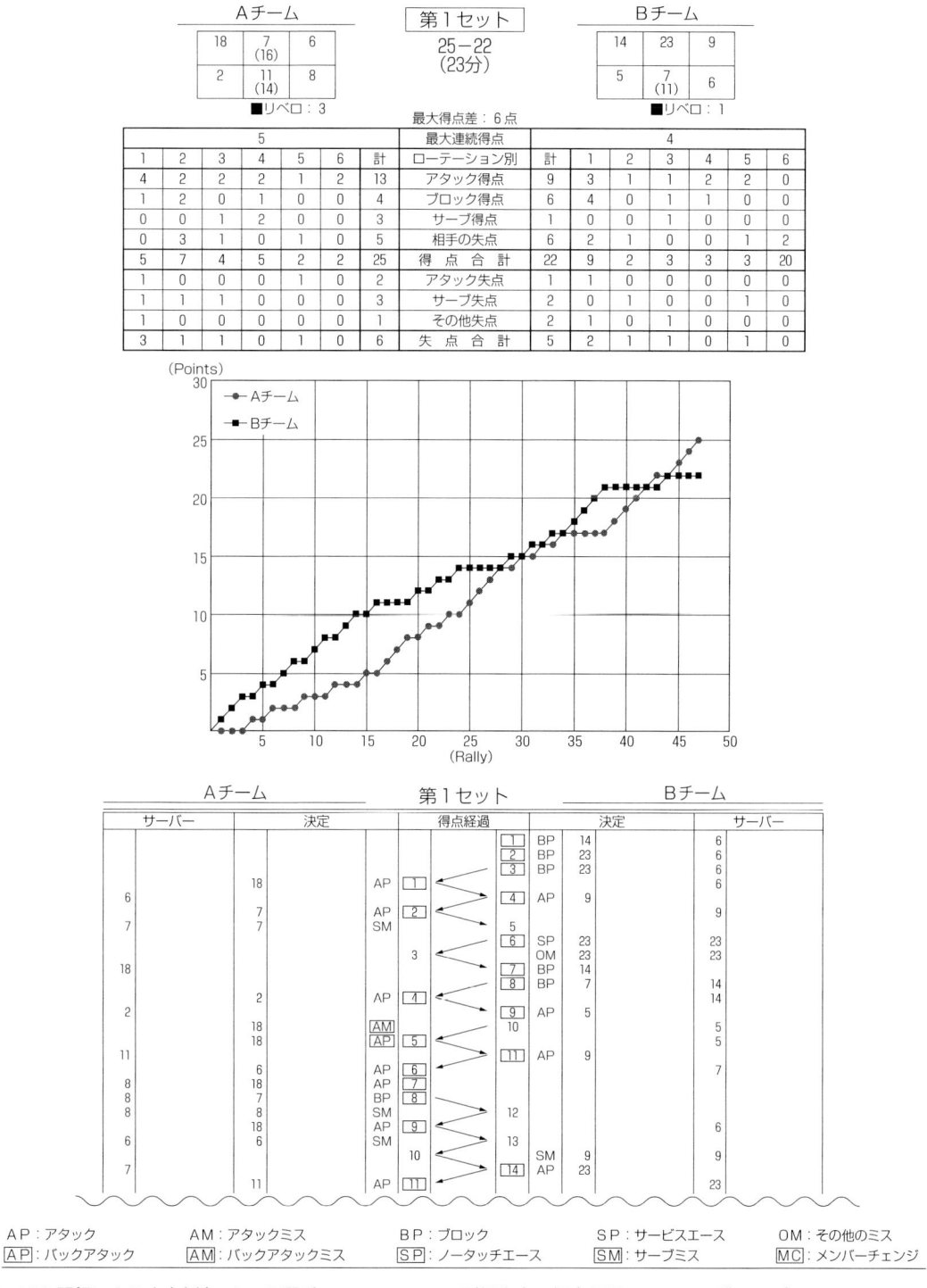

Aチーム			第1セット	Bチーム		
18	7 (16)	6	25－22 (23分)	14	23	9
2	11 (14)	8		5	7 (11)	6

■リベロ：3　　最大得点差：6点　　■リベロ：1

5							最大連続得点		4					
1	2	3	4	5	6	計	ローテーション別	計	1	2	3	4	5	6
4	2	2	2	1	2	13	アタック得点	9	3	1	1	2	2	0
1	2	0	1	0	0	4	ブロック得点	6	4	0	1	0	1	0	0
0	0	1	2	0	0	3	サーブ得点	1	0	0	1	0	0	0
0	3	1	0	1	0	5	相手の失点	6	2	1	0	0	1	2
5	7	4	5	2	2	25	得 点 合 計	22	9	2	3	3	3	20
1	0	0	0	1	0	2	アタック失点	1	1	0	0	0	0	0
1	1	1	0	0	0	3	サーブ失点	2	0	1	0	0	1	0
1	0	0	0	0	0	1	その他失点	2	1	0	1	0	0	0
3	1	1	0	1	0	6	失 点 合 計	5	2	1	1	0	1	0

AP：アタック　　AM：アタックミス　　BP：ブロック　　SP：サービスエース　　OM：その他のミス
[AP]：バックアタック　　[AM]：バックアタックミス　　[SP]：ノータッチエース　　[SM]：サーブミス　　[MC]：メンバーチェンジ

図3　VIS記録による出力例（スタート選手，ローテーション別得失点，得点経過，ランニングスコア）

1．ゲームの分析法と作戦論　147

図4 オリジナルな記録用紙の例（サーブレシーブ，ブロック，サーブ，アタック）

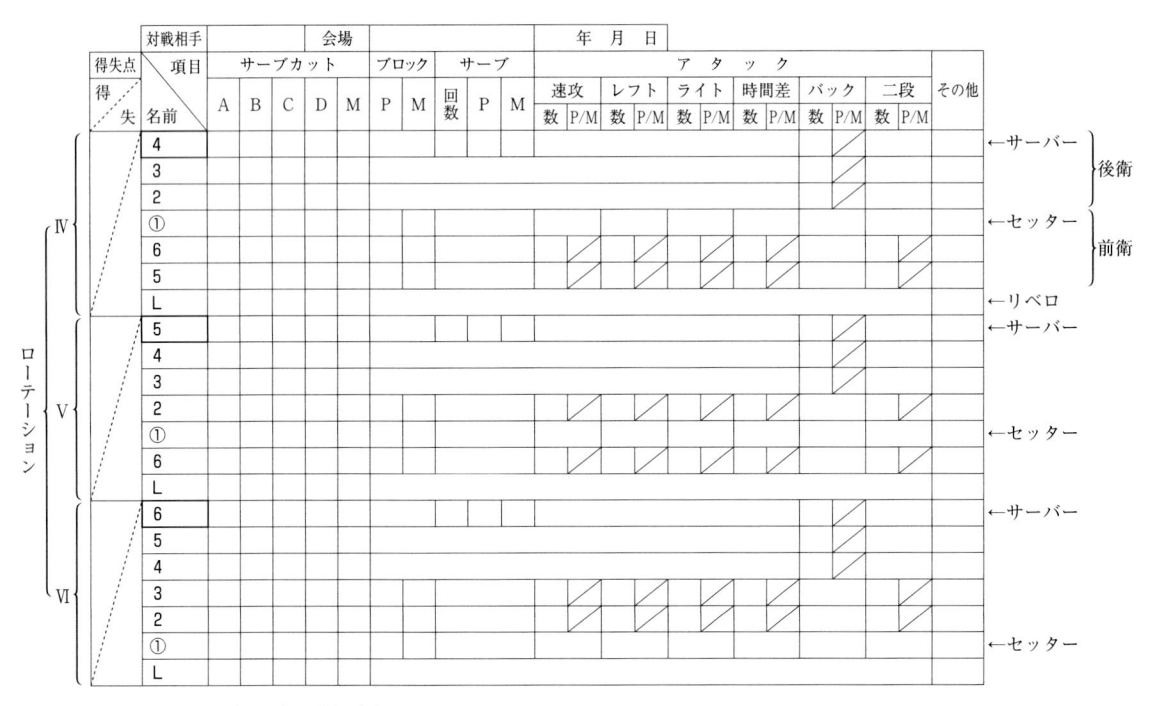

図5 ローテーション別の記録用紙の例

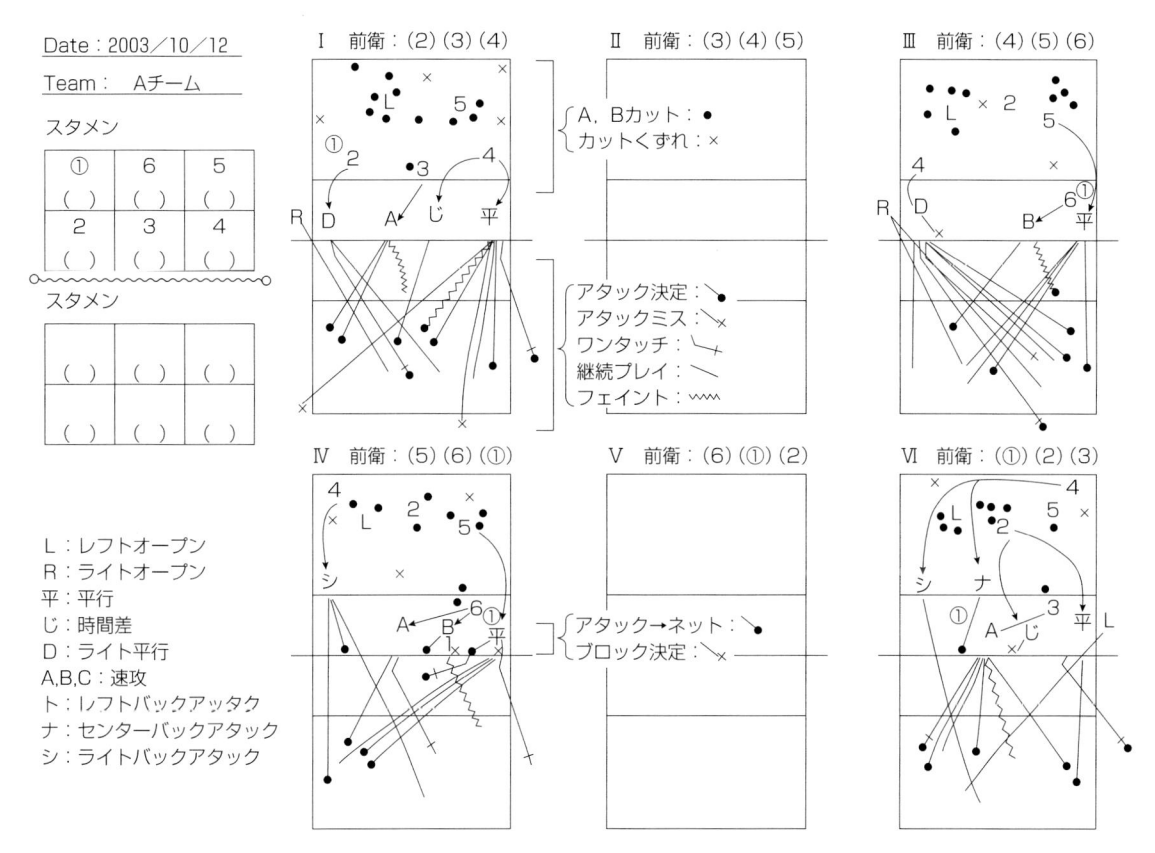

図6 視覚効果を重視した記録例(ローテーション別攻撃とサーブレシーブ)

処理を同時に行うものもあるが,高価であり一般に使える状況ではない。Vリーグのチームでは独自に開発したソフトを使っている場合もある。しかし,一般のチームでは,対戦相手が試合の直前に決定したり,まったく未知のチームと対戦することが多く,このような状況でパソコンを使うことは困難であろう。また,能力の高い入力者を育成したり,パソコンのメンテナンスも大変である。今後,格安でだれでも操作できるソフトの普及が期待される。今の時点では,市販の表計算ソフトを改良し統計データをまとめる程度の使用が現状であろう。

全日本男子チームが1994年に開発したソフトの例を図7(p.150)に示した。これは,サーブレシーブからの攻撃パターンとアタックのコースをロ ーテーションごとに表示するものである。同じコースに打たれると線が太くなっていくように設計されている。このデータでは,時間差攻撃に回ったときに,このアタックが打たれる確立が非常に高い。このようにチームの戦術として,あるパターンのときに攻撃者が限定されることが分かる。また,第2セットまではライトの平行(トリ)が中心であったが,第3セットからはまったくなくなっている。このように,ゲームの流れの中で作戦を変更するためのデータも必要であることが分かる。

3) 事前に行うスカウティング

スカウティングを行う上で,誰が,いつ,どの様なゲーム条件下(対戦相手のレベル・ゲームの価値)で,どの様にデータを収集するかが大切であ

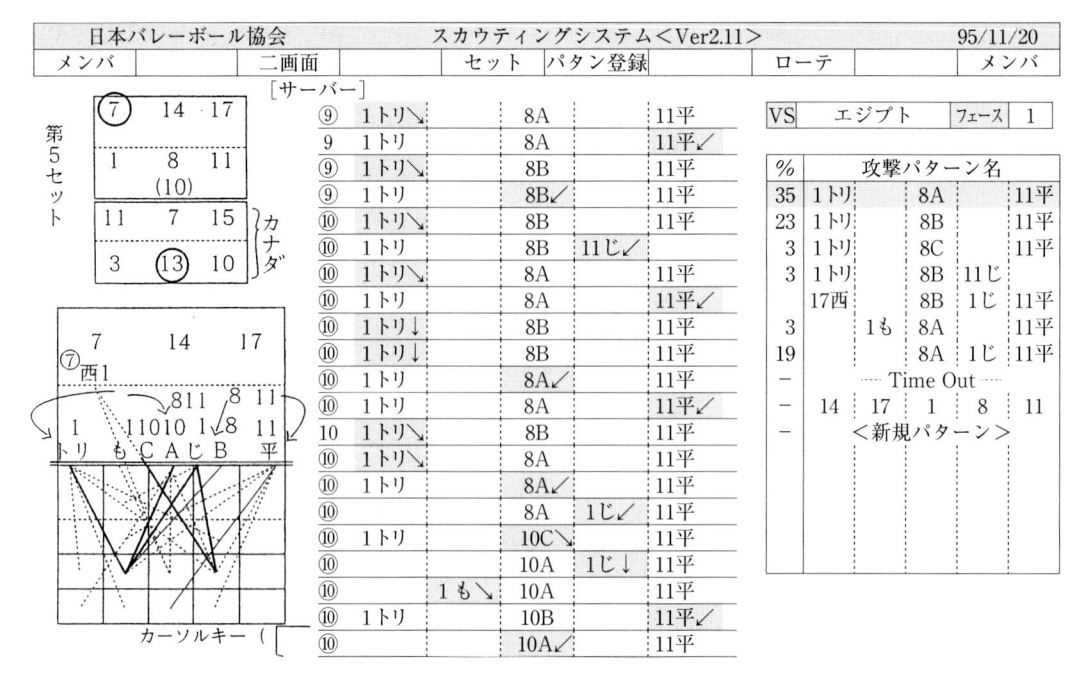

図7 パソコンによるローテーション別攻撃パターンとアタックのコース（福田作図）

る。データを収集する方法としては，監督やチームのスタッフが，試合会場で試合を観戦しながら，ビデオ撮影とともに前述した手法で記録することが理想である。直接データを収集できない場合は，信頼の置ける第三者に依頼することも考えられる。

対戦相手が決定したら直ぐに，スカウティング活動に入る。オリンピックなどの大きな国際大会では，大会の数カ月前に対戦相手が決定されるため，事前に時間をかけてスカウティングをすることが可能である。また，集められた多くの情報からチームの特徴を正確に分析することができる。しかし，大会の運営上，ゲームの直前になって対戦相手が決定する場合もあるので，対戦が予想されるチームのデータも，可能な限り集めておくことが望まれる。特に，地方大会などでライバルとなるチームの情報は，日常的に収集できる準備をしておくべきである。蓄積された情報は，より精密な分析を可能とするであろう。

多くの情報を収集することは大切であるが，このときのゲームの質が問題である。情報を収集するときの，調査対象となるチームが行うゲーム条件を把握しておく必要がある。つまり，タイトルがかかった公式戦で情報を収集することがベストである。しかし，対戦相手とのチーム力に大きな差がある場合，個人的技術に関する情報は多少得られるであろうが，戦術的に重要な情報は，ほとんど得ることができない。また，公式戦でも消化試合となった場合や単なる交流試合では，得られる情報は半減してしまうが，若手・新人選手の成長状態や新たな戦術の動向を知る上で，貴重な情報が得られることもある。これらのことから，対象となるゲーム条件を検討し，ゲーム条件によって，調査方法や分析のポイントを変えていく必要がある。

4) ゲーム中におこなうスカウティング

対戦相手の情報が全くない状態で試合をするこ

とも多くある。この場合，ウォーミングアップ中の選手の動きを観察し，公式練習で選手の特徴を把握するしかない。また，プレーヤーにも相手の練習を見させて，選手の特徴を把握させることも必要であろう。ある程度分析できている場合には，公式練習中に選手の特徴を再確認しておくことが必要である。

　ゲーム前に，相手チームの情報を得ることができなかった場合は，当然ゲーム中に情報を集めながら対戦することになる。また，ゲーム前に情報がある場合でも，ゲーム中には状況によって事前のデータと違った展開に発展していくこともよくある。そこで，ゲーム中に情報を収集しなくてはならないが，ベンチに入れるスタッフの数には制限があり，分担された作業もある。もし，多くの項目について記録を付けた場合，ゲームの状況は全く分からなくなってしまうし，手書きの記録であれば，集計することも不可能である。さらに，コートサイドにあるベンチで確認できる項目にも限度がある。つまり，ゲーム中のベンチでは，最も必要な情報を限定し，記録することが重要である。

　トップレベルのチームでは，一般観客席に情報収集スタッフを配置し，ベンチからは確認しにくい内容や他の情報を記録し，トランシーバーなどを用いてベンチに情報を伝えることもある。また，コート外にいるスタッフは，冷静にゲーム状況を判断できるため，戦術的指示を出すことも可能である。

③ データの整理・分析と活用方法

　多くの情報を集めても，的確に整理し分析できなければ意味がない。さらに，分析結果を的確に選手に伝え，練習や試合の中で生かされなければまったく無意味になってしまう。

　事前に情報を収集できた場合，情報の質別に整理することが必要であろう。重要な試合や接戦のゲームでは，高い質の情報があり，練習ゲームや実力差が大きい場合は，質は低下する。とくに，質が低い情報しかない場合(直前に見たゲームの対戦相手が弱かった)は，参考にならないばかりか，かえって油断を招く危険性があるので注意すべきである。また，中学・高校生の場合は，短期間の内にかなり上達することもあるので，できるだけ新しい情報を使うべきである。

1) 統計データと問題点

　データを分析する方法として，統計的な手法が一般的に使われている。これは頻度の高いプレイや決定率の高いプレイを抽出するためである。この結果，常識的に行われるプレイやマークすべき相手を確認することができる。また，偶発的に起こったプレイや頻度の少ないものは排除できる。しかし，トップレベルのチームを分析していくときに，統計処理だけで対応してはいけないケースがある。

　これは，著者がゲームを分析してきた中で大切にしてきた基本理念である。1972年のミュンヘンオリンピックで日本男子チームを金メダルに導いた松平康隆氏が「常識の延長線上には金メダルは存在しない」と述べられた中にその答えがある。多くの人が常識的に行っていることや他人と同じことをしていては金メダルをとることはできないということである。これを統計的にいえば，頻度の高いものだけを注目してはいけない。つまり，ゲーム中に1回しか行われなかったプレイにも重要な価値を持ったものが存在するということである。

　アナリストとしての経験が浅かった著者が，バルセロナオリンピックで対戦が決まっていたアメリカチームを分析した結果，「エースのF選手はレフトからはクロスを打つことが得意である」と報告した。しかし，彼を熟知していた監督から

「彼は，ストレートを打つことが得意である」との違った答えが返ってきた。ビデオを見直すと，彼が打つときには，常にストレートサイドはブロックでコースを消されていた。統計データでは，彼のレフトからのアタックコースは90%がクロスであった。この矛盾に直面し，結果として現れたデータを考察するときには，結果に関与した要因を含めて検討することの重要性を認識した。

よくある例として，強烈なジャンプサーブだけが1人の選手に集中していたため，統計データではサーブレシーブの返球率が悪くなる選手が存在することがある。以上のことから，統計データは重要な情報を簡単に示すことができるが，単純に数値だけですべてを判断すべきではない。

2) 整理のポイント

1. 個人別データ

①アタック

チームのアタック総打数と個人の打数を集計する。また，個人の決定数とミス数を集計する。チームの総打数に対する個人の割合を求めることにより，アタックの集中率が分かる。この率の高い選手がマークする候補者である。さらに，集中率が高く決定率も高い選手は要注意である。しかし，集中率が高くても，ミス率の高い選手はマークすべき対象にはならない。

アタック集中率＝
　　　（個人の打数／チームの打数）×100
アタック決定率＝（決定数／総打数）×100
アタックミス率＝（ミス数／総打数）×100

データが多くある場合には，アタックを種類別（平行トス，二段トス，Aクイックなど）に集計することによって，より細かな分析が可能である。

②サーブ

サーブの得点率が高い選手は，最も注意すべきである。ミスが多かったり，打数が少なくても（ピンチサーバーを含む）警戒しなくてはならない。

サーブ得点率＝（得点数／総打数）×100

③サーブレシーブ

サーブを狙う場所を決定するために，サーブレシーブが悪い選手を判定する方法として，サーブ返球率を求める。サーブレシーブの評価（図4参照）は，よいレシーブ・悪いレシーブ・ミスに分けて集計し，良いレシーブの割合を算出することによって決定できる。

サーブレシーブ返球率＝
　　　（よいレシーブ数／総レシーブ数）×100

④ブロック

ブロックがよい選手を判定するために，ブロックの決定数を集計する。また，ブロックの決定率は出場セットの率として算出する。

ブロック決定率＝
　　　ブロック決定数／出場セット数

ブロック効果率（ブロックでワンタッチしたボールをレシーブするなど）という概念もある。研究レベルでは，よく使われるが記録が大変であり，作戦としての活用法が不明確であるので，ここでは省略する。

2. ローテーション別データ

ディフェンス面では，セッターや大型選手のポジションが前衛・後衛かによって多少変化することもあるが，基本的なシステムは大きく変わらない。しかし，サーブレシーブからの攻撃は，ローテーションごとに大きく違いがある場合が多い（図6参照）。

①サーブレシーブ

ローテーションごとにサーブレシーブの場所や選手間の位置関係も変わっていく。選手によっては，レフト側のサーブレシーブが得意でもライト側は苦手である場合がある。セッターが出る位置によっては，レシーブがしにくいポジションもある。エースがサーブレシーブをしてから打たなければならないポジションもある。このように，ローテーションごとに，効果的にサーブを打つ場所を分析する必要がある。

②攻撃パターン

ローテーションごとにアタッカーの位置関係が変わるため，攻撃パターンが限定される場合がある。とくにバックアタックがないチームでセッターが前衛にいるときには，ブロックのチャンスは多くなる。
③アタック
　レフトからのアタックが得意なエースでも，ライトからのアタックが苦手である場合がある。Aクイックが得意なセンターでも，ライト側から助走したときにうまく打てない場合もある。このように，打つ場所や助走開始の場所によって，アタッカーの能力が変わる場合があるので，ローテーションごとの攻撃を分けて整理することが必要である。

3）相手のブロックシステムと対応方法

　攻撃に関する作戦を考えるときに，相手ブロックの現状を整理する必要がある。身長が低い選手やブロック力が低いところから攻撃することによって，楽にゲームを展開することができる。速攻に対するブロックは，アタッカーに合わせて跳ぶコミットブロックと，トスを見てから対応するリードブロックがある。この使い分け状況を的確に分析する必要がある。コミットブロックが多い場合には，速攻は危険であり，時間差攻撃やサイドからの攻撃が有利である。逆にリードブロック中心のときには，速い速攻は効果的である。

4）相手の攻撃システム

　相手の攻撃パターンを分析することによって，ブロックの対応方法を決めることができる。速攻や時間差攻撃が多い場合は，サイドのブロックをセンター寄りに準備させるべきである。とくに速攻が多い場合は，コミットブロックを多用することが望まれる。また，時間差が多い場合は，リードブロックで対応すると3枚ブロックとなり，非常に効果的である。サイドからの速い攻撃がある場合は，サイドブロックをあらかじめサイドライン寄りに準備させておくこともある。中学・高校生の場合，エースにボールが集中することが多い。このようなときには，センターとサイドのブロックを初めからエースの前に構えさせると効果的である。

5）データのフィードバック方法

　収集した情報をいつ，どの様な形式でチームスタッフや選手に伝えるべきか，これがスカウティングにおいて最も重要な点である。試合当日まで，時間的にゆとりがあれば，多くの戦術的情報を伝えても，理解できるであろう。しかし，連戦で選手が疲労している中で，翌日の試合となれば，理解してもらえる情報量には限度がある。まして，ゲーム中の興奮状態の中などでは，僅かな指示（情報伝達）しかできない。アタックの打数・決定率等の数量化されたデータは，時間にゆとりがあれば，選手に提供しても有効な資料となるであろう。しかし，ゆとりが無ければ，まったく役に立たないばかりか，かえって混乱を引き起こす可能性もある。一方，数量化されたデータは，監督が戦術を決定していくうえで，常に必要不可欠な情報である。
　相手チームのレシーブのフォーメーション，攻撃パターン，アタックのコースは，作図によって情報をまとめることができる。図表化されたデータは，視覚的効果が非常に強く，事前におけるミーティングだけでなく，ゲーム中でも有効な情報である。しかし，ゲーム中に，ベンチで手書きにより作図するのは大変であるので，記録員を用意したり，マグネット式の作戦版を使うことによって対処できる。
　ビデオ撮影された映像は，ゲームの流れを通して見ることができるが，時間にゆとりがないと，全てを見ることができない。また，選手が漠然と見てしまうケースが多いので，見るポイントを監督などが説明を加えることも必要である。一方，ローテーションごとの攻撃であるとか，アタック

を選手ごとに編集したビデオテープは，選手に伝えたい情報を整理して示すことができ，視覚的効果も伴い，最も有効な情報伝達手段といえる。しかし，編集テープを作成するには，時間がかかるため，ゆとりがないと困難である。

情報の中には，選手の特徴やアタックのフォームなど不変的なものもあるが，攻撃パターンやレシーブのフォーメーションなど随時変化していくものもある。これら変化のある情報の特性についても，選手に理解させておく必要がある。

4 ゲームの作戦とコーチング

1）ゲーム展開の特徴

サイドアウト制のゲームでは，セットの終盤で点差が大きく開いていても，サイドアウトを確実にとることによって逆転のチャンスはあった。しかし，ラリーポイント制になってからは，セット終盤での大きな点差を逆転することは，極めて困難となっている。そこで，セットをとるためには，セット終盤までに点差を開けることが大切であり，負けないためには，点差を開けられないことが重要である。セット終了の25点を獲得するまでに，ローテーションは3周程度しか回らないため，ゲーム中に多くのデータを取ることは困難である。つまりラリーポイント制のゲームでは，事前の準備を充分に行い，セットの終盤までに主導権をとることが勝利のポイントである。

黒鷲旗全日本選手権において，Vリーグのチームが格下と思われる大学生のチームと対戦したときに，エースを温存してゲームに臨んだ。大学チームは，セットの前半で好プレイを連続し有利にゲームを展開した。中盤にあわせたVリーグチームはメンバーを入れ替えたが，勢いに乗った大学生を止めることができずに，敗戦してしまった。

このように，少しでも速く主導権をとることが大切であり，一度失ったリズムを立て直すことは非常に困難である。

2）ゲーム展開の予測と対処方

1．苦戦状態の対応

相手チームのレベルに関係なく，自分のチームの実力が充分に出せない場合や調子が出ないときを想定して，さまざまな対応の準備をしておくべきである。また，日常の練習の中でいろいろな状況を想定した練習を充分に行っていないと，試合の中では対応できない。とくに実力上位チームが下位チームに敗戦する場合には，以下の要因があるので対処法は万全を期したい。

①サーブレシーブが乱れる：サーブレシーブに参加する人数を増やす，サーブレシーブが悪い選手の守備範囲を小さくする，フォーメーションを変える。

②ブロックが高い：タッチアウト，軟攻，フェイント，ブロッカーを動かす。

③アタックが止まらない：エースのシャットアウトを狙う，ブロックをそろえる。

④予想外の戦法で錯乱：選手に多くの経験をさせる。的を絞るように指示する。

⑤負傷者が出た：控えの選手の準備（とくにセッター）。

⑥油断・精神的動揺：練習の中で鍛錬する。経験を増やす。

⑦コンディション不良：体調や食事の管理をしっかりおこなう。

2．実力差がある場合

実力が下位チームと対戦する場合，明らかな差がない限りベストメンバーで対戦するべきである。精神的油断も禁物である。前述のとおり，下位チームでも調子に乗った場合，手がつけられなくなることがある。主導権を完全に握ってから，控えの選手を試したり，新たな戦法とを試したり，次のゲームに備えるべきである。上位チーム

と対戦する場合，サーブやアタックなどの攻撃では，弱気になったプレーは全く通用しないだけでなく，相手の実力をすべて出されてしまう。ディフェンス面では，すべてをブロック・レシーブしようとせず，ここだけは守るという気持ちが必要である。セット前半にリードできれば，相手の精神的な動揺を引き出し，勝利のチャンスがある。

3．実力が接近している場合

実力の差が小さいときこそ，スカウティングの成果は最大限に発揮され，相手に勝利するための作戦が組み立てられる。

作戦の計画は，1セットを序盤（0〜8点），中盤（9〜16点），終盤（17〜25点）の3つに分けて考えると良い。またゲームを流れとして考ると次の3つに分けられる。

①好調で，リードまたは追い上げているとき
②不調で，リードされているまたは追い上げられている
③接戦で点差がない

作戦は点数とゲームの流れの中で変化していくが，多くのゲーム状況を想定して，事前に準備しておくべきである。

序盤は，データを確認しながらスカウティングに基づいた作戦を実行し，相手の動向をうかがう。相手が予期しないことをしてくる場合もあるが，相手を幻惑させる作戦であったり，一時的なものにすぎないことが多い。中盤以降は，得意なパターンに変わっていくであろう。選手には，データのとおりにゲームは進行しないことやデータの本質を理解させておき，混乱を招かないようにしておく。相手の情報が少なかった場合は，選手やチームの状況をできるだけ観察する。サーブは，序盤からエースを取りにいくと，コートの感覚がつかめずミスがでることが多い。また，ミスが続いた場合にはチームのリズムを崩しピンチを招くこともあるので注意すべきである。

中盤では，相手の攻撃に対するブロックやレシーブの位置の修正を行っていく。サーブは，調子の悪い選手や弱点を徹底し狙う。調子の良い攻撃を最後まで徹底することもあるが，マークが厳しくなったときには，攻撃のパターンを変えたり，軟攻を入れリズムを変えることも必要である。しかし，レベルが低いチームが思い切ってリズムを変えると自滅することがあるので注意したい。中盤で乱調の選手がいた場合，早めに選手を交代させるべきである。また，チームがリズムを失って挽回不可能なときには，大幅に選手を入れ替え，主力選手の気分転換をさせ，次のセットに賭ける方法もある。

20点以降の1点は，セットの勝敗を大きく左右し，ここでのミスは致命的になる場合が多い。当然決定力の高いエースに徹底して打たすが，打ち方やコースを変えるなどの工夫が必要である。その他の攻撃もミスが少なければ，マークが甘くなるので，エースより決定力が落ちても，決まる確立は高いのでエースだけに負担がかからないようにすることも大切である。サーブやサーブレシーブには，より高いプレッシャーがかかるため，日頃の練習の中で，プレッシャーに負けないプレイの積み重ねが必要である。とくにサーブは，相手にもプレッシャーがかかっているので，サーブを入れてブロックとレシーブで勝負するのか，強いサーブで崩しにいくのかを監督が直接選手に指示した方がよい場合もある。第一セット終盤の流れは，次のセットに大きく影響をおよぼすので，たとえ負けるとしても追い上げムードで終わるのと，力尽きて終わるのでは，大きな違いがでる。だめな場合は，早めにあきらめた方がよい場合もある。いかに選手の精神的・肉体的ダメージを最小限にとどめ，次のセットで気持ちを切り替えて戦える状態で終われるかは，監督の采配しだいである。

3）ゲーム前の練習と公式練習

1．食事

試合の2時間前には，食事を完了しておく。食

1．ゲームの分析法と作戦論　155

事の時間から試合までの時間がかなりあったり，連続して試合が行われる場合は，パンなどの軽食・ゼリー・補助食品・バナナなどを準備しておく。試合中に必要な飲み物も準備する。

2．ウォーミングアップ

試合開始の1－2時間前にウォーミングアップを開始する。ダッシュやジャンプ系の運動を後半に必ず入れる。20－30分前から，コートが使えればボールを使った練習ができるが，コートやボールが使えない場合，すぐにアタックが打てる状態まで仕上げておく。屋外で行った場合，10分前までには体育館に入り照明の明るさや雰囲気に慣らしておく。

3．公式練習のポイント

① 試合会場の雰囲気，照明の状態，コートや周りの障害物，ネット，ラインの感覚に慣らす。
② アタック練習は，ボール拾いを含めて効率よくおこなう。
③ 戦う気持ちを高め，自信を持たせる。
④ コンビだけでなく，二段トスのアタックもおこなう。
⑤ 試合の最初に打つサーブを想定してサーブ練習を1～2分おこなう。
⑥ 相手のアタック練習中に，レシーブ・サーブレシーブ練習をおこなう。もし相手の状況がまったく分からなかった場合は，アタックやサーブを選手に見せることも必要である。

4）スタートのローテーション

一般的には，自分のチームの最も強いポジションからスタートし，弱いポジションは，最後になるようにするとよい。しかし，相手チームの状況に合わせてポジションを変えるとより効果的になることがある。

① 1セット目に良い勝ち方をしたときには，同じ組み合わせになるように1つローテーションを回す。
② 相手に強力なサーバーがいるときは，レシーブが良いポジション，または二段トスを打てるエースがレフトにくるようにするとよい。
③ アタッカーとブロックやレシーブの相性の関係を考慮して合わせることもある。
④ セットを取られときには，3つ回してスタートするとリズムが変えられる。

5）タイムアウトについて

1セット2回のタイムアウトが要求できる。状況によって，早めに取った方がよい場合と中盤以降まで我慢した方がよい場合もある。アドバイスの内容は，技術的な内容・作戦的な内容・精神的なものがある。技術や作戦的なものは，選手が理解し実行可能なことを具体的に指示する。練習でやっていないことや無理な要求をしてはいけない。精神的なものとして，やる気をもたせるようなアドバイスをしたり，自信をもたせるようにおだてたりする。緊張したり，あがっている場合には，深呼吸やその場跳びなど体を動かせた方がよい場合もある。タイムアウトの要求は，以下のようなときにおこなう。

① 連続して3点以上取られたとき。
② 予定外の展開となり，作戦を変更するとき。
③ サーブレシーブやコンビが乱れ，チーム内に精神的動揺があるとき。
④ 相手のよいリズムをこわす必要があるとき（連続サービスエースなど）。
⑤ ゲームの終盤で特別な作戦や指示が必要なとき。
⑥ 自分のチーム内の緊張感の低下や油断が見られたとき。

相手が苦しい場面でタイムアウトを取ったときは，喜んで緊張感を下げることなく，時間を有効利用する。とくに，次のサーブやブロックの具体的な指示をする。

6）メンバーチェンジ

1セットに6回のメンバーチェンジができる。

しかし，1人の選手は同じポジションで2回しか交代できない。以下のようなときにメンバーチェンジをおこなう。

①調子を崩したり，怪我をした場合
②ピンチサーバーを使うとき
③サーブレシーブやブロックを固めるとき
④持ち味の違った選手を使いたいとき
⑤疲れた選手を休ませたいとき
⑥特別な指示をしたいとき
⑦チームのリズムをあげるためのムードメーカーが必要なとき
⑧タイムアウトを使い切った後のムードチェンジが必要なとき
⑨次のセットや試合で使いたい選手を経験させる

控えの選手には，アップゾーンで常に心身の充分な準備をおこなわせておく。

7) セット間の使い方

セット間の時間は，選手の精神的・肉体的休息，次セットでの作戦の伝達，戦う気持ちを高めるために活用する。セット間の時間の使い方次第で次のセットのスタートを大きく左右するので注意する。使い方のポイントは，以下のとおりである。

①心身の休養を第一に優先する
②前のセットの反省と次のセットの作戦を指示する
③選手間で打ち合わせができるゆとりを与える
④前セット勝ちのときは，ゆだんなく次のセットも頑張るよう激励する
⑤前セット負けの場合は，敗因を簡単に述べ自信をもつように激励する
⑥汗をしっかり拭かせる。水分補給
⑦スタート選手とローテーションオーダーを決定する
⑧控えの選手を空いているスペースでアップをさせる
⑨相手コートが濡れていることがあるので，必要なら控え選手にワイピングさせる
⑩フルセットになったり，選手が疲労している場合は，控えの選手にマッサージをさせたり，額や首をアイシングする

8) ゲーム終了後のまとめ方

ゲームの終了は次のゲームのスタートでもある。勝っても負けてもその試合の締め括りをして，次のゲームへの切り替えを早くおこなう必要がある。試合直後のミーティングでは，選手も興奮しているし，落ち着いて話ができる状態ではないので，全体的な感想程度にとどめる。ミーティングの方法として，全体でおこなう方法もあるが，選手と1対1で話をした方がよい場合や監督抜きの選手だけで話をさせた方がよい場合もある。

負けた場合，選手自身も反省しているので，苦労や努力をねぎらい，負けたことの悔しさはかみしめさせる。その後，自分たちを破ったチームやより高いレベルの試合を見せて，次の目標設定や課題を作らせることも大切である。後日，できるだけ早くミーティングをおこない，新たな目標に向かって，チーム作りをスタートさせるべきである。

勝った場合，よくできたことはほめるが，反省すべき点は的確に指摘しておく必要がある。また，当日に次のゲームがあるときには，ストレッチなどの整理運動を簡単に終わらせ，次のゲーム時間に合わせて，エネルギー補給（食事）やウォーミングアップの計画をする必要がある。翌日以降に次のゲームがある場合は，充分に時間をかけてストレッチやマッサージなどをおこない，疲労をできるだけ早く回復させる。次の対戦相手がゲームをしている場合は，1セットは必ず見させる。漠然と見せるのではなく，何人かをまとめて課題を与えて見させると，より効果的である。

（福田　隆）

2. バレーボールの科学的分析と指導上の原則

　最近は，スポーツに対して多くの科学的研究と分析が行われ，それらから得られた知見や理論が指導の現場に活用され，大きな成果を挙げていることは周知の通りである。しかし，バレーボールに関しては数多くの研究や理論が過去30年間，多くの研究者により発表され見ているが，はたして現場に生きた成果にまで活用されているかといえば，必ずしも満足した状態とは言い難い。

　バレーボールの指導者にとって，経験によって培われた主観はもちろん大切である。種々の分析によって得られたデータや資料は活用の仕方によっては参考にもすべきだし，選手を説得する上での具体的数字として活用することもでき，指導力向上の一助にもなる。したがって指導者を志す者は，生理学・バイオメカニクス・心理学など多くの科学的基礎理論を学びつつ，その知見を現場に活用し指導の一助にすることが必要である。

　指導者のいわゆる"感や予測力"は，主観と経験と科学的データを基礎とするヒラメキであると考えられる。例えば，データ上でスパイク成功率50％の選手と45％の選手は，数字的には50％の選手の方が上である。しかし，対戦する弱い相手に50％の成功率を挙げるより，強いチームに対して45％の成功率を挙げた場合には，当然後者が優れている。また，ゲームの決定的瞬間での決定率と勝敗に比較的関係のない，ゲームのスタートや中盤での決定率は同じ比重では論じられない。このように指導者の主観も加えて評価することが必要である。したがって，指導者は主観と客観を統合して，正しい科学的判断のできるよう常にゲームを観察分析し，科学的知見を学んで研修し続けなければならない。

　ここではバレーボールに関する，過去のいくつかの科学的研究成果を具体例として示しておくので参考にしていただきたい。

原則1　組み手・片手でのレシーブ時の返球方向は入射角と反射角の原理に左右される。

　組み手・片手でのレシーブやサーブレシーブは，飛んでくる方向が同一の時，ボールに触れる時の腕の角度により返球されるボールの方向が規定される。

① 腕を床に直角にした時　　② 腕を床に平行にした時
　　　　　　　　　　床に落ちる　　　　　　　　後方にとぶ

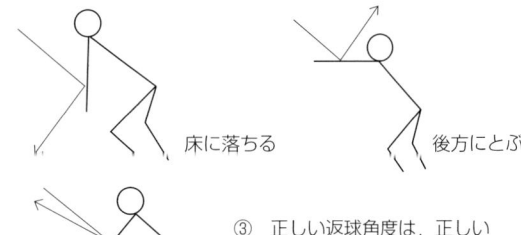

③ 正しい返球角度は，正しい前傾姿勢と，適度な脇の下の角度を保って正しくボールに当てること。
正しい返球方向

原則2　レシーブ(サーブレシーブ)時の動きは必ずしも横方向ではない。

　レシーバーの左右へのボールに対しては指導者は横に動けと指示することが多い。図で明らかなように，斜め前に動いてボールに正対してレシーブする方が，返球方向(セッター)に正しく返しやすい。

　横に動いてもボールに当る瞬間，腕や身体の

斜めに捻って角度を決めれば，正しい方向に返すことができるが，レシーブ時の条件を単純にするためにも，斜め前の動きを原則として指導すべきである。

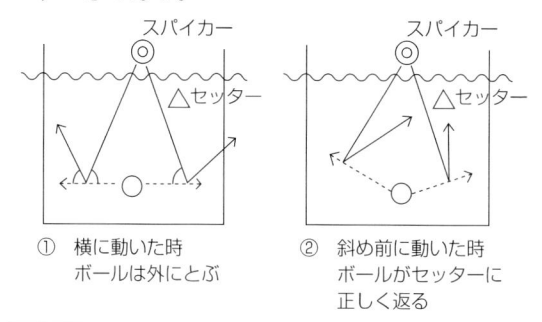

① 横に動いた時 ボールは外にとぶ
② 斜め前に動いた時 ボールがセッターに正しく返る

原則3 ボールのはね返りスピードは，腕に当る時のボールのスピードとボールの反撥係数に左右される。

強打をレシーブする時は，腕をやや引き気味に当てないとボールは強くはね返ってしまう。ゲーム中のボールのスピードは強弱種々のものがある。これをコントロールするには，前傾姿勢をとることと，脇の下の角度を十分とり，腕をやや前に伸ばして構え，強いボールの時はやや引き気味に，軟打（フェイント）の時はやや押し気味に全身の伸びで押し出すように当てることが必要である。基本姿勢の構えの重要性を銘記すべきである。

脇の下の角度が大切

原則4 近距離のスパイクレシーブや，強弱の変化に対応するためには，反射的能力向上のための練習を加えないと対応できない。

スパイクのスピードは全力で打った時，トップクラスの選手では男子で秒速30m，女子でも秒速20mと言われている。

これに比べ人間の全身反応時間（ボールが打たれてから反応を始めるまでの必要時間）は，個人差はあるが0.35秒〜0.40秒と言われている。

もしスパイクが秒速27mで打たれ，エンドライン近くの9m後方でレシーブすると考えると，ボールのスピードが空気抵抗で減速するとしても，スパイカーからレシーバーまでほぼ0.33秒でとんでくる。スパイクがコート後方でなく，クイックのようにアタックライン近くで打たれるとすると，レシーブはほとんど不可能に近い。また，レシーブ時に両腕を膝の前におろして構えている場合，腕を上にあげると0.44秒，逆にオーバーハンドの腕の位置から組み手レシーブ時のヘソの前におろすのに0.39秒かかることが，研究の結果明らかになった。そして，近距離からのレシーブ練習や強弱のボールを加えたレシーブの練習によって，人間の反応時間は，予測能力の体得を含めて0.29〜0.30秒まで短縮できることが明らかになっている。レシーブ能力の向上には，近距離でのレシーブや強弱の変化への対応が不可欠である。

原則5 各々のポジションになぜ基本的な定位置が必要なのか。

6人制なら6人，9人制なら9人，各々ポジションによって基本的な定位置が定められてい

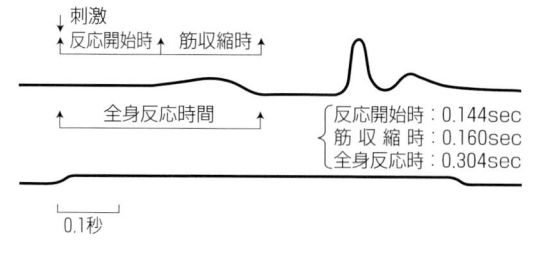

↓刺激
↑反応開始時↑筋収縮時↑
↑全身反応時間↑
反応開始時：0.144sec
筋収縮時：0.160sec
全身反応時：0.304sec
0.1秒

前方移動に要する時間

男子	3mダッシュ：1.24秒
	3mスライディング：0.93秒
	7mダッシュ：1.75秒
	7mスライディング：1.65秒
女子	3mダッシュ：1.33秒
	3mスライディング：1.21秒

斜め45度移動に要する時間

| 男子5mクロスステップ：1.47秒 |
| 男子5mフライング：1.40秒 |
| 女子3mクロスステップ：1.42秒 |
| 女子3mフライング：1.30秒 |

図1　全身反応時間の測定例

る。最近は相手チームの戦術により，相手アタックに対するレシーブが速攻シフトから，オープン攻撃のシフトへ切り替える，2つの基本シフトの組み合わせが必要になるが，定位置にもどることの必要性は次の2つと考えられる。
① 定位置にもどり，自分とラインとの位置関係を明らかにするため。肩より高いアウトボールを見送り，肩より足元までのインボールに神経を集中して守る。
② コート内で2人～3人の間のボールを，定められた位置から決められた方向に動いて，正しいフォーメーションを維持するため。勝手に位置をとると，2人が衝突したりボールを見合ってしまう原因となる。

原則6　フェイントボールは落下点から3m以内に位置していなければ，レシーブ不可能である。

守備範囲の広い選手，狭い選手と個人差があるが，図1の通り，前方3m前にダッシュするのには男子で1.2秒。女子で1.33秒。前方7mでは男子1.75秒もかかる。またスライディングを加えても，3m走ってスライディングするのに男子で0.93秒，女子で1.21秒かかる。高さ2.43mの男子ネット上からアタックエリア内にフェイントボールが落とされたとすると，床上に約1.20秒で落下する。このことは，予測して動きはじめていれば別であるが，フェイントと判断して動きはじめ，レシーブを成功させるには，落下点の3m以内にあらかじめ位置していることの必要性を示唆している。又，斜め45度方向に移動するのに要する時間は，走るよりも，フライングでレシーブする方が当然であるが速いことが明らかになっている。

原則7　レシーブ時の前方へダッシュに要する時間は，片足前で構えても，両足揃えて構えても重心位置と前傾姿勢がとれていれば差はない。

前方へダッシュする際の基本姿勢では，片足前で構えた時と，両足揃えて構えた時の移動に要する時間に差がなく，前傾姿勢をとり重心を前に保つことの方が重要であることが明らかになった。しかし，サイドレシーブでは，ボールを外にとばさないためにレフト側は左足，ライト側は右足を一歩前に出して構えるのが定石である。

スタンスと移動の速さ
○ 両足揃え1m前：0.74秒
○ 片足前1m前：0.78秒
○ 両足揃え踵床つけ：0.87秒

原則8　予測能力が必要である。右か左かを選択して動く場合には余分な時間が必要である。

3m斜め前移動してボールに触れる時間を計ると，初めから右または左と決めて動くと1.4－1.5秒かかるのに比べ，右か左か2つの方向の中から，1方向を選択して動くのに要する時間は，1.6－1.7秒かかることが明らかになった。このことはレシーブには状況を選択して動くよりも，経験により起こりうる状況を予測判断する能力が必要であることを示している。

原則9　両腕を耳の横に挙げて構えることが，速攻のブロックには不可欠である。

両手を挙げて構えてブロックにとぶと，ネット上のボールに触れるのに約0.8秒かかる。これに比べ，挙げていた両手をジャンプ時に一度さげて，スパイクのように下から振りあげてブロックすると，平均1.2秒かかることが明らかになった。すなわち，1.5倍ボールに触れるのに時間がかかる。速攻のブロックの場合には下から腕を振り上げてジャンプすると，おくれることが多いことを知るべきである。

原則10　ブロックの横移動には，フットワーク(ステップ)を使い分ける必要がある。

ブロックで左右に横移動する時，フットワークとしては送り足・クロスステップ・向いて全力でダッシュからの身体を捻ってのブロックと，3種の移動方法がある。ネット際で構え，左右に4m移動してブロックする場合，送り足とクロスステップでは約4.2秒，向いて全力ダッシュからのブロックでは3.95秒と大差はない

① 送り足移動

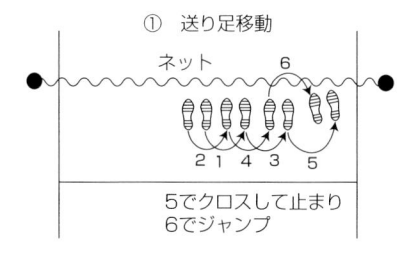

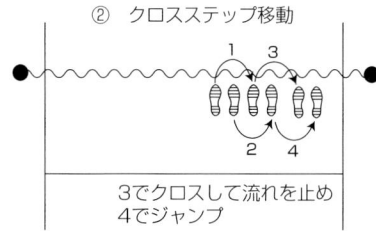

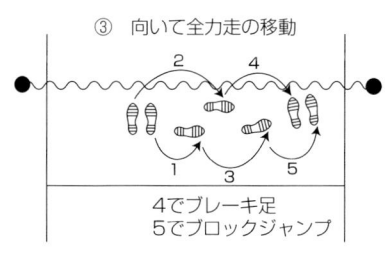

5でクロスして止まり
6でジャンプ

② クロスステップ移動

3でクロスして流れを止め
4でジャンプ

③ 向いて全力走の移動

4でブレーキ足
5でブロックジャンプ

図2　移動のための3種のステップ

が，左右3m位までは送り足，それ以上3〜5mはクロスステップ，さらに遠くへの移動は，向いて全力走からクロスステップを2歩で加えてスパイカーに正対し，流れを防いでブロックするというように，3つのステップを使い分ける能力が必要である（図2）。

原則11　速攻に対するブロックは，予測してジャンプしなければ止められない。平行トスのブロックも，1度センターでジャンプした後では間に合わない。

ブロックの構え姿勢からジャンプして，ネット上のボールに触れるのには0.8秒かかるのに比べ，クイックはセッターの手からはボールがはなれて，0.3-0.5秒で打たれるので，ある程度，予測してブロックしなければ止まらない。また，セッターからレフトサイドへの平行トスは，セッターの手から離れて1.2秒でスパイクされる。1度センターでクイックに合わせてブロックし，左右に4m移動してブロックすると約4秒かかり，センターから移動してブロックすることは難しい。あらかじめセンターを止めるか，レフトの平行トスを止めるか相手のくせや状況により，予測することが必要である。

原則12　高くジャンプするには，最適の沈みこみ角度が決めてとなる。

外国選手に比べて，比較的身長の低い日本選手が勝つためには，低身長を補うジャンプ力とスピードが決め手となる。高くジャンプするためには，全身の伸びに要する筋力のパワーアップと，沈み込み時の至適体幹角度が大切で，優れた選手のジャンプフォームをバイオメカニクス的に分析すると，図3（p.162）のように足首約80度，膝90-100度，腰90-100度と，両腕のバックスウィングの大きいことが明らかになった。

最適の沈み込み角度は，助走の踏み込みの力に耐える足腰の伸張性筋力の強化と，助走のタイミング（最後の2ステップの鋭い踏み込み）が大切で，そのためにミュンヘンオリンピック優勝の全日本男子選手は，足腰のプライオメトリックトレーニング（爆発的瞬発力養成のトレーニング）を重視し，平均92cm（83〜102cm）のジャンプ力で，外国の高さに対抗した。

①速攻を教える前に鋭い踏み込みと高いジャンプのできる身体づくりを。

助走→踏み込み→ジャンプ→スウィング→着地。速攻の時の助走のスピードが速くなればなるほど突っ張りの力が必要。伸展性筋収縮から直ちに短縮性筋収縮に移ることのできる2つの筋の働きの際のパワーが必要。ウェイトトレーニングよりプライオメトリクストレーニング（反動性筋収縮によるトレーニング方式）を行う。

②高いジャンプ力を生む体幹の屈曲角度
　◇足首80°（82°）
　◇膝90-100°（90-93°）
　◇腰90-100°（90-102°）

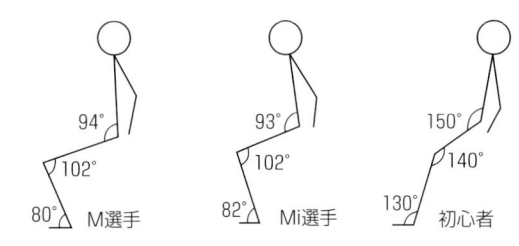

図3　ジャンプ時の沈み込み角度の大小

M選手：94°／102°／80°　　Mi選手：93°／102°／82°　　初心者：150°／140°／130°

原則13　技術や精神力のトレーニングも大切だが，まず世界に通用するたくましい体力的基盤をつくることが先決である。

　かつて日本の男女ナショナルチームが金メダルを取っていた頃の選手の主要な体力データを示すと，表1のとおりである。高い給与を払って専門的なトレーナーを配備し，あれから30年以上が経過し，スポーツ科学が著しい進歩をとげ，新しいトレーニング理論や器具が使用されるようになったのに，なぜ今の選手達の体力レベルは二流なのであろうか。トレーニング方法や処方が問題なのか，本気で取組む姿勢が不足しているのか，重大な疑問が残されている。

表1　世界一のチームであった頃の男女全日本選手の体力

金メダル男子バレーボール選手と一般人の体力テスト値の比較

測定項目　対象	身長 cm	体重 kg	握力 左／右kg	背筋力 kg	垂直跳 cm	サイドステップ 回	体前屈度 cm	体後反度 cm
ミュンヘンオリ選手（24歳）	188.5	82.2	51.5／57.9	209.0	90.9	52.0	21.5	―
日本人男子平均（25歳）	168.9	62.2	左右平均 49.2	143.5	57.3	43.6	13.6	55.3

金メダル女子バレーボール選手と一般人の体力テスト値の比較

測定項目　対象	身長 cm	体重 kg	握力 左／右kg	背筋力 kg	垂直跳 cm	サイドステップ 回	体前屈度 cm	体後反度 cm
モントリオールオリ選手（24歳）	173.6	66.7	36.4／38.3	124.6	56.1	46.7	19.9	57.9
日本人女子平均（22歳）	156.7	50.9	左右平均 30.0	76.9	39.5	37.6	16.2	55.5

原則14　スピードトレーニングは10～20秒にとどめ，休憩を1－2分とる。持久的有酸素運動は心拍数が160拍以上，90秒連続して5分間の動的休息を加え，インターバル的に処方すること。

　例えば1人30本の全力レシーブ等は指導者のマスターベーション。全力で5～10本連続行った後，休息を加え3～5セット反復する。

　スパイカーにスタミナを育てるためには1人連続10－15本打たせ，心拍数160拍／分以上になると中止し，90秒間ボール拾いをさせて2セット目に入る。90秒休んでも心拍数が120拍／分にもどらなければ反復を中止する。

原則15　練習量は周期性を持たせ，量と質を考えた配分を重視する。

　適切な休息を加えることも超過回復（スーパーコンペンセイション）を生み，練習効果を高める上で大切な条件である。

　人間も生き物である以上，激しい練習を続けると疲労が蓄積されてくる。選手のコンディションに常に配慮し，練習スケジュールの中に山と谷を持たせ，大切なゲームに体調を合わせて調整していく努力が必要である。指導者は，常に選手とのコミュニケーションを計りつつ，必要に応じ休息を充分与え，新鮮な気持ちで練習に取組めるよう工夫すべきである。

原則16　チームや選手の成績評価は，指導者の主観的評価と共に，数字で示す方法（VIS）を導入して，その結果を指導に活用する。

　表2に，アテネオリンピックの男女各技術別ベストプレーヤーの成功率を示した。レベル差はあっても，この位の数字がトップクラスの選手の目標と考え努力する必要がある。

　また，表3ではVリーグとインターハイ優勝の女子チームの5つの技術を対比した。高校チームはレシーブが下手なため，スパイクとサーブでの得点比率が高く，ミス（スパイク・サー

表2　アテネオリンピックのトップクラス選手のVISデータ

	男	女
スパイク決定率No.1	ギマラエス（ブラジル） 44.3%	ザンピン（中国） 40.7%
ブロックNo.1（セット当り）	クレスノフ（ロシア） 0.80本	ガモア（ロシア） 0.97本
サーブNo.1（セット当り）	サントレッティ（イタリー） 0.61本	バロス（キューバ） 0.51本
レシーブNo.1（セット当り）	サントス（ブラジル） 1.9本	シコラ（アメリカ） 2.7本
ベストセッター（セット当り）	ガルシア（ブラジル） 8.6本	フェン（中国） 9.5本
ベストサーブレシーブ（成功率）	サントス（ブラジル） 68.3%	ザン（中国） 74.5%

表3 技術別得点比率

項目 \ 対象	高校No.1	Vリーグ No.1
スパイク決定率	44.7%	36.8%
サーブポイント率	16.5%	4.1%
ブロックポイント（セット当り）	2.1本	2.7本
スパイクミス率	7.6%	5.8%
サーブミス率	6.0%	4.1%

ブ)率がVリーグチームよりやや高い。そしてブロックポイントの率が低いことがわかり、同じ優勝チームにも内容に差のあることがわかる。

原則17 筋力トレーニングの効果を上げるための5つの原則

　筋力トレーニングの効果を左右する条件としては強度（Intensity），持続時間（Duration），頻度（Frequency）の3つの要素がある。強度と持続時間については、パワートレーニング（瞬発力）の場合，負荷を最大筋力（一度だけ全力で出しうる筋力）の70～80%で反復回数7～10回，筋持久力の場合は、30～40%で反復回数20～30回を1セットに行うことが原則で，能力や疲労度を考え4～10セット間に十分な休息を入れて実施する。また，頻度については，毎日行った時のトレーニング効果を100%とした時，1日おきの実施では70～80%，5日に1日では50%，ただし2週間に1日ではほとんど効果はないとされている。短時間に集中して行ったトレーニング効果は、その期間の倍の期間休むと元に戻ることが知られているので、トレーニングを実施する時、次の5つの原則を考えて計画することが必要である（図4）。

①トレーニングは、長期間シーズン中も継続して実施しないと意味がない。
②トレーニングの反復による効果は、週3回行っても、2～3ヶ月先になって徐々に出現する。
③トレーニングの時間がない時、今日はジャンプ力、明日は敏捷性と柔軟性など、目標を明らかにして交互に実施することが必要である。
④トレーニングは全力で集中して行うこと。形だけのトレーニングにしないこと。
⑤一定期間トレーニングしたら効果を測定し、結果をみて反省し、再処方する。

原則18 変化球サーブは、ボール表面の空気抵抗の差によって生じ、サーブの速度が秒速13-14mの時、変化が大きい。

　変化球は打ったボールが無回転の時に、ボール表面の空気抵抗が均一でないため起るとされており、名古屋大学の研究では、空気中を無回転のボールが秒速13-14mで飛来する時，0.4秒に約10cm程度変化することを、風洞実験の結

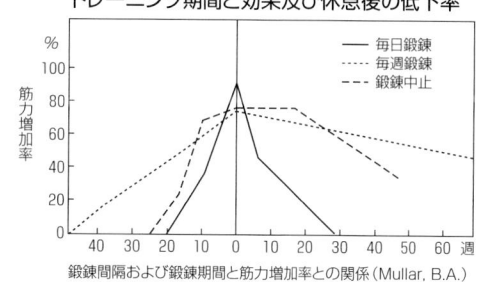

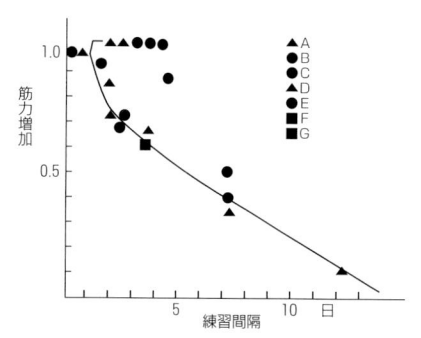

図4 トレーニング期間と効果及び休息後の低下率

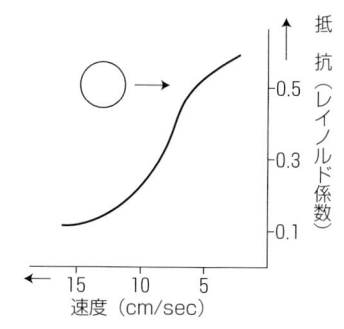

図5 ボールスピードと抵抗の変化

果確認したことが報告されている。ボールが回転すると回転軸が生じるため，野球のカーブなど空気の流れ（陰圧の方に曲がる）による変化はあるが，急に沈んだり浮いたり曲ったりはしない。ボールの中心を正しくミートし，無回転軸のボールを打つことが変化球サーブの条件である。

原則19 IFおよびJVAの公認球は厳重なテストを行い，一定基準内で合格したもののみが承認される。

公式大会で使用されるボールは，国際バレーボール連盟に公認申請がされると，技術委員会（豊田博委員長）により，世界３つの指定実験室において厳しい次のテストが行われ，そのテストに合格したボールのみが公認される。皮または人工皮革，18パネルで３色であること。

テスト項目（気圧 0.325kg/㎠でテスト）
重さ	270g ± 10g
周囲径	66cm ± 1cm
1m高から落下衝撃力	387.5 ～ 402.5N
〃　はね返り高さ	62 ～ 68cm
耐久力（バウンドマシンによる反復テスト）	10,000回以上
（50km/hの回転ローラーから投出し）	

オリンピック毎に４年に１回公認を改訂し，再テストの後合格すれば再認定されるが，使用するボールによる不均衡をなくすため，ネット・支柱・シューズ・床の固さなどの用具施設についても，選手のプレーしやすいよう種々の工夫が重ねられている。

原則20 技術・体力トレーニングには，参加者の発育・発達段階を考えて，質と量の配分に配慮する。

① 小学生～中学生低学年：種々のスポーツをとり入れ，正しいフォームづくり，器用さ正確さと柔軟性を中心に。

② 中学生高学年～高校生：動きの敏捷性・瞬発力を中心に。

③ 高校生高学年～大学生：持久的筋力と全身持久力を中心に，性差と個人の発育差が２～３年あることを配慮し練習量の配分に十分注意をする。オーバーワークによる骨・関節の異常，心身への無理な負担を避ける。本格的なウェイトトレーニングの導入は，身長の伸びが止まった頃からとり入れるようにする。

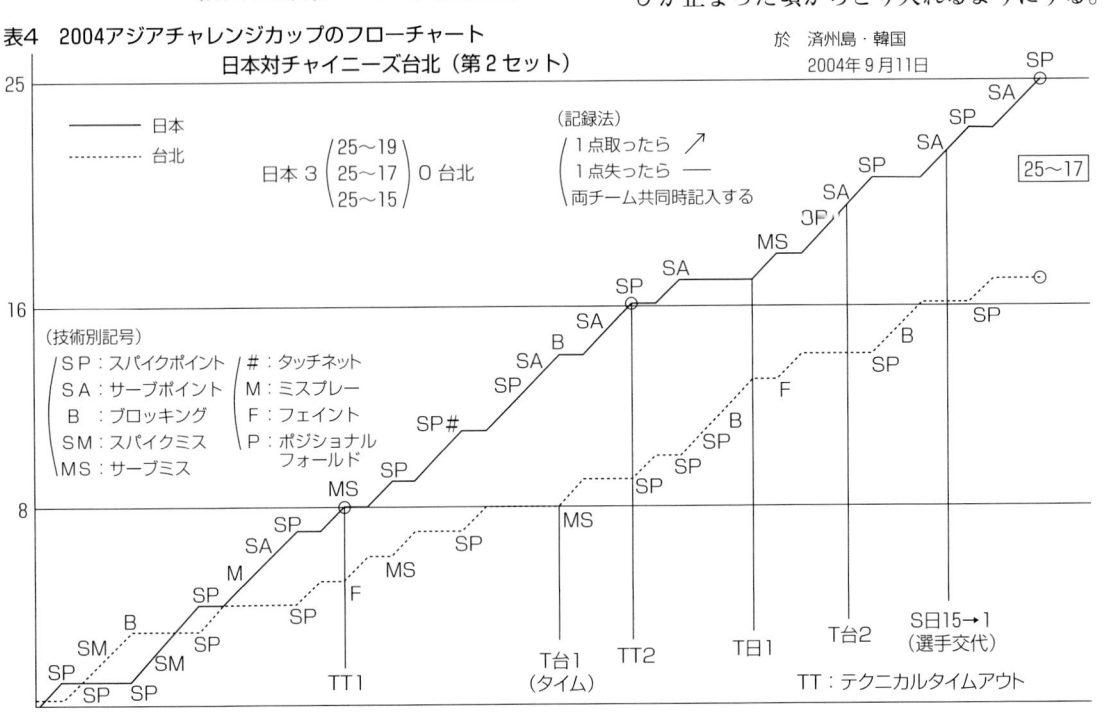

表4　2004アジアチャレンジカップのフローチャート
日本対チャイニーズ台北（第２セット）

於　済州島・韓国
2004年9月11日

日本 3 (25～19 / 25～17 / 25～15) 0 台北

（記録法）
1点取ったら ↗
1点失ったら ―
両チーム共同記入する

（技術別記号）
SP：スパイクポイント
SA：サーブポイント
B：ブロッキング
SM：スパイクミス
MS：サーブミス
#：タッチネット
M：ミスプレー
F：フェイント
P：ポジショナルフォールド

TT：テクニカルタイムアウト

第4章　バレーボールの科学

原則21　ゲームの流れを分析（フローチャート）して，得点経過・タイムや選手交代の時期が適切であったかと反省し今後に活かそう。

　東海大の斉藤勝教授（ミュンヘン全日本男子チームトレーナー）や，カナダのローン・サウラ博士（カナダ女子ナショナルチームの監督）は，ゲームの推移を図表で示すフローチャート法を提案している。グラフ用紙に得点・失点の流れをグラフで記入するもので，ゲームを分析する時，勝敗の決定的要素やタイムアウト・選手交代の効果の有無など，指導者としてのベンチワークを反省するため記録に留めることが大切である。経験を重ねてデータを整理してゆけば，指導者としての反省につながり，予測力の育成に役立つと考えられる。種々の記録法があるが，一つの方式として学ぶべき点は多い。

　また，日本女子大の島津大宣教授は，6人制の6つのローテーション毎のチームの得点と失点を計算し，両チームの最強のローテーションはどの選手の配置の時か，いつ失点が多いかを分析し，その原因を明らかにしようとしている。ローテーションの組直しや選手の配置の変更を考えるなど，分析結果をチームの勝利に役立たせる工夫も必要であろう。

表5　男女別にみた傷害の種類と割合

A－骨折	1,239（20.3%）	A－骨折	9,486（14.6%）
B－脱臼(含脱臼骨折)	217（3.6%）	B－脱臼(含脱臼骨折)	1,654（2.6%）
C－捻挫	2,549（41.7%）	C－捻挫	35,417（54.7%）
D－打撲	826（13.5%）	D－打撲	8,289（12.8%）
E－創傷	69（1.1%）	E－創傷	320（0.5%）
F－靭帯損傷	338（5.5%）	F－靭帯損傷	1,876（2.9%）
G－肉離れ	84（1.4%）	G－肉離れ	795（1.2%）
H－腱断裂	595（9.7%）	H－腱断裂	4,739（7.3%）
I－神経損傷	7（0.1%）	I－神経損傷	61（0.1%）
J－無記入	183（3.0%）	J－無記入	2,151（3.3%）
合計	6,107	合計	64,788

原則22　指導時の事故の実態を知り防止に努める。

　バレーボールの練習や試合時に，事故や傷害が起こることがある。指導者にとっては，常にこのような事態が発生しないように万全の注意を払い，その防止に努めなくてはならない。

　しかしどのように注意しても，不可抗力で発生する事故や傷害もあるので，万一に備えてスポーツ傷害保険にあらかじめ加入させると共に，指導時には十分注意して事故が発生しないよう留意すべきである。事故や傷害防止のためには，まず，バレーボールの指導時発生した事例を十分知っておくことが防止の第一歩であろう。図6で示すように30才台から50才台の発生率が最も多いのは，バレーボールが中年以後も多くの人に実施されていることを示すことと，ママさんバレーでの発生が多いことによる。

　また，図7・表5のように着地時や転倒による事故が多く，下肢の捻挫，次いで上肢の打撲骨折，アキレス腱の断裂や膝の靭帯損傷が多いことを示している。これらの事故により，スポーツ活動の中断のみにとどまらず，日常生活にまで影響が生じるので，その発生防止に十分な配慮が必要であろう。

（豊田　博）

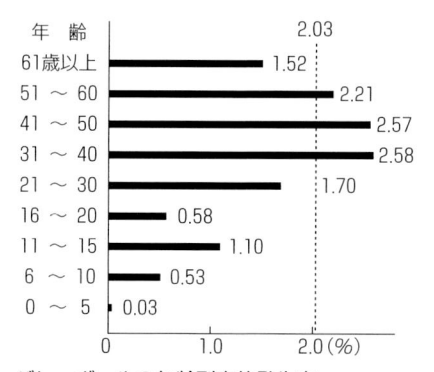

年齢	(%)
61歳以上	1.52 … 2.03
51～60	2.21
41～50	2.57
31～40	2.58
21～30	1.70
16～20	0.58
11～15	1.10
6～10	0.53
0～5	0.03

図6　バレーボールの年齢別事故発生率

どんな時起りやすいか

バレーボール 70,896例	
着地した時	(16,043) 22.6%
転　倒	(9,950) 14.0%
うけそこなう	(8,977) 12.7%
ひねり	(7,674) 10.8%
打　撲	(6,327) 8.9%
衝　突	(6,126) 8.6%

どの部位の傷害が多いか

スポーツ種目 部位	バレーボール 70,896例
頭頸部	2,156 (3.0%)
躯幹	3,765 (5.3%)
上肢	25,418 (35.9%)
下肢	38,553 (54.4%)
その他	18
無記入	986

図7　傷害の起こりやすい時と部位

3. 健康管理と栄養管理

個々の選手の競技能力を向上させ，故障者を出さずにチーム戦力を高めるために，技術指導・トレーニング指導・メンタルケアなどとともに，指導者にとって必要な事項が健康管理と栄養管理である。指導者が生活習慣や嗜好にまで介入するかどうかは，選手の精神的・肉体的成熟度によるが，成長期・発育期の選手に対しては積極的な指導を要する。例えば，最近話題となっているサプリメントを摂取する場合，ドーピングに違反する薬物が含まれている可能性があるため，基本的な健康管理と栄養学の知識が必要である。相談できるチームドクターを前もってさがしておくとよい。選手が安全にプレーでき，スポーツ障害・外傷を起こさないようにするために，指導者に最低限求められる健康管理と栄養学の基礎知識について述べることとする。

1 健康管理

1）健康診断（メディカルチェック）

競技参加前の健康診断と定期健康診断がある。長身者の多いバレーボールでは，Marfan症候群（高身長・くも状指などの身体的特徴を持ち，心血管系に異常を合併することがある疾患）などの突然死を起こしやすい人が競技に参加する可能性があるので，競技参加前の健康診断では循環器系のチェックが特に重要である。循環器が専門のスポーツドクターによる診察が望ましい。

定期健康診断では選手の健康状態，疾患の有無，スポーツ外傷・障害の有無を調べる。一般内科的診察以外に，バレーボールに起きやすいスポーツ外傷・障害があるので，それに詳しいスポーツドクター・整形外科医の診察が望ましい。

指導者は選手の健康に配慮し，健康診断を積極的に受けさせるとともに，健康診断の結果の整理と対処を知っておく必要がある。また，バレーボールに起きやすいスポーツ外傷・障害の知識，競技上問題となる内科疾患の知識も必要である。チームドクターと相談しながら，練習・トレーニングメニューを作成するのがよい。

① 健康診断（メディカルチェック）の項目
1）問診：家族歴（家族内の突然死の有無），既往歴（心肥大，不整脈，心雑音，心電図異常，肺疾患，肝疾患，腎疾患など），スポーツ歴（競技歴，スポーツ外傷・障害歴）
2）身体的診察：内科的診察（心音・呼吸音の聴診，血圧測定），整形外科的診察（障害部の診察，関節弛緩性）
3）検査：胸部単純X線写真・心電図・血液生化学検査・尿検査

② 毎日の体調管理
顔色・眼・声・体の動きなどで体調を判断する。熱中症などは意識障害をおこすことがあり，本人が不調を訴えることができない場合がある。バイタルサイン（脈拍・血圧・呼吸数・体温）は選手の基本的な体調を示すものである。

2）バレーボールに起きやすいスポーツ外傷・障害[1]

① **足関節捻挫**：ジャンプの着地で他人の足の上に乗り起こすことが多い。足関節外果のやや前方に圧痛があり，足関節内反で疼痛が生じる。
② **小指脱臼骨折**：ブロック時に小指にのみボールが当たり生じる。出血を伴う開放脱臼の場合は，6時間以内に洗浄・消毒などの治療を要する。脱臼が捻挫と間違えられ放置されると，著しい関節可動域制限を引き起こすので疼痛や腫脹が続くときは早期に手の外科に詳しい医師に相談する。
③ **膝半月損傷**：スポーツに制限を生じる膝痛・関節水腫・膝ロッキング(屈曲・伸展ができない)などの症状を起こす場合，関節鏡視下の半月切除・半月縫合などを要する。
④ **アキレス腱皮下断裂**：アキレス腱部に後ろから蹴られたような衝撃を感じる。断裂部位で歩行可能な場合もあるが，つま先立ちはできない。年齢・希望で手術をおこなうこともあるが，保存治療でも成績はよい。
⑤ **ジャンパー膝(膝蓋靱帯炎)**：膝蓋骨下極(膝のお皿の下)の運動時痛と圧痛がある。大腿四頭筋のストレッチング・スポーツ後のアイシングが大切である。
⑥ **オスグット病**：脛骨粗面の運動時痛と圧痛，10歳代前半の選手に起きやすい。大腿四頭筋のストレッチング・スポーツ後のアイシングが大切である。
⑦ **腰痛症**：体前屈で痛みの生じる筋・筋膜性腰痛が多い。
⑧ **腰椎分離症**：背屈(体を反る)で痛みの生じる時は，腰椎分離症を疑う。10歳代前半の亀裂型の場合はコルセット・スポーツ禁止で骨癒合することもあるが，偽関節型の場合は，6ヵ月スポーツを禁止しても骨癒合しない場合がある。
⑨ **動揺肩関節**：スパイク時の肩痛・肩の不安定感を生じる。年齢とともに改善する例もある。
⑩ **肩甲上神経麻痺**：肩甲骨部の筋萎縮が生じる。バレーボールショルダーとも呼ばれ，ハイレベルのバレーボール選手に見られる。スパイクは可能であるが，肩の疼痛を起こしやすい。筋萎縮が生じて期間の経ったものは，神経剥離・除圧の手術をしても回復しないことが多い。
⑪ **シンスプリント(過労性脛部痛)**：脛骨内側中下3分の1の疼痛と圧痛が生じる。安静・アイシングを要する。
⑫ **脛骨疲労骨折**：脛骨後内側は治りやすいが，脛骨前方の疲労骨折は跳躍型疲労骨折と呼ばれ難治性であり，6ヵ月の安静でも癒合せず，プレー中に完全横骨折となることもある。骨移植と内固定の手術をしても再発例があることより，脛骨前方の疼痛と圧痛のある場合は早期に休ませ，運動量を制限し，跳躍型疲労骨折にならないようにする。
⑬ **中足骨疲労骨折**：足部の疼痛・圧痛が生じる。数週間の安静で改善する。

3）競技上問題となる内科疾患

① **循環器疾患**：先天性心疾患・後天性心弁膜症・不整脈・心筋症・心筋炎などは突然死の原因となることがある。
② **肝炎**：劇症肝炎など重症例もあり，要注意であるが，血液生化学検査でGOT，GPTが高値になっても，激しい筋トレーニング後は筋由来のGOT，GPTの上昇の場合があり，心配ないこともある。
③ **貧血**：ジャンプの着地やトレーニングでの赤血球の破壊亢進による溶血性貧血。女子に多く，鉄分の補給などの栄養管理が重要となる。

6）練習時の健康管理で必要な知識

高温多湿環境下でのスポーツにより，熱中症をおこしやすく，重症例では急性腎不全・横紋筋融解症・多臓器不全などで死に至る例がある。バレ

ーボールは屋内競技であるが，高温多湿であれば，室内であっても熱中症を起こしうる。川原らのおこなった学校管理下および少年団のスポーツ活動における熱中症死亡事故の実態調査では，一年のうちでは梅雨明けで暑さになれていない（暑熱馴化していない）7月下旬〜8月上旬に多い・発生時刻は10:00から18:00以降までまんべんなく発生している・気温25℃以上で発生している・気温30℃以下で発生した例は湿度が高い場合が多い・体格では肥満者に多いことがわかっている[2)3)4)]。また川原らは日本体育協会の「スポーツ活動における熱中症事故予防に関する研究班」で運動指針を策定した[4)]。室内スポーツでは環境指標としてWBGT(Wet-Bulb Globe Temperature)(湿球黒球温度)を用いている。

WBGT＝0.7×湿球温度＋0.3×黒球温度（屋内）
WBGT≧31℃：運動は原則中止
28℃≦WBGT＜31℃：厳重注意（激しい運動は中止）
25℃≦WBGT＜28℃：警戒（積極的に休息）
21℃≦WBGT＜25℃：注意（積極的に水分補給）
WBGT＜21℃：ほぼ安全（適宜水分補給）

・暑熱馴化を積極的に取り入れ，2週間程度かけて運動の強度を徐々に上げて行く。
・肥満者・当日の体調の悪いもの・暑熱馴化していないものには無理させない。
・高温多湿を避けるため換気を行い，休息と水分補給（0.1〜0.2％の食塩水）を頻繁に行う。
・体調不良の申し出があった時・意識障害が見られる時は，すぐに運動を中止させ体温を測り，深部体温（直腸温など）が40℃以上（腋窩温ではもう少し低い）なら，衣服を緩め，腋窩動脈・頸動脈・大腿動脈など大血管が体表近くを通っている部分を冷やしながら病院搬送する。
・練習場，合宿所から，救急搬送できる病院の連絡先・位置などは事前に調べておくことが望ましい。

2 栄養管理

バレーボールに関連する栄養学の分野としては，成長期における栄養・バレーボールで起きやすい障害を改善するための栄養・ergogenics（運動能力増強食品）としてのサプリメントの知識が重要である。しかし，さまざまな情報が氾濫しているので，指導者が競技能力向上のためにトレーニング以外に強く関心を持ちがちな選手と同様なレベルでサプリメントを探すのはよくない。栄養知識を持ち，ドーピングに違反しないか，国内での合法性のあるものかなど，冷静に判断することが必要である。

1）トップクラスバレーボール選手の食習慣

1995年〜1996年に前田らにより日本バレーボール協会でおこなわれた[5)]。調査対象は全日本ナショナルチーム33名（男16名，女17名），1995年ユニバーシアード福岡大会代表の大学生24名（男12名，女12名），全国高校選抜合宿および高体連関東ブロック合宿参加者127名（男76名，女51名），全国中学生選抜合宿参加者80名の合計274名である。方法は対象者の合宿時に管理栄養士が訪問し，選手に説明した後，アンケートに記入してもらう方法である。これにより，各世代の食生活の問題点・栄養に対する意識を知ることができる。この調査でわかったことは以下のことである。

2）食生活の問題点

① 食生活の実態
a）全日本・大学男子の外食率が高い。
b）大学・高校男子のインスタント食品・スナック菓子・炭酸飲料などジャンクフードの摂取割合が高い。
c）高校生は男女とも洋風料理を好む割合が高い。

d）全日本・高校男子の食事時間が短い傾向がある。

② 栄養に対する意識

a）高校生は男女とも満腹感優先の食事を摂る割合が高い。

b）全日本は栄養のバランスを考え食事を摂っている。中学・高校生のジュニア世代より，大学全日本のシニア世代の方がこの傾向が高い。

c）全日本・大学女子の全てが朝食を必ず摂っている。

d）栄養補助食品としてのサプリメントの摂取は中学生は少ないが，高校生以上では男子で20〜30％，大学女子が最も高く，ビタミンC・鉄・カルシウムなどを90％以上の選手が摂っている。

③ 食品摂取状況

a）中学女子はチョコレート・クッキー・ケーキなどの洋菓子を食べている割合が高い。

b）中学生は男女とも70％以上が昼食で牛乳を飲んでいる。全日本女子は朝・昼とも70％以上が牛乳を飲んでいる。

c）全日本女子は卵・ヨーグルト・レバーなどの定期的な摂取割合が高い。

d）大学女子は魚を毎日食べている割合が高い。

e）大学生は男女とも他世代より肉を毎日食べる割合が高い。

ジュニア世代よりシニア世代のほうが栄養に対する意識が高く，食生活も改善されている。多くの栄養補給を要する成長期のジュニア世代には積極的に栄養指導していくことが大切である。

3）日本人の栄養所要量

旧厚生省の公衆衛生審議会健康増進栄養部会の策定した第五次改定（平成6年）日本人の栄養所要量では，日常の生活活動強度を4段階に分け，1日2時間程度の激しいトレーニングをする場合はⅣ（重い）として，性別・年齢階層別・身長別に表1・表2（p.170, 171）のような所要量が示されている[6]。これを基準として，トレーニング期などの長時間の激しい練習をする時期は，エネルギー・たんぱく質・カルシウム・鉄などの摂取量を増やす。試合時期や外傷などでトレーニング量が減る時期にはそれに合わせてエネルギーを決定する。

4）サプリメント（栄養補助食品）

2001年4月1日より保健機能食品制度が開始され，それまで医薬品として取り扱われてきたビタミン・ミネラル・ハーブ・その他の栄養成分は保健機能食品として取り扱われることになった。サプリメントはこれら保健機能食品と医薬品としての栄養補助剤も含めて呼ぶことが多い。近年，規制緩和により，多くのサプリメントが市場に出回るようになった。アスリートがサプリメントを使用する動機は，栄養補助食品としてより，ergogenics（運動能力増強食品）として期待している場合がある。また，ドーピング禁止薬品ではないが，ある鎮痛剤を使用したら，たまたま試合中調子がよかったので，痛みのないときもその薬品を使用している選手がいた。指導者にはサプリメントに対して，次のような冷静な考えを持ってほしい。

① スポーツに必要な栄養素を摂るのは食事であり，食事を疎かにして特定サプリメントを大量に摂り，必要な栄養素の不足や栄養素の過剰摂取をまねいてはいけない。

② サプリメントのergogenics（運動能力増強食品）としての科学的検証はさまざまであり，エビデンスのないものも含まれている。

③ サプリメントの入手方法として，他人からもらった，インターネットで個人輸入した，海外で直接購入したなどがあるが，これらにはドーピング禁止物質が含まれている可能性があり，その服用は極めて危険である。

④ 日本体育協会スポーツ医・科学研究報告であるスポーツ選手に対する最新の栄養・食事ガイドライン策定に関する研究などを参考にして，栄養素を補うのが安全である[7]。

表1　生活活動強度Ⅳ（重い）の男子における年齢階層別，身長別栄養所要量（目安）

年齢(歳)	身長(cm)	エネルギー(kcal)	たんぱく質(g)	脂肪エネルギー比率(%)	カルシウム(mg)	鉄(mg)	ビタミンA(IU)	ビタミンB₁(mg)	ビタミンB₂(mg)	ビタミンC(mg)
20～29	150	2,900 (2,800～3,000)	85 (80～ 85)	25～30	500 (450～550)	10	2,000	1.2 (1.1～1.2)	1.6 (1.5～1.7)	50
	155	3,050 (2,950～3,150)	90 (80～ 95)		500 (500～550)			1.3 (1.2～1.3)	1.7 (1.6～1.7)	
	160	3,200 (3,100～3,300)	95 (90～100)		550 (500～600)			1.3 (1.2～1.3)	1.8 (1.7～1.8)	
	165	3,350 (3,200～3,450)	100 (95～105)		600 (550～650)			1.4 (1.3～1.4)	1.9 (1.8～1.9)	
	170	3,550 (3,400～3,650)	100 (95～110)		600 (550～700)			1.5 (1.4～1.5)	2.0 (1.9～2.0)	
	175	3,650 (3,500～3,800)	105 (100～110)		650 (600～700)			1.5 (1.4～1.5)	2.1 (1.9～2.1)	
	180	3,800 (3,650～3,950)	110 (105～120)		700 (650～750)			1.6 (1.5～1.6)	2.1 (2.0～2.2)	
	185	4,000 (3,850～4,150)	115 (110～125)		750 (700～800)			1.6 (1.5～1.7)	2.2 (2.1～2.3)	
30～39	150	2,900 (2,800～3,000)	85 (80～ 90)	25～30	500 (450～550)	10	2,000	1.2 (1.1～1.2)	1.6 (1.5～1.6)	50
	155	3,000 (2,900～3,150)	85 (80～ 95)		550 (500～600)			1.2 (1.2～1.3)	1.7 (1.6～1.7)	
	160	3,150 (3,050～3,300)	90 (85～100)		550 (500～600)			1.3 (1.2～1.3)	1.8 (1.7～1.8)	
	165	3,300 (3,200～3,450)	95 (90～105)		600 (550～650)			1.4 (1.3～1.4)	1.9 (1.7～1.9)	
	170	3,450 (3,350～3,600)	100 (95～110)		650 (600～700)			1.4 (1.3～1.4)	1.9 (1.8～2.0)	
	175	3,600 (3,500～3,750)	105 (100～115)		700 (650～750)			1.5 (1.4～1.5)	2.0 (1.9～2.1)	
	180	3,750 (3,650～3,900)	115 (105～125)		700 (650～800)			1.5 (1.5～1.6)	2.1 (2.0～2.2)	
	185	3,950 (3,800～4,100)	115 (110～130)		750 (700～850)			1.6 (1.5～1.6)	2.2 (2.1～2.2)	
40～49	150	2,850 (2,750～2,950)	85 (80～ 90)	25～30	500 (500～550)	10	2,000	1.2 (1.1～1.2)	1.6 (1.5～1.6)	50
	155	2,950 (2,850～3,050)	90 (85～ 95)		550 (500～600)			1.2 (1.1～1.2)	1.7 (1.6～1.7)	
	160	3,100 (3,000～3,200)	90 (85～100)		600 (550～650)			1.3 (1.2～1.3)	1.8 (1.6～1.8)	
	165	3,250 (3,150～3,350)	95 (90～105)		600 (550～650)			1.3 (1.3～1.4)	1.8 (1.7～1.8)	
	170	3,400 (3,300～3,500)	100 (95～110)		600 (550～700)			1.4 (1.3～1.4)	1.9 (1.8～1.9)	
	175	3,550 (3,450～3,700)	110 (105～115)		650 (600～700)			1.5 (1.4～1.5)	2.0 (1.9～2.0)	
	180	3,700 (3,600～3,850)	115 (110～125)		700 (650～800)			1.5 (1.4～1.5)	2.1 (2.0～2.1)	
	185	3,850 (3,750～4,000)	120 (115～130)		750 (700～850)			1.6 (1.5～1.6)	2.2 (2.1～2.2)	

〔エネルギー所要量簡易算出式〕
(1)　20～29歳　$A = 30.95H - 1,747$　　(2)　30～39歳　$A = 30.00H - 1,638$　　(3)　40～49歳　$A = 29.17H - 1,554$
(4)　50～59歳　$A = 31.90H - 2,082$　　(5)　60～69歳　$A = 28.21H - 1,782$

表2 生活活動強度Ⅳ(重い)の女子における年齢階層別，身長別栄養所要量(目安)

年齢(歳)	身長(cm)	エネルギー(kcal)	たんぱく質(g)	脂肪エネルギー比率(%)	カルシウム(mg)	鉄(mg)	ビタミンA(IU)	ビタミンB₁(mg)	ビタミンB₂(mg)	ビタミンC(mg)
20〜29	140	2,450(2,350〜2,500)	70(65〜 75)	25〜30	500(450〜500)	12	1,800	1.0(0.9〜1.0)	1.4(1.3〜1.4)	50
	145	2,550(2,450〜2,650)	75(70〜 80)		500(450〜550)			1.0(1.0〜1.1)	1.4(1.3〜1.4)	
	150	2,650(2,550〜2,750)	80(75〜 85)		550(500〜600)			1.1(1.0〜1.1)	1.5(1.4〜1.5)	
	155	2,750(2,650〜2,900)	85(80〜 90)		600(550〜650)			1.1(1.1〜1.2)	1.6(1.5〜1.6)	
	160	2,900(2,800〜3,000)	85(80〜 90)		600(550〜650)			1.2(1.1〜1.2)	1.6(1.5〜1.6)	
	165	3,000(2,900〜3,150)	90(85〜 95)		600(550〜700)			1.2(1.2〜1.3)	1.7(1.6〜1.7)	
	170	3,150(3,050〜3,250)	90(85〜100)		650(600〜700)			1.3(1.2〜1.3)	1.7(1.7〜1.8)	
	175	3,300(3,150〜3,400)	95(90〜105)		650(600〜700)			1.3(1.2〜1.3)	1.8(1.7〜1.8)	
	180	3,400(3,300〜3,550)	100(95〜110)		700(650〜750)			1.4(1.3〜1.4)	1.9(1.8〜1.9)	
30〜39	140	2,350(2,250〜2,450)	70(65〜 75)	25〜30	500(450〜550)	12	1,800	1.0(0.9〜1.0)	1.3(1.2〜1.3)	50
	145	2,450(2,350〜2,550)	75(70〜 80)		500(500〜550)			1.0(0.9〜1.0)	1.4(1.3〜1.4)	
	150	2,550(2,450〜2,650)	80(70〜 85)		550(500〜600)			1.1(1.0〜1.1)	1.5(1.4〜1.5)	
	155	2,700(2,600〜2,800)	85(80〜 90)		600(550〜600)			1.1(1.0〜1.1)	1.5(1.4〜1.5)	
	160	2,800(2,700〜2,900)	90(85〜 95)		600(550〜650)			1.2(1.1〜1.2)	1.6(1.5〜1.6)	
	165	2,900(2,800〜3,050)	90(85〜 95)		650(600〜700)			1.2(1.1〜1.2)	1.6(1.5〜1.7)	
	170	3,050(2,950〜3,150)	95(90〜100)		650(600〜700)			1.2(1.2〜1.3)	1.7(1.6〜1.7)	
	175	3,200(3,050〜3,300)	100(90〜110)		700(650〜750)			1.3(1.2〜1.3)	1.8(1.7〜1.8)	
	180	3,300(3,200〜3,450)	105(100〜115)		700(650〜800)			1.4(1.3〜1.4)	1.9(1.8〜1.9)	
40〜49	140	2,350(2,250〜2,450)	75(70〜 80)	25〜30	500(450〜550)	12(閉経後は10)	1,800	1.0(0.9〜1.0)	1.3(1.2〜1.3)	50
	145	2,450(2,350〜2,550)	75(70〜 80)		550(500〜600)			1.0(0.9〜1.0)	1.4(1.3〜1.4)	
	150	2,550(2,450〜2,650)	80(75〜 85)		550(500〜600)			1.1(1.0〜1.1)	1.4(1.3〜1.4)	
	155	2,700(2,600〜2,800)	85(80〜 95)		600(550〜650)			1.1(1.0〜1.1)	1.5(1.4〜1.5)	
	160	2,800(2,700〜2,900)	90(85〜100)		650(600〜700)			1.2(1.1〜1.2)	1.6(1.5〜1.6)	
	165	2,900(2,800〜3,050)	95(90〜100)		650(600〜700)			1.2(1.1〜1.2)	1.7(1.6〜1.7)	
	170	3,050(2,950〜3,150)	100(95〜110)		700(650〜750)			1.3(1.2〜1.3)	1.7(1.6〜1.8)	
	175	3,200(3,050〜3,300)	100(95〜110)		750(700〜800)			1.3(1.2〜1.3)	1.8(1.7〜1.8)	
	180	3,300(3,200〜3,450)	105(100〜115)		750(700〜850)			1.4(1.3〜1.4)	1.9(1.8〜1.9)	

〔エネルギー所要量簡易算出式〕
(1) 20〜29歳　$A = 24.33H - 988$　　(2) 30〜39歳　$A = 24.17H - 1,056$　　(3) 40〜49歳　$A = 24.17H - 1,056$
(4) 50〜59歳　$A = 25.00H - 1,217$　　(5) 60〜69歳　$A = 25.33H - 1,449$

① サプリメント摂取に際して注意すること

これまで日本人の栄養所要量は欠乏症の予防を主眼としてきたが，第6次改定日本人の栄養所要量(平成12年4月から5年間使用)では，サプリメント摂取による栄養素の過剰摂取による健康障害を考慮して，許容上限摂取量が設定され，第7次改定では一部変更された[8]。特定サプリメントを摂取しすぎることにより，健康が障害されることがあることを指導者は知らなければならない(表3)。

表3 各栄養素の許容上限摂取量

栄養素	許容上限摂取量
ビタミンA	2220μgRE/日(12〜14歳)，2550μgRE/日(15〜17歳)，3000μgRE/日(18歳以上)
ビタミンD	50μg/日
ビタミンE	700〜800mgα-TE/日(トコフェロール当量)(成人男性)，600〜700mgα-TE/日(成人女性)
ビタミンK	30000μg/日(18歳以上)
ナイアシン	30mg/日(12歳以上)
ビタミンB6	100mg/日(18歳以上)
葉酸	1000μg/日(18歳以上)
カルシウム	2500mg/日(成人)
鉄	40mg/日(15歳以上)
リン	4000mg/日(18歳以上)
マグネシウム	700mg/日(18歳〜49歳)
銅	9mg/日(18歳〜69歳)
ヨウ素	3mg/日(6歳以上)
マンガン	10mg/日(18歳〜69歳)
セレン	250μg/日(15歳以上)
亜鉛	30mg/日(18歳〜69歳)
クロム	250μg/日(15歳〜69歳)
モリブデン	250μg/日(15歳〜69歳)

(第6次改定日本人の栄養所要量，日本人の食事摂取基準2005年版より一部抜粋)

② 年齢によるサプリメント指導

学童・思春期は生活習慣・食習慣を確立する時期であり，食事による栄養補給を行うべきであり，偏食による栄養不足や食事時間を短縮させるためのサプリメント摂取は精神肉体の発達にも影響を与える。成人アスリートが減量期やトレーニング期に食事だけでは不足する栄養素についてサプリメントの補給を考えるべきである。

③ スポーツ活動の各期によるサプリメントの使い方

減量期には摂取エネルギーの低下に伴いビタミン・ミネラルの栄養素が不足することが多い。カロリーを制限した食事でこれらの微量栄養素が摂取できない場合はサプリメントで補う。トレーニング期にはレジスタンス運動に見合ったたんぱく質を摂取する必要があり，食事で摂取するのが原則であるが，海外遠征中で十分な食材確保ができない場合はサプリメントで補う。海外でのサプリメント購入は避ける。

(村島 隆太郎)

参考文献

1) 村島隆太郎：競技種目別外傷・障害のプライマリケア「バレーボール」，臨床スポーツ医学，12：348-351，1995．

2) 川原貴：学校の管理下における熱中症死亡事故の実態(1991〜1996年)，平成9年度日本体育協会スポーツ医・科学研究報告No.Ⅶ，50-54，1998．

3) 川原貴：学校管理下および少年団のスポーツ活動における熱中症死亡事故の実態調査，平成11年度日本体育協会スポーツ医・科学研究報告No.Ⅲ，8-12，2000．

4) 川原貴：スポーツ活動における熱中症とその予防，臨床スポーツ医学，19：733-739，2000．

5) 前田如矢ら：トップクラスバレーボール選手の食習慣調査，日本バレーボール協会科学研究報告No.Ⅵ，323-328，1999．

6) 健康・栄養情報研究会編：第六次改定日本人の栄養所要量-食事摂取基準，第一出版242-256，1999．

7) 小林修平：改訂版スポーツ選手の栄養・食事ガイドブック(仮称)-概要，平成11年度日本体育協会スポーツ医・科学研究報告No.Ⅹ，23-25，1999．

8) 吉川敏一・桜井弘編：サプリメントデータブック，オーム社，9，2005．

第5章

指導者に必要な知識

1. 指導者養成制度の現状
    1. 公認指導者資格の取得
    2. 指導者倫理の徹底
2. 日本バレーボール協会(JVA)の現状と課題
    1. 日本バレーボール協会の目標と組織
    2. 日本バレーボール協会の現状
    3. 日本バレーボール協会の課題
3. 国際バレーボール連盟(FIVB)の現状と世界のバレーボール
    1. 国際バレーボール連盟(FIVB)の現状と今後
    2. 今後のバレーボール指導者に望むこと
4. 国際大会参加に必要な手続きと常識
    1. 国際バレーボール連盟(FIVB)主催の公式大会
    2. 国際バレーボール連盟(FIVB)主催の公認大会
    3. アジアバレーボール連盟(AVC)主催の公式大会
    4. アジアバレーボール連盟(AVC)主催の公認大会
    5. エントリー(大会参加申込み)
    6. レギュレーション
    7. 組み合わせ抽選会(ドローイングオブロット)
    8. プレリミナリーインクアイアリー
    9. ジェネラルテクニカルミーティング(代表者会議)
    10. 各種インフォメーション
    11. 選手団が注意する事項

1．指導者養成制度の現状

1 公認指導者資格の取得

　これまで我が国におけるスポーツ指導者は，一般的に個々人の経験則重視型の職人的指導が中心であり，そのような指導者の指導によるチームや選手が国際的・全国的規模の大会において，成果をあげてきたことは否定できない事実である。

　しかし，近年の国民のスポーツニーズの一般化（大衆化），多様化，高度化，大型化などに対応し，人々と運動・スポーツを結び，人々が求める豊かなスポーツ活動を生み出すための物的サービス（エリアサービスなど），システムサービス（プログラムサービス，クラブサービス，情報サービスなど），人的サービス（指導者サービスなど）の一翼を担える高い資質を有する指導者になるためには，医・科学に裏づけられた幅広い知識と技能を身につけなければならない。「学ばざるもの教えるべからず。」との言葉は，指導者1人ひとりが戒めとして常に心にとどめておくべきであろう。

　（財）日本バレーボール協会おいては，このような観点から，これまで，指導者を育成するための多様な指導者養成講習会や資質向上のための指導者研修会を開催するとともに，公的指導者資格の取得を強く奨励してきたところである。さらにこの徹底を期するため，2年間の猶予期間を設けた後，2004年度（平成16年度）から，同協会が主催・共催する全国大会に参加するチームのコーチングスタッフの少なくとも1人には，指導対象に応じた公的資格の取得を義務づけることにしている。

　なお，スポーツ指導者に対する公的資格には次のようなものがある。

1）（財）日本体育協会公認指導者

　（財）日本体育協会公認指導者の養成制度については，近年，めまぐるしく変化してきており，指導者としては，この変化の社会的背景をも十分理解しておく必要があることから，「指導者のためのスポーツジャナル」（2004年〈平成16年〉3・4月号，夏号，秋号　（財）日本体育協会編）の「公認スポーツ指導者制度が変わります!!その1〜3」をも参考にしながら，これまでの経緯を踏まえた新しい指導者養成制度の概要について述べることにする。

(1) 新しい指導者養成制度の発足とその経緯

　（財）日本体育協会においては，1977年（昭和52年）から指導員制度を発足させ，スポーツ指導員，スポーツトレーナー1・2級を養成してきた。その後，1988年（昭和63年）に「社会体育指導者の知識・技能審査事業の認定に関する規定」が文部大臣（現文部科学大臣）から告示された。このことにより，（財）日本体育協会が実施する指導者養成事業を国が認定し，指導者の資質を保証する，いわば英語検定などと同様，文部省（現文部科学省）による事業認定方式がとられることになった。

　（財）日本体育協会は，これに基づき，競技別指導者（地域スポーツ指導者〈スポーツ指導員〉，競技力向上指導者〈コーチ〉，商業スポーツ施設における指導者〈教師〉)，スポーツドクター，スポー

プログラマー，アスレティックトレーナー，少年スポーツ指導者などを養成してきた。

その後，2000年（平成12年）に「スポーツ振興法」第11条に基づく実施省令として，新たに「スポーツ指導者の知識・技能審査事業の認定に関する規定」が定められ，法に基づく指導者として，公認スポーツ指導者の社会的地位の向上が図られることになった。

しかし，近年の著しいスポーツ環境の変化や国民のスポーツニーズの変化を踏まえ，時代の要請に応える指導者養成の在り方や，これまでの養成制度の見直しについて，国の「スポーツ振興基本計画」（2000年〈平成12年〉9月13日文部大臣〈現文部科学大臣〉）〈参考資料1〉や，「21世紀のスポーツ振興方策」（2001年〈平成13年〉1月(財)日本体育協会）〈参考資料2〉においても提言されている。

〈参考資料1〉「スポーツ振興基本計画」（抜粋）
Ⅱ　スポーツ振興施策の展開方策
1　生涯スポーツ社会の実現に向けた，地域におけるスポーツ環境の整備充実方策
　B　政策目標達成のための基本的施策
　(1)　スポーツ指導者の養成・確保
　　③　今後10年間の具体的施策展開
　　　（スポーツ団体）
（財）日本体育協会と加盟団体は連携して，「資格制度が現状のニーズに十分には応じられなくなっている」，あるいは，「受講科目，受講日程が硬直していて受講しづらい」という意見も踏まえて，年齢や技術・技能レベルなどによって異なる国民の多様なスポーツニーズに応えることができるよう，スポーツ指導者養成事業について，地域スポーツ指導者と競技力向上指導者の一本化も含めた制度の見直しを行うとともに，受講科目，受講形態の弾力化をさらに推進することが期待される。

〈参考資料2〉「21世紀のスポーツ振興方策」（抜粋）
2　国民スポーツ振興事業の推進
　(3)　スポーツ指導者養成の充実と活用の促進
　　1）新たな養成システムの構築

指導者養成事業を一層効率的・効果的に実施できるように，現行の資格の種類・ランク等の整理・統合を図るとともに，全国各地に指導者養成拠点（学校）を整備するなど，受講者にとって受講しやすいシステムの構築に努める。
　　2）新たな分野の養成制度の創設
国民の多様なスポーツニーズやスポーツ振興方策に対応して，スポーツクラブマネージャー等の養成制度の創設と，スポーツボランティア育成のための資格要件等の整備，さらに，プロコーチ養成の制度化の検討などを進める。

一方，国の行政改革大綱（2000年〈平成12年〉12月1日）の「公益法人に対する国の関与の在り方についての改革」に基づき，委託等に係る事務・事業の見直しが行われ，国の関与を最小限とし，「民間でできることは，できるだけ民間に委ねる」こととしたことや，〈参考資料3〉に示す理由により，「スポーツ指導者の知識・技能審査事業の認定に関する規定」が2005年（平成17年）をもって廃止されることになり，いわゆる，国の「お墨付き」が2006年（平成18年）からなくなることになる。

〈参考資料3〉文部科学大臣認定「スポーツ指導者の知識・技能審査事業」の廃止・推薦等（いわゆる「お墨付き」）の廃止
〈理由〉
・公益法人の実施する技能審査等は社会的に定着，信頼も確保できている。
・技能審査等は多種多様化し，行政による客観的な評価・格付けが困難になる中，特定のもののみの推薦等によりそれ以外のものとの必要以上の差別化が生じ，国民の選択の幅を狭めている懸念がある。
・公益法人独自の事務・事業である技能審査等が国自らの責任で行う事務・事業であるかのごとき誤解を与える懸念がある。
・技能審査等を実施する側と受ける側双方に「国のお墨付きがなければ安心できない」といった意識の変革を求めていくことが必要である。

このような状況下にあって，(財)日本体育協会においては，これまでの指導者養成制度を見直すため，各方面からの意見を求め，これらを参考にしながら種々検討を重ねた結果，「資格の種類・ランクの整理・統合」，「講習内容の精選や時間数の削減」，「受講しやすい養成システムの構築」，「スポーツ指導者の役割に応じた資格認定と活動拠点の明確化」，「国民のスポーツニーズに応じる新しい資格の創設」などを柱とする指導者養成制度の抜本的な改革を行い，2005年度(平成17年度)に新しい指導者養成制度をスタートさせた。その概要は，次のとおりである。

(2) 新指導者養成制度による公認指導者

　新しく養成する指導者の類別は，参考資料4に示すとおりである。

参考資料4　新制度による公認指導者の類別

資格のカテゴリー	資格名(注1)	カリキュラム(注2)
1 スポーツ指導基礎資格	スポーツリーダー	共通Ⅰ
2 競技別指導者資格	指導員	共通Ⅰ＋専門
	上級指導員	共通Ⅰ・Ⅱ＋専門
	コーチ	共通Ⅰ・Ⅲ＋専門
	上級コーチ	共通Ⅰ・Ⅲ・Ⅳ＋専門
	教師	共通Ⅰ・Ⅲ＋専門
	上級教師	共通Ⅰ・Ⅲ・Ⅳ＋専門
3 フィットネス系資格	ジュニアスポーツ指導員(仮称)	共通Ⅰ＋専門
	スポーツプログラマー	共通Ⅰ・Ⅱ＋専門
4 メディカル・コンディショニング資格	スポーツドクター	
	アスレティックトレーナー	共通Ⅰ・Ⅲ＋専門
5 マネジメント資格	クラブコーディネーター(仮称)	
	クラブマネジャー(仮称)	
	マネジメント3(仮称)	

(注1)　各資格の役割などについては，〈資料1～3〉を参照。
(注2)　共通科目のカリキュラムについては，〈資料4〉を参照。
　なお，資格の認定は，通信教育，集合講習により，上表カリキュラム欄に記載の共通科目および専門科目を履修の上，レポートおよび試験に合格し，所定の登録手続きを経て行われることになっている。

〈資料1〉　コーチングスタッフ　　　　(注)…スポーツ指導基礎資格

	資格名	役　　　　割	認定により備えられる知識と能力
(注)	スポーツリーダー	・地域におけるスポーツグループやサークルなどのリーダーとして，基礎的なスポーツ指導や運営にあたる。	・スポーツに関する基礎的知識 ・ボランティアに関する基礎的知識
競技別指導者資格	指導員	・地域スポーツクラブ等において，スポーツに初めて出会う子どもたちや初心者を対象に，競技別の専門的知識を活かし，個々人の年齢や性別などの対象に合わせた指導にあたる。 ・特に発育発達期の子どもに対しては，総合的な動きづくりに主眼を置き，遊びの要素を取り入れた指導にあたる。 ・地域スポーツクラブ等が実施するスポーツ教室の指導にあたる。 ・施設開放において利用者の指導支援を行う。	・スポーツに関する基礎的知識 ・ボランティアに関する基礎的知識 ・競技者育成プログラムの理念と方法 ・初心者に対する基礎的指導法
	上級指導員	・地域スポーツクラブ等において，年齢，競技レベルに応じた指導にあたる。 ・事業計画の立案などクラブ内指導者の中心的な役割を担う。 ・地域スポーツクラブ等が実施するスポーツ教室の指導において中心的な役割を担う。 ・広域スポーツセンターや市町村エリアにおいて競技別指導にあたる。	・競技者育成プログラムの理念と方法 ・多様な能力やニーズに対する指導法 ・スポーツ教室や各種イベントの企画立案 ・組織の育成に関する知識
	コーチ	・地域において，競技者育成のための指導にあたる。 ・広域スポーツセンターや各競技別のトレーニング拠点において，有望な競技者の育成にあたる。 ・広域スポーツセンターが実施する地域スポーツクラブの巡回指導に協力し，より高いレベルの実技指導を行う。	・競技者育成プログラムの理念と方法 ・国内大会レベルの競技者に対する高度な指導法
	上級コーチ	・ナショナルレベルのトレーニング拠点において，各年代で選抜された競技者の育成強化にあたる。 ・国際大会等の各競技会における監督・コーチとして，競技者が最高の能力を発揮できるよう，強化スタッフとして組織的な指導にあたる。	・競技者育成プログラムの理念と方法 ・国際大会レベルの競技者に対する高度な指導法
	教師(仮称)	・商業スポーツ施設等において，競技別の専門的指導者として，質の高い実技指導を行う。 ・会員(顧客)が満足できるよう，個々人の年齢や性別，技能レベルやニーズなどに合わせたサービスを提供する。	・競技者育成プログラムの理念と方法 ・多様な能力やニーズに対する高度な指導法 ・ホスピタリティに関する知識 ・商業スポーツ施設等の経営に関する基礎的知識
	上級教師(仮称)	・商業スポーツ施設等において，競技別の専門的指導者として，質の高い実技指導を行う。 ・会員(顧客)が満足できるよう，個々人の年齢や性別，技能レベルやニーズなどに合わせたサービスを提供する。 ・各種事業に関する計画の立案，指導方針の決定など組織内指導者の中心的役割を担う。 ・地域スポーツ経営のためのコンサルティングならびに経営受託の企画・調整を行う。	・競技者育成プログラムの理念と方法 ・多様な能力やニーズに対する高度な指導法 ・スポーツ教室や各種イベントの企画立案 ・組織の育成に関する知識 ・商業スポーツ施設等の健全な経営能力

フィットネス系資格	ジュニアスポーツ指導員（仮称）	・地域スポーツクラブ等において，幼・少年期の子どもたちに遊びを通した身体づくり，動きづくりの指導を行う。	・幼・少年期における活動プログラムに関する知識 ・発育・発達過程の心と身体の特徴を踏まえた指導法
	スポーツプログラマー	・主として青年期以降のすべての人に対し，地域スポーツクラブなどにおいて，フィットネスの維持や向上のための指導・助言を行う。	・フィットネスの維持や向上のための指導能力 ・フィットネスの維持や向上に関するプログラムを企画する能力 ・スポーツ相談に関する能力 ・体力測定に関する能力

〈資料2〉 メディカル・コンディショニングスタッフ

	資格名	役割	設定により備えられる知識と能力
メディカル・コンディショニング資格	スポーツドクター	・スポーツマンの健康管理，スポーツ障害，スポーツ外傷の診断，治療，予防研究等にあたる。 ・競技会等における医事運営ならびにチームドクターとしてのサポートにあたる。 ・スポーツ医学の研究，教育，普及活動等をとおして，スポーツ活動を医学的な立場からサポートする。	・スポーツ医科学に関する専門的知識 ・アンチドーピングに関する専門的知識 ・運動処方に関する専門的知識
	アスレティックトレーナー	・スポーツドクター及びコーチとの緊密な協力のもとに，競技者の健康管理，障害予防，スポーツ外傷・障害の応急処置，アスレティックリハビリテーション及び体力トレーニング，コンディショニング等にあたる。	・機能解剖・運動学的な知識 ・スポーツ外傷の応急処置に関する知識と技能 ・スポーツ傷害の予防対策に関する知識と技能 ・競技者のスポーツ現場復帰への援助に関する知識と技能 ・競技者のコンディショニングに関する知識と技能

〈資料3〉 マネジメントスタッフ

	資格名	役割	設定により備えられる知識と能力
マネジメント資格	クラブコーディネーター（仮称）	・地域スポーツクラブにおいて，クラブ員が充実したクラブライフを送ることができるよう，組織経営のための諸活動をサポートする。	・スポーツに関する基礎的知識 ・地域スポーツクラブのマネジメントに関する基礎的知識を有し，協働できる能力
	クラブマネージャー（仮称）	・地域スポーツクラブにおいて，クラブ会員が継続的に快適なクラブライフを送ることができるよう健全なクラブ経営を行う。 ・地域スポーツクラブの活動が円滑に行われるために必要な競技別指導者，フィットネス指導者，メディカル・コンディショニング指導者などのスタッフがそれぞれの役割に専念できるような環境を整備する。	・スポーツに関する基礎的知識 ・地域スポーツクラブ創設のためのマネジメント能力 ・地域スポーツクラブの健全な経営のためのマネジメント能力 ・事業の計画立案能力，各種資源の調達活用能力，情報収集・分析能力
	マネジメント3（名称検証中）	・広域スポーツセンター等において，地域スポーツクラブの育成と組織化及びクラブ間の調整にあたる。 ・指導者派遣事業，スポーツイベント等の企画・運営にあたる。	上記クラブマネージャーの内容に加えて ・競技者育成プログラムの理念と方法 ・広域エリアの事業計画立案・実行・評価能力 ・地域スポーツクラブ間の連携・調整能力 ・地域スポーツクラブの指導，助言能力

〈資料1～3〉「指導者のためのスポーツジャーナル」3・4月号59頁〈財〉日本体育協会編から引用

〈資料4〉 平成17年度以降の新制度における共通科目カリキュラム

*1は通信講座

	科目名	内容	時間数 計	集合講習	*1
共通Ⅰ	スポーツとは	スポーツとは(スポーツの歴史的発展と現代スポーツの考え方, スポーツを取り巻く環境)	4	0	4
		文化としてのスポーツ(スポーツの文化性, 文化的内容, スポーツ観, スポーツ規範, ボランティア)			
	指導者の役割Ⅰ	スポーツ指導者とは(スポーツ指導者の必要性, スポーツ医科学に関する知識の必要性)	5	0	5
		指導者の心構え・視点(医科学スタッフとの連携, 指導者として必要なコミュニケーションスキル)			
		競技者育成プログラムの理念(一貫指導システム, 指導者の役割, ネットワーク)			
	トレーニング論Ⅰ	体力とは	4	0	4
		トレーニングの進め方(原理, 原則, トレーニング処方)			
		トレーニングの種類			
	スポーツ指導者に必要な医学的知識Ⅰ	スポーツと健康	7	0	7
		スポーツ活動中に多いケガや病気			
		救急処置(心肺蘇生法, RICE, 緊急時の対応などを含める)			
	スポーツと栄養	スポーツと栄養(五大栄養素, 栄養のバランス, 食事の摂り方, 水分補給)	2	0	2
	指導計画と安全管理	指導計画のたて方(集団の指導計画, 個人の指導計画, 期別計画)	4	0	4
		スポーツ活動と安全管理(個人的要因, 環境的要因, 競技特性)			
	発育発達期とスポーツ	発育発達期の身体的特徴, 心理的特徴	5	0	5
		発育発達期に多いケガや病気			
		発育発達期のプログラム			
	地域におけるスポーツ振興	地域におけるスポーツ振興方策と行政のかかわり(日本のスポーツ振興施策の基礎を含む)	4	0	4
		地域スポーツクラブ(総合型地域スポーツクラブを中心として)の機能と役割(スポーツ少年団の役割を含む)			
			35	0	35

*2は自宅学習

	科目名	内容	時間数 計	集合講習	*2
共通Ⅱ	社会の中のスポーツ	社会の中のスポーツ	5	0	5
		我が国のスポーツ振興施策(世界のスポーツ事情と日本のスポーツ振興施策)			
	スポーツと法	スポーツ事故におけるスポーツ指導者の法的責任	5	2	3
		スポーツと人権(虐待, セクシュアルハラスメントなど)			
	スポーツの心理Ⅰ	スポーツと心	7.5	3	4.5
		スポーツにおける動機づけ			
		コーチングの心理			
	スポーツ組織の運営と事業	スポーツ組織の運営	10	4	6
		スポーツ事業の計画・運営・評価(総論, スポーツ教室の実施・運営)			
		広域スポーツセンター(ナショナルスポーツセンターを含め)の機能と役割			
	対象に合わせたスポーツ指導	中高年者とスポーツ	7.5	3	4.5
		女性とスポーツ			
		障害者とスポーツ			
			35	14	21

＊3は自宅学習

	科目名	内容	時間数 計	集合講習	＊3
共通Ⅲ	社会の中のスポーツ	社会の中のスポーツ 我が国のスポーツ振興施策(世界のスポーツ事情と日本のスポーツ振興施策)	5	2	3
	指導者の役割Ⅱ	プレーヤーと指導者の望ましい関係 ミーティングの方法 競技者育成プログラムの理念に基づく展開	7.5	3	4.5
	スポーツと法	スポーツ事故におけるスポーツ指導者の法的責任 スポーツと人権(虐待，セクシュアルハラスメントなど)	5	2	3
	アスリートの栄養・食事	アスリートの栄養摂取と食生活	5	2	3
	スポーツの心理Ⅰ	スポーツと心 スポーツにおける動機づけ コーチングの心理	7.5	3	4.5
	スポーツの心理Ⅱ	メンタルマネジメント(メンタルトレーニング，プレッシャー，あがり，スランプの対処法含む) 指導者のメンタルマネジメント	10	4	6
	身体のしくみと働き	運動器のしくみと働き 呼吸循環器系の働きとエネルギー供給 スポーツバイオメカニクスの基礎(歩く，走る，跳ぶ，泳ぐ，投げる，蹴るなど)	10	4	6
	トレーニング論Ⅱ	トレーニング理論とその方法 トレーニング計画とその実際 体力テストとその活用 スキルの獲得とその獲得過程	20	8	12
	競技者育成のための指導法	競技者育成と評価 競技者育成システムにおける指導計画(海外の競技者育成システム事例の紹介) 競技力向上のためのチームマネージメント(現状把握，情報収集・分析，計画，実践，評価，リーダーシップほか) 競技スポーツとIT(VTR，インターネットなどを利用した情報収集・分析)	10	4	6
	スポーツ指導者に必要な医学的知識Ⅱ	アスリートの健康管理 アスリートの内科的障害と対策 アスリートの外傷・障害と対策 アスレティックリハビリテーションとトレーニング計画 コンディショニングの手法(ストレッチング，テーピング，アイシング，スポーツマッサージ) スポーツによる精神障害と対策 特殊環境下での対応 アンチドーピング(ドーピングコントロールを含む)	20	8	12
			100	40	60

＊4は自宅学習

	科目名	内容	時間数 計	集合講習	＊4
共通Ⅳ	トップアスリートを取り巻く諸問題	トップアスリートの特徴 海外遠征の諸問題とその対応(特殊環境，心理的問題，リスクマネジメント) 国際競技力向上のための環境(JOC，JISSの活動，取組み) 情報戦略(情報の収集・分析，テクニカルサポートとの連携) 競技者を取り巻く環境(マスコミ対策，キャリアターミネーションとセカンドキャリア，肖像権，契約，仲裁機構など)	20	8	12
	指導能力を高めるためのスキルアッププログラム	コミュニケーションスキル(ロジカルシンキング，意思伝達，交渉能力，調整能力の獲得・向上) プレゼンテーションスキル(提案，発表能力の獲得・向上)	20	8	12
			40	16	24

「指導者のためのスポーツジャーナル」秋号48頁　〈財〉日本体育協会編から引用

(3) 新制度による競技別(バレーボール)指導者

前記指導者のうち，(財)日本バレーボール協会が(財)日本体育協会と連携して養成するバレーボール指導者は，参考資料5に示すとおりである。

なお，これまでの地域スポーツ指導者(スポーツ指導員C級，B級，A級)および競技力向上指導者(コーチC級，B級，A級)は，複線型養成制度により養成され，相互に互換性はなく，従って，養成の免除関係もなかった。また，C級からB級へ，B級からA級へとより高度な資格を取得するためには，3年または5年の実績が必要であった。しかし，新しい制度では，参考資料5に記載の4種の指導者は，単線型養成制度により養成され，指導対象に応じて，積み上げ方式による所定の単位の履修により，例えば，直ちに上級コーチの資格取得も可能なシステムになっている。

(4) 競技別指導者資格の移行措置

2004年度までに取得した公認資格から新制度による資格への移行は，資格移行のための補講講習会などを実施することなく，2005年10月をもって次のとおり，自動的に行われる。

> **スポーツ指導員**
>   C級スポーツ指導員は，「指導員」に
>   B級・A級スポーツ指導員は，「上級指導員」に
> **コーチ**
>   C級コーチは，「コーチ」に
>   B級・A級コーチは，「上級コーチ」に
>   それぞれ移行される。

なお，A級スポーツ指導員およびA級コーチは，「指導者としての資質・能力が特に優れ，当該領域の指導者の育成，指導等にあたる者」として競技団体からの推薦のあった者については，それぞれの資格で「マスター」の称号が与えられる。

これを図示すると，〈参考資料6〉のとおりである。

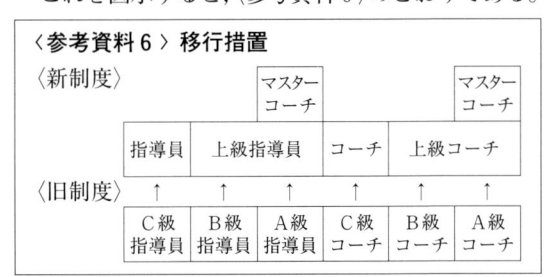

〈参考資料6〉 移行措置

〈新制度〉		マスターコーチ			マスターコーチ	
指導員	上級指導員		コーチ		上級コーチ	
↑	↑	↑	↑	↑	↑
C級指導員	B級指導員	A級指導員	C級コーチ	B級コーチ	A級コーチ
〈旧制度〉						

参考資料5

資格	受講条件	主な受講対象	認定により得られる能力等	専門科目
指導員	年齢：満20歳以上 共通：日本体育協会 35時間 専門：都道府県競技団体	・地域におけるスポーツ指導を中心として活動を目指す者	・スポーツに対する基礎知識と初心者に対する基礎的指導法 ・ボランティアに関する基礎知識 ・地域社会における実技指導が安全かつ効率よく行える能力 ・開放施設において利用者の指導支援ができる能力	30時間
上級指導員	年齢：満22歳以上 共通：日本体育協会 70時間 専門：都道府県競技団体	・地域のスポーツクラブ等で中心的な役割に当たる者 ・広域スポーツセンターや市町村エリアにおいて指導にあたる者	・スポーツ教室や各種イベントの企画 ・地域社会における実技指導が安全かつ効率よく行える能力 ・競技者育成プログラムの理念と方法を教授する能力	20時間
コーチ	年齢：満25歳以上 共通：日本体育協会 135時間 専門：中央競技団体	・中・高・大学・実業団等競技力向上を目指す選手を指導する者 ・広域スポーツセンターが実施する地域スポーツクラブの巡回指導に協力し，より高いレベルの実技指導を行う者	・競技者育成プログラムの理念と方法を教授する能力 ・国内全国大会レベルの競技者に対する高度な指導法を教授する能力	40時間
上級コーチ	年齢：満28歳以上 共通：日本体育協会 175時間 専門：中央競技団体	・国内トップレベルや国際大会代表のチーム・選手を指導する監督・コーチ・コーチングスタッフ	・競技者育成プログラムの理念と方法を教授する能力 ・国際大会レベルの競技者に対する高度な指導法を教授する能力	20時間

2）(財)日本バレーボール協会公認指導者

(財)日本バレーボール協会が養成し，資格を認定している指導者などの種別，役割・特徴，資格要件，講習内容・時間は，〈参考資料7～11〉のとおりである。

参考資料7

資格名	役割・特徴	資格要件等	講習内容・時間等
ナショナル・トップコーチ 2003年度(平成15年度)創設	ナショナルチームやトップチームのコーチングスタッフとして活躍できる者	(財)日本体育協会公認上級コーチ資格を有する者	3日間　20時間 〈参考資料8〉
ソフトバレーボール・マスターリーダー 2000年度(平成12年度)創設	都道府県において，ソフトバレーボール・リーダーを対象として，指導できる者	都道府県におけるソフトバレーボール・トップ指導者として活躍できる者	2日間　10時間 〈参考資料9〉
ソフトバレーボール・リーダー 1991年度(平成3年度)創設	ソフトバレーボールクラブの育成・指導や競技運営，審判のできる者	ソフトバレーボールの指導，競技運営，審判を目指す者	2日間　10時間 〈参考資料10〉
ビーチバレー・リーダー 1992年度(平成4年度)創設	ビーチバレーの指導や競技運営，審判のできる者	ビーチバレーの指導，競技運営，審判を目指す者	2日間　10時間 〈参考資料11〉
認定指導者 2004年度(平成16年度)創設	当面，平成19年度を限度とし暫定的に(財)日本バレーボール協会主催・共催の全国大会でベンチ入りできるコーチングスタッフ	(財)日本バレーボール協会主催各種研修会修了者(小学生・中学生・高校生・大学・実業団・クラブ・家庭婦人各指導者・ブロック別等指導者研修会)	左記研修会を受講の上，修了した者

〈参考資料8〉
ナショナル・トップコーチ講習内容・時間
(20時間)

- (財)日本バレーボール協会がトップコーチに期待するもの（理論1.5時間）
- チームマネージメントと人材の育成（理論1.5時間）
- やる気にさせるコーチング（理論2時間）
- コーチングスキルを高めるために（理論2時間）
- 国際大会におけるスタッフの役割と責任（理論1.5時間）
- 新しいバレーボールトレーニングの理論（理論1.5時間）
- ジャンプ力と敏捷性のトレーニング（実技2時間）
- バレーボールの事故と障害の予防（理論・実技2時間）
- 練習計画の立案と評価（理論1.5時間）
- 相手チームのスカウティングの現状とその活用（理論・実技1.5時間）
- 研究協議：世界と戦うために何をすべきか（理論3時間）

〈参考資料9〉
ソフトバレーボール・マスターリーダー講習内容・時間
(10時間)

- ソフトバレーボールの普及とマスターリーダーへの期待（理論1時間）
- 地域におけるソフトバレーボールクラブの育成と組織化（理論2時間）
　―総合型地域スポーツクラブへの位置づけ―
- 各種交流大会の企画・運営の現状(理論1.5時間)
- 競技規則・競技運営Q＆A（理論2時間）
- ソフトバレーボールの指導実技（実技2時間）
　―基礎技能・応用技能・フォーメーション―
　―初心者指導法・上級者指導法―
- 審判指導実技（実技1.5時間）

〈参考資料10〉
ソフトバレーボール・リーダー講習内容・時間
(10時間)

- 国民のスポーツニーズの動向とソフトバレーボール（理論2時間）
- ソフトバレーボール指導者の在り方（理論1時

間）
・ソフトバレーボールの競技規則（理論0.5時間）
・各種大会の企画と運営（理論0.5時間）
・ソフトバレーボールに適した準備運動とトレーニング（実技1時間）
・ソフトバレーボールの指導法（実技2時間）
　　―基礎技術―
　　―応用技術―
・ソフトバレーボールのゲームと審判法（実技3時間）

〈参考資料11〉
ビーチバレー・リーダー講習内容・時間
(10時間)
・ビーチバレーの動向（理論0.5時間）
・リーダーの心得（理論1時間）
・競技規定，大会運営（理論0.5時間）
・ビーチバレー競技規則・審判法（理論1時間）
・ビーチバレーの医学的諸問題（理論1時間）
・ビーチバレーの指導法（実技4時間）
　　―基礎技術―
　　―応用技術―
・体力トレーニング（実技1時間）
・レポート作成（1時間）

3）国際バレーボール連盟(IF)公認指導者

国際的な競技水準を踏まえた高度な指導技術と幅広い専門的な知識を有し，国際的感覚を身につけたバレーボール指導者として，国際バレーボール連盟(IF)が3種類の指導者（1級，2級，3級）を養成・認定している。

この受講者については，（財）日本バレーボール協会が受講希望者の中から審査の上，推薦している。

4）その他の公認指導者

その他，（財）健康・体力づくり事業団および中央労働災害防止協会（いずれも厚生労働省所管）においても，次の指導者養成が行われている（参考資料12，13）。

参考資料12　（財）健康・体力づくり事業団認定指導者

資格名	受講条件	役割・特徴	講習内容・時間
健康運動実践指導者	・体育系短大・体育系専修学校卒業者（2年制以上） ・3年以上運動指導に従事した者 ・上記と同等以上の能力を有すると認められた者（運動指導を行う保健師，管理栄養士等）	・健康づくりのための運動指導者 ・健康づくりを目的として，作成された運動プログラムに基づき，実践指導を行う者	講義17単位 実習16単位 33単位 （1単位90分）
健康運動指導士	・4年生体育系大学・医学部保健学科卒業者 ・上記以外の大学（4年制）または体育系専修学校（1年制）の卒業者であって，卒業後3年以上運動指導に従事した経験のある者 ・体育系短大または体育系専修学校（2年制）卒業者であって，卒業後3年以上運動指導に従事した経験のある者 ・健康運動実践指導者の資格を有する者であって，資格取得後，1年以上運動指導に従事した経験のある者など	・健康づくりのための運動指導者 ・医学的基礎知識，運動生理学の基礎知識などに立脚して，安全で効果的な運動を実施するための運動プログラムの作成および指導する者 ・健康運動実践指導者の上級資格	講義76単位 実習20単位 96単位 （1単位90分）

参考資料13　中央労働災害防止協会認定指導者

資格名	受講条件	役割・特徴	講習内容・時間
運動実践専門研修修了者（ヘルスケア・リーダー）	・年齢：満18歳以上	・生活の中に運動を定着させるよう指導援助する指導者	26時間合宿・通所のいずれかを選択
運動指導専門研修修了者（ヘルスケア・トレーナー）	・大学（原則として4年制）において，体育系または保健系の正規の学科を修めた卒業者 ・運動実践専門研修またはヘルスケア・リーダー研修を修了後，運動実践の経験を3年以上有する者 ・保健師，管理栄養士，理学療法士，臨床検査技師の資格を有する者 ・看護師の資格者で運動実践の経験が1年以上の者など	・運動の実際に際してプログラム等を作成し，指導する者 ・運動実践専門研修修了者の上級資格	117時間

（橋爪　裕）

② 指導者倫理の徹底

　スポーツは，人生をより豊かにし，充実したものとするとともに，人間の身体的・精神的な欲求に応える世界共通の人類の文化のひとつであり，心身の両面にわたる健康の保持増進や活力ある健全な社会の形成のほか，青少年の健全育成，地域における連帯感の醸成，国民経済への寄与，国際親善などの社会的意義をも有するものであることが，国の「スポーツ振興基本計画」（前出）において述べられている。

　究極的にスポーツ指導者には，指導対象者に対し，このスポーツの意義を直接的・間接的に，いろいろな立場から正しく伝達し，その具体化にむけて支援することが期待されているといえる。

　このため，スポーツ指導者は，自らの行動が社会的信用に極めて大きい影響を与えることを認識するとともに，その責任の特殊性を自覚し，一人ひとりがそれぞれの役割を遂行しなければならない。

　しかしながら，スポーツ界において，指導者による選手（競技者）との「教える者と教えられる者」の優位的な関係を利用してのセクシュアルハラスメント（性的ないやがらせ），指導に際しての「殴る・ける」の類や「無視・いじめ」などの身体的・精神的体罰，優秀選手の進路をめぐっての企業や大学等からの金品の贈与や収受，競技力向上を目指してのドーピング（禁止薬物利用）など，これまで指導者としての自覚と品位に欠ける事例や疑惑が後を絶たない。このことはバレーボール界においても残念ながら例外ではなく，各種の問題が発生しており，時には報道関係等からの指摘も受けている。

　そこで，（財）日本バレーボール協会では，競技者（選手，チーム，チーム関係者：部長・監督・コーチ・トレーナー・マネージャーなど指導者を含む）および役員（事務職員を含む）が，それぞれの責務に反し，スポーツ関係者としての倫理に照らして逸脱する行為を行うことにより，他からの疑惑や不信を招き，批判を受けることのないよう，あらかじめガイドラインとして禁止事項を示し，注意を喚起することを目的として，1998年（平成10年）9月に「競技者及び役員倫理規定」を定めたところである。バレーボール関係の競技者および役員が行ってはならない禁止事項は，次のとおりである（p.184）。

〈競技者及び役員禁止事項〉

1　競技者または役員として著しく品位または名誉を傷つけること。
2　本会が禁止した競技会等に参加すること。
3　選抜された選手等を正当な理由なく代表チームに派遣しないなど，本会の決定した方針に従わないこと。
4　セクシュアルハラスメント，暴力行為，個人的な差別等人権尊重の精神に反する言動をとること。
5　禁止薬物の使用等により，フェアプレーの精神に明らかに違反すること。
6　本会の認めていない競技会等に事前の了承なく，参加又は開催のために金品を収受すること。
7　競技における不正行為を期待して，役員，審判員，相手チーム関係者等との間で金品を授受することはもとより，事前に接触すること。
8　選手の進路にかかわる所要の手続きを経ずして，選手の勧誘，入部，移籍を行うこと。
9　選手の勧誘，入部，移籍に関連し，選手にこれらを強要したり，当事者(選手，保護者，指導者，代理人)間において，社会通念上良識を超える金品を授受すること。
　　ただし，企業等からの寄付申し出があり，学校又は後援会等において適切に会計処理がなされた場合はこの限りではない。
10　都道府県協会から承認された招待試合を除き，合宿等の交通費などを当該チーム関係者以外の企業等に負担させること。
11　その他著しくスポーツマン精神に反する行為を行うこと。

　左記の禁止事項に違反した場合，(財)日本バレーボール協会として処分することになるが，その決定に際して公正を期するため，当事者の弁明の機会を設けるとともに，必要に応じて関係者による倫理委員会を組織して意見を求めた上で，(財)日本バレーボール協会理事会にはかり，競技者にあっては，競技会などへの出場および参加資格の一定期間または永久の停止あるいはその他の処分，役員にあっては，役員資格の一定期間または永久の停止あるいはその他の処分を行うこととしている。
　バレーボール指導者は，諸規則や競技者および役員倫理規定を遵守し，常に品位と名誉を重んじつつ，フェアプレーの精神に基づいて他の範となるよう行動し，バレーボールの健全な普及・振興に努めていただきたい。

　　　　　　　　　　　　　　　（橋爪　静夫）

2. 日本バレーボール協会(JVA)の現状と課題

1 日本バレーボール協会の目標と組織

日本バレーボール協会は1929年(昭和2年)，関東・関西両排球協会の創立者であった三橋成雄，多田徳雄，深辺逸郎，西川正一氏らが中心となり，神戸市に設立されて今日で77年目を迎えたことになる。

それ以来，多くの先輩の努力によって，9人制の普及から発展期，東京オリンピックを迎えての6人制への転換期，全日本男女チームの金メダル獲得をピークとする全盛期と，昨今の数多くの国際大会の開催を中心とする国際化とナショナルチームの低迷の時期など，歴史的にも種々の問題点を内包しながら今日に到っている。しかし，競技人口の多さ，多くの企業と国民による支持，テレビマスメディアの支援を背景にしてブラジル・イタ

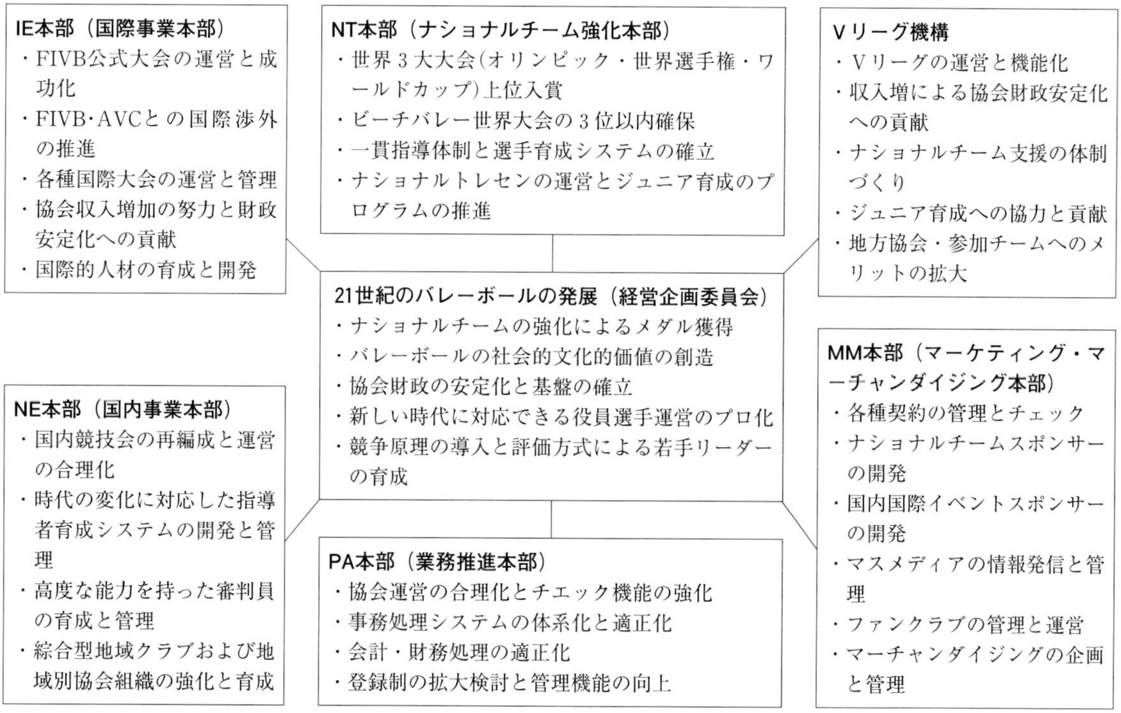

IE本部（国際事業本部）
・FIVB公式大会の運営と成功化
・FIVB・AVCとの国際渉外の推進
・各種国際大会の運営と管理
・協会収入増加の努力と財政安定化への貢献
・国際的人材の育成と開発

NT本部（ナショナルチーム強化本部）
・世界3大大会(オリンピック・世界選手権・ワールドカップ)上位入賞
・ビーチバレー世界大会の3位以内確保
・一貫指導体制と選手育成システムの確立
・ナショナルトレセンの運営とジュニア育成のプログラムの推進

Vリーグ機構
・Vリーグの運営と機能化
・収入増による協会財政安定化への貢献
・ナショナルチーム支援の体制づくり
・ジュニア育成への協力と貢献
・地方協会・参加チームへのメリットの拡大

21世紀のバレーボールの発展（経営企画委員会）
・ナショナルチームの強化によるメダル獲得
・バレーボールの社会的文化的価値の創造
・協会財政の安定化と基盤の確立
・新しい時代に対応できる役員選手運営のプロ化
・競争原理の導入と評価方式による若手リーダーの育成

NE本部（国内事業本部）
・国内競技会の再編成と運営の合理化
・時代の変化に対応した指導者育成システムの開発と管理
・高度な能力を持った審判員の育成と管理
・総合型地域クラブおよび地域別協会組織の強化と育成

PA本部（業務推進本部）
・協会運営の合理化とチェック機能の強化
・事務処理システムの体系化と適正化
・会計・財務処理の適正化
・登録制の拡大検討と管理機能の向上

MM本部（マーケティング・マーチャンダイジング本部）
・各種契約の管理とチェック
・ナショナルチームスポンサーの開発
・国内国際イベントスポンサーの開発
・マスメディアの情報発信と管理
・ファンクラブの管理と運営
・マーチャンダイジングの企画と管理

図1　財団法人日本バレーボール協会21世紀戦略

リアと並んで世界のトップにランクされるバレーボール界のリーダーとして、世界各国から注目の的となっていることは喜ばしい限りである。

しかし現実にはナショナルチームの低迷をはじめ、経済的な不況によるスポンサーの撤退・実業団チームの解散・少子化に伴う競技人口の減少、選手のプロ化への移行など、解決すべき種々の問題が山積みしている。このような状況の中で、日本バレーボール協会は平成15、16年度大幅な機構改革を目指し、副会長、専務理事の豊田博が中心となり、21世紀戦略を提唱した立木正夫サントリー専務を会長に迎え、新しい時代のバレーボール協会の創造と若返りを目指して、協会始まって以来の大改革を行おうとしている。

その狙いは次の6点であり、これこそが日本バレーボール協会の目指す具体的活動目標である。
1. ナショナルチーム男女（含むビーチバレー）の強化
2. 協会財政の安定のための財源の確保
3. 役員のプロ化と専門的人材の登用によるマネジメント能力の向上
4. 国内事業の再編による普及活動の見直しと競技人口100万人の達成
5. 国際的バレーボールリーダーの育成と若手人材の登用
6. 協会運営の合理化と能率的事務処理方式の構築

これらの目標を達成するために、平成17・18年度から、2006年世界選手権男女、および2007年ワールドカップの開催を含め、国際事業本部と国内事業本部を区別すると共に、Vリーグ機構およびマーケティングとマーチャンダイジングを本務とするM aud M本部の6つの本部(p.185, 図1)を独立させ、その各々に本部長、委員長を中心とする責任体制の分担と明確化をスタートさせることになった。

日本バレーボール協会の組織としては、このような実行グループの上に、次の6つの組織があって、各々の分野でバレーボールの普及と発展に努めている。

① **全国評議員会** 日本バレーボール協会の事業計画予算と理事の人事を審議し承認する最高決議機関である。各46都道府県の代表と、友好団体(小・中・高・大・実業団・クラブ・ビーチ・ソフト・ママさん・ヤングクラブの10の全国連盟)によって構成され、原則として年2回の会議を持っている。

② **全国理事会** 会長・副会長・専務理事を含め25名の法定理事と若干の運営理事・監事3人により構成されている。法定理事の内訳は12名の学識経験理事、8名のブロック理事(含東京と大阪)、5名の友好団体選出理事により構成され、全国評議員会の承認を得て選出される。運営理事は業務遂行上必要な人材を会長が指名して理事会で決定する。全国評議員会で承認された事業計画と予算に基いて日常業務の施行に当る。原則として2ヶ月に1回開催される。

③ **常務理事会（企画経営委員会）** 会長、副会長、本部長と若干の理事によって構成される。経営企画会議、各本部毎の意思疎通を計り運営上の重要事項を審議決定する会で、月1回開催。

④ **監事会** 協会の予算施行事業展開の適正化を監督し、チェックする見張り役。3人で構成され、理事会にも出席し意見を述べることが出来る。協会の司法的機能を担う。

⑤ **委員会** 各本部の下に図2に示すように事業遂行上必要ないくつかの委員会が構成され、具体的な事業を展開する。委員長は本部長の管轄下に入り、各々必要な事業を割当てられた予算を使って目的達成のため活動する。

⑥ **事務局** 各本部の下に数人の事務局員が配置され、各本部の事業推進に協力する。有給で現存15名の職員が常駐し、本部長、委員長の指揮の下、その分担に応じて日常業務を遂行している。

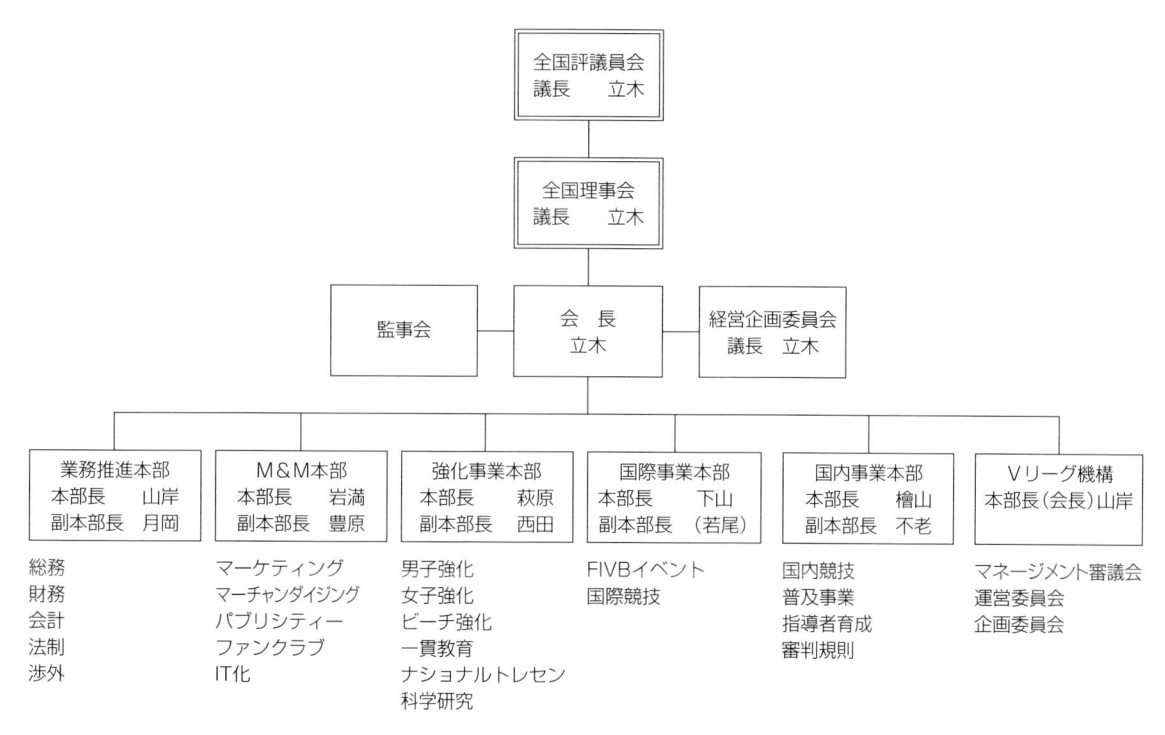

```
                    ┌─────────────────┐
                    │  全国評議員会    │
                    │  議長　立木      │
                    └─────────────────┘
                             │
                    ┌─────────────────┐
                    │  全国理事会      │
                    │  議長　立木      │
                    └─────────────────┘
                             │
      ┌──────────────┬───────┴───────┬──────────────┐
┌──────────┐    ┌──────────┐    ┌──────────────────┐
│  監事会   │    │ 会　長   │    │ 経営企画委員会    │
│          │    │ 立木     │    │ 議長　立木        │
└──────────┘    └──────────┘    └──────────────────┘
```

業務推進本部	M&M本部	強化事業本部	国際事業本部	国内事業本部	Vリーグ機構
本部長　山岸	本部長　岩満	本部長　萩原	本部長　下山	本部長　檜山	本部長(会長)山岸
副本部長　月岡	副本部長　豊原	副本部長　西田	副本部長　(若尾)	副本部長　不老	
総務	マーケティング	男子強化	FIVBイベント	国内競技	マネージメント審議会
財務	マーチャンダイジング	女子強化	国際競技	普及事業	運営委員会
会計	パブリシティー	ビーチ強化		指導者育成	企画委員会
法制	ファンクラブ	一貫教育		審判規則	
渉外	IT化	ナショナルトレセン			
		科学研究			

図2　財団法人日本バレーボール協会　業務分担表

2 日本バレーボール協会の現状

1) 登録チーム

日本バレーボール協会の構成は，46都道府県協会と，前述の10の友好団体を母体として構成されている．全国大会，および都道府県および友好団体の主催する大会に出場するためには，まず，各年度当初（4月）に都道府県協会に対し登録を行うことによって，その権利が保証される．

各都道府県協会に提出された登録届は，そのコピーが日本バレーボール協会および加盟友好団体に提出される．各大会参加提出時に登録の有無のチエックが行われる．登録時には登録届と同時に次の登録料（平成16年現在）を日本協会に支払うことが義務づけられる．

小学生連盟（1,000円），中体連（2,000円），高体連（10,000円），大学連盟（18,000円），実業団連盟（20,000円），クラブ連盟（20,000円），ビーチバレー連盟（S級のみ1人につき2,000円），家庭婦人連盟（1,000円），ソフトバレー連盟（1県当り40,000円）．

以上の登録料の合計が年間約1億8千万円となり，日本協会収入として各種事業に活用されている．また，平成18年度からは日本協会役員・公認指導者・公認審判員（A級以上）も，登録料として1人10,000円を納入することが予定されている．

平成15年度の日本バレーボール協会公式登録チームを，種別毎に都道府県単位でまとめると，表1に示すとおりとなり，約4万チームが登録して公式大会に参加している．

またこれ以外に，日本協会には登録していない各市町村単位の大会のみに参加しているチームが別に数多くあり，特にソフトバレー・家庭婦人チームにこの傾向が多く認められ，今後その扱いが

表1　平成16年度登録チーム数一覧表　　　　　　　　　　　　　　　　　　　　　　　　　　　　平成16年3月31日

種別 都道府県	男子 クラブ	実業団	大学	高校	小計	女子 クラブ	実業団	大学	高校	小計	合計	小学校 男子	女子	中学校 男子	女子	家庭婦人	ソフト	総合計
01. 北海道	50	14	34	156	254	25	2	27	247	301	555	58	258	111	448	202	116	1748
02. 青森	12	0	3	44	59	4	0	1	67	72	131	5	49	51	116	126	72	550
03. 岩手	47	7	3	64	121	33	1	4	77	115	236	15	80	66	157	90	90	734
04. 秋田	18	5	2	31	56	1	1	1	36	39	95	5	64	22	103	144	216	649
05. 山形	12	3	1	38	54	4	2	1	52	59	113	22	100	46	105	128	125	639
06. 宮城	28	6	5	64	103	16	1	7	78	102	205	18	124	99	196	121	63	826
07. 福島	32	5	3	64	104	12	1	3	91	107	211	20	150	71	196	167	32	847
08. 茨城	28	14	5	63	110	27	1	5	97	130	240	7	110	62	219	144	57	839
09. 栃木	31	10	4	38	83	26	1	3	63	93	176	7	132	32	160	160	80	737
10. 群馬	34	8	4	45	91	18	3	3	55	79	170	18	102	66	161	146	56	719
11. 埼玉	38	25	9	127	199	22	9	10	170	211	410	23	138	146	387	170	100	1374
12. 千葉	28	8	18	156	210	11	2	13	186	212	422	17	54	148	363	346	63	1413
13. 東京	28	28	57	227	340	13	10	54	332	409	749	30	153	164	495	215	48	1854
14. 神奈川	61	28	14	155	258	24	12	11	208	255	513	24	121	143	333	360	49	1543
15. 山梨	29	5	6	25	65	17	1	6	33	57	122	11	56	34	84	201	72	580
16. 長野	29	8	4	77	118	22	10	4	87	123	241	42	102	131	178	124	267	1085
17. 新潟	30	9	5	77	121	16	4	5	92	117	238	28	106	43	218	96	58	787
18. 富山	17	6	3	28	54	15	0	4	42	61	115	14	88	32	67	49	44	409
19. 石川	22	2	4	33	61	12	2	5	46	65	126	18	38	43	77	35	78	415
20. 福井	24	3	4	23	54	14	0	4	28	46	100	20	71	38	64	42	32	367
21. 静岡	24	29	9	100	162	13	4	9	119	145	307	23	107	150	226	102	38	953
22. 愛知	44	44	27	166	281	23	11	32	183	249	530	39	110	137	193	153	350	1512
23. 岐阜	30	7	10	59	106	23	4	11	80	118	224	24	142	92	182	198	86	948
24. 三重	21	8	6	47	82	17	0	8	59	84	166	19	107	58	156	178	35	719
25. 滋賀	23	4	4	44	75	16	4	5	44	69	144	12	134	40	89	154	37	610
26. 京都	46	15	17	59	137	25	0	16	78	119	256	24	144	34	87	127	165	837
27. 奈良	28	3	3	32	66	22	1	4	46	73	139	4	42	34	100	42	46	407
28. 和歌山	12	1	1	28	42	10	0	1	36	47	89	12	83	25	101	102	36	448
29. 大阪	62	50	24	140	276	45	13	26	203	287	563	24	74	118	390	569	79	1817
30. 兵庫	47	14	13	162	236	22	6	16	179	223	459	24	310	175	334	202	45	1549
31. 鳥取	13	4	0	19	36	8	0	2	27	37	73	16	84	60	28	52	51	367
32. 島根	9	1	1	27	38	8	0	3	38	49	87	13	99	20	67	50	43	379
33. 岡山	22	9	7	53	91	23	1	11	72	107	198	22	113	52	142	232	110	869
34. 広島	53	10	16	78	157	31	3	15	102	151	308	44	171	59	135	321	161	1199
35. 山口	18	10	5	42	75	12	0	8	66	86	161	15	122	40	146	43	147	674
36. 香川	29	3	4	26	62	16	0	3	35	54	116	46	101	34	59	32	153	541
37. 徳島	20	7	3	17	47	31	1	4	36	72	119	6	111	21	80	33	19	389
38. 愛媛	16	1	3	35	55	15	0	6	46	67	122	15	82	49	106	50	41	465
39. 高知	18	0	3	18	39	12	0	4	39	55	94	10	35	15	90	17	65	326
40. 福岡	41	5	19	102	167	25	0	15	129	169	336	49	198	54	121	418	77	1253
41. 佐賀	20	4	2	34	60	12	2	4	38	56	116	12	86	36	82	98	45	473
42. 長崎	26	6	5	59	96	9	0	6	70	85	181	65	247	100	167	156	104	1020
43. 熊本	25	5	6	40	76	16	1	4	53	74	150	10	102	70	147	172	79	730
44. 大分	39	10	4	25	78	22	2	4	46	74	152	17	110	34	102	129	100	644
45. 宮崎	17	9	4	44	74	13	2	5	48	68	142	55	169	75	124	221	40	826
46. 鹿児島	48	4	5	64	121	46	1	8	89	144	265	30	223	85	180	260	95	1138
47. 沖縄	21	6	3	50	80	11	1	2	60	74	154	22	53	59	98	87	30	503
合計	1370	463	395	3105	5333	858	120	403	4108	5489	10822	1054	5455	3274	7849	7264	3993	39711

表2 公認審判員と公認指導者の数

都道府県	公認審判員 審判員					公認指導者 スポーツ指導員			コーチ			JVA			小計	合計
	国際	A級	A候	B級	小計	A級	B級	C級	A級	B級	C級	公講	BVL	SVML		
01. 北海道	3	13	2	292	310	0	100	142	1	5	12	4	1	5	270	580
02. 青森	0	8	2	129	139	0	11	17	2	7	3	1	1	0	42	181
03. 岩手	0	9	1	88	98	0	16	11	2	2	0	0	0	0	31	129
04. 秋田	0	7	1	114	122	0	11	27	0	4	2	0	1	5	50	172
05. 山形	1	8	1	102	112	0	15	73	0	5	2	1	2	4	102	214
06. 宮城	4	11	1	123	139	0	0	61	1	0	1	1	6	10	80	219
07. 福島	0	10	1	225	236	0	0	53	0	2	1	0	1	2	59	295
08. 茨城	1	9	2	123	135	0	60	112	1	0	0	1	0	5	179	314
09. 栃木	0	9	1	110	120	0	49	49	2	4	0	0	0	4	108	228
10. 群馬	0	8	2	78	88	0	7	80	1	1	1	2	0	7	99	187
11. 埼玉	2	15	3	135	155	0	62	88	1	2	9	9	4	8	183	338
12. 千葉	3	6	1	242	252	0	19	51	1	3	2	6	0	11	93	345
13. 東京	5	28	5	400	438	0	46	78	16	18	13	26	6	12	215	653
14. 神奈川	3	16	2	370	391	0	5	82	3	5	2	13	7	10	127	518
15. 山梨	1	9	1	104	115	0	9	53	2	4	0	2	0	3	73	188
16. 長野	0	10	2	195	207	0	36	107	0	5	2	0	1	10	161	368
17. 新潟	0	8	3	155	166	0	3	71	4	2	2	4	0	7	93	259
18. 富山	1	11	1	163	176	0	0	72	2	1	3	1	2	1	82	258
19. 石川	0	7	2	100	109	0	5	24	0	0	2	0	5	4	40	149
20. 福井	0	10	1	107	118	0	0	30	0	1	0	0	3	2	36	154
21. 静岡	0	9	1	157	167	0	12	69	3	4	3	2	0	10	103	270
22. 愛知	2	16	3	168	189	0	16	107	1	8	7	3	8	10	160	349
23. 岐阜	0	9	2	129	140	0	16	33	0	2	0	2	0	8	61	201
24. 三重	0	7	1	146	154	0	14	51	3	4	1	0	2	4	79	233
25. 滋賀	0	11	1	75	87	0	0	50	0	10	0	0	0	2	62	149
26. 京都	0	11	1	158	170	0	37	59	1	3	1	3	2	6	112	282
27. 奈良	2	8	2	96	108	0	3	22	1	1	2	5	2	4	40	148
28. 和歌山	0	5	1	87	93	0	0	49	0	1	1	1	1	6	59	152
29. 大阪	6	28	4	254	292	0	98	86	8	13	9	32	10	7	263	555
30. 兵庫	2	13	2	324	341	0	36	83	0	2	4	4	9	11	149	490
31. 鳥取	0	9	1	89	99	0	1	27	2	2	0	0	2	5	39	138
32. 島根	1	8	1	183	193	0	9	22	1	2	1	1	0	7	43	236
33. 岡山	1	6	2	221	230	0	28	35	0	2	3	0	8	10	86	316
34. 広島	2	14	2	165	183	0	60	113	2	5	8	3	7	11	209	392
35. 山口	0	8	1	209	218	0	20	34	0	2	5	1	2	10	74	292
36. 香川	0	9	2	72	83	0	17	4	1	2	2	0	2	9	37	120
37. 徳島	0	11	1	86	98	0	2	16	1	1	1	0	0	2	23	121
38. 愛媛	0	10	1	172	183	0	26	73	1	2	1	1	3	2	111	294
39. 高知	0	7	2	108	117	0	1	12	2	0	0	1	2	11	29	146
40. 福岡	3	10	2	186	201	0	38	57	2	5	4	5	1	9	121	322
41. 佐賀	0	7	1	78	86	0	0	40	3	2	2	0	0	2	49	135
42. 長崎	0	8	1	162	171	0	22	41	1	3	1	2	0	2	72	243
43. 熊本	0	10	1	254	265	0	20	27	0	4	2	0	1	4	58	323
44. 大分	0	8	1	65	74	0	8	33	2	0	0	1	0	2	46	120
45. 宮崎	1	7	2	186	196	0	6	4	0	3	0	1	1	10	25	221
46. 鹿児島	0	11	2	79	92	0	3	34	1	3	1	1	1	12	56	148
47. 沖縄	0	9	0	113	122	0	12	37	1	3	1	1	11	1	67	189
合計	44	481	76	7377	7978	0	959	2499	76	160	119	139	117	287	4356	12,334

＊JVA欄のBVLはビーチバレーリーダーの略です。
＊JVA欄のSVMLはソフトバレーマスターリーダーの略です。

検討されなければならない。それらを合計すると実際には100万人以上の人がバレーボールに何らかの形で参画しているものと考えられ、まさに日本の国民的スポーツの1つであることを物語っている。

2）公認審判員と指導者

平成15年度に日本バレーボール協会に正式に登録されているB級以上の公認審判員と、日体協公認スポーツ指導員と公認コーチ、さらにはJVAが正式資格認定のための移行措置としてのビーチバレーリーダーと、ソフトバレーのマスターリーダーの数を各都道府県毎に示すと、表2の通りで約8000人のB級以上の審判員と、4300人の公認指導者が全国各地で活躍している。また、審判員には各都道府県単位の大会をコントロールするC級審判員も数多く活躍している。日本のバレーボールを支えると共に、語学の出来る国際的なトップコーチとして国際バレーボール連盟公認1・2・3級コーチが約70名認定され、さらに最上級の主任として3名の主任コーチが国際コーチ養成講習会の講師として世界各地での指導に当っている。

3）日本バレーボール協会の財政事情

日本バレーボール協会の運営と、前述したような事業の展開には多大の経費が必要になる。国際大会の開催の有無により予算規模がやや変ってくるが、平成16年度の収入および支出をまとめると表3のようになる。

協会の収入内訳は、この年開催されるワールドカップ2003で22％。それに引きつづき行われるVリーグで37％と、これらの事業収入が全体の60％近い収入となり、この2事業の成否が協会財政を大きく左右することがわかる。国庫補助は10％にも満たず、また役員チームの登録料で10％、スポンサーの支援により8％である。支出についてみるとVリーグ・FIVB大会の運営費とナショナルチームの強化費が60％以上を占めている。したがってワールドカップや世界選手権大会のような日本で開催する国際大会がないとすると、表中のFIVB大会の項がなくなるわけで年間予算規模は16-17億となり、約2億円近い赤字が毎年協会の財政負担の赤字として蓄積されてくることになる。したがって協会財政を維持するためには、FIVB大会でうんと黒字を作って、FIVB大会のない年のマイナス分を補いつつ運営せざるを得ないというのが現状で、もし仮にFIVB大会を日本で開催できなくなれば、年間2億の累積赤字が生じ、即破産の危険性があることを関係者は銘記すべきである。

平成5年度から15年度までの日本協会の収支と次年度繰越高は表4の通りであった。

表3　日本バレーボール協会　平成16年度　予算概要
1）収入内訳

項　目	金額(万円)	全体中の比率
登録料	18,940	9.50%
スポンサー	15,350	7.70%
FIVB補助	11,720	5.80%
国庫補助	16,885	8.40%
Vリーグ	74,370	37.00%
FIVB大会	43,590	22.00%
競技会収入	5,250	2.60%
附随事業※	14,150	7.10%
計	200,255	100%

※附随事業内訳
　ルールブック売上、検定料、広報料、ファンクラブ

2）支出内訳

項　目	金額(万円)	全体中の比率
国内大会補助	18,000	9.00%
加盟団体補助	5,000	2.50%
海外会議派遣	1,300	0.60%
人件・管理費	14,041	7.00%
強化費	35,000	17.50%
FIVB大会運営費	34,000	17.00%
Vリーグ運営費	53,000	26.50%
国際事業費	2,500	1.20%
国内事業費	10,378	5.30%
その他(FIVB大会参加料等)	27,036	13.40%
計	200,255	100%

※国内事業費は指導普及・審判規則及び国内競技委員会費の合計

表4　日本バレーボール協会収支の推移

年度	収支差額	繰越高	イベント	協会中枢
5	△6,800	32,330	グラチャン NTV	松平　小山
6	70	32,400	スーパー4 テレ朝	松平　小山
7	22,000	54,400	W Cup フジ	松平　小山
8	△4,400	50,000	アトランタ	松平　小山
9	△25,400	24,600	グラチャン NTV	松平　小山→村井　豊田
10	9,900	34,500	世界選手権 TBS	村井　豊田
11	29,870	64,370	W Cup フジ	村井　豊田
12	7,500	71,670	シドニー男女 TBS	村井　豊田
13	△15,800	55,870	グラチャン NTV	村井　砂田
14	△30,680	25,190	なし	村井　砂田
15	3,990	29,340	W Cup フジ	村井　豊田
16	5,000見込	34,340見込	アテネ フジ	村井　豊田

平成5年〜15年の11年間の日本バレーボール協会財務状況

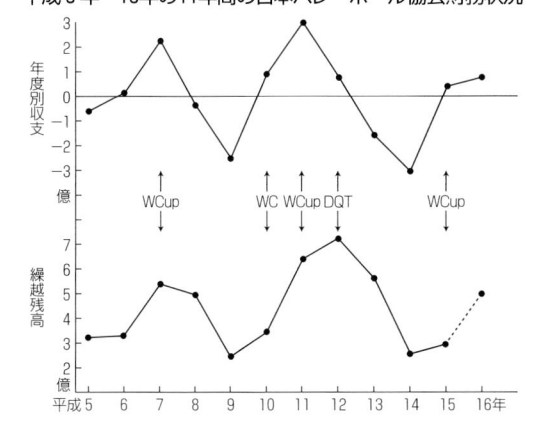

③ 日本バレーボール協会の課題

1）ナショナルチーム育成のための一貫指導モデル

　全日本バレーボールチームは1988年の女子チームの銅メダル獲得以来、ワールドカップ・オリンピック・世界選手権大会のバレー界の3大タイトル戦で、3位以内の入賞すら出来ないという低迷をつづけている。かつて東京・モントリオールオリンピックでの女子の金メダル、ミュンヘンオリンピックでの男子チームの金メダルを筆頭とする輝かしい栄光の歴史を有する日本バレーボールがなぜ不振を続けているのだろうか、その不振から脱脚するためにするために何をすべきなのであろうか。それには次に示すいくつかのポイントが存在していると考えられる。

1）バレーボールの世界的発展により、アフリカを除く、4大陸のチームのレベルが著しく向上し、かつての日本対東欧の対立構造が大きく変ってきた
2）体格を含めた長身選手・人材の不足
3）選手育成プロジェクトに対する国家的支援の不足
4）強化選手育成環境条件の整備のおくれ
5）指導者の研究不足とおごり

　これらの原因を一掃するため、日本バレーボール協会は平成15年からJOCの協力をえて、一貫教育システムの充実を計って、選手の素材発掘と育成システムの構築に努めると共に、大阪府貝塚市の元ユニチカ体育館を借用して、ナショナルトレーニングセンターを開設し、選手が落着いて練習でき、外国チームと合同合宿して研修できる環境づくりを実現した。また、平成17年度からは発掘した素材を最高の指導者と環境の中で育成できるようなバレーボールアカデミー"NTドリームズ"を発足させ、中学1年生からの一貫育成指導のシステムをスタートさせた。とりあえず女子チームがスタートしたこのシステムは近い将来、男子の育成システムの中にも採用され、強い全日本ナショナルチームの再建がユース、ジュニアチームの強化システムの構築からスタートするものと考えられる。このシステムは、女子は平成15年からスタートしたが、栗原・大山・木村をはじめとする高校生からの全日本チームへの参加が実現し、さらに中学生の狩野をはじめ、高校生の横山・西山・高崎ら、北京オリンピックを目指す若いスターの卵が既に育成され、今後の成長が期待されてい

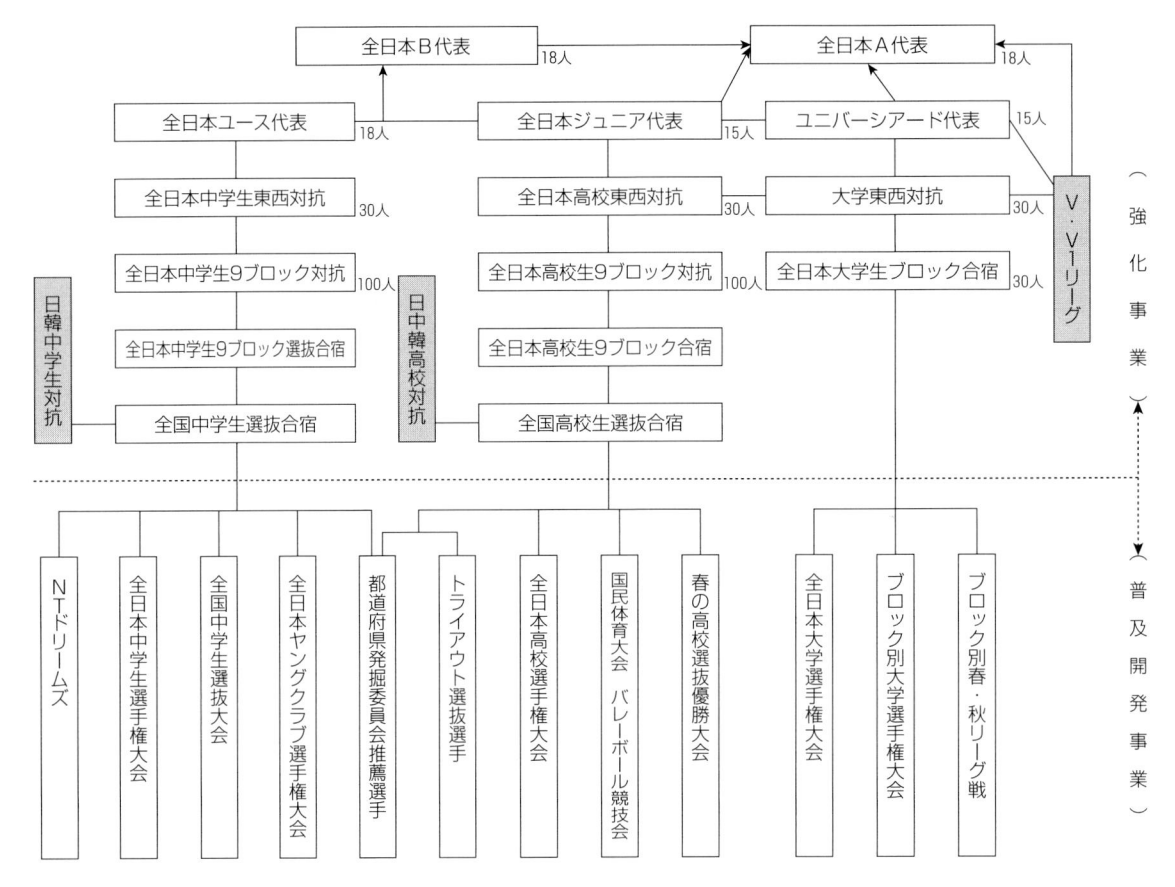

```
                              全日本B代表 ─18人─→ 全日本A代表 ←─18人─┐
                                 ↑              ↑                    │
       全日本ユース代表 ─18人→ 全日本ジュニア代表 ─15人→ ユニバーシアード代表 ─15人─┤
       全日本中学生東西対抗    全日本高校東西対抗 ─30人    大学東西対抗 ─30人      │ V
       ─30人                                                            │ ・
       全日本中学生9ブロック対抗  全日本高校生9ブロック対抗  全日本大学生ブロック合宿 ─30人 │ V
       ─100人                   ─100人                                   │ 1
       全日本中学生9ブロック選抜合宿  全日本高校生9ブロック合宿                     │ リ
       全国中学生選抜合宿           全国高校生選抜合宿                         │ ー
                                                                        │ グ
```

図3　全日本ナショナルチーム育成一貫指導組織図

（下層：NTドリームズ／全日本中学生選手権大会／全国中学生選抜大会／全日本ヤングクラブ選手権大会／都道府県発掘委員会推薦選手／トライアウト選抜選手／全日本高校選手権大会／国民体育大会 バレーボール競技会／春の高校選抜優勝大会／全日本大学選手権大会／ブロック別大学選手権大会／ブロック別春・秋リーグ戦）

（左側：日韓中学生対抗／日中韓高校対抗）
（右側：強化事業／普及開発事業）

る。これらの逸材が恵まれた環境に支えられ，全日本チームの黄金時代の再現の夢を必ずや実現してくれるものと信じている。指導者の育成についてもトップコーチセミナーやFIVBコーチへの参加の機会を設け，外国人指導者の招待と導入を中心に，その実力向上と育成にさらなる努力を続けてゆく予定である（図3）。

2) 現行競技会方式の再検討

　バレーボールの普及発展のためには，単にナショナルチームが強いだけで満足していてはいけない。それを支える広い底辺の拡大を欠くことができない。日本バレーボール界には勝つことを目的とした強いナショナルチームの育成と共に，教育としてのバレーボール，生涯スポーツとしてのバレーボールの振興もまた日本協会の重要施策の1つである。そのためには，各層のバレーボーラーがやり甲斐のある目標づくりが大切で，従来の勝つことを中心とするチームの単純勝ち抜きトーナメントの競技方式から，全てのチームに同じレベルのチーム同士との交流の場を多く設けてゆく努力が不可欠である。

　そのような観点から，単純トーナメント方式を主流とする勝者優先の競技方式から，多くのチームが実力同等のチーム同志で戦い合える機会均等の競技方式を多く導入することが必要である。そ

競技発展の2本柱
〈よいリーダー・指導者〉〈目標となる大会の設定〉

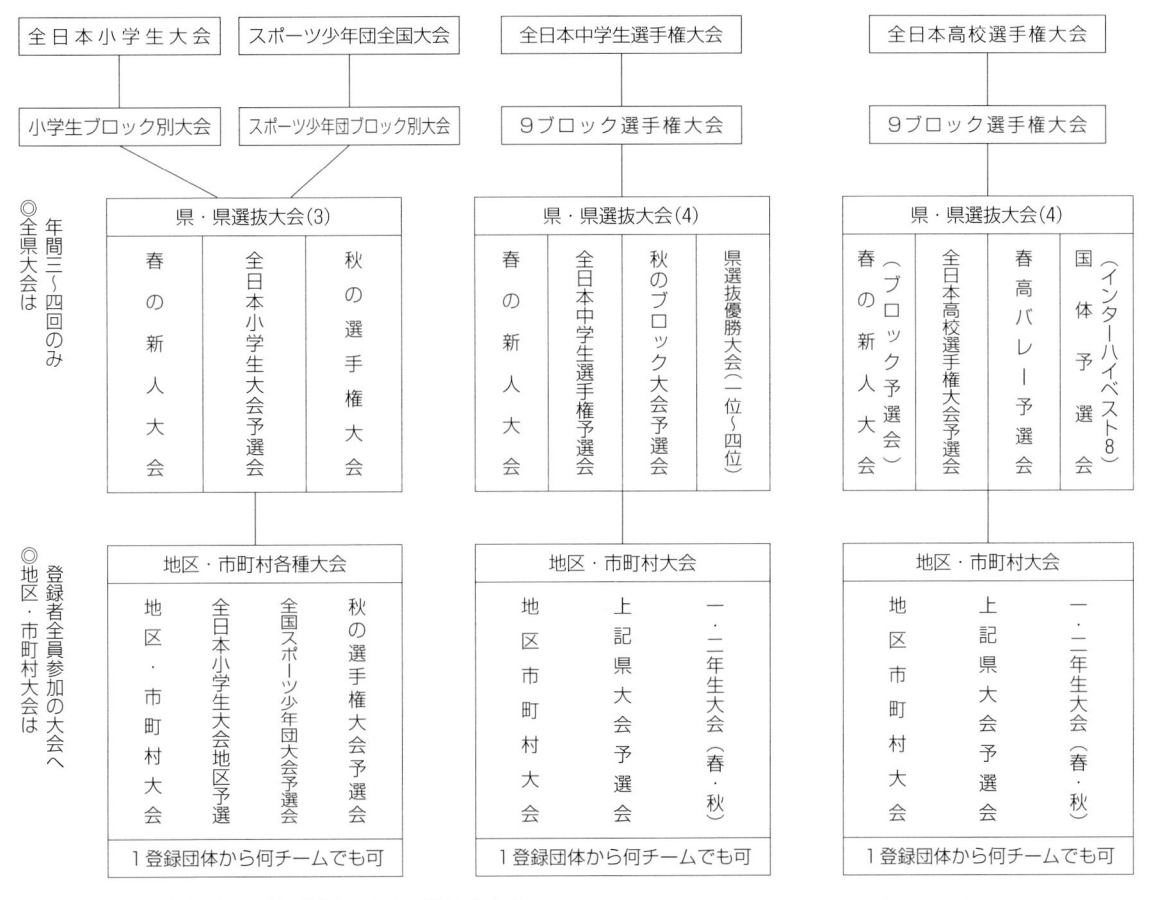

図4 小・中・高校バレー普及発展のための競技会方式（基本技・体力づくりの徹底と競技人口拡大のための）

のような考え方から，現行の競技方式を再検討し，図4に示すような競技形態へと改変する努力が払われるべきである。1つの試案として提示しておきたい。

この競技様式は，都道府県内の市町村や地域レベルの大会にもっと目を向けて地方大会に支援をし，県大会へ展開することを目的としている。トップレベルの大会数を整理し，市町村協会の活動を盛んにし，その代表を中央の県協会組織に抜擢して全県をまとめ，中央集権でなく地方協会の組織力の強化を計ってゆくことが大切になる。中央の時代から地方の時代への意識改革がまず大切になる。

市町村→県→ブロック→東西別→全日本の5つの流れを，チームの経済事情と時間的制約に対応しつつ，多くのチームに手近かな目標づくりをして，参加への意欲を高めることが何よりも必要であろう。

そういう意味で，現行の競技方式を図4・5に示すように，大幅な改変を急ぐことを提唱したい。

2. 日本バレーボール協会（JVA）の現状と課題

大会規模	参加条件		トップリーグ機構	実・クラブ連	学連	高体連	中体連	実連	クラブ連	学連	小連	家婦連	ソフト連	ビーチ連
								運　営　母　体						
全日本大会	登録チーム8チーム以上		Vリーグ	全日本社会人6人制	全日本インカレ6人制	インターハイ春高国体	インターミドル選抜大会	全日本実業団9人制	全日本クラブ9人制	全日本大学9人制	ペプシ杯スポーツ少年団	ママ大会（いぞく）（ことぶき）	ソフト（ファミリー）（レディース）（シルバー）	ビーチバレー（男女）（マーメイド）（プリンセス）等
				黒鷲旗・全日本6人制総合		ヤングバレー全国大会		全日本9人制総合						
東西大会	同上8チーム以上		Vリーグ		東西インカレ（6人制）選手権リーグ	(交流大会)		(交流大会)		(自由参加)		(交流大会)		
ブロック大会	同上4チーム以上		地域リーグ	ブロック別6人制	ブロック別選手権リーグ	ブロック別高校	ブロック別中学	ブロック別実9	ブロック別ク9		ブロック別	ブロック別	ブロック別	ブロック別
県大会	無制限		実業団・県リーグクラブ県6人制		県大学選手権	県高校	県中学	県別実9	県別ク9		県別	県別	県別	県別
市町村大会	同上無制限学年別登録も可			※地域別クラス・レベル別		地域別※学年別クラス別	地域別※学年別クラス別	※地域別クラス・レベル別			地域別学年別クラス別※	地域別年齢別クラス別※	地域別年齢別クラス別性別※	地方大会市町村クラス別※

ブロック枠の変更　北海道＋東北② 　北海道＋東北② 　近畿② 　中国＋四国② 　九州② 　関東② 　東北① 　北信越① 　計12チーム

※大学と大学クラブの登録は別とする

図5　JVA国内競技会将来構想モデル案（単独登録チーム分）

194　第5章　指導者に必要な知識

3）国際バレーボール連盟への協力と関与

　日本バレーボール協会は，アジアバレーボール連盟の推薦を経て，世界のバレーボールの国際的普及・強化活動に努力する多くの役員を送り込んでおり，発言力を確保すると共に，その事業に多大な貢献をしている。多くの国際大会をテレビ・マスメディアの協力を得てワールドカップ・世界選手権大会・オリンピック最終予選等の開催を引きうけ，大会の運営を立派にやりとげると共に経済的支援を行っている。例えば1つの国際大会の放映権を得るために，大会規模によるが5億-10億の経費を権利金として支払い，国際バレーボール連盟の財政を支えているのが現状である。

　また，日本協会から副会長理事1名と各競技術委員会に6名の他国に例のないほどの最多の委員会委員（技術委員長，スポーツイベントカウンシル・審判・ルール・マスメディア・医事委員会各1名）を送り出しており，その活動の中枢となっている。そして，国際公認コーチ指導委員3名，国際公認コーチ80名，国際審判員40名を有し，世界各地での大会や講習会において大きな貢献を果たしている。例えばアテネオリンピックの男子決勝戦のゲームジュリーと主審はいづれも日本の代表役員が務めるなど，世界バレーボール界のリーディングカントリーとしての機能を果し，日本の長期にわたる国際的貢献によって世界各国から尊敬を集めている。

　これら国際的な活躍を果すためには，次のような能力が必要であるので，将来国際舞台で活躍をしたいと考える人は，今から少しでもその実力の涵養に努め，今後の国際バレーボール連盟を日本の代表として支えていただきたい。

1）英・仏・スペイン語の内，少なくとも1ケ国語が堪能で大会・講習会のコントロールが出来る能力を有する方
2）国際連盟のルールと慣例になれ順応できる人
3）健康で時差・食事の変化に対応できること
4）多くの人から信頼され，尊敬されるだけの専門的能力を有すること
5）本務意外にFIVBの仕事に専念できる時間的，経済的余裕のある人。

4）財政の安定化と経費の有効活用

　日本バレーボール協会の財政事情については前述の通りである。協会がさらなる発展をとげ，多くの関係者がバレーボールを1つの文化として価値づけるためには，沢山の資金が必要で，現状では国際大会で蓄えた金で何とかやりくりしつつ，赤字を防ぐ努力を続けているというのが実情で，年間約2億の資金が毎年不足している。この実情を打破するためには，

1）現在の出費の有効活用と合理化
2）新しい財源の確保への努力

の2つが必要で，前述の現行大会の整理・事務経費と組織の合理化と共に，今後次のような財政事情の改善への努力が必要となる。

1）ナショナルチームの強化によるスポンサーの拡大
2）国際大会の合理化とナショナルチームの強化によるチケットセールス・TV放映料の増収入への努力
3）協会主体のマーチャンダイジング・事業の促進（グッズ・肖像権のセールス）
4）協会主導によるファンクラブの拡大と組織化
5）マーケティング・マーチャンダイジング本部の独立によるプロモーション活動の一本化
6）協会報の内容改革等，マスメディア対策の拡充によるPR活動の拡大

　以上の推進のため，前述の組織図の中に示したように平成17年度からM and M本部を設置し，専門家を協会外から求めて本格的な対策をスタートさせ，年間5億の増収を計ることにより，ナショナルチームから底辺の普及活動をさらに活性化すべく努力を続けている。

（豊田　博）

3. 国際バレーボール連盟(FIVB)の現状と世界のバレーボール

1 国際バレーボール連盟(FIVB)の現状と今後

　国際バレーボール連盟（International Volleyball Federation, FIVBまたはIF）は57年前、1947年に初代会長のポール・リボウ氏(フランス)を中心に22ケ国の参加のもとパリで設立された。その後ヨーロッパとアメリカ（バレーボールの母国）を中心に世界的な普及活動がYMCAを中心に行われ、1949年プラハでの第1回男子世界選手権大会を、1952年には女子の世界選手権がモスクワで開催され、その発展と普及に拍車がかかった。日本のFIVBへの加盟は1951年であったが、当時の日本の主流は9人制であり、男子世界選手権大会に初参加したのは9年後の1960年であった。1964年の東京オリンピックの開催をひかえて、バレーボールをオリンピック正式種目への導入に働きかけたのは、他ならぬ日本バレーボール協会で、それがその後の世界的発展に大きな役割を果たしてきた。また、ビーチバレーも1996年のアトランタオリンピックから正式種目に採用された。日本で4年毎開催されるワールドカップと並んで、世界選手権大会・オリンピックが世界バレーボール界の3大イベントとして、FIVBの財源の確保とメディアへのPRに大きな貢献をしてきた。

　現在、2代目のルーベン・アコスタ会長（メキシコ）のもと、FIVBには213の正式加盟国があり、サッカー、陸上、水泳をしのぐ世界最大の競技団体として現在に到っている。加盟国は各々アジア・中北米・南米・ヨーロッパ・アフリカの5つのゾーン連盟（コンフェデレーション）に分けられており、214ケ国の各々がFIVB総会に1名を代表として送り、2年毎の予算・来季計画の審議を行う。4年に1度、役員の改選が行われる。会長・副会長13名で構成される実行委員会が運営の中心となり、各ゾーン連盟に割り当てられた女性2人を加えた31名の理事による理事会が年一度開かれている。ローザンヌにあるFIVB本部事務局が日常業務を処理しており、理事会の下に、スポーツイベント(競技)・コーチ・レフリー・ルール・技術・医事・マスメディア・法制・ビーチバレー・デベロップメント(普及)の10の専門家による委員会が構成され、理事会に新しい企画を提示したり、理事会からの委嘱事項を処理している。

　また、特に将来の世界のバレーの発展を意図して、将来構想を想定するための2012年特別委員会が組織され、加盟国を次の5つのカテゴリーに分け、その実状に応じて適切な施策を具体的に実行し、その発展を援助している。

レベル1：国内の全国大会が未だ開かれていない国　67ケ国

レベル2：国内の全国大会は組織されているが国際交流のない国　82ケ国

レベル3：ゾーンの国際大会には参加している国　41ケ国

レベル4：世界大会にも参加しているが未だ発展途上の国　19ケ国

レベル5：バレー界をリードしている国（普及・人気・教育システムへの導入・マスメディアの協力

度・トップリーグとナショナルチームの実力等)日本・ブラジル・イタリア3ケ国のみ

例えばアフリカや発展途上国に対しては，SAP(Sport Aid Program)によるコーチ・用具を送ってのバレー教室や，コーチレフリーの育成のコースをディベロップメントセンター(アジアではバンコク・カルカッタ・バーレインに開設中)を活用して実施し，多大の成果を挙げている。

日本はFIVBに対し，ワールドカップ・世界選手権大会・ワールドリーグ・ワールドグランプリなどの大会を開催し，多大のテレビ放映料を支払い財政的に支援し，松平名誉副会長をはじめ，豊田実行副会長(技術委員長)，若尾(SEC)，下山(審判)，西脇(ルール)，羽牟(医事)，竹内(マスメディア)と，世界最多の6人の現役役員を送りこんで，世界のバレーの発展のため，人的支援についても多大の貢献をしている。

ナショナルチームについても，シニアのみならず，ユース・ジュニアのチーム力と，ゾーン大会および世界大会での実際の成績をもとにランキングが発表され，ランキング次第で各種大会のシード権を決定する工夫が加えられ，各国の競技熱をあおっている。最近のFIVBトップ上位ランキングを男女別に示すと表1の通りである。日本は男子16位，女子7位が現在の位置である。

2 今後のバレーボール指導者に望むこと

指導者が社会に受け入れられ，大きな成功を修めるためには，単なる技術指導の専門家としてではなく，社会の発展に貢献できるリーダーとして，スポーツ界以外からもその存在が認められなければならない。そのためには広い視野に立ってリードし，活躍しなければならないことを理解し，そのビジョンに従って着実に努力し，具体的な形で貢献度が認められることによって初めて可能になる。社会で重視されるリーダーになるためには，自分のチームの運営を通して，マネジメントとアドミニストレーションの能力を常に磨いて，日本のバレーボール界がたどった歴史を反省しつつ，今何を目指しているか，その理念と使命を理解し，そのために自らが率先して何をなすべきかを考えることからスタートすべきである。

日本バレーボール協会が太平洋戦争後の(昭和20年から)再建期から今日までたどった道を考えると，およそ次のように分類できる。

第一期(昭和20年～38年)戦後再建期；東京オリンピックまで(19年間)

表1 FIVBランキング

順位	男子		女子	
	国名	得点	国名	得点
1	ブラジル	344.5	中　　国	312.0
2	イタリア	262.5	ブラジル	281.5
3	セルビア	218.5	アメリカ	263.5
4	アメリカ	189.5	イタリア	295.0
5	ロ シ ア	171.5	キューバ	218.5
6	フランス	160.0	ロ シ ア	176.0
7	ポーランド	98.0	日　　本	127.5
8	アルゼンチン	97.0	韓　　国	106.5
9	ギリシア	69.0	ポーランド	81.0
10	韓　　国	75.0	ド イ ツ	69.0
11	カ ナ ダ	69.0	ト ル コ	60.5
12	ベネズエラ	54.5	オランダ	42.0
13	オランダ	49.0	ドミニカ	38.5
14	中　　国	44.0	アルゼンチン	33.0
15	ブルガリア	37.5	ギリシア	30.0
16	日　　本	34.0	ブルガリア	29.5
17	キューバ	31.0	タ　　イ	24.5
18	ポルトガル	30.5	エジプト	23.0
19	スペイン	28.5	プエルトリコ	22.5
20	チュニジア	25.0	ペ ル ー	22.5
21	エジプト	21.5	ケ ニ ア	18.5
22	イ ラ ン	20.5	ルーマニア	17.0
23	オーストラリア	14.0	カ ナ ダ	15.5
24	ド イ ツ	13.0	台　　北	12.0
25	チ ェ コ	11.5	カメルーン	7.5

(得点方式)
オリンピック
世界選手権
ワールドカップ
1位100点
2位 90〃
3位 80〃
4位 70〃
5位 45〃

大陸選手権
ジュニア世界
選手権は10点
～30点で加算
して合計得点
を出す

(2004年8月現在)

第二期(昭和39年〜63年)発展充実期；ソウルオリンピックまで(25年間)

第三期(昭和64年〜平成15年)低迷期；苦悩の第3世代(15年間)

第四期(平成16年〜)再建期；若い力第4世代へ

　新しい日本のバレーボールの再建には，何が必要かを考えながら，クラシカルオーガナイゼーションから創造的オーガナイゼーションへ，プロフェショナルマネジメントへの移行の時代を迎えようとしている。そして当面している課題は，前述した日本バレーボール協会の基本方針に示すとおり，"バレーボールの社会的文化的価値の創造と社会貢献の実現"を目標としている。バレーボールの素晴らしさを多くの人々に理解させつつ，その感動を通して努力することの尊さ，協力して大きな仕事を成しとげることの重要さ，苦しさに克つ強い心や勇気の精神的資質の向上や，厳しい試練に負けない体力育成・好ましい人間性の育成に貢献し，豊かな人生と社会を創造する一助となることを目指すべきである。新しいJVAのキーワードとビジョン"勇気・挑戦・創造"の基本姿勢の確認と実行に努めるべきである。

① 創造的マネジメントとは何か

　勝つためのバレー・教育の手段としてのバレー・レクリエーションとしてのバレーという，多岐にわたる現在のバレーボール活動にたずさわっている多くの人々の能力を調整し，意欲をもりたてつつ，創造的かつ発展的に集団を統御しようとする努力が大切になってくる。そして具体的な目標の設定と，その具体化のプロセスとして考えるべき要素としては，次の点がある。

1）協会の現状分析による問題点の把握
2）現状脱却のための短期・長期目標の設定
3）目標達成への組織改革と責任分担制の明確化（運営・強化・国際・V機構・国内・M and M）
4）人的資源の分析と適性把握による評価
　　（評価プロセス）素材発見→試行・テスト→育成活用→評価処遇→活性活用化→適性判定→責任供与

② 必要なマネジメントの諸要素

　具体的な目標に従い，次の4つの要素のマネジメントから具体化を推進することが必要である。

A）組織を活性化する人材の育成(ヒューマンマネジメント)

1）人間としての能力〜公平さ・先見性・創造力・思いやり・行動力・分析評価力・判断力・責任感・誠意・信頼感・情熱・真面目・リーダーシップ・語学力・コミュニケーション能力・カリスマ性・経験等の総合的評価

2）管理者としての能力〜規約ルールの明確化

　ⅰ）意思決定プロセスの確立(責任態勢確立)
　　企画立案→検討分析→承認→予算化→実行→評価→修正→報告→処理→反省→新課題設定

　ⅱ）動機づけと連帯感によるやる気の育成と成果を認め評価してやるシステムづくりを生かして役割や責任を与える。意見を聞いて実現してやる。ほめる叱る。やりがいを与える。プライドを持たす。

　ⅲ）危機的条件を生む原因を理解すること。思考力不足・丸投げ(依頼心・無責任)・甘え・見栄・ずるさ・臆病・マンネリ化・保守性・自己中心・思い上がり

　ⅳ）率先垂範による実行力と経験を通して現実に結果を示すこと。

B）財源の確保と予算執行の公明性・合理性(フィナンシャルマネジメント)

1）協会の財源は何によってまかなうか

　ⅰ）従来の財源〜公共団体の補助金・チーム登録料および会費や大会参加料の増額，大会の入場料，テレビ放映料等

　ⅱ）今後の求めるべき財源〜マーケティングとマーチャンダイジング・事業の遂行による収入・マスコミおよびローカルスポンサーからの援助・ファンクラブの活用

2）協会としてどのような努力をすべきか

ⅰ）支出の合理化～無駄な事業による支出のカット・運営の合理化と計画的活用・処理のスピードアップ・受益者負担の原則の徹底・ボランティアの活用
　　ⅱ）事業収入の拡大～チケットセールスの努力・マスコミの活用による観客の開発・官庁・企業へのPRと協力体制の確立
C）コミュニケーションと情報化への対応
　IT技術の導入と事務の合理化・情報収集能力・伝達PR能力の拡大とサービス機能の充実
　1）JVAと他府県協会・傘下加盟連盟とのネットワークの実現
　2）マスコミへの情報提供とサービスの拡充
　3）ファンクラブ・一般への情報提供とサービスの充実，ホームページ・インターネット・マスコミへの情報提供システムの拡充整備。
D）マーケティング活動の充実を計る
　広くイベントを宣伝して最大の利益を得ようとする働き，マーチャンダイジング（商品販売）による利益の追求，そのためのプロセスを促進すること。
　1）市場調査～ファンが何を求めているか
　2）営業企画～どうすれば価値を与えられるか
　3）生産販売～セールステクニックと安く作り出す努力
　4）広報宣伝～多くの人々に周知徹底するPR活動の充実
　5）販売促進～セールス活動，メッリトづくり，販売戦略（どこで売るか，いつ売るか）
　6）再販努力～最後のひと押し，動員テクニック
　これらのマーケティング活動は単なる協会組織の中のみで動いていたのではうまく機能しない。多くの人脈とプロフェッショナルな組織と人材を次の視点に拡大して行うべきである。
・専門プロ組織～チケットぴあ，セゾン，セブンイレブン，電通，博報堂など
・協会組織～連盟・学校・企業・町内会の活用
・行政機関～イベントとのタイアップ・文化事業としての理解への努力
・企業スポンサー～ローカルスポンサーとの人間関係の開発
・マスメディアとのタイアップ～テレビ新聞広報誌の活用
　以上の具体化には各担当分野の責任者を中心に執行に当って各々が次の条件を準備し動きはじめるべきである。
　ⅰ）何時（When）誰が（Who）何処で（Where）如何に（How）を明らかにすること。
　ⅱ）目標を明示すること。
　ⅲ）組織を作り，役割と責任を与えること（競争原理の導入）。
　ⅳ）他人にまかせず常に率先垂範すること客観的評価と他人の意見を聞くこと。
　ⅴ）中間評価，修正を加える（効率の分析）。
　ⅵ）信念と執念を持ち楽しく明るくやること。
　ⅶ）プラスの効果を挙げること（実績主義）。
E）国際化への対応とリーダーシップの習得
　国際指導者としての資格のとり方について，また，国際的な仕事を行う上でのリーダーとなるための条件については，前述のとうりであるが，何と言っても，リーダー自身が常に語学力の向上の努力を続け，日本人とは異った国際的マネジメントのセンスや思考方式に精通する努力を払うと共に，多くの友人を世界各国に作り，コミュニケーションの拡大を心掛けることが必要である。私自身にとっても50回を超える若い頃からの世界各地でのFIVBコーチコースで，多くの指導者と接し，多くの教え子を育ててきたことが，世界に認められ通用するバレー人の1人となる上で，大きな役割を果していることを痛感している。その様な機会を与えて下さった多くの先達に心から感謝している。

（豊田　博）

4．国際大会参加に必要な手続きと常識

1 国際バレーボール連盟(FIVB)主催の公式大会

①世界選手権大会(Sr 男女)

　世界選手権大会は4年毎の偶数年に開催される。
- 1994年　男子(16チーム)ギリシャ
- 1994年　女子(16チーム)ブラジル
- 1998年　男子(24チーム)，女子(16チーム)共に札幌，仙台，千葉，川崎，東京，松本，魚津，浜松，名古屋，大阪，広島，徳山，福岡，熊本，鹿児島にて開催。

(1999年　2006年世界選手権男女大会の日本開催契約がFIVB，JVA，TBSの3者により契約され開催が決定した。)
- 2002年　男子(24チーム)アルゼンチン
- 2002年　女子(24チーム)ドイツ
- 2006年　男子(24チーム)，女子(24チーム)共に札幌，仙台，さいたま，東京，長野，名古屋，大阪，神戸，広島，福岡の各都市にて開催する。

②オリンピック

　オリンピックは4年毎の偶数年に開催されるが，世界選手権大会(Sr 男女)とは2年間のずれを持って開催される。
- 1992年　(スペイン，バルセロナ)
- 1996年　(アメリカ，アトランタ)
- 2000年　(オーストラリア，シドニー)
- 2004年　(ギリシャ，アテネ)
- 2008年　(中国，北京)

③Jr 男子(U-21)，女子(U-20)世界選手権大会

　Jr 男女世界選手権大会は2年毎の奇数年に開催される。
- 2003年　男子(16チーム)イラン・テヘラン
- 2003年　女子(16チーム)タイ・スパンブリ
- 2005年　男子(12チーム)インド
- 2005年　女子(12チーム)トルコ

④ユース男子(U-19)，女子(U-18)世界選手権大会

　ユース男女世界選手権大会は2年毎の奇数年に開催される(Jr 男女世界選手権大会と全く同じ年)。
- 2003年　男子(16チーム)タイ・スパンブリ
- 2003年　女子(16チーム)ポルトガル・ポルト
- 2005年　男子(16チーム)アルジェリア
- 2005年　女子(16チーム)マカオ

⑤ワールドカップ

　ワールドカップは4年毎の奇数年に開催される。
- 1997年以来1981年，1985年，1989年，1991年，1995年，1999年まで毎4年毎日本開催。
- FIVB，フジTV，JVAの3者契約の元FIVBが主催し，フジTV，JVAの2者による開催国組織委員会が共催者となる。
- 試合形式は1985年以来，男女各12チーム1回戦総当り形式となっている。
- 2003年，2007年，2011年の3回に亘る契約が2001年にFIVB，フジTV，JVAの3者により行われ，本年2003年11月1日～30日まで札幌，仙台，東京，長野，浜松，名古屋，富山，大阪，岡山，広島，福岡，鹿児島の12都市にて開催。

- 2007年日本開催(開催都市は未決定)
- 2011年日本開催(開催都市は未決定)

⑥ 男子ワールドリーグ

男子ワールドリーグは毎年5月下旬～7月初旬に世界各都市にて開催される。

- 1991年に創設され,毎年開催することを条件に,最初は世界上位8チームを2グループに分け,各4チームの2回戦総当り戦をホームアンドアウェイ形式で参加国の各都市にて開催し総額3億円の賞金を設定し,開催国はホストTVが付くことを条件(日本はNHK)とし,世界最高の賞金大会を発足させた。
- ワールドリーグ上位4チームによる決勝ラウンドが行われるが,1993年には大阪で開催。
- 1995年から参加チームを12チームとし,賞金総額も9億円と増額した。
- 日本は残念ながら1997年～2000年の4年間はJVAの方針とTVの協力が得られずやむを得ず不参加となった。
- 2001年,FIVBは参加チーム数を16チームとし,賞金も13億円と増額,日本も復活参加を果たし,松本,広島,東京にてホームマッチを開催,ホストTVはフジTV(2001～2003年)。
- 2002年は大阪,富山,東京にてホームマッチを開催。
- 2003年は福島,福岡,東京にて開催。
- 2004年は松本,埼玉・所沢,東京にて開催。ホストTVはTBS(2004～2006年)。
- 2005年は岐阜,東京にて開催。

⑦ 女子ワールドグランプリ

女子ワールドグランプリは毎年7月中旬～8月に開催される。

- 1993年にFIVBにより創設された賞金総額1億5千万円賞金大会。
- 日本はこの大会開設以来参加(大会開催が出来なかった年も含めて)。
- 1994年～1996年は開催地が2ヶ所の為東京と福岡,浜松,岐阜にて開催。
- 1996年には決勝ラウンドを神戸にて開催された。
- 東京を中心に開催されてる。日本開催復活後のホストTVはTBS(2001～2003年)。
- 2004年 川崎市とどろきアリーナにて開催。
- 2005年 東京,代々木競技場にて予選ラウンド開催。仙台市体育館にて決勝ラウンド(予選上位5チームおよび日本)開催。ホストTVはフジTV。

⑧ Sr男女世界選手権大会予選大会

Sr男女世界選手権大会予選大会は本大会開催前年の8月末までに開催される。

⑨ Jr男女世界選手権大会予選大会

Jr男女世界選手権大会予選大会は2年毎の奇数年の5月末までに開催される。

⑩ ユース男女世界選手大会予選大会

ユース男女世界選手大会予選大会は2年毎の奇数年の5月末までに開催される。

⑪ オリンピック予選会

オリンピック予選会はオリンピック開催年の1月～5月末までに開催される。

(2004年アテネオリンピックのアジア予選大会および世界最終予選会は男女とも東京で2004年5月に開催された。)

2 国際バレーボール連盟(FIVB)主催の公認大会

① グランドチャンピオンズカップ

グランドチャンピオンズカップは4年毎の奇数年に日本で開催される。

- 1993年に創設され,1997年の2回日本にて開催された。
- 1999年に改めて2001年および2005年日本開催がFIVB,JVA,日本テレビの間にて3者契約が結ばれた。
- 2001年では東京(代々木競技場),埼玉(さいた

まアリーナ), 福岡(マリンメッセ), 名古屋(名古屋レインボーホール)で行われた。
- 2005年11月には2001年と同じく東京(東京体育館), 名古屋(名古屋レインボーホール), 長野(ホワイトリング)の3都市にて開催される。

② 中国女子4ケ国対抗

中国女子4カ国対抗は毎年4月または5月に開催される。

③ スイスBCVカップ

スイスBCVカップは毎年5月または6月に開催される。

その他にいくつかの大会があるが, もし強化計画組み立てに参加が必要な場合はFIVBに問い合わせると大会の日程, 日時, 条件を教えてくれる。ただし, ほとんどの大会は招待大会で開催国との特別の事前交渉が必要である。

③ アジアバレーボール連盟(AVC)主催の公式大会

① アジア男女Sr選手権大会

アジア男女Sr選手権大会は2年毎の奇数年に開催される。2003年は男子が中国で, 女子はベトナムで開催され, 2005年は男子がタイで, 女子は中国で開催された。

② アジア男女Jr選手権大会

アジア男女Jr選手権大会は2年毎の偶数年に開催される。2002年は男子がイラン・テヘランで, 女子がベトナム・ホーチミンで開催された。

このアジア男女Jr選手権大会の男女各第1位のチームはアジア大陸代表として, Jr男女世界選手権大会に参加する。

③ アジアユース男女選手権大会

アジアユース男女選手権大会は, 世界ユース男女選手権大会の開催年に, 世界ユース選手権大会予選大会をかねて開催される。

④ アジア男女クラブ選手権大会

アジア男女クラブ選手権大会は毎年4月または5月開催される。各参加国代表は国内リーグの優勝チームであることが条件である。ちなみに日本の場合はVリーグ優勝チームとしている。

⑤ Jr男女世界選手権大会アジア予選大会

Jr男女世界選手権大会アジア予選大会は2年毎の奇数年に, Jr世界選手権大会開催年の5月末日迄に開催される。

④ アジアバレーボール連盟(AVC)主催の公認大会

① アジア太平洋カップ

アジア太平洋カップは毎年6月下旬に福岡市で開催される。参加チームは通常タイ・マレーシア・インドネシア・フィリッピン・ヴェトナム男子ナショナルチームと日本代表チームである。

② インドアジタヤン・ゴールデンカップ男子大会

インドアジタヤン・ゴールデンカップ男子大会は毎年7月下旬～8月上旬にインド・チェンナイで開催される。

③ イランFAJR男子国際大会

イランFAJR男子国際大会は毎年2月テヘラン市で開催される。

④ タイ・プリンセスカップ女子国際大会

タイ・プリンセスカップ女子国際大会は2年毎(偶数年)の6月または7月に開催される。

⑤ エントリー(大会参加申し込み)

エントリーは, オープンエントリー(ナショナルエントリー)とインディビジュアルエントリー(個人選手名を入れたエントリー)の2種類にわかれる。

①オープンエントリー（ナショナルエントリー）

　FIVBの主催する公式大会のオープンエントリーの締め切りは，その選手権大会の前年の12月1日である。エントリーを忘れた場合は1000US＄の遅延料をはらえば，その年明けの1月1日まで受け付けてくれる。

　AVCの主催する公式大会のオープンエントリーの締め切り日は，その選手権大会の前年の12月31日である。エントリーを忘れた場合は500US＄の遅延料を払えば，その年明けの1月31日まで受け付けてくれる。

　このオープンエントリーでは，世界選手権大会およびFIVBの公式大会においては，FIVBから送られた正式な様式にてスイス・ローザンヌのFIVBに申し込む。

　AVCの公式大会に対しては，参加国の協会の正式便箋にて参加料を添えて，開催国協会にオリジナルを，コピーをAVC事務局（日本協会内）におくる。

②インディビジュアルエントリー（個人エントリー）

　インディビジュアルエントリー（個人エントリー）は，普通2ヶ月～3ヶ月前に締め切られる（各々のレギュレーションに締め切り日が明記されている）。

　次の事項に注意して申し込む。

1）申し込み様式は，O－2様式を使用する。

　18名の選手名，背番号，（O－2様式に記入した18名の選手名と背番号は大会が終わるまで替えることが出来ないない），氏名，生年月日，身長，体重，ジャンプ時の最高到達点（スパイク時とブロック時の別々に），所属チーム名，世界選手権，オリンピック，ワールドカップの出場回数そして団長，監督，アシスタントコーチ，トレーナーまたはマッサージャー，ドクターなどの氏名，（選手を除く役員の変更は可能）を記入する。

　チームユニフォームカラーの色種類を記入する。

　チームの開催地への到着時間および出発時間を書き込む。チーム名，男女別，ナショナルコードの記入する。JVA会長のサインが必要である。

　以上をタイプし，FAXで送る。世界の大会はFIVBへ，アジアの大会はAVCへ，そして以下の事項の物品を加えてDHLにて送る。もし締め切り日以内に届かなかった場合は，条件によって違いがあるが，最低1000US＄の罰金が課せられる。インディビジュアルエントリーの送付の際に必要な物は次の3つである。

①チーム写真1枚，選手役員の個人写真各2枚
②チームの生い立ちと現状
③参加料

6 レギュレーション

　通常，レギュレーション（英文）は4ヶ月から6ヶ月前に各国協会に送られる。次の事項を重点的に読むことおすすめしたい。

①開催国協会名，開催都市名，ホテル名，体育館名
②大会日程，チーム到着日
③参加資格，エントリー，参加料
④試合形式
⑤抽選日とその方法
⑥医事関係
　a）M－4様式（大会2ヶ月前の参加選手の健康診断書）
　b）アンチドーピングコントロール
⑦M－8様式（選手役員の大会参加の了解書）
⑧大会使用球および選手ユニフォームの製造メーカーの条件
⑨異議申し立て
⑩チーム構成員
⑪大会の経済条件
　a）大会組織国の負担
　b）参加チームの負担

レギュレーションを入手したら，次の事項を確認する。
① 開催国，開催都市の気象条件，特に温度差
② 体育館の条件，(エアーコンデションの有無，タラフレックス，明るさ，広さなど)
③ 練習会場の特別な入手方法。
④ 国際空港とホテル間の交通手段と状態そして距離と時間
⑤ ホテルのコンディション
⑥ 宿泊ホテル付近のスーパーマーケット，コンビニおよびコインランドリーの有無
⑦ JVAと開催国のコミニュケーションのチェック
⑧ 大使館，領事館との事前連絡
　以上を考慮し出発前に，
－ 日本から現地への交通手段(いかにして条件よく到着できるか)
－ 開催国に到着後の練習計画立案とその事前手配
－ 準備する服装(気象条件，体育館の条件，特に温度差)

7 組み合わせ抽選会（ドローイングオブロット）

a) 抽選会は通常，遅くとも競技会開始2ヶ月前には開催される。
b) 抽選方法は，FIVB世界ランキングとサーペンタイン方式によりシードされ，グループ分け抽選もFIVB世界ランキングに従って抽選される。
c) グループ内の対戦相手の抽選はバーガーテーブルにより抽選されます。
d) その抽選結果は，試合カレンダーとして直ちにFIVB，AVC，参加国に対してFAXにておくられる。
e) 試合スケジュールは開催国が決め，1週間以内におくられる。

もし抽選結果により，日本チームとしてレギュレーションの決める日程より早く開催国入りをした方がよいと判断した場合は，JVAと開催国とで事前の話し合いにより，早く入国しチームの調整を計る事が賢明である。まれに気候の違う国，時差の多い国には注意が必要である。

8 プレリミナリーインクアイアリー

このプレリミナリーインクアイアリーはチームが到着した日に，どんなに遅くなっても行われる。これはコントロールコミッティ(C/C：大会管理委員会)および開催国協会と参加チームとの間に混乱を起こさないように，事前に打ち合わせを行う会議である。また，チームにとってもこの機会に希望を申し出るよいチャンスである。

① 参加すべき人
　チームマネージャー(団長)，監督，ドクター，(日本の場合のチームマネージャーと団長はまったく違うので注意する)。
② 持参品
　パスポート(日本国内大会でも)，キャプテンのユニフォーム(3種類)，O－2bis様式(12名の選手の最終エントリーと選手団役員名を記入したもの)。
③ 試合用シューズ，トレーニングウエアー，M－4様式およびM－8様式
　O－2bis様式にて最終エントリーに登録出来る選手は，以前に個人エントリーをO－2様式にてエントリーしてある18名の選手の中から選んだ12名の選手であること。また，選手の背番号は変更出来ない。
④ この会議の場所と時間を指定した招待状が，チームが到着したときチーム通訳から渡される。時間に遅れることなく，またチームマネージャー(団長)，監督，ドクターは義務出席である。もし一人でも欠けるとFIVBより罰金が科せられる。

⑤ 練習会場，練習計画の説明
⑥ IDカードの支給
⑦ アンチドーピングコントロールの説明
⑧ ミネラルウオーター，タオル，スクイジボトルの支給の説明
⑨ 練習球，オフィシャルスーベニアプログラム，ハンドブックの支給
⑩ 大会記念品がある場合は，この時支給される
⑪ このミーティングで承認されたO－2 bis 様式にチームマネージャー(団長)は全てに間違いのないことを確認しサインをする。それより以後は一切の変更は認められない。
（アジアの公式大会では次に述べるジェネラルテクニカルミーティングにて最終確認をする）

9 ジェネラルテクニカルミーティング(代表者会議)

このジェネラルテクニカルミーティングは，大会参加デレゲーション，コントロールコミッティメンバー，審判員，開催国組織委員会主力メンバーが一堂に集まって会議を持ち，大会運営がスムースに進めることが出来る様に正式に打ち合わせる会議である。

① 参加者・チームマネージャー(団長)，監督，ドクター，(以上3名は参加しなければならない)日本のチームの場合はチームマネージャーを加えたほうが便利だが，しかし席の数は4席が普通なので座ることが出来ない場合が多い。
② 会議の進行は英語により進められるので，チーム通訳を同行した方がよい。
③ 着席の指定は，日本の旗または名札(JPN, Japan)で表示してある。
④ アジェンダ(協議事項)により会議は進められるが，チームスタッフの自己紹介があるので英語で役職と名前を答える。
⑤ もし日本チームとして質問または意見があったら堂々と発言する。
⑥ 参加者の服装は正装(ネクタイつき)，または試合用ジャージースーツもよい。
⑦ グループ戦のユニフォームカラーの指定(割り当)の発表に注意する。ユニフォームの色指定(第一指定，第二指定，予備色)を事前に決めておくと便利。

10 各種インフォメーション

① 色々なインフォメーションは，主にデーリーブリテンに入って案内されるので，毎日のデーリーブリテンには注意が必要である。
② 開，閉会式，パーティー，その他公式会議等は招待状または通知がチームマネージャー(団長)宛に送られて来るのでよく注意して知らずに欠席のないように注意する。
③ 間違ったニュースで混乱を起こさないようにする。

11 選手団が注意する事項

① 競技会運営の全ての決定権はコントロールコミッティ委員長が持っており，開催国組織委員会ではない。
② 大会役員，全ての人たちと仲良くする。特に地元のコート役員と仲良くする。
 ＊例えば，ラインナップシートの提出は試合開始前(第一セット前)は12分前に，各セット間は3分間有るが出来るだけ早く副審に渡す。もし遅れると一番困るのは公式記録員とVISスタッフである。
③ チーム通訳の日本語が，日が経つにつれて下手になる傾向が多い。こうしたときは焦らず出

来るだけゆっくりとした会話で話し合い，通訳に日本語を教えるように努める。彼は／彼女は，日本語が下手だというようなことは絶対に禁句である。彼らを味方にすると大変有利だし，便利である。

④ なまじ知ったかぶりの英語または現地語は大変危険である。

⑤ 暑い国での大会こそ長袖物が必要である。

⑥ 選手が日頃服用している薬のチェックリストを作っておくと公式大会に参加した時のアンチドーピングコントロール申告に役立つ。

⑦ コントロールコミッティーメンバー，審判員と仲良くするばかりでなく，開催地の人たちと仲良くし，入ってはいけない所には入らない，入っても注意をされたらいち早く出るように心掛ける。

⑧ 次のセットのライナップシートを出来るだけ早く副審に渡す。

⑨ 試合が終わったらコート上のクーリングダウンは試合後5分間までが限度。

⑩ 試合後の記者会見に当たった選手がドーピングテストに当たった場合は通常ドーピングテストが後になる。

⑪ 選手，役員の試合後の退場はミックスゾーンを通って退場するよう注意する。

⑫ 試合前プロトコールで選手役員同士の挨拶の折に交換バッジが必要である。

⑬ 交換バッジは担当審判員またコントロールコミッティーメンバー，ラインジャッジ，記録員にタイミングを計かり，上げることもよいことにつながるだろう。

⑭ 現在，各開催国は飲み水については心配りをしているが，チーム自身も注意する。

（若尾　勝美）

第6章

バレーボール
ルールの知識

1. 審判論
   1. 審判の定義
   2. 審判活動
2. 6人制バレーボール
   1. 施設と用具
   2. 競技参加者と競技形式
   3. プレー上の動作
   4. 中断と遅延
   5. リベロ・プレーヤー
   6. 競技参加者の行為
3. 9人制バレーボール
   1. 施設と用具
   2. 競技参加者と試合の準備およぴ進行
   3. プレーの定義と反則
4. ソフトバレーボール
   1. 施設と用具
   2. チームおよび試合の準備と進行
   3. 得点, セットおよび試合の勝者
   4. プレー上の動作と反則
   5. 役員
5. ビーチバレーボール
   1. 施設と用具
   2. チームの構成と競技参加者
   3. 得点と勝敗の決定
   4. 試合の準備およびプレー上の動作

1. 審判論

1 審判の定義

　審判の定義は，「審判とは，相対するチームが相互に勝敗を争うゲームの場で，ルールの代弁者として，公平で正確，かつ瞬間に判定するとともに，ゲームをスムーズに運営する」ことである。

　審判員は，競技規則にしたがって，公平，正確に判定し，ゲームを運営し，管理する者である。審判員は，チーム・スタッフや選手が毎日練習している技術や精神力をゲームの中で安心して発揮できるように判定をする。また，会場に集まる観客は，選手の技術や精神力，チーム力を観戦しゲームの内容や勝敗を期待して見に来るので，審判員を批評することがその目的ではない。

　ところがルールの取り扱いで意見の対立があったり，判定上の誤りや不手際があったりすると，たちまち審判員はコートの中心的な存在になる。監督や選手はその非をなじり，観衆はスタンドから罵声を吐くようになる。もしそうならなくても人々に不平不満が内在し，その後いかにベストを尽くして公平に審判にあたっても，両チームを納得させることはできない。

　また，審判員自身は常に献身的にその任にあたっても，試合が終わったときの充実感や満足感はほとんどなく，反省が心に残るものである。

　現在，審判員はプレーの判定をするだけでなく，ラリーの継続を大切にし，観衆，マスメディアを魅了するようなダイナミックなプレーを引き出す審判を心掛けることが要求されている。そのためには，自己の任務を遂行するのにふさわしい見識を備えるように，日ごろからの努力が必要である。判定に関しては公平を基本とし，正確かつ瞬間に，ためらうことなく自信を持って行い，ゲームの運営においては，思いやりと適切な処理を心掛けなくてはならない。

　このような審判のもとで行われるゲームは両チームが公平な権利のもとに実力を発揮し，正々堂々と思い切ってプレーをすることであろう。審判員は両チームから信頼と尊敬を得て，観衆を熱狂させ，すべての人たちに満足感と安心感を与えることができる。こうした雰囲気の中で審判員の存在は，上手な芝居の黒子のようにその存在は忘れられ，選手同士の熱戦のみがクローズ・アップされ，さわやかなゲームが展開される。

2 審判活動

1) バレーボールの本質を理解する

　バレーボール競技は，一定の高さに設定されたネットをはさんだコート上で，相対する2チームによってゲームが進められる。このようにバレーボール競技は，ネットの高さによる立体的要素と，コートの広さによる平面的な要素によって構成されている競技である。

　第一の特徴として立体面では，身長が高いこと

やより高くジャンプすることによって，高い位置でのプレーが要求され，平面においては，相手からの攻撃ボールを落とさないように敏速な動作を身につけなければならない。これらの立体感，スピード感といったものが興味を引き出す要因となり，技術の高度化にもつながっている。

次の特徴は，他の競技と異なり，「守りから攻めに入る」ことである。ネット上から相手の攻撃を受け，即座に味方へパスを送る。そして攻める。

第3の特徴は得点の取り方である。バレーボールの随所で得点に結びつく技術はサーブであり，次に相手チームの攻撃をブロックすることである。その次に得点に結びつく技術は，相手から攻撃ボールをレシーブし，それをトスしてアタックで決めるという技術である。

以上のような特徴を持つバレーボール競技を，十分に理解した上で審判にあたることが，審判の任務を担うための重要な要素のひとつであると考える。

2）ルールを身につける

審判員はルールの代弁者であり，ゲームのコントローラーである。ルール自体は表現力を持たないので，その精神を習得した人を通して表現をする。これが「判定」である。つまり，審判員はルールの知識と正しい理解がなければならない。その上でルールの背後にある「立法の精神」までを熟知していることが絶対条件である。ルールを理解せず，不安な気持ちで審判台に上がることは，判定者として失格者といわざるを得ない。

審判員は，ルールの代弁者としてあるとともに執行者でもある。ルールを適用し，選手に励行させ，ルール内でベストのプレーを引き出すことが，審判としての権利であり義務である。このため自らルールに従ってその任務を遂行しなければならない。また審判は，副審，線審，記録員など審判役員の人格を尊重し，責任分担をわきまえ，積極的に協力しながら審判の任にあたらなければならない。

ただルールの条文を暗記しているだけでは，ゲームの場では役に立たない。ルールの精神を十分に理解し，自分のものとして経験が生み出した技術があって本当に役立つのである。そうであってこそゲーム中どのような状況が発生しても，適時適切に自信を持って瞬間的に判断を下し，競技会参加者に十分納得と満足を与えることができる。

3）審判員に求められるもの

よりよい審判員になるための基本条件は，今まで述べてきた様な審判員に必要な諸要素を高めることである。審判員の資質を向上させるためには，大会期間やゲームの場でこと足りるものではない。実質的な効果をあげるためには，人間活動を通して，常に努力しなければ大きな前進は望めない。これが資質向上の根本であり前提となる。

① スポーツマンシップの体得

スポーツをするものが必ず要求されるものはスポーツマンシップであり，これはプレーするものに限らず，審判をするものにとっても欠かすことができない。

a）ゲームに望んでは正々堂々と戦う。
b）自制心がつよく，おごらず，勇気をもって事にあたる。
c）自己の義務と責任を最後まで遂行する。礼儀正しく，克己心や正義感が強い。

このようなスポーツマンシップとしての望ましいあり方を体得し，その実践者となることが大切である。また，審判員は反則の摘発者ではない。摘発的，強迫的な態度は，選手に反感を与え，恐怖心を抱かせる。判定については，常に温情と指導的態度を持ってあたり，ゲームの場を明るくさわやかな雰囲気に保ち，選手がベストのプレーをし，興奮と感激を作り出すように心掛けるべきである。

② 精神と身体の適性

バレーボールの審判員は，他のスポーツに比べ

て身体の動的活動が少ない。しかし，比較的固定された位置でスピードのある，きわどいプレーを判定しなければならないので多くの身体的・性格的な適性が要求される。

a）「場の力」に左右されることなく，安定した心で冷静に事象を判断し，確固たる信念のもとに判定できること。
b）豊富な知識と経験の蓄積による観察力と，周囲に複雑な状況を把握する注意力を養う。
c）自ら望んで経験を積み，何も動じない自信を身に付けることである。
d）ボールや選手の早い動きに遅れない視力と反応時間を速めること。
e）厳粛で清潔な態度，健康で生気に溢れた体調を保持すること。

4）審判技術の向上に求められるもの

① ルールの研究と理解

ルールと一体となるまでその研究と理解の徹底を期し，いかなる事象でも公平に，迅速，正確に処理できるように日ごろから努力と研鑽が必要である。

② 技術の研究

最近の技術の進歩は目覚しい。審判員は常に細部にわたり研究を進め，いろいろなプレーを客観的に分析し，自ら基準を設定し，現実にふさわしい判定基準を把握することが望まれる。

③ 向上心をもって要求水準を高める

繰り返し練習することによって次第に目的にかなう技術が身につく。目的を持たない練習よりも，進歩しよう，向上しようという意識のもとに実行されるものは，正しい動機と強い意志によって貫かれ，進歩の度合いも大きい。向上心に燃えながら反復練習をすれば，技術向上は当然である。練習の場は人から与えられるのを待つのでなく，自ら積極的に場を求める姿勢が大切である。

④ 反省の結果

「反省は進歩，上達の鍵」である。反省なき者に進歩，向上はありえない。自ら反省をして自ら解決の糸口をつかむように努力しなければならない。識見，経験豊かな人々に自己の審判技術の観察を願い，率直な意見，正当な批判を受け，反省材料を得るように心掛ける。

⑤ 心身のコンディションの調整

バレーボールの審判は，身体的には運動量が少ないが，注意力や集中に伴う精神活動は外から見るより激しいものがある。身体的には，敏捷性，持久力，視力，精神面では構成，判断，注意力，勇気，平常心といった心身両面のコンディションを調整し，ベストの状態で審判を行うように心掛ける。

⑥ 研修会への参加

資質の向上や判定基準の統一のために，ＪＶＡや各協会は文章連絡のほか，研修会や，講習会などを開催する。このような会に積極的に参加し平素体験した諸問題や疑問点，ルールの解釈などについて納得のいくまで学ぶべきであろう。講師や同僚など自分との感覚に相違点があれば検討し，納得したら直ちに受け入れる態度が望まれる。

⑦ 服装

よい審判員のたしなみとして服装の清潔さを忘れてはならない。服装は人柄を表すといわれ，服装が整っていることは，ゲームの場を清潔にし，明るいムードをつくって会場の人々に好感をあたえることも確かである。

（下山　隆志）

2．6人制バレーボール

1 施設と用具

1）競技場

競技場には，コートおよびフリー・ゾーンが含まれる。競技場は長方形で左右対象である。

① 規格

a）コートは，18m×9mの広さを持つ長方形で，最小限3m幅のフリー・ゾーンで囲まれる。自由競技空間は競技場の表面から最小限12.5mの高さがなければならない。

b）すべてのコートのラインの幅は5cmである。それらのラインは明るい色で，床や他のラインと異なる色でなければならない。

c）センター・ラインによって，それぞれ9×9mの二つのコートに二等分される。

d）フロント・ゾーンは，それぞれのコートにおいて，センター・ラインの中心線と，アタック・ラインの後端で区画される。

e）アタック・ラインはそれぞれのコートにおいて，センター・ラインの中心線から3m後方に引かれる。アタック・ラインは，サイド・ラインの外側に，フリー・ゾーンの端まで延長されているとみなされる。

f）サービス・ゾーンは，それぞれのエンド・ラインの後方で9mの幅を持つゾーンである。

② ネットとサイド・バンドとアンテナ

a）ネットは，センター・ライン上に垂直に設置される。高さは男子2.43m，女子2.24mである。

b）ネットの高さは，両サイド・ライン上では，コート面から全く同じ高さで，規定の高さから2cmを超えてはならない。

c）ネットは，幅1m，長さ9.5m，10cm四方の黒色の網目と上部の幅5cmの水平帯によって作られる。

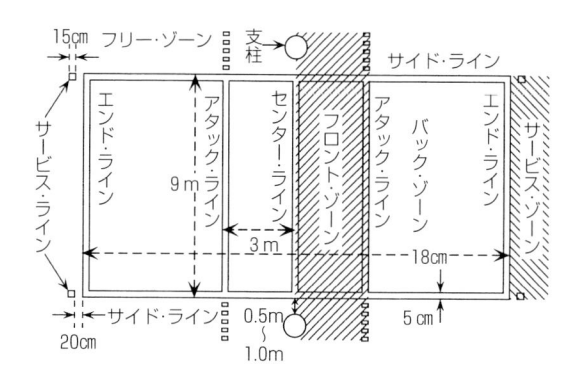

図1 コートとラインの関係

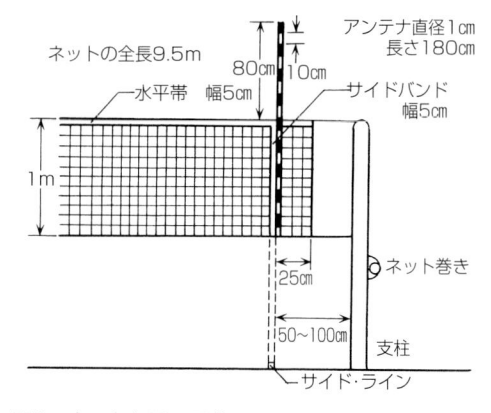

図2 ネットとアンテナ

d）サイド・バンドは，2本の白帯が，各サイド・ラインの直上のネットに垂直に取り付けられる。このサイド・バンドは，幅5cm，長さ1mで，ネットの一部とみなされる。

e）アンテナは，グラスファイバー，または類似の素材で作られた長さ1.8m，直径1cmの弾性のある棒状のものである。アンテナは，サイド・バンドの外縁にしっかり取り付けられる。

③　ボール

ボールの色は，均一で明るい色か，複数色の組合せであること。円周は65～67cm，重量は260～280g，内圧は0.30～0.325kg/cm。

② 競技参加者と競技形式

1）チーム

①1チームは，最大限12人の競技者，監督1人，コーチ1人，トレーナー1人，医師1人のメンバーで構成される。

②リベロ・プレーヤーを除く記録用紙に示されている競技者の1人が，チーム・キャプテンである。

③プレー中でない競技者は，ベンチに座っているか，あるいは味方コート側にあるウォーム・アップ・エリアにいなければならない。

2）服装

①ジャージーは，1番から18番までのナンバーをつけなければならない。ただし，やむを得ない時は，1番から99番まででもよい。

②ナンバーは，胸部の高さは最小限15cm，背部の高さは最小限20cmのものでなければならない。ナンバーの字幅は最小限2cmである。

③チーム・キャプテンは，胸のナンバーの下に，長さ8cm，幅2cmのマークを付けなければならない。

3）キャプテン

①チームメンバーの行動や態度に責任を持つ。

②試合開始前，チーム・キャプテンは，記録用紙にサインし，チームを代表してトスをする。

③競技中断中に，競技規則の適用や解釈に関して説明を求めたり，タイム・アウトや競技者交代を要求することができる。

④試合中，チーム・キャプテンがコート上でプレーしていない場合はゲーム・キャプテンをおく。

4）監督

①チームベンチの記録席に最も近い位置に座る。しかし，一時的にベンチを離れてもよい。

②タイム・アウトや競技者交代を要求する。

③試合を妨害しない限り，アタック・ラインの延長線からウォーム・アップ・エリアまでのフリー・ゾーンの範囲内では，立ったままで，あるいは歩きながら指示を与えることができる。

5）コーチ

①コーチはチームベンチに座るが，試合に介入する権利はない。

②コーチは，監督がチームを離れなければならない場合，ゲーム・キャプテンの要求を主審が許可した時は，監督の役目を引き継ぐ。

6）競技形式

①　得点の記録，セットおよび試合の勝者

a）サービング・チームがラリーに勝った場合は，1点獲得し，サービスを続行する。レシービング・チームがラリーに勝った場合は1点獲得し，次のサービスを行う。

b）一つのセットは（最終セットを除き）最小限2点差をつけて25点を先取したチームが勝者となる。24対24の同点となった場合，競技は2点リードに達するまで続行される。

c) 試合は，3セット取った方のチームがその試合の勝者となる。セットカウントが2対2のタイとなった場合，最終（5セット）セットは，最小限2点差をつけて15点を先取したチームが勝者となる。

② プレーの構造

a) トスは，両チームのチーム・キャプテンが立会いのもとに行い，トスに勝ったチーム・キャプテンは，サービスをするか，サービスを受けるか，またはコートの選択をするかを決める。

b) 試合開始前に，他の練習コートをあらかじめ自由に使うことができた場合，それぞれのチームは，ネットを使ってそれぞれ3分間，そうでない場合は，それぞれ5分間ずつウォーム・アップする。

③ チーム・スターティング・ライン・アップ

a) 1チームの競技者は常に6人でなければならない。チームのスターティング・ライン・アップがコート上の競技者のローテーション順を示す。

b) いったん，ライン・アップ・シートを副審または記録員に提出した後は，正規の競技者交代をせずにライン・アップを変更することは認められない。

④ 競技者の位置

a) サーバーによってボールが打たれた瞬間に，それぞれのチームは，各自のコート内でローテーション・オーダーに従って位置しなければならない（図3）。

b) 競技者の位置関係は，それぞれのバック競技者は，それぞれに対応するフロント競技者よりネットに対して後方に位置しなければならない。フロント競技者とバック競技者は，それぞれ，図4-Ⓐのように位置しなければならない。

c) チームの競技者は，サーバーがボールを打った瞬間に，正規の位置にいなければ反則を犯したことになる（図4-Ⓑ, 5）。

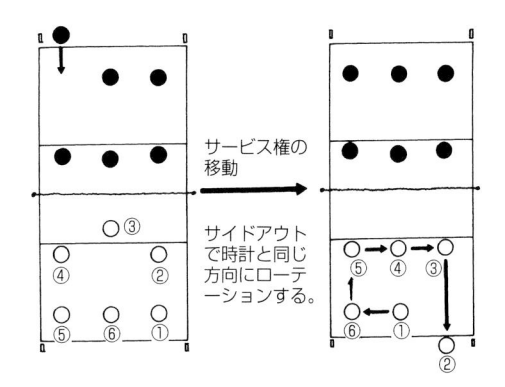

図3 サイドアウトによるローテーションとサーバー

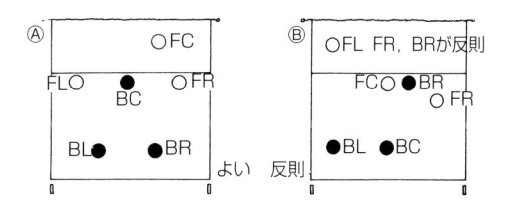

図4 サービス時のポジション

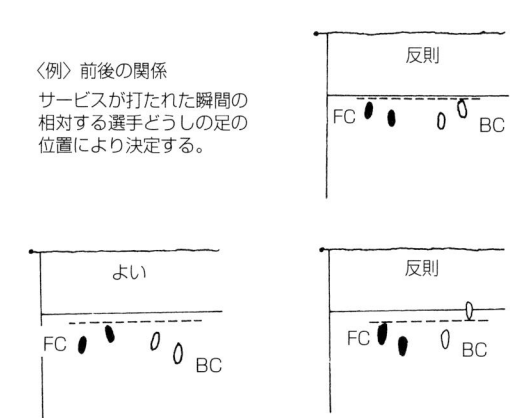

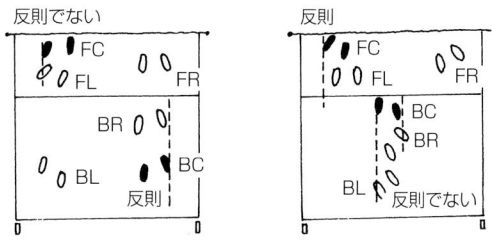

図5 ポジショナルフォールトの決め方

⑤ ローテーション

a）レシーブするチームがサービス権をえたとき，そのチームの競技者は時計回りに一つずつポジションを移動する。

b）ローテーション順にしたがってサービスが行われない場合は反則である。このような場合，反則を犯したチームは，ラリーを失い，相手チームに1点与える。

⑥ 競技者交代

a）1チームは，1セットにつき，最大6回の競技者交代が認められる。1人あるいはそれ以上の競技者が，同時に交代することができる。

b）スターティング・ライン・アップの競技者は，交代によりコートを離れても，再びコートに戻ることができる。ただし，コートに戻れるのは1セットにつき一度だけで，スターティング・ライン・アップの元のポジションに限られる。

c）競技を続行できない負傷した競技者は正規の交代をする。もし正規の交代が終わってできない場合は，例外的な競技者交代でコート上にいないいずれかの競技者（リベロ・プレーヤーを除く）と交代できる。負傷した競技者は，交代した後，その試合に復帰することはできない。

d）イン・プレー中に重大な事故が起きた場合，審判は直ちに競技を停止し，医療スタッフのコート内への立ち入りを許可しなければならない。ラリーはやりなおしされる。

③ プレー上の動作

1) プレーの状態

①ボールが，区画線を含むコート内の床面に接触したとき，そのボールはインとなる。

②ボールが床に接触した部分が，完全に区画線の外側であったり，コート外の物体や競技していない人に触れたときや，アンテナ，ロープ，サイド・バンドの外側のネット自体に触れたときや，ボールの全体またはその一部でも，ネット上方の許容空間外側のネットの垂直面を通過したときは，ボール・アウトである。ただし，相手方フリーゾーンに入った場合，競技者が相手コートに触れずに，ボールを許容空間外を通して，競技者側コートに取り戻すことができる（図6）。

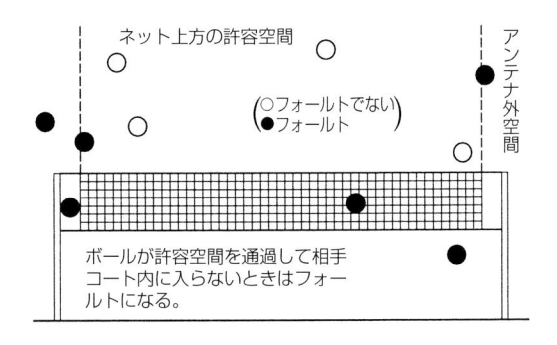

図6　ボールの許容空間

2) ボールをプレーすること

①チームはネットを越えてボールを返すために，最大限3回プレーすることができる。

②競技者は，連続して2回ボールを打つことはできない。

③2人の競技者が，同時にボールに触れた場合は，2回の打球と数える。

④相対するチームの2人の競技者が，ネット上で同時に触れ，ボールがなおイン・プレーの状態にある場合，レシーブしたチームは，さらに3回の打球が許される。

⑤相対するチームの競技者が同時に触れ，キャッチ・ボール（ボールをつかむ）になった場合，ダブル・フォールトとなりやり直しとなる。

⑥競技者は，競技場内で味方の競技者や，外部の構造物・物体の助けを借りて，ボールをプレーすることは許されない。

⑦ボールは身体のどの部分にあたってもよい。

3）ネット付近の競技者

①ブロッカーは，ブロックの際，相手方チームのプレーを相手のアタック・ヒットの前，あるいは最中に妨害をしない限り，ネットを越えてボールを触れることが許される。

②ネット下から相手空間へ進入しても，相手方への妨害とならなければ許される。片方の足（両足）または片方の手（両手）が，センター・ラインを超えてセンター・ラインと接触しているか，その真上に残っていれば許される。

③競技者は，相手のプレーを妨害しない限り，相手コートのフリー・ゾーンに侵入してもよい。

④競技者が，ネットおよびアンテナに触れることは，反則ではない。ただし，その競技者がボールをプレーする動作中，あるいはプレーを妨害しようとして触れた場合を除く。

⑤競技者は，ボールをプレーした後，相手方のプレーに影響を与えない限り，支柱，ロープ，あるいはネットに触れても，反則とならない。

4）サービス

①競技者は，ライン・アップ・シート上に記入されたサービス順に従わなければならない。

②サービング・チームがラリーに勝った場合は，同じ競技者が再びサービスを行う。

③レシービング・チームがラリーに勝った場合は，このチームはサービス権を得て，ローテートし，フロント・ライトの位置からバック・ライトの位置に移動した競技者がサービスをする。

④競技者はボールがトスされたか，手からはなされた後，片方の手または片方の腕の部分でボールを打つ。

⑤サービスのトスは，1度しかできないが，ボールを手の中で動かしたり，ドリブルをすることは許される。

⑥サーバーは，主審がサービスの許可の吹笛後，8秒以内にボールを打たなければならない。

⑦サービング・チームの競技者は，1人または集団でスクリーンを形成することで，相手チームの競技者が，サーバーまたはサービス・ボールのコースを見ることを妨げてはならない（図7）。

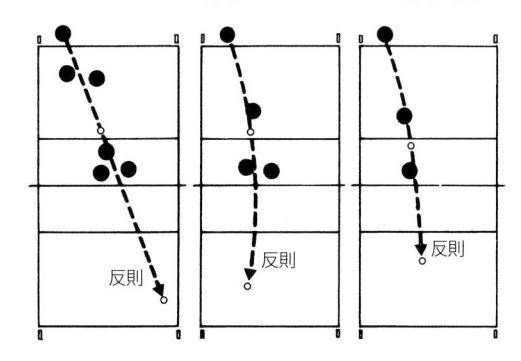

図7　スクリーンプレーの例

⑧サービス順に違反したときやサービスを正しく行わなかったときはサービスの反則となる。

⑨サーバーがサービスの反則をし，相手チームがポジションの反則をした場合は，サービスの反則となる。

5）アタック・ヒット

①相手方にボールを送ろうとするすべての動作は，サービスとブロックを除き，アタック・ヒットとみなされる。

②アタック・ヒットは，ボールがネット上方の垂直面を完全に通過した瞬間あるいは相手方競技者に触れたとき完了する。

③フロント競技者は，味方プレー空間であれば，どんな高さからでもアタック・ヒットをすることができる。

④バック競技者は，フロント・ゾーンの後方からは，どんな高さからでもアタック・ヒットを完了することができる。ただし，踏み切るとき，片方のまたは両足がアタック・ラインに触れたり，あるいは踏み越したりしてはならない。アタック・ヒットの後であれば，フロント・ゾーン内に着地してもよい。

⑤バック競技者は，ボールに触れた瞬間，そのボールが一部でもネット上端より低い場合，フロント・ゾーンからアタック・ヒットを完了することができる。

⑥競技者が相手方チームの競技空間内でボールを打ったときはアタック・ヒットの反則となる。

⑦バック競技者がフロント・ゾーン内からネットの上端より完全に高いボールのアタック・ヒットを完了してときはアタック・ヒットの反則となる（図8）。

⑧サービスされたボールを，味方のフロント・ゾーン内でネット上端より完全に高い位置でアタック・ヒットしたときはアタック・ヒットの反則となる。

⑨リベロ・プレーヤーが，ネット上端より完全に高いボールのアタック・ヒットを完了したときはアタック・ヒットの反則となる。

⑩リベロ・プレーヤーが，フロント・ゾーン内で指を用いたオーバーハンド・パスであげたボールを，競技者がネット上端より完全に高い位置でのアタック・ヒットを完了したときはアタック・ヒットの反則となる。

図8　バックプレーヤーのアタックヒット

6）ブロック

①ブロックとは，競技者がネットに接近して相手方から送られてくるボールを，ネット上で阻止しようとする行為をいう。

②ブロックの試みとは，競技者がボールに触れることなくブロックしようとしている動作のことである。

③ブロックは，ボールがブロッカーに触れたとき完了する。フロント競技者だけがブロックを完了することができる（図9）。

④競技者は，ブロックのとき，相手方のプレーを妨害しない限り，ネットを越えて両手や両腕を出すことができる。相手方競技者がアタック・ヒットを実行するまでネットを越えてボールに触れることは許されない。

⑤ブロックの接触は，チームの一つの打球として数えない。ブロックの接触後，ボールを返すためにあと3回の打球が許される。

⑥相手方サービスをブロックすることは禁止される。

⑦ブロッカーが，相手のアタック・ヒットの前もしくはそれと同時に，相手方空間でボールに触れた場合はブロックの反則となる。

⑧バック競技者またはリベロ・プレーヤーが，ブロックを完了したり，あるいは完了したブロックに参加した場合はブロックの反則となる。

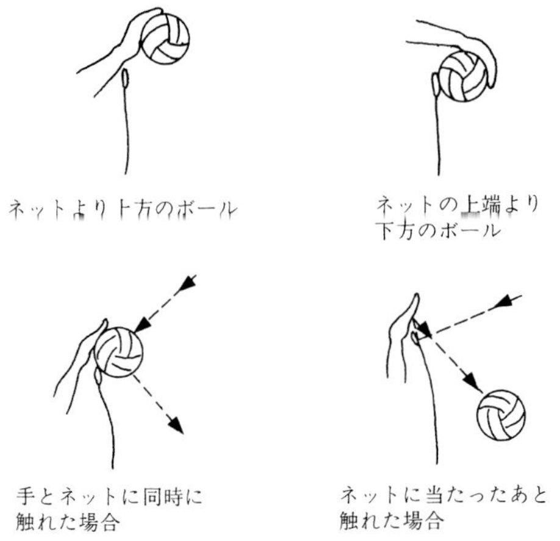

図9　ブロックの完了

4 中断と遅延

1）正規の競技中断

①それぞれのチームは，1セットにつき，最大2回のタイム・アウトと6回の競技者交代の権利が認められる。
②競技の中断は，監督あるいはゲーム・キャプテンのみが要求できる。
③1回ないし2回のタイム・アウトおよび1回の競技者交代は，どちらのチームでも連続して要求することができる。
④競技者交代は，交代の要求時，交代選手はコートに入る準備をして，競技者交代ゾーンの近くに立っていなければならない。

2）試合の遅延

①競技者交代が遅れたとき。
②試合を再開するように指示された後，さらに中断を長引かせたとき。
③不法な競技者交代の要求をしたとき。
④不当な要求の中断を繰り返したとき。

1回目の不当な要求は，競技に影響を及ぼさず，また，試合の遅延とならないなら罰せられることなく拒否される。同一試合中に，不当な要求を繰り返した場合は遅延となる。不当な要求とは以下の通りである。
a）ラリー中，またはサービス許可の吹笛と同時かその後に，中断の要求をした時。
b）要求する権利のないチームメンバーが，中断の要求をしたとき。
c）同一チームが，競技の再開を待たずに2回目の競技者交代を要求したとき。
d）タイム・アウトおよび競技者交代の許可回数を超えて中断を要求したとき。
e）競技者交代を遅らせたとき。

3）遅延に対する罰則

①遅延に対する罰則は，その試合を通し有効である。
②同一試合中に，同じチームの競技参加者による2回目の遅延や，それに続くいかなる種類の遅延も反則となり，遅延反則として罰せられる。これは，ラリーを失うことである。

表1 遅延行為に対する罰則段階表

遅延	1回目	チームのいずれの競技参加者でも	遅延警告	カードなしでハンドシグナルを示す	再発を予防する
	2回目	チームのいずれの競技参加者でも	遅延反則	黄カードでハンドシグナルを示す	相手に1点を与える

4）セット間の中断とコートの交替

①すべてのセット間の中断は3分間である。
②セット終了後や最終セットで，リードしているチームが8点に達したときは，直ちにコートを交替し，競技者の位置は交替時のまま引き継がれる。

5 リベロ・プレーヤー

①両チームは，12人の競技者のリストの中から専門的は守備のためのリベロ・プレーヤーを1人登録する権利を持っている。
②リベロ・プレーヤーはチーム・キャプテンにはなれるが，ゲーム・キャプテンにはなれない。
③チームの他の競技者と対照的な色のユニフォームを着用しなければならない。
④バックの位置にいるどの競技者とでも交代することができる。

⑤ネット上端より高い位置にあるボールのアタック・ヒットを完了することはできない。

⑥サービス，ブロックまたはブロックの試みをすることはできない。

⑦他の競技者との交代は，正規の競技者交代の回数に数えない。その回数は無制限だが，他の競技者との交代の間には，1つのラリーが終了しなければならない。

⑧交代は，ボールがアウト・オブ・プレーの間で，サービス許可の吹笛の前に行われる。

6 競技参加者の行為

1) 競技参加者の態度の条件

競技参加者は，主・副審の判定を，反論せずに，スポーツマン的な態度で受け入れなければならない。疑問のある場合は，ゲーム・キャプテンを通してのみ説明を求めることができる。

2) 不法な行為と罰則

①すべての罰則は，試合を通じて有効であり，記録用紙に記録される。

②同一試合中，同一競技参加者の不法な行為の繰り返しには，右の表に示されているように累進的な罰則が適用される。

3) その他

上記の記載されていない競技規則は6人制ルールブックを参照のこと。

（下山 隆志）

表2　不法行為と罰則

不法行為	罰則
①軽度な不法行為 ●相手のチームのプレーヤーに大声を出したり，おどす。 ●プレーヤー，審判，観衆と口論をした。	●キャプテンを通じ「注意」を与える。チームに罰則は与えない。
②無作法な行為 ●ゲーム参加者が，礼儀作法，マナーに反する行為をして，審判，相手プレーヤー，観客を侮辱した。	●記録し，相手に1点とサービス権を与える。
③侮辱的な行為 ●審判，相手側プレーヤー，観衆に対し失礼な行動をして，名誉を傷つけた。	●退場が命じられ，そのセットでのプレーはできない。
④暴力と挑発 ●審判，相手側プレーヤー，観衆への身体的な攻撃や挑発。	●失格となり，競技統制区域から退去させる。

表3　プレーヤーが不法行為を繰り返したときの罰則の与え方

No.	反則の種類	回数	競技参加者	罰則内容	提示すべきカード	処置のしかた
1	無作法な行為	1回目	いずれの競技参加者でも	反則	黄	相手に1点を与える
		2回目	同一競技参加者	退場	赤	そのセットの間ペナルティーエリア内の椅子に座らせる
		3回目	同一競技参加者	失格	赤・黄いっしょに	競技統制区域から退去させる
2	侮辱的な行為	1回目	いずれの競技参加者でも	退場	赤	そのセットの間ペナルティーエリア内の椅子に座らせる
		2回目	同一競技参加者	失格	赤・黄いっしょに	競技統制区域から退去させる
3	暴力的な行為	1回目	いずれの競技参加者でも	失格	赤・黄いっしょに	競技統制区域から退去させる

3. 9人制バレーボール

1 施設と用具

1）競技場

①競技場とは，長方形で左右対称なコートおよびフリー・ゾーンを含む地域をいう

②競技場の表面から最小限12.5mの高さまでの空間には，一切の障害物があってはならない。

③コートは，長方形の平面で，その広さは，区画線を含んで次表のとおりとする。

④コートは，幅5cmのラインによってフリー・ゾーンと区画し，このラインはコートの広さに含む。ラインの長い方をサイド・ライン，短い方をエンド・ラインという。

⑤サービス・ゾーンはエンド・ライン後方のフリー・ゾーンで両サイド・ラインの創造延長線上のラインを含む内側の区画をいう。

2）ネット，サイド・バンドとアンテナ

①ネットは，幅1mで，両サイド・ラインの外側に25cm以上張れる広さがあり，黒色の網目が10cm四方のものでなければならない。

②ネットの高さは，その中央で測ってコート面から次表のとおりとする。また，ネットの両端はコート面から等しく，規定の高さから2cmを超えてはならない（表2参照）。

③サイド・バンドは，幅5cm，長さ2mの白地のテープ状のものとする。

④アンテナは，グラスファイバーまたはこれに類似する弾性のあるもので作られた，長さ1.8m，直径1cmの棒状のものである。ネット上に，80cm出るようにし，サイド・バンドの外側20cmのところにアンテナの内側がくるように密着して取り付ける（図2）。

3）ボール

ボールの規格は，男女同じで周囲66±1cm，号球は5号である。内圧は0.30〜0.325kg/cm（表3参照）。

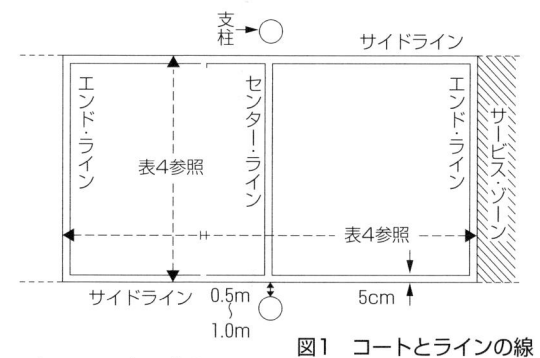

図1　コートとラインの線

表1　コートの広さ

種別	長さ	幅
一般男子	21m	10.5m
高校男子	21m	10.5m
中学校男子	20m	10.0m
一般女子	18m	9.0m
家庭婦人	18m	9.0m
高校女子	18m	9.0m
中学校女子	18m	9.0m
小学校男女	16m	8.0m

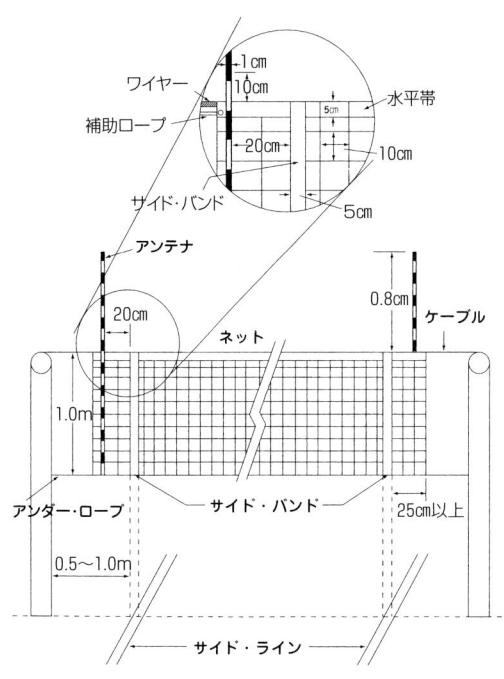

図2　ネットおよび付属物企画図

表2　ネットの高さ

種別	高さ
一般男子	2.38 m
高校男子	2.25 m
中学校男子	2.15 m
一般女子	2.15 m
家庭婦人	2.05 m
高校女子	2.05 m
中学校女子	2.00 m
小学校男女	1.90 m

表3　ボールの規格

種別	円周	重量	号球
一般男女 高校男女	66±1 cm	270±10 g	5
家庭婦人 中学校男女	63±1 cm	250±10 g	4
小学校男女	63±1 cm	210±10 g	軽量4

2　競技参加者と試合の準備および進行

1）チーム

①チームは9人の競技者および3人以内の交代競技者で構成する。

②チームは，監督，コーチ，マネージャー各1人を置くことができる。

2）競技参加者の権利と義務

①判定に関して疑問があるときは，ゲーム・キャプテンを通してのみ質問することができる。

②監督は，ベンチの記録席に最も近い場所に座り指示を与えることができる。ベンチの前のフリー・ゾーンの範囲内を立ったままで，あるいは歩きながら指示してもよい。

③監督はタイム・アウトまたは競技者交代の要求をすることができる。

④チーム・キャプテンは，ユニフォームの胸に，それと異なった色の長さ8cm，幅2cmのマークをつける。チーム・キャプテンは試合前に，サービス権かコートを選択するためにトスをする。

⑤チーム・キャプテンは，タイム・アウトまたは競技者交代の要求をすることができる。

⑥コーチおよびマネージャーは，試合の進行に関して何らの権限も有しない。

⑦競技者のユニフォームは，胸部および背部の中央に，胸部の高さは10cm，背部は15cm以上で，字幅は2cm以上のユニフォームの色と異なる対照的な色の1から18番までの番号を付けなければならない。やむを得ない場合は1から99までの番号を用いてもよい。

3）試合の準備と進行

① 試合前の準備，開始および進行

a）公式ウォーム・アップの時間は，1チーム3分

間とする。ただし，両チームが合同で行うときは6分間とする。

b) 試合は，主審のプレー・ボールの合図後，最初のサーバーのサービスによって開始する。サービスの許可の吹笛後，サービス・ボールを打った瞬間にイン・プレーとなる。イン・プレー中に主審または副審が吹笛をした瞬間にアウト・オブ・プレーとなり，ラリーは終了する。

c) サイド・アウトになったとき，相手チームの最初のサービス順の競技者がサービスを行う。その後は，決められたサービス順に従って，サイド・アウトごとに，両チームが交互にサービスを行う。

② 得点およびサイド・アウト

a) チームが反則をしたときは，相手チームは1点を得る。反則したチームがサービス・チームのときは，サービス権は相手に移行する。

b) チームは，セット終了ごとに，コートを交替する。最終セットは，いずれかのチームが11点を先取したときにコートを交替する。

③ 試合の中断と再開

試合の中断は，セット間の中断，タイム・アウト，競技者交代，特殊な事情による試合の中断がある。

a) 中断したときのサーバー（サーバーが交代した時は，その交代競技者）の第1サービスで再開される。

b) 特殊な事情による試合の中断によりコートが変更になった時でも，中断した時の公式記録を有効として①により再開する。ただし，同日中に試合を再開できない時は，その試合はやり直しとする。

特殊な事情とは，例えば次の場合である。ア）他のボールや他のコートの競技者がコートに侵入してきたとき。イ）競技用具の破損など。

④ タイム・アウト

a) タイム・アウトの時間は，1回につき30秒間とし，1セットにつき2回または2回連続して要

表4 競技者交代の要領例

> 1～9を先発競技者，10～12を交代競技者とし，また数字は競技者番号で，そのうち1～9は併せてサービス順を示す。
>
> ① 7→10, 8→11, 9→12
> ② 8→10→8, 9→11
> ③ 8→10→11→8
> ④ 8→10→11→12
> ⑤ 8→10→11, 9→12
> ⑥ 8→10→8→12

求することもできる。

b) 監督，ゲーム・キャプテンはハンド・シグナルを示して要求しなければならない。

⑤ 競技者の交代

a) 監督またはゲーム・キャプテンはハンド・シグナルを示し，競技者の番号を告げて要求しなければならない。

b) 1セットに3回，3人を限度として複数をまたは連続して要求することができる（表4）。

c) 試合中に競技者が重大な負傷をしたときは，直ちにプレーを停止する。まず，正規の競技者交代をする。できないときは，ベンチにいる競技者の誰とでも交代することができる。交代競技者がいない場合は，3分間のタイム・アウトを取ることができる。

⑥ 試合中断の不当な要求と処置

A) 不当な要求は，主・副審は拒否する。ただし，プレーに影響を及ぼしたり，同一試合中に同一チームの競技参加者が不当な要求を繰り返したときは，そのチームを試合の遅延として処罰する。

B) タイム・アウトまたは競技者交代で，次のいずれかに該当するものは，不当な要求とする。

a) サービス許可の吹笛後の要求
b) 第1サービスと第2サービスの間の要求
c) イン・プレー中の要求
d) 規定回数を超えた要求
e) 要求する権利のない者がした要求。

⑦　セットおよび試合の勝者
a）先に21点を得たチームをそのセットの勝者とする。ただし，両チームの得点が20対20になったときは，2点勝ち越したチームがそのセットの勝者となる。
b）セットを先取したチームがその試合の勝者となる。

3 プレーの定義と反則

1）サービス

①サービスとは競技者が，サービス・ゾーンから片方の手または腕を使って，ネットを越えて相手コートに向かってボールを打つプレーをいう。
②サービスは，主審のサービスの許可の吹笛後，8秒以内に打たなければならない。
③サービスは，一度失敗しても，もう一度だけ行うことができる。
④サービスの失敗は，トスしたボールを打たなかったり，ボールを打った瞬間にサービス・ゾーン外に触れフット・フォールとなったときである。
⑤サービスの反則はサービス順の誤りや2回続けて失敗したとき。

2）ボールへの接触

①チームが相手コートにボールを返すまでにプレーすることができる接触回数は，3回とする。
②同一チームの2人以上の競技者が同時にボールに触れたときでも，そのチームのボールの接触回数は1回とする。
③競技者はサービスを除き，身体のどの部分でボールをプレーしてもよい。
④ボールを手あるいは身体の一部に静止させたり，運んだり，押し込んだり，持ち上げたりしたときは，ホールディングの反則となる。
⑤ボールを連続して2回以上プレーしたり，身体の数ケ所で連続的に触れたときは，ドリブルの反則となる。
⑥他の競技者や競技場の物体で身体を支えたり，これを利用してボールをプレーしたときは，物体利用の反則となる。

3）ネット付近でのプレー

①両チームの競技者がネット上で同時にボールをプレーしたときは，いずれのチームもその後，新たに許された回数をプレーすることができる。
②イン・プレー中，競技者がネットおよびアンテナに触れたときは，タッチ・ネットの反則とする。ただし，ボールをプレーしようとしていないときに偶然に触れても，相手チームの競技者のプレーを妨害しない限り，反則としない。
③イン・プレー中，競技者がネット上を越えて相手方コート内にあるボールを触れたときは，オーバー・ネットの反則である（図4）。

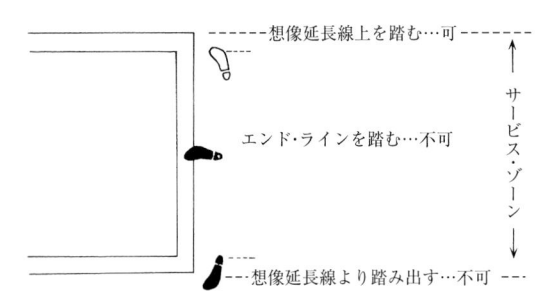

図3　フット・フォールト

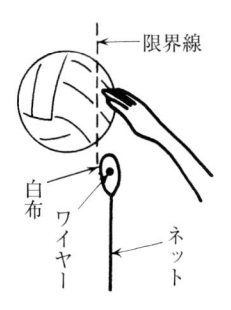

図4　オーバー・ネットの限界線

4) ボール・アウト

ボールは，両アンテナ間のネット上方の許容空間を通過させ，相手コートへ送らなければならない。

5) ダブル・ファール

両チームが同時の反則をしたときは，ダブル・ファールであり，ノー・カウントとする。試合は同じサーバーの第1サービスで再開する。

6) 試合の遅延

①参加競技者は，試合の遅延となる次の行為をしてはならない。
a) 競技者交代を遅らせること。
b) 試合を再開するように指示された後，さらに中断を長引かせたとき。
c) 訂正できない誤った競技者交代を要求したとき。
d) 不当な要求を繰り返したとき。
e) 試合を遅らせたとき。

②参加競技者が試合の遅延をしたときは，そのチームに対し，右の表の通り適用し，その試合中を有効とする。

7) 不法な行為

①試合中に，審判役員，他の競技参加者および観客に対して不法な行為をしたときは，その者に罰則を適用する。②不法な行為があったときは，その都度，右の罰則段階表を適用し処置する。

8) その他

上記に記載されていない競技規則は9人制ルールブックを参照すること。

（下山 隆志）

表5 遅延行為に対する罰則段階表

回数	行為者	罰則内容	提示すべきカード	処置の仕方
1回目	いずれの競技参加者でも	遅延警告	ハンド・シグナルのみで示す。（カードなし）	再発を予防するため，そのチームに警告をする。
2回目以上	いずれの競技参加者でも	遅延反則	黄カードでハンド・シグナルを示す。	相手チームに1点とサービス権を与える。

表6 不法な行為に対する罰則段階表

行為の区分	回数	行為者	罰則内容	提示すべきカード	処置の仕方
プレーへの牽制等	1回目	いずれの競技参加者でも	警告	口頭	再発を予防するため，ゲーム・キャプテンを通してチームを指導する。
	2回目	同一競技参加者	反則	黄	相手チームに1点とサービス権を与える。
	3回目	同一競技参加者	退場	赤	そのセットの残りの間，ベンチ等から退去させる。
	4回目	同一競技参加者	失格	赤，黄一緒に	その試合の残りの間，ベンチ等から退去させる。
無作法な行為	1回目	いずれの競技参加者でも	反則	黄	相手チームに1点とサービス権を与える。
	2回目	同一競技参加者	退場	赤	そのセットの残りの間，ベンチ等から退去させる。
	3回目	同一競技参加者	失格	赤，黄一緒に	その試合の残りの間，ベンチ等から退去させる。
侮辱的な行為	1回目	いずれの競技参加者でも	退場	赤	そのセットの残りの間，ベンチ等から退去させる。
	2回目	同一競技参加者	失格	赤，黄一緒に	その試合の残りの間，ベンチ等から退去させる。
暴力的な行為	1回目	いずれの競技参加者でも	失格	赤，黄一緒に	その試合の残りの間，ベンチ等から退去させる。

4. ソフトバレーボール

1 施設と用具

1）競技場

競技場には，コートとおよびフリー・ゾーンが含まれる。競技場の表面から最低7mの高さと，フリー・ゾーンの中にはネット，支柱，審判台を除き，一切の障害物があってはならない。また，競技場は凸凹がなく，水平で荒れていたり滑りやすい表面であってはならない。

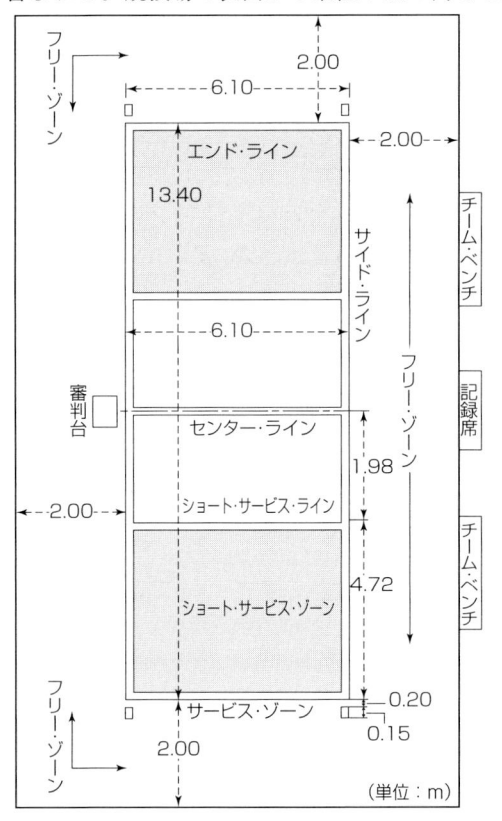

2）コート

①コートは，13.40m×6.10mの広さを持つ長方形であって，最小限2mの幅の長方形のフリー・ゾーンによって囲まれている。

②すべてのラインの幅は4cmで，サービス・ゾーンを区画するライン以外はコート内に含まれる。それらのラインは明るい色で，床や他のラインとも異なる色でなければならない。

3）ネット，アンテナ，支柱およびボール

①ネットの高さは，2mとし，幅80cmのソフトバレーボール用のネットを用いる。

②支柱は，ソフトバレーボール用支柱を用い，両サイド・ライン上に，その長さを2等分する位置に立てる。

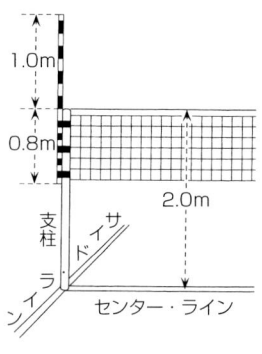

③アンテナは，ネットの上端から1m上方に出るように，1個ずつ両支柱の外側の縁に接するように取り付ける。

④ボールは，ゴム製で，重さ210±10g，円周78±1cmの（財）日本バレーボール協会制

図1　ソフトバレーボール

図2　ネットおよびアンテナ

定のソフトバレーボールを使用する。なお色については規定しない。

2 チームおよび試合の準備と進行

1) チームの構成

①チームは，監督1名，キャプテンを含む競技者4人と，4人以内の交代競技者で構成される。

②監督は，競技者を兼ねることができるが，その結果，競技者，交代競技者の数が規定を超えることはできない。競技はすべて4人で行われるが，その4人の年代，性別の組み合わせは自由である。ただし，ファミリーの部やトリムの部でチームを構成する場合は，コート内には，常に次の規定の競技者が存在しなければならない。

a) ファミリーの部

一家族の老夫婦・夫婦・小学生以下の子ども，または二家族の夫婦・小学生以下の子どもで，コート内の競技者は大人2人（男女），子供2人とする。

b) トリムの部

コート内の競技者を年齢によって，次のように分類する。

ブロンズ・クラス…30代の男女と40代の男女それぞれ1人

シルバー・クラス…40代の男女と50代の男女それぞれ1人

ゴールド・クラス…50代以上の男女各2人

2) 競技参加者の権利と義務

①競技参加者は，競技規則を尊守し，試合中，常にフェアー・プレーの原則とその精神に基づいた行動をとらなければならない。

②監督は試合中，ベンチの記録席の最も近い位置に座っていなければならない。

③監督は競技者交代およびタイム・アウトを要求することができる。しかし，競技者としてコート内にいるときは，その権利を失う。

④ゲーム・キャプテンは，コート内にいる間は，競技の中断中に主・副審に対して，競技者交代およびタイム・アウトの要求や競技規則適用の解釈について質問することができる。

⑤競技者のユニフォーム（上下）は，清潔で，チームにより統一された色と同じ形のものを用いなければならない。

⑥競技者のユニフォームは，胸部と背部の中央には，1から8の番号を付けなければならない。番号は，ユニフォームと異なった色で，胸部には最小限10cm，背部には最小限15cmものを用いる。字幅は，2cmとする。また，キャプテンは，ユニフォームと異なった色で，胸部の番号の下に，長さ8cm，幅2cmのマークを付ける。

3) 試合の準備と進行

① キャプテンのトス

公式ウォーム・アップに先立ち，主審は両チームのキャプテン立会いのもとにトスを行う。トスに勝ったチームは，サービス権かコートのいずれかを一つ選ぶ。

② チームの公式ウォーム・アップ

試合開始前に，試合が行われるコートを使って，それぞれ3分間の公式ウォーム・アップを行うことができる。

③ 競技者の位置とローテーション

サービスが打たれた瞬間に両チームは，2人ず

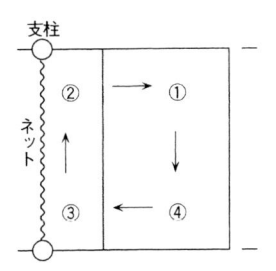

図3 競技者の位置とローテーション

つ2列に並んで各自のコート内に位置していなければならない（サーバーは除く）。また，サービスをレシーブするチームがサービス権を得た時，そのチームの競技者は，時計回りに一つずつ位置を移動する（図3）。

④　競技中断の要求

タイム・アウトおよび競技者交代は，ボールがデッドのとき，サービス許可の吹笛前に，公式ハンド・シグナルを示して要求しなければならない。

a）各チームに，1セットにつき最大2回のタイム・アウトが認められる。このタイム・アウトは，1回につき30秒とする。

b）各セットの競技者交代は，4回（4人）以内とする。ただし，常にチーム構成員の条件を満たしていなければならない。

⑤　コートの交替

最終セットを除き，各セットの終了後，チームはコートを交替する。最終セットは，1方のチームが8点に達したときは，直ちにコートを交替する。競技者の位置は交替時のまま引き継がれる。

③ 得点，セットおよび試合の勝者

1）試合の勝者

試合は3セットマッチとし，2セットを先取したチームがその試合の勝者となる。

2）セットの勝者

一つのセットは，最小限2点差をつけて先に15点を取ったチームがそのセットの勝者となる。14対14の同点になった場合は，2点リードに達するまで試合は続行される。ただし，17点で試合は打ち切られ，17点先取したチームが1点差でもそのセットの勝者となる。

3）得点の方法

相手チームがサービスや返球を失敗したり，または他の反則を犯したときは，ラリーに勝って1点を得る。また，もし，相手がサービス・チームであれば，サービス権も得る。

④ プレー上の動作と反則

1）サービス

①サービスは1回とする。

②サービスは，サービス・ゾーンで（あるいはショートサービス・ゾーン）内からバック・ライトの競技者が，片方の手または腕でボールを打ち，イン・プレーの状態にする行為である。

③ラリーの勝ったチームがサービス・チームであれば，前にサービスした同じ競技者がサービスを行う。

④サービスをレシーブしたチームがラリーに勝った場合は，サービス権を得てローテートし，バック・ライトに位置した競技者がサービスを行う。

2）ボールへの接触

①チームは，ネットを越えてボールを返すために，ブロックの接触を除いて最大限3回プレーすることができる。また，連続して2回ボールに触れることはできない（ブロックは除く）。

②ボールはどの身体のどの部分にあたってもよい。

③ボールは，打たなければならない。つかんだり，投げたりしてはならない。

④同一チームの2人の競技者が同時にボールに触れたときは，1回触れたものとし，その後，いずれの競技者も引き続いてボールに触れることができる。

3) アタック・ヒット

①サービスとブロックを除き，ボールを，ネット上端より完全に高い位置から相手に向かって送ろうとするすべての動作は，アタック・ヒットとみなされる。アタック・ヒットは，ボールがネット上方の垂直面を完全に通過した瞬間，あるいは相手競技者が触れた時に，完了する。また，味方のプレー空間内であれば，どんな高さからでもアタック・ヒットを行うことができる。

②サービス・ボールをアタックすることはできない。

4) ブロック

①4人の競技者は，どの位置にいるときでも相手プレーの後，ブロックすることができる。ただし，オーバー・ネットは許されない。

②サービス・ボールをブロックすることはできない。

5) ボール・インとボール・アウト

①ボール・インとは，ボールが，コート区画線を含むコート内に接触したときである。

②ボール・アウトは，ボールが，コート区画線の完全な外側の床に落下するか，コート外の物体に触れたときである。

6) その他のプレー上の反則

①チームがサービス順を誤ってサービスを行ったとき（サービス順の誤り）。

②サービスが打たれた瞬間に，両チームの各競技者が，コート内で正しいポジションに位置していなかったとき（アウト・オブ・ポジション）。

③サービスされたボールが，ネットやアンテナに触れるか，相手方競技者に触れずにボール・アウトになったとき（サービス・フォールト）。

④ボールに接触中，明らかにボールがとまるようなプレーがあったとき（ホールディング）。

⑤イン・プレー中にネットやアンテナに触れたとき（タッチ・ネット）。

⑥センター・ラインを完全に超えて，相手コートに触れたとき（パッシング・ザ・センター・ライン）。

⑦ネットによって分けられた相手コート上にあるボールに触れたとき（オーバー・ネット）。

⑧相手チームのプレーを妨害する行為があったとき（インター・フェアー）。

5 役員

1) 競技の運営

競技は，主審1名，副審1名，線審2名，点示員1名の計6名で運営する。

2) その他

上記に記載されていない競技規則はソフトバレーボール・ルール・ブックを参照すること。

（下山　隆志）

5. ビーチバレーボール

1 施設と用具

1）競技場

競技場には，コートおよびフリー・ゾーンが含まれる。

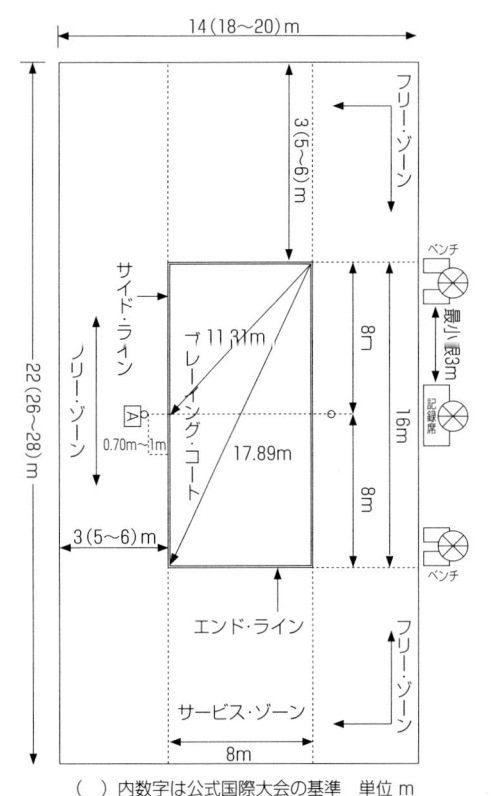

図1　ビーチバレーボール・コート

2）規格

コートは，18m×9mの広さを持つ長方形であって，最低3mの幅のフリー・ゾーンによって囲まれる。競技場の表面から最低限7mの高さまでには一切の障害物があってはならない。

3）競技場の表面

地面は小石，貝殻，その他競技者が切り傷や負傷の恐れのあるものが混じっていない精選された砂で，できるだけ凸凹がなく水平であり，また，均一でなければならない。

4）コート上のライン

コートは，2本のサイド・ラインと2本のエンド・ラインによって区画される。両サイド・ラインおよびエンド・ラインは，コートの寸法に含まれる。センター・ラインはない。

5）ネット

ネットは，長さ9.5m，幅1mで，コートのセンター上に垂直に強く張られる。ネットの高さは，男子2.43m　女子2.24mである。

6）アンテナ

アンテナは，長さ1.8m　直径1cmの弾力性のある棒状のもので，グラスファイバー，または，類似の素材で作られたものである。2本のアンテナは，それぞれサイド・バンドの外側の縁に接して，しっかりと取り付けられる。

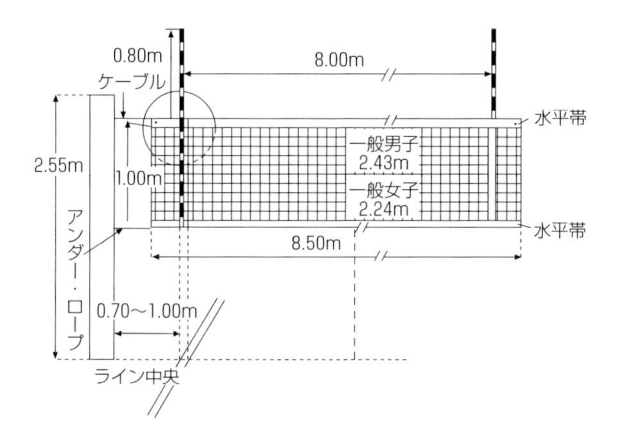

図2　ネットおよびアンテナ

7）ボール

ボールの色は明るい色，円周は66〜68cm，重量は260ｇ〜280ｇ，内圧0.175から0.225kg/cmである。

2 チームの構成と競技参加者

1）チームの構成

①1チームは2名で構成される。
②競技者の服装は，ショート・パンツまたは水着を用い，シャツは，ジャージーまたはタンク・トップでもよい。帽子をかぶっていてもよい。
③競技者のジャージーには，1番と2番のナンバーを胸部につけなければならない。

2）競技参加者の権利と義務

2人の競技参加者は主・副審に対して，競技中に次のことを要求できる。
①競技規則の適用や解釈に関して説明をもとめること。
②サーバーの番号を確認すること。
③タイム・アウトを要求すること。

3 得点と勝敗の決定

1）試合の勝者

①試合は，2セット先取したほうのチームがその試合の勝者となる。セットカウントが1対1のタイとなった場合は，最終（第3）セットは，最小限2点差をつけて15点を先取したチームが勝者となる。
②1セットマッチのときは，最小限2点差をつけて25点先取したチームがその試合の勝者となる。24対24の同点になった場合は，どちらかのチームが2点リードするまで競技は続行される。ただし，27点を先取したチームは，1点差だけでその試合の勝者となる。

2）セットの勝者

一つのセットは，（最終セットを除き），最小限2点差をつけて21点を先取したチームが勝者となる。20対20になった場合は，競技は，どちらかのチームが2点リードするまで続行される。

3）ラリーの勝者

チームは，相手方チームがサービスや返球に失敗したり，他の反則を犯したとき，そのラリーの勝者となり，サービング・チームは，1点を記録し，サービスを続ける。サービスのレシービング・チームは，サービスする権利と1点を得る。

4 試合の準備およびプレー上の動作

1）コイン・トス

第1セットと第3セットに先立ち，主審は，両

チームのキャプテン立会いのもとにコイン・トスを行う。コイン・トスに勝ったチームは，サービスをするか，レシーブをするかを選ぶか，またはコートを選ぶ。

2）競技者の位置

競技者は，コート内で自由に位置してよい。決められた場所はない。

3）ボール・イン

ボールが，ラインを含むコートの地面に触れたとき，ボール・インとなる。

4）ボール・アウト

ラインに触れずに，コート外に落下したとき。また，コート外または上方の物体に，あるいは競技に参加していない人にふれたとき，ボール・アウトとなる。

5）ボールをプレーすること

①チームは，ネット越しにボールを返すために，最大3回プレーすることができる。
②2人の競技者が，同時にボールに触れた場合は，2回の打球として数えられる。
③ボールは，身体のどの部分にあたってもよい。
④相対するチームがネット上で同時に触れ，2人の間にボールが止まったときも反則とはならず，プレーを続けることができる。

6）ボールをプレーしたときの反則

①ボールを相手コートに返す前に4回プレーした場合（フォア・ヒット）。
②競技者が競技場内の物体を利用して，ボールをプレーした場合（アシステッド・ヒット）。
③競技者がボールをヒットしない場合（ヘルド・ボール）。
④1人の競技者が，ボールを連続して2回プレ

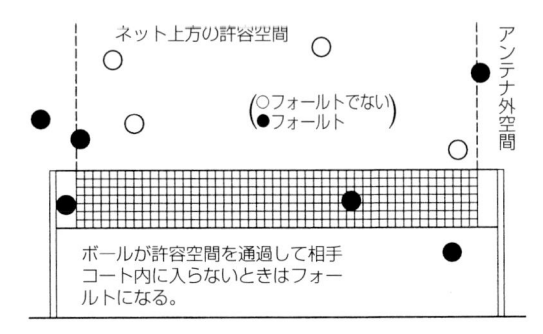

図3 ボールの許容空間

ーしたり，あるいはボールが身体の数個所に連続的に触れた場合（ダブル・コンタクト）。

7）ネット付近のボール

①相手方コートに向かって送られるボールは，ネット上方の許容空間内でネットを越えなければならない（図3）。
②ネットに打ち込まれたボールは，許された3回の打球の範囲内でプレーすることができる。

8）ネット付近の競技者

それぞれのチームは，味方コートおよび競技空間の範囲内でプレーしなければならない。ただし，フリー・ゾーン外から取り戻してもよい。

①競技者が，相手方のアタック・ヒットの直前か，そのプレー中に，相手方空間にあるボール，または相手方競技者に触れたときはネット付近競技者の反則となる。
②競技者が，イン・プレー中にネットに触れたときは反則となる。

9）サービス

①サーバーは，サービス・ゾーン内を自由に移動して打ってもよい。
②サーバーは，主審のサービスの許可の吹笛後，5秒以内にボールを打たなければならない。
③ボールは，空中にトスされ，あるいは手から離れた後，地面に落ちる前に片方の手または腕で

打たなければならない。
④サービスの試技は許されない。
⑤サービス順を違反したときは反則となる。

10）アタック・ヒット

いずれの競技者も，味方の競技空間内であれば，どの高さからでもアタック・ヒットを行うことができる。
①ティップ・プレーでアタック・ヒットを完了したときは反則となる。
②オーバーハンド・パスで，両肩に対して直角でない方向にアタック・ヒットを完了したときは反則となる。
③サービス・ボールが，ネット上端より完全に高い位置にある場合にアタック・ヒットをしたときは反則となる。

11）ブロック

ブロックのとき，競技者は，相手方のプレーを妨害しない限り，ネットを越えて両手や両腕を出すことができる。ただし，相手方競技者がアタック・ヒットを完了するまでネットを越えてボールに触れることはできない。
①相手方サービスのボールをブロックした場合は反則となる。
②ブロッカーが，相手方のアタック・ヒットの前，もしくは同時に相手方の空間でボールに触れた場合は反則となる。

12）その他

上記に記載されていない競技規則は2人制ビーチバレーボールを参照すること。

（下山　隆志）

〔編者・執筆者一覧〕

〔編者〕

豊田　博　　国際バレーボール連盟・アジアバレーボール連盟実行副会長
　　　　　　国際バレーボール連盟技術委員長・上級講師，日本バレーボール協会特命理事
　　　　　　前日本バレーボール協会副会長・専務理事
　　　　　　日本体育協会指導者育成主任講師・競技力上級コーチ
　　　　　　千葉大学名誉教授

〔著者〕

豊田　博　　同上
橋爪静夫　　日本バレーボール協会副会長（強化事業本部・国内事業本部担当）
　　　　　　武庫川女子大学教授
宗内徳行　　元日本バレーボール協会常務理事，元全日本女子チーム監督
　　　　　　元日本体育大学教授
上野尚志　　元日本バレーボール協会指導普及委員会副委員長
　　　　　　大阪商業大学バレーボール部監督
南　匡泰　　日本バレーボール協会理事，医・科学サポート委員会委員長
高梨泰彦　　日本バレーボール協会　医・科学サポート委員会委員強化サポート部班長
　　　　　　一貫指導教育計画委員会副委員長，中京大学体育学部助教授
遠藤俊郎　　日本バレーボール協会　医・科学サポート委員会副委員長・情報処理部長
　　　　　　国際バレーボール連盟公認コーチレベルⅢ，山梨大学教育人間科学部教授
渡辺英児　　日本バレーボール協会　医・科学サポート委員会調査研究部員，龍谷大学講師
田中博史　　全日本大学バレーボール連盟　科学研究委員会主事，大東文化大学講師
福田　隆　　日本バレーバール協会　医・科学サポート委員会調査研究部副主事
　　　　　　愛媛大学教育学部教授
村島隆太郎　日本バレーボール協会スポーツドクター，佐久市立国保浅間総合病院
橋爪　裕　　日本バレーボール協会指導普及委員会委員，大阪府立工業高等専門学校講師
若尾勝美　　日本バレーボール協会特命理事
　　　　　　国際バレーボール連盟スポーツイベントカウンシル委員
下山隆志　　日本バレーボール協会常務理事・国内事業本部審判規則委員長
　　　　　　都立小平高等学校教諭

バレーボール・コーチ教本　　　1989年6月10日　初版発行

最新 バレーボールコーチ教本
ⒸJapan Volleyball Association 2005　　　　　　　NDC783　240p　24cm

| 初版第1刷 | ――― | 2005年7月10日 |

編　者	―――	財団法人 日本バレーボール協会
発行者	―――	鈴木一行
発行所	―――	株式会社 大修館書店

〒101-8466　東京都千代田区神田錦町3-24
電話03-3295-6231（販売部）　03-3294-2358（編集部）
振替00190-7-40504
[出版情報]　http://www.taishukan.co.jp
　　　　　　http://www.taishukan-sport.jp（体育・スポーツ）

装　幀	―――	佐々木哲也
イラスト	―――	川口透
印刷所	―――	厚徳社
製本所	―――	関山製本社

ISBN4-469-26578-0　Printed in Japan
Ⓡ本書の全部または一部を無断で複写複製（コピー）することは，
著作権法上での例外を除き禁じられています。

爆発的パワー養成 プライオメトリクス
HIGH-POWERED PLYOMETRICS

J.ラドクリフ
R.ファレンチノス =著

長谷川 裕 =訳

各種スポーツのパフォーマンス向上に欠かせない「爆発的パワー」を養成する「プライオメトリック・トレーニング」。本書は、その理論を体系的に解説し、加えて77種類のエクササイズを連続写真で具体的に紹介。さらに、最大限に効果が発揮されるように種目別12種類のトレーニング・プログラムを用意した。

77種類のエクササイズを写真で紹介！

主要目次
- 第1章 プライオメトリクスの科学
- 第2章 プライオメトリクスの準備
- 第3章 プライオメトリクスのテクニック
- 第4章 下半身、脚、および股関節
- 第5章 体幹と上肢
- 第6章 種目別トレーニングのプログラム
- 第7章 長期にわたるパワーの養成

●B5変型判・208頁　定価2,100円（本体2,000円）

DVD版　カラー・44分　価格3,990円（本体3,800円）

大修館書店　　書店にない場合やお急ぎの方は、直接ご注文ください。☎03-3934-5131

実戦 BEACH VOLLEYBALL
Techniques, training, and tactics from the game's greatest player

ビーチバレーボール

最強プレーヤーに学ぶ、技術・戦術・トレーニング

K.キライ ＆ B.シューマン 著／瀬戸山正二 監訳

（金メダリストが解説するビーチバレーのすべて！）

●B5変型判・176頁　定価1,785円（本体1,700円）

本書は、バレーボールで2回、ビーチバレーで1回オリンピックで金メダルを獲得しているカーチ・キライの経験を交えながら、ビーチバレーを楽しむために必要な技術や戦術、トレーニング方法、そしてプレーに対する考え方をまとめたものです。大きな写真とイラストで分かりやすく紹介され、初めてプレーする人はもちろん、より深くビーチバレーを知りたい人必読の新しいタイプの実技書です。

大修館書店　　書店にない場合やお急ぎの方は、直接ご注文ください。☎03-3934-5131

▲ 大修館書店ホームページ「燕館」でもご注文になれます。http://www.taishukan.co.jp